汽车工业数字化转型

——驱动力、路线图与实践

[德] 乌韦·温克尔哈克（Uwe Winkelhake） 著

中德教育与科技合作促进中心 组译

罗本进 刘晨光 王京晶 刘光明 译

本书旨在解决汽车工业数字化过程中常见的缺陷和问题，并制定了一个经过验证的、有条理的、实用的敏捷实施指南。本书重点是从以车辆为中心转向以行动为导向的商业模式。书中从数字化转型驱动因素出发，定义了四个数字化领域，并提出了其转型路线图。作者讨论了如何通过重新设计客户关系来自动高效地处理精简、集成的业务流程，以及如何控制销售、售后和营销结构的巨大变化。其中，企业文化的全面变革以及敏捷高效的信息技术被视为关键的成功因素，如何选择创新数字化项目也提供了额外的想法和动力。本书适合汽车行业管理人员、技术人员以及行业研究人员阅读使用，也可供想了解汽车行业未来发展趋势的相关人员阅读参考。

First published in German under the title
Die digitale Transformation der Automobilindustrie：Treiber-Roadmap-Praxis by Uwe Winkelhake
Copyright © Springer-Verlag GmbH Deutschland，2017

This edition has been translated and published under licence from Springer-Verlag GmbH, part of Springer Nature.

All Rights Reserved
版权所有，侵权必究。

This edition is authorized for sale in the Chinese mainland (excluding Hong Kong SAR，Macao SAR and Taiwan).

此版本仅限在中国大陆地区（不包括香港、澳门特别行政区及台湾地区）销售。
北京市版权局著作权合同登记　图字：01-2018-7086号。

图书在版编目（CIP）数据

汽车工业数字化转型：驱动力、路线图与实践 /（德）乌韦·温克尔哈克著；罗本进等译 .—北京：机械工业出版社，2019.6（2022.9 重印）

ISBN 978-7-111-62809-5

Ⅰ.①汽…　Ⅱ.①乌…　②罗…　Ⅲ.①汽车工业–数字化–研究　Ⅳ.① F407.471-39

中国版本图书馆 CIP 数据核字（2019）第 097791 号

机械工业出版社（北京市百万庄大街22号　邮政编码100037）
策划编辑：孙　鹏　责任编辑：孙　鹏
责任校对：樊钟英　封面设计：鞠　杨
责任印制：张　博
北京建宏印刷有限公司印刷
2022年9月第1版第2次印刷
184mm×260mm ·21印张 · 395千字
标准书号：ISBN 978-7-111-62809-5
定价：99.00元

电话服务　　　　　　　　　　网络服务
客服电话：010-88361066　　　机 工 官 网：www.cmpbook.com
　　　　　010-88379833　　　机 工 官 博：weibo.com/cmp1952
　　　　　010-68326294　　　金 　书 　网：www.golden-book.com
封底无防伪标均为盗版　　　　机工教育服务网：www.cmpedu.com

    三十多年来我一直担任德国国内和国外汽车制造商的各种顾问和项目经理，参与及设计基于信息技术的数字化改造。有了这些经验积累的基础，加上一个我非常敬重的导师鼓舞性的说服，我决定针对汽车工业数字化转型，把我的经验和由此获得的成果、关于数字化转型的反思和信念写一本书。在2016年的春季项目开始后，我用了大约1500个小时，评估超过1000篇文章、报告、研究和书籍，写下400多篇对于参考文献的记录以及与来自各行各业专家的许多讨论，从而得到现在摆在大家面前的这本书。

    自20世纪80年代以来的IT（信息技术）历史显示了重要的创新跃变如何在越来越短的周期里得以实现。照相、电话以及音乐产业是整个行业如何变化的最好例证，那些所谓稳定成熟的公司从市场上消失了。在汽车工业，一个相同的及全范围的剧变同样迫在眉睫。移动服务、自动驾驶、电驱动、生产技术的变化和商业流程自动化扑面而来。颠覆性技术在威胁这个行业，而这个行业必须面对这样的挑战，进行必要的数字化转型，要充满自信和建设性，尊重时代的呼唤。

    分析这样复杂的议题需要了解变革的关键驱动因素，这就是为什么首先要详细介绍信息技术、生活方式和数字化技术这样的术语。随后导出的数字化战略是基于对市场及客户期望的分析以及对一些选出的制造商的策略进行简短评估。为了扩大视野，书中也介绍了汽车工业的一个愿景，让大家展望一下2030年汽车工业蓝图。

    本书的核心是制订出数字化路线图作为全公司范围长期战略规划流程的一个不可或缺部

分。书中基于目前的情况为路线图勾画出了数字化框架，其中包括四大支柱：**互联服务和数字产品、移动服务和自动驾驶、流程和自动化、销售和售后服务方面的客户体验。**

即将到来的革命性变革过程只能通过充足的投入和坚定不移的员工实现。企业文化的变革以及初创心态的创建，会作为议题在一个专门章节进行讨论，其中介绍了创新和项目管理的新方法。信息技术在企业中越来越重要，它将在数字化转型中起着关键作用。这不仅仅是所有部门需要有咨询和服务者，也需要企业对现有的 IT 环境进行经济有效的安全运营并且继续自己全面的完善发展，为此目的在其中一个章节中介绍了创新解决方案，意味着对 IT 的全部技术和组织上的重新定位。

最后给读者介绍在四个数字化领域选择的案例，其中包含了成功的、具有创新性的数字化项目，以及相应地传递了一些其他想法和启发。最终我试图对 2040 年做一个展望，这当然具有不确定因素，但最终是对这种指数级的发展和目前可看到的趋势的激烈延续。

非常感谢在创作这本书时得到的多方支持，特别要提及的是 Hans-Peter Wiendahl 教授，他始终用批判性和建设性的眼光，对本书的文本和构图设计给出有价值的建议。来自 IBM 的同事们也给予了支持，其中 Dennis Borscheid 先生帮助我查询资料和进行编辑工作，与 Jürgen Schibilski 先生和 Torsten Andrecht 先生进行的热烈讨论交流也令我受益匪浅。来自 Springer Vieweg 出版社的 Thomas Lehnert 先生毫无保留地支持这本书，也感谢 Ellen Klabunde 女士在书籍编写过程中无微不至的服务。

我们生活在一个特别有意义的时代并有机会和义务去塑造未来。为此，我们必须放弃一些喜好的习惯、方法和工具，从而大胆而有目的地开创新的结构、技术和商业模式。我自己非常高兴能够参与到这一进程中并成为这个未来的一部分。我希望通过本书能够向工业行业的读者，也包括咨询、研究和教学方面的读者，传达积极的见解。

Uwe Winkelhake

汉诺威

目录

前言

第1章 引言 //001
    1.1 数字化——一个关键议题 //001
    1.2 信息技术的发展——呈指数函数式的爆发增长 //003
    1.3 汽车工业的数字化 //004
    1.4 本书结构 //006
    1.5 关注的焦点和读者群 //007

第2章 信息技术作为数字化的驱动力 //008
    2.1 摩尔定律 //009
    2.2 数字化依然呈指数级增长 //010
    2.3 信息技术的能量需求 //013
    2.4 信息系统（IT）的安全 //015
    2.5 个人数据的处理 //017
    2.6 性能强大的网络 //018
    2.7 技术展望 //018
        2.7.1 3D芯片架构 //019
        2.7.2 液流电池 //020
        2.7.3 碳纳米管 //020
        2.7.4 神经元网络 //021
        2.7.5 量子计算机 //022
    2.8 技术奇点 //023

第3章 "数字化生活方式"——未来的员工和客户 //026

3.1 始终在线（Always On） //027
3.2 移动经济学 //029
3.3 移动生态系统中的"实时"期望 //031
3.4 共享经济学 //032
3.5 初创心态 //034
3.6 创新型的工作模式 //035
   3.6.1 数字游民 //036
   3.6.2 众包和流动劳动力 //036
   3.6.3 维基经济学 //038
3.7 谷歌——数字原生代的目标 //038

第 4 章 数字化解决方案的技术 //043
4.1 信息技术解决方案 //045
   4.1.1 云服务 //046
   4.1.2 大数据 //047
   4.1.3 移动应用程序和 App //050
   4.1.4 协作工具 //053
   4.1.5 认知计算和机器学习 //055
4.2 信息技术解决方案 //056
4.3 工业 4.0 //058
4.4 3D 打印 //061
4.5 虚拟现实和增强现实 //064
4.6 可穿戴设备与信标 //066
4.7 区块链 //067
4.8 机器人 //069
4.9 无人机 //071
4.10 纳米技术 //071
4.11 游戏化 //072

第 5 章 数字化汽车工业 2030 的愿景 //076
5.1 汽车市场的发展 //077

5.2 乘用车行业未来的客户期望 //078
5.3 汽车行业的数字化情况 //082
5.4 数字化汽车行业的愿景 //086
5.4.1 以移动出行服务代替拥有汽车 //087
5.4.2 互联服务 //088
5.4.3 自动驾驶 //090
5.4.4 汽车电气化 //096
5.4.5 集中嵌入式信息技术架构 //098
5.4.6 无原型的基于流程的开发 //102
5.4.7 基于互联网的多渠道销售 //104
5.4.8 数字化汽车银行 //107
5.4.9 灵活的制造结构/开放网络/工业4.0 //109
5.4.10 自动化业务流程 //112
5.4.11 基于云的信息技术服务 //113
5.5 通用电气——可持续数字化的案例 //115

第6章 可持续数字化路线图 //123

6.1 数字化路线图作为企业规划的一部分 //123
6.1.1 评估市场潜力和客户需求 //125
6.1.2 企业战略的调整 //128
6.1.3 商业模式和精益企业 //132
6.1.4 数字化框架 //135
6.2 数字化路线图 //140
6.2.1 互联服务和数字产品路线图 //140
6.2.2 移动出行服务和自动驾驶路线图 //150
6.2.3 流程和自动化路线图 //155
6.2.4 客户体验、销售和售后服务路线图 //169
6.3 路线图总结概述和关键效益指标 //173

第7章 企业文化和组织结构 //179

7.1 沟通与领导 //180

7.2 敏捷式项目管理方法 //184
7.2.1 设计思维 //186
7.2.2 迭代式增量开发方法（Scrum） //188
7.3 创业精神 //191
7.4 数字化的资源 //192
7.4.1 在线学习（E-Learning）作为数字化教育的基础 //192
7.4.2 新的学习途径 //194
7.4.3 知识管理 //196
7.4.4 招聘 //197
7.5 合作的形式 //199
7.6 开放式创新 //201
7.7 数字化的组织方面 //206
7.7.1 首席数字官 //206
7.7.2 调整信息技术组织结构 //209
7.7.3 新的职业图景和职业生涯模式 //213
7.7.4 变革管理 //214
7.8 国际商用机器公司（IBM）的转型 //216

第8章 信息技术作为数字化的推动者 //225
8.1 信息技术转型战略 //226
8.2 信息技术战略的基石 //227
8.3 成本和效益透明度 //230
8.4 转型项目 //231
8.4.1 投资组合的发展 //232
8.4.2 基于微服务的应用程序开发 //235
8.4.3 数据湖 //238
8.4.4 移动战略 //240
8.4.5 通过软件定义环境实现基础框架灵活性 //243
8.4.6 计算中心的整合 //246
8.4.7 面向业务的安全策略 //248

    8.4.8 工厂车间和嵌入式信息系统的安全性 //250
  8.5 信息技术转型的案例研究 //253
    8.5.1 网飞的转型 //254
    8.5.2 通用汽车的转型 //257
  8.6 结论 //260

第9章 数字化创新项目举例 //265
  9.1 数字化 //265
  9.2 互联服务/数字化产品 //267
  9.3 移动出行服务和自动驾驶 //275
  9.4 高效的流程和自动化 //279
  9.5 客户体验——营销、销售、售后服务 //287
  9.6 企业结构和变革管理 //292

第10章 汽车-移动出行2040 //302
  10.1 环境 //303
  10.2 电驱动和自动驾驶 //303
  10.3 市场变化 //304
  10.4 移动出行服务和车辆配置 //304
  10.5 创新的流程和生产结构 //305
  10.6 "流动劳动者"的日常生活 //307
  10.7 结论 //309

附录 //311
  附录A 对应第2.2节 //311
  附录B 对应第5.3节 //312

术语 //314

第 1 章

引 言

1.1 数字化——一个关键议题

"数字化"是目前所有企业都特别关注的一个关键议题,之所以如此,其实是因为恐惧那些"来自山谷的年轻野蛮人",可能会对他们这些仍安心沉湎于基于平台经济的稳定业务发起的打击。谁会愿意像柯达、诺基亚,或者许多音像店一样趋于没落而近乎消失?这些对成熟商业模式的攻击,更确切地讲是"颠覆",必须予以积极的防御。应该尽早认识到新型数字化商业模式的潜力,然后对所在的公司进行转型,建立自己全新的商业模式。这需要快速的执行力和大胆的创造力。即使还没能立即开发出全新的企业商业模式,那么至少应该通过实现数字化来显著地提高企业的流程管理效率,以及促进产品销售,例如,提高客户对产品更好的理解度,综合分析来自社交媒体的数据,或者开拓新型的数字化销售渠道。

考虑到在行业中生存的需要,以及获得更多利润、更多销售额的期待,数字化将上升为所有公司日程工作的重要议程。可用如下的调查结果来说明这个现况 [Sto16],如图 1.1 所示。

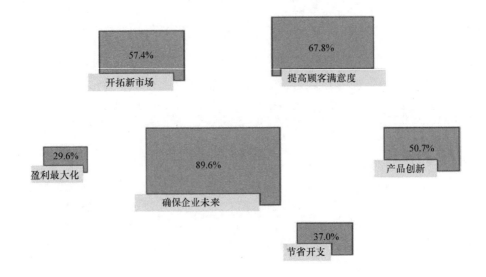

图1.1 为实现企业数字化转型，跨部门的企业目标（转型工厂2016）

除了图中所示的既定目标外，许多公司还看到了数字化进一步可挖掘的潜力，尽可能地提高客户对产品的接受程度和满意度，从而增加销售机会，以及开拓新兴市场和实施产品研制创新。因此，现在公司的所有部门、利益相关者都意识到了这一点，必须要付诸实施，但是该做什么呢？许多人开始涉足数字化这个议题，准备开始启动和立项。但是关于如何切实着手、应该具体做什么，以及在何等深度和广度实施这场变革，还都存在很大的不确定性。已经出现了一些个别怀疑的声音，认为数字化可能只不过是"新瓶装旧酒"，只建议在几个显见的项目上形式一下，如果至少要做出些行动做做样子的话，例如可以使用iPad的可视化来代替纸质订单文件。

基于作者多年的经验，试图把现有流程"按原样"用简单的信息技术装饰一下，就希望可以把数字化的主题宣告完成，这根本就是错误的想法和行动。当今，我们正处于一个"海啸"的前夕，它将覆盖所有工业企业，虽伴随有极高的风险，但同时也提供了巨大的商业机会。可以认为，在数字化的帮助下，所有一切都可能实现网络化和自动化，而且实际上，确实早晚要实施数字化，这只是个时间问题。因此，必须在数字化规划考虑的起始阶段，就要对现有且成熟的商业模式、企业业务流程、内部组织结构进行充分的验证。基于令人信服的愿景和由此产生的商业战略，然后基于可持续发展的前提，来深度实施数字化这个主题——不是仅仅作为一次性的项目，而是作为一个持续性的转型过程。

1.2 信息技术的发展——呈指数函数式的爆发增长

数字化将以极大的激情拥抱所有的企业，这些完全基于这样一个事实，即作为其驱动力的信息技术本身正越来越发展迅速、功能更强大，相应的硬件设施越来越便宜。信息技术这种爆炸式的发展，可以通过其简要历史回顾来解释。显而易见，信息技术早已渗透入处理私人业务和企业流程的方方面面，为其提供相应的解决方案，其深入的程度和达到的经济效益的过程，是遵循指数函数式递增的形式上升的 [Kur06]。作为温习和提醒，指数函数的发展最初是缓慢稳步的线性增长，然后在弯曲拐点之后发生巨大转折，在短时间内转变为大幅度的增加，即指数级增长。

在第一次线性增长期间，即在第二次世界大战之后直到 20 世纪 70 年代，专业人员使用独特且为公司特定的程序语言，如 FORTRAN 或 COBOL，编写软件程序，并在当时的企业计算机中心，通过打孔卡在计算机系统上输入和运行。需要特别挑选的用户、公司业务部门的专家，接受操作这些信息技术系统的培训后才能使用这些程序。而后的第一次高增长是因为在 20 世纪 80 年代和 90 年代，大量个人电脑（PC）的广泛推广普及，这使几乎所有的企业行政管理和业务管理工作人员，都配备了简单的信息技术解决方案，打字机都被文本处理程序所代替。随后能够支持业务流程的标准软件、各种解决方案也得到不断普及。最初，IBM 通过 COPICS 系统主宰了生产工业的应用软件市场。随后，SAP 发展成为 ERP（企业资源规划）解决方案的事实上的标准。几乎所有家庭都有能力配置 Windows PC，进行文字处理，利用电子表格来解决某些私人规划管理问题。

在 20 世纪 90 年代末，互联网的使用得到普及，eBay 成为一种私人之间越来越专业化的商品交易平台，在过去十年中，亚马逊快速发展成为世界上最大的图书销售商，然后又继续变成商品市场的主导零售商。大量的互联网解决方案，诸如预订旅馆或剧院座位，使新的术语"平台经济"得以广泛传播。作者认为，数字化的发展不论是对企业还是对私人家庭来说，当时已经处于指数函数的上升"拐点"了。

随着苹果（Apple）在 2007 年推出 iPhone 及其在全球范围内的市场快速占领和得到顾客认可接受，这时的信息技术，可以说是真正进入指数函数式的爆发性高速增长阶段。通过其他移动终端设备雨后春笋般的出现，如安卓（Android）智能手机的引进和极高的顾客满意度，功能齐全的私人电脑和笔记本电脑，随着平板电脑的普及被越来越多地取而代之，这些都持续性地推动着信息技术，继续以指数形式高速增长。

1.3 汽车工业的数字化

从上述简短的概述，可见信息技术将来会在所有工业企业流程和个人事务里，得以更加迅速地发展和实际应用，并且会导致巨变。特别是对汽车行业，在这个行业里，目前几乎同时并存着下面多个方面的重大突破：

- 电驱动
- 自动驾驶
- 将业务模型从车辆制造商转变为移动服务提供商
- 车辆数字化——互联服务；面向软件的配置
- 多个分销渠道——从中心进口商/经销商到以客户为中心的直销
- 使用数字化进行过程自动化
- 交叉跨界的价值链：多模式联运交通—电力供应商—服务提供商
- 将客户需求从拥有车辆变为按需移动服务

根据作者的观察和经验，这些可预见的变化表明，汽车行业目前正处在必须重新塑造自我的时刻。特别是那些成熟的制造商，在企业经营转型方面，将要面临巨大的时间压力，因为这个行业新的竞争对手已进入市场，他们从一开始就没有"遗留下的负担"，而是所谓"诞生在网络之上"，即完全以新型数字化的形式开始其征程。通常这些咄咄逼人的市场新来者直接专注于最新技术，比如电驱动。而成熟的公司却会感到特别的艰难，要适应市场新的需求，必须采用更激进的手段和措施，但这往往是以牺牲现有产品的经济效益为代价的 [Wes12]。因此，2007年才成立的特斯拉汽车公司的最初成功和市场反响，令人印象深刻。目前更多的这类新型公司业已成形，如在加利福尼亚成立的法拉第，特别是在中国地区，在线零售商阿里巴巴和搜索引擎提供商百度，也进入了汽车行业，该两家公司都已宣布进入自动驾驶汽车领域。当然这些新玩家将如何发展还有待观察。但是这些挑战者对目前老牌汽车制造商的传统商业模式，正在构成巨大威胁，而且其经营项目始终无处不在。另外，这些活跃在汽车市场的新玩家，已经开始聚焦移动服务，以此提供未来的商业服务，这让现有的制造商发现，在市场上保持自己的特色和主导地位更加艰难。所有汽车制造商肯定都心知肚明这种挑战了，所以图1.2所示的毕马威

（KPMG）调查结果也就不让人感到惊讶了 [KPM16]。

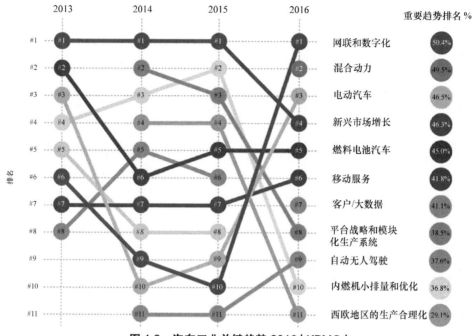

图1.2 汽车工业关键趋势2016（KPMG）

数字化主题以及伴随它的互联服务和新型驱动技术，被认为是一个关键发展趋势。对于传统的汽车行业来说没有其他选择，必须勇敢地面对即将发生的巨大变化，通过积极的行动将潜在威胁转化为机遇。必须考察现行技术的可能性和激进预测出的未来技术的可能性，准备与现代化的、高度灵活的和高效率的新型信息技术结构携手合作。正是要利用这种协同效应，来挖掘出最大的优化潜力。然而，目前数字化项目通常是建立在一维孤岛之上，进一步的发展障碍是传统的项目管理和预算编制方法，而且往往更主要的，是缺乏具有变革的文化和团队相应的专业知识。

例如，工业4.0将成为未来数字化战略的一部分，其目标是高度自动化的生产流程，让机器人直接与员工合作。而这些领域对现代信息技术结构的要求，导致了所谓混合云架构的产生，以便能够以有针对性并且成本效益合理的方式去实现数字化。

同样，需要在产品方面强调和关注数字化主题。自动驾驶意味着什么？或者说，如何将车辆转换为"移动的IP地址"，成为全球"物联网"的一部分？如何掌握和控制来自车辆、业务流程和客户活动的大量数据，把它们转变成商业价值和竞争优势？如何利用在行业里多年积累的传统经验，保护自己免受来自信息技术环境的新市场参与者的冲击，并尽快从数字化转型中使自身变得更强大？

1.4 本书结构

在此背景下，本书面对经常遇到的实现差距和现实问题，为汽车行业的数字化实施，提供了一套充实的方法和经过实践检验的指南，从而继续保持这个关键行业的可持续性竞争力。它将为汽车制造商和汽车零部件供应商行业，提出一些全面且务实的实施建议，以便实现从离散型、以车辆为中心的商业模式，转变为一个持续的、以移动为导向的商业模式。本书既阐述了通往企业自动化的、高效的精益集成化业务流程的路径，也讨论了实现销售、售后、营销市场结构改革以及设计新型客户关系的途径。以此为目的，本书分为4个组成部分：

第一个组成部分，包含第2章到第4章：信息技术驱动力，数字原生代，数字化的技术

我们只有深入而积极地参与数字化主题，并且还要能够真正估计到对未来发展的潜力，才能理解，为什么我们的确没有任何其他出路可以选择。首先从摩尔定律着手，再谈到纳米技术，进一步到奇异性，从而能对信息技术的未来发展，有一个初步的展望。要能理解未来的客户行为，同时要理解未来企业员工的行为，他们的期望和互动，这几点非常重要。这个议题将会在一个单独的章节里进行说明，在其后的章节中一样将叙述一些对未来发展至关重要的技术，无论是在信息技术方面，还是相辅相成的3D打印技术、可携戴设备，以至于包括新的概念，如增材制造和区块链。

第二个组成部分，包含第5章到第6章：汽车行业愿景2030，数字化路线图

在这个部分，我们首先通过分析，获得2030年汽车行业的愿景，或者说是一个展望。进一步会讲解说明"软件定义车辆"、基于互联网的销售和管理服务平台。从此我们可以获得一个全面的基础认识，在此之上，可以接着提出相应的行动建议，制定出目的明确的数字化战略实施具体路线图。这些建议都是基于具体的项目经验和研究业已实施的范例中得出的。

第三个组成部分，包含第7章到第8章：企业文化，灵活的信息技术结构

成功实施数字化转型的先决条件之一，是具有领导艺术的转型文化的发扬，并由企业领导层率先执行，并同时采用各种鼓励措施给予员工充足支持，并对员工进行基本的知识培训，共

同去促进这样的企业文化。再者，就是在项目中使用创新型和敏捷快速的实施方法。成功实施数字化战略的另一个重要先决条件是高效灵活的信息技术结构。信息技术在其构造上，要能够保证企业业务部门的需求获得精准快速的响应。混合型的云架构、兼顾考虑开放式标准，以及有效的安全措施和满足数据保留要求，这些是成功实现数字化项目的基础。

第四个组成部分，包含第 9 章到第 10 章：实施举例，2040 展望，结论

在本书的最后，第四部分，介绍了若干数字化转型范例，提及了在实施执行过程中遇到的挑战，最后是一个对 2040 年汽车行业展望的简短概述。

1.5 关注的焦点和读者群

该书为汽车行业提供了制定和实施数字化战略的建议，重点关注乘用车和轻型货车的汽车制造商和经销商。这覆盖了汽车行业里最大的销售市场以及企业份额。虽有一些限制，但本书提出的建议也同样会对其他制造商（货车，商用车，特种机械）和零部件供应商有所启发和收益。在所涉及的细分领域中，包括了库存型生产商（主要是美国和日本），以及合同制造商。尤其是第二领域即合同制造商，将在更精细的客户细分市场和日益个性化的过程中增长。

本书不仅针对汽车制造商及零部件行业各个领域的高级管理人员，也面向研究机构和咨询公司的工作人员，同时也面向对于研究数字化主题感兴趣的生产和工商管理专业的大学生。

参考文献

[KPM16] KPMG: Global Automotive Executive Survey 2016 der KPMG. https://home.kpmg.com/xx/en/home/. Zugegriffen: 10. Juni 2016
[Kur06] Kurzweil, R.: The Singularity Is Near: When Humans Transcend Biology. Vicing Penguin, New York 2005
[Sto16] Stoll, I., Buhse, W. (Hrsg.): Transformationswerkreport 2016.www.transformationswerk.de/studie. Zugegriffen: 10. Juni 2016
[Wes12] Wessel, M., Christensen, C.M.: Surviving disruption. Harvard Business Review, Dez. 2012

第 2 章
信息技术作为数字化的驱动力

受信息技术性能高度增长的推动,数字化浪潮正在以不可阻挡的速度,越来越快地向我们涌来。多年以来,作为验证这一持续大规模性能增长的代名词,就是所谓的摩尔定律,它在 50 多年前,就曾预测和描述了集成电路性能,每隔 12 个月就能增加 1 倍 [Moo65]。当然,如果基础技术没有发生改变,摩尔定律可能早已不再有效。正是由于芯片技术的飞跃,信息技术性能仍继续保持以指数形式高速增长。信息技术似乎没有边界,人类智能被"机器智能"所超越,看来只是个时间问题了,而在超越的这个时间点,信息技术即可认为是达到了所谓的"奇点"。

为了了解现实情况,以及证明为什么数字化将会不可阻挡地持续加速,能够导致我们的个人生活和企业工作流程的极大改变,本章将首先阐述信息技术发展的基础知识,然后提及其安全性、电力能源消耗问题,这些可能会成为信息技术发展的阻碍因素。本章的结尾是从愿景的视角去建立"技术奇异点"这个概念。

2.1 摩尔定律

1965年4月，戈登·摩尔（GordonMoore）在一篇专业文章里，形象地描述了他对集成电路发展所观察到的结果[Moo65]。他指出，具有最小零件成本的硅芯片上，晶体管的数量在一定时间间隔段，都会加倍增长。这个现象导致计算机性能在没有增加成本的条件下，呈指数形式增长。由于技术框架条件的变化，这一间隔时间的长度也多次进行了调整。然而，指数型增长的基本结论依然适用——今天通常认为这个时间间隔是18~24个月。图2.1表明了这种关系，对不同类型处理器中，晶体管数量用纵轴对数尺度表示，与横轴时间形成一条近乎直线的关系[Cha03]。这种封装密度的巨大增加，原因是组件的尺寸连续性地不断缩小，以及制造工艺的改进。

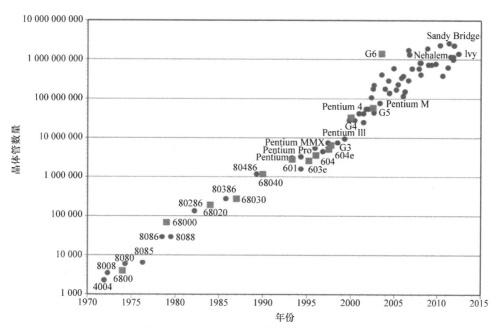

图2.1 随时间变化，处理器中晶体管封装密度的增长 (Schau et al.)

通常，芯片上的元件尺寸和密度与其性能直接相关，封装越小，密度越大，则性能越高。2005年之后大规模生产的芯片，已经达到90~130纳米的结构，现在65纳米技术已经在预生产准备之中。而在实验室，已经开始的原型试验中，研究更加微小的能够达到10纳米的芯片，预计该技术将于2017年左右，形成批量生产规模，成熟为标准技术，这从而也证明了摩尔定律的持续有效性[Boh15]。

摩尔定律是基于客观观察所建立，而非借助科学推理。尽管如此，它已成为工业界数字化革命的标准，而且，工业上借助于来确定长远规划的里程碑。因此，人们说，这是一个自我实现的预言，几乎可以说，它是提高信息技术性能的引擎和驱动力。在这里将处理器的性能直接由晶体管数量确定，虽然只是一种简化描述，但已经足够用来基本理解信息技术的迅速发展，信息技术性能的不断改善。在今天的高性能芯片中，并非所有晶体管都直接用于计算，有些会用于其他功能，比如临时数据存储（所谓的缓存）。此外，这里没有提及多处理器架构及其对计算机性能的影响。鉴于本书的目的，就没有必要去深入地了解这些细节。

2.2 数字化依然呈指数级增长

更有趣的是，根据集成电路技术的发展历史和观察而确定的摩尔指数增长定律，同样也适合于在芯片出现之前的信息技术的发展历史 [参见图 2.2，Cha03]。不仅在打孔技术时代，而且在之后的机械继电器、电子管以及独立晶体管的技术时代，每 1000 美元每秒的计算机性能也呈现出指数式的增长趋势。

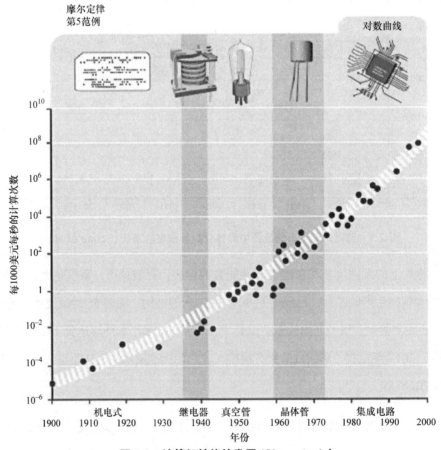

图 2.2　计算机性能的发展 (Chau et. al.)

进一步的分析表明，这种发展规律几乎适合信息技术的所有关键指标，比如带宽、存储容量、时钟频率和相应的技术零件价格 [Cha03]。而在这方面，仅仅讨论某个性能加倍提高所需要的具体时间间隔是毫无新意的，无论是 12、18 还是 24 个月——无论如何都表明了大规模的增长趋势，甚至会跨越其技术前沿。由此引发的信息技术产品的动态发展过程，可以借鉴图 2.3 所示的智能手机用户增长 [Mee16]，以及图 2.4 中所示的汽车内部网络节点数的发展 [Reg16]，给予说明。

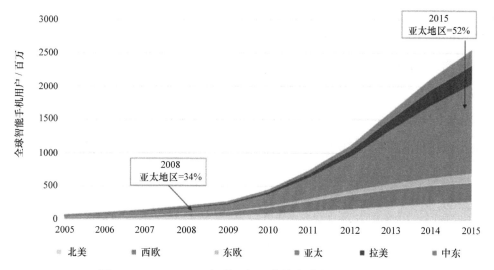

图 2.3　2005—2015 智能手机用户的全球发展（Meeker）

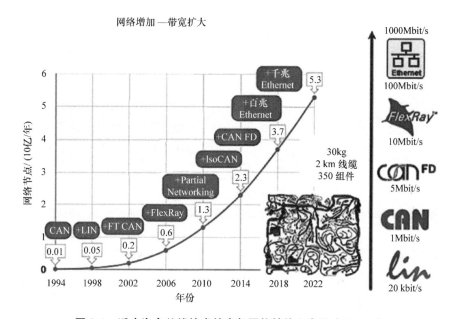

图 2.4　适应汽车总线技术的内部网络性能之发展（Reger）

在充满活力的亚太市场智能手机用户以及汽车内部网络性能的发展都呈现出符合摩尔定律，以指数函数形式的高速增长。为了实现汽车的不断技术进步，对于汽车内部的网络，相应的总线技术获得进一步的发展，从 Lin 到 CAN，并进一步扩展到以太网（Ethernet）。作为补充信息，图 2.4 也显示了汽车网络化的程度，它目前由 300 多个组件构成，线缆长度可达到了 2 千米，网络器件总重达到了 30 千克（截至 2017 年）。

如果把这一趋势推广开来，可以认为数字化渗透到企业内部的程度也将呈指数函数形式增长，因此这将是一个非常显著的超速发展。这里就提出了一个问题，即对主要汽车制造商在数字化活动方面进行比较的话如何划分归类。为了回答这个问题，作者使用以下几个简单的参数，来评估企业的数字化程度：即提供数字化服务，在数字领域建立了伙伴关系，已提供或将要投入的电动车和无人驾驶汽车，组织上的调整，以及与该"企业名字 + 数字化"相关联的词条在"谷歌上的点击率"。这些参数都可以从一些渠道获得，例如年度报告或网络搜索，每个参数会通过比较，给出排名顺序，并用所得的分数给予评估。总结以后，可得到图 2.5 的结果，更全面的评估见附录 A。这里把企业分成了三组，即领先者（Leader）、紧随者（Follower）和落伍者（Laggard）。

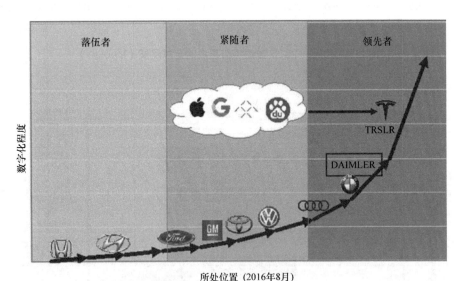

图 2.5　汽车制造商的数字化程度（基于 2016 年）（U. Winkelhake，参见附录 A）

因为只生产电动汽车，具有车辆软件"空中下载 OTA（Over The Air）"功能和创新型分销渠道，特斯拉汽车已经成为行业的数字化标杆。在德国制造商中，梅赛德斯和宝马几乎位于同一水平，其次是奥迪。稍微落后的跟随者中，大众汽车领先于丰田、通用汽车和福特。这一评估（截至 2016 年 8 月）表明许多制造商都必须要快速地追赶。特别考虑到上面所述的指数型增长规律，虽然是积极追赶，但要获得甚至可能很小的进步，都意味着巨大的努力和财政投资。而那一些加入到这个汽车行业的新型企业，他们从一开始就具有极高的数字化程度，从而其流程效率更高，面向客户的导向性强，显而易见，这将会给传统汽车制造商 OEM 在数字化转型方面增加额外的压力。

推导出数字化转型的必要措施，既是本书的主要目的，也是本书的主要内容。这里首先简要地讲明，保持持续的信息技术性能提升，以及数字化转型，可能遇到的障碍是什么。基本上可以说，主要的障碍是信息技术的能量消耗、运行安全性以及合法处理涉及个人的数据。

2.3　信息技术的能量需求

信息技术的能源消耗不断增长，因而热量扩散和环境污染已成为信息技术提供商和用户共同关心的问题。对于芯片生产商和硬件制造商，将面临的挑战是如何继续提高产品性能，同时确保能源效率，关于这一点将在 2.5 节中讨论。信息技术的能源需求作为评估汽车制造商生态特性的一部分，将在下文中进行解释，以便从整体上更好地理解数字化主题。

所有汽车制造商都有自己的计算中心作为必不可少的信息技术核心。但到目前为止还没有实现全面的整合服务器和存储系统，以便建立起一个"全球巨型计算中心"，由于网络的延迟特性，目前一般是建立分布在各大洲的"区域性的计算中心"。例如，它们位于北美和南美、欧洲、亚洲、中国，可能还有东盟国家，并且为保证安全的运行，通常会通过网络互联连接起来。

汽车行业对计算能力、计算中心场地的需求不断增长。其原因是不断增加的业务量，特别是为满足越来越多的移动设备或智能手机的数字化趋势，以及结构化和非结构化数据的大规模增长，例如通过模拟技术进行产品开发、营销领域的视频以及自动化流程。物联网（IoT）和工业4.0 实施所导致的生产过程数字化，也进一步增加了对计算性能的要求。所有这些都增加了对信息系统硬件，以及保证其运行所需能源需求，诸如数据网络、空调系统、应急电源设备和变压器。

技术方面的建筑设施需求的电力消耗，现在大约占计算中心全部电力需求的 50%，所以目前实际上只有一半能源用于运营信息系统本身的基础设施。在信息技术行业，计算中心总的能量需求与信息技术本身对电力需求的比例，是评估计算中心能源效率的一个常用的指标。目前运行中的计算中心这个指标平均值为 2，而新建的大型计算中心，可以达到远远小于 1.5 的水准

[Hin16]。这一方面是通过提高技术方面的建筑设施效率，另一方面通过企业组织结构、新型方法和空调技术的改善，例如，热水冷却、室温的调节以及服务器和存储系统的封装，这些都是很常见的能耗改善措施。

与此同时，信息技术基础设施的能源使用效率也正在不断提高。早在2010年初，市场上通常的个人电脑（PC）电力消耗超过100瓦，而今天同样的系统功耗已经低于30瓦，智能手机能量消耗不到3瓦。这肯定是一个令人鼓舞的发展，仍会继续保持。但是，依然有两个方面与技术进步背道而驰：每个计算过程的功耗几乎保持不变，即使计算速度已经大幅提升，但终端设备（个人电脑、笔记本电脑、智能手机）的数量正急剧增加。终端设备上的应用程序与中央系统相联，导致网络和计算中心的功耗持续增加。因此，尽管计算中心的效率提高，但其能量需求却持续提高，就不会令人惊讶了。作为最终的结果，计算中心的计算能力通常不是由服务器和存储系统所占用空间所决定，而是由所必需的电能供应和冷却设施来决定。以太瓦时（Terawatt hour）为能量单位，全球和美国的计算中心能量消耗预测如图2.6所示 [Bur16]。

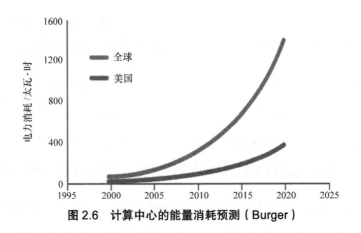

图2.6 计算中心的能量消耗预测（Burger）

因此可见，信息技术能量需求也呈指数增长。斯坦福大学的 Jonathan Koomey 估计，计算中心在全球电力消耗中的份额占1.1%~1.5% [Koo10]。对于美国，他估计这个比例可高达2.2%，在德国，计算中心约占总能耗的2% [Hin16]。这说明了采用进一步改善措施，提高计算中心效率的重要性。

除了上面对技术问题的简短描述，方案、组织和商业政策选择也起着重要作用。目前，服务器的利用率仍处于较低水平。在这方面作为一个例子，可看一下一个全面研究报告的结论 [Koo15]。根据这个研究结果，服务器运行平均利用率为6%，在此之外，美国约有30%的服务器处于虚拟化和非虚拟化环境,即处于所谓"昏迷状态(comatosestate)",也就是说,它们是完全安装好,并且在消耗电能,但在过去6个月里,既没有提供运算性能,也没有产生数据。这些数据表明,改进和节约能源还存在相当大的潜力,必须要持续地改进。可以建议进行广泛的整合和跨界的虚拟化,以及关闭过时的应用程序和服务器。这里虚拟化意味着在一个整合的软件层下不同服务器的集成,这可以优化对个别服务器性能需求的分配,从而改善了各自的利用率。可以从网络上获得支持这些相应项目的软件工具 [Koo15]。

在大部分情况下,存储系统利用率的优化也需要有效地给予加强。一方面,随着数据量的快速增长,企业每年60%的数据增长率是很普遍的;另一方面,因为相对于服务器、存储区域的虚拟化较为迟缓,因此有需要改进的需求。信息技术方案,比如软件定义存储(SDS,Software Defined Storage)可以提供可观的存储利用率和提高性能的优势。在这里,甚至不同的硬件制造商在现有存储系统上,可以建立一个软件层,这样可以快速识别闲置内存空间,以被更多不同的系统利用。这样有以下的优点:现有硬件的统一和有效的利用,附加存储单元的自由选择,对相互连接的全部系统,有一个统一和一致性的管理。这样利用率的提高,反过来可以节省数据存储的能耗。

上面只是提及了一些对计算中心节能方面的改进措施,仍有其他更进一步的、灵活的使用方案,比如,使用所谓的混合云架构作为平台来进行数字化项目,这将在第8章讨论。

对汽车制造商而言,除了企业运营安全和盈利能力方面,从环境生态学的角度看,其计算中心的能耗也是一个非常重要的话题。当然,从保护自然环境角度来看,总是希望消耗尽可能少的能量,而且最好所需的能量来自于可再生环保能源。计算中心的能耗也同时属于汽车制造商整体生态平衡的一部分。许多公司都将环境保护目标纳入其整体战略中,这涉及车辆的整个生命周期。汽车行业里通用使用的重要指标是所谓"每辆车的二氧化碳足迹",它也必须包括计算中心能量消耗所需的相应份额,这进一步给出一个关注信息系统能源效率的理由。

2.4 信息系统(IT)的安全

在数字化转型的背景下,与能源消耗类似,信息技术安全性和个人数据的正确处理也是一个重要的议题。传统上,联邦德国会更关注处理这方面的问题,而且面对这方面的问题也特别敏感,这可以被认为很好和很恰当。但是,这不应该对意义重大的数字化项目形成障碍,作者在实践中确实反复经历这种障碍情况。这里涉及两个主题：信息安全和个人数据。它们都非常具有挑战性、全面性和复杂性，可以在相关专业文献中寻找到详细论述。因此，这里不再深入讨论；作为规划数字化项目的基础，在这里只是进行一个概述，主要目的是提供基本知识，以引起对这个问题的关注。

为确保信息技术安全性，其正确的执行以及相应的基本审查原则，在许多相关法律、标准和操作规范中都进行了明确规定。最重要和全面的法规标准是由 ISO 2700x 系列标准提供，这里包括身份管理、身份验证和包含密钥管理和监控的加密，以及对外部入侵者进行识别和报告的执行规范。此外，还有很多专业标准，如标准 DIN EN 50600，用于计算中心设置和基础设施；标准 IEC62443，用于工业自动化和控制系统中的信息技术安全认证体系。

这些标准都提供了一个很好的基础和一致性的行动框架。全面地讨论这个安全主题，甚至只是列举所有与之相关的标准和规范，都会超出本书的范围。因此，请参考相关的技术文献。比如，一个由德国经济和能源部（Bundesministerium für Wirtschaft und Energie）资助的研究报告《工业 4.0 的信息技术安全》，就给出了一个非常好的、有关安全性主题的技术概述，并列出许多其他参考资料汇总 [Bac16]。报告里也能找到关于法律要求、当前研究的重点课题和资助资金项目的全面概述。该研究不仅关注技术问题，还有关于生产和工业 4.0 数字化中的组织和法律问题，以及给出了适用于汽车行业的务实性的行动建议。德国联邦信息技术安全局（Bundesamt für Sicherheit in IT）的另一项值得推荐的研究中，包含了一个全面的实施指南，也作为一种"最佳实践（Best Practices）"的指导，涉及信息技术领域的 70 多个信息安全领域 [BSI13]。该指南纲要仍需要不断调整和扩充，从而迎接数字化中不断出现的新挑战。

上述研究中提及的实施建议将不在本书继续进行深入探讨。重要的是从数字化角度来理解信息安全的意义。物联网、流程的整合、包含跨越国界参与增值过程中所有合作伙伴的全面网联，以及流程的自动化和不断发展的移动设备、大数据和云，所有这些都加大了潜在的信息技术安全性的风险，因此也更体现了这个主题的重要性。

随着信息技术广泛应用和重要性的不断增加，与信息技术相关的威胁，其规模和复杂性也在不断增加。主要的威胁来自恶意软件，它们通过互联网或通过存储介质和外部硬件进行渗透和散布感染病毒，目前也越来越多地借助智能手机。这里，人的不道德行为和破坏行为仍然是最大的风险。据德国联邦信息技术安全局 2015 年的一项调查显示，在接受调查的 400 多家公司中，有超过58%是网络攻击的目标，其中超过40%被认为是成功的攻击，即这些攻击对企业产生了直接损害[BSI15]。因此，信息安全这个议题必须包含在每个数字化路线图中，必须在项目协同运作中认真实施。

2.5 个人数据的处理

保护个人数据与信息安全同等重要，特别是在德国，这些数据的处理，即收集、存储、更改、传输、锁定和删除，以及对其使用都必须遵守联邦德国数据保护法（BDSG）。任何涉及个人的信息都是属于个人的相关数据。立法的目的是在处理个人数据的时候，保护公民免受不利因素的影响。基本上，只有特定的法律允许或者数据相关个人自愿明确地同意，才能进行收集、处理和使用个人相关数据。在获得同意之前，必须提供对相关信息的预期用途和处理形式。信息使用也只适用于双方协商同意所确定的具体应用范围，如果有任何进一步扩展的或不同的用途时，需要双方续签协议。如果预期的用途不再存在，则必须删除数据。在本法律规范的实施中，肯定有回旋解释的余地，以下示例给予说明。

在线配置新车过程中，客户确认其新车的各种个性特征，比如天窗、金属漆和个性化的方向盘。这个配置是在制造商的后端系统中进一步处理的，例如，用于材料配置、订单控制和物流，然后生成订单的详细信息，这些数据会以电子方式发送给零部件供应商。车身制造和涂漆会根据配置进行，零部件都会精确地汇集到最后的装配地点。组装完成后，按客户个人配置的车辆会被交付。在此示例中，从配置开始直到汽车交付，总是需要处理客户个人数据。在所有的工作流程中，都必须要有客户个人的同意，否则可能会违反联邦数据保护法，并可能遭到罚款。

这个简化的例子，说明了个人数据议题与数字化的关联性。在跨境物流方面，当个人数据，比如，它需要使用国外的云计算中心进行传输和存储，这会变得更具有挑战性。在欧盟内部对数据的传输和处理，具有相当大的法律确定性，但是在美国，或者在所谓的第三国如日本、印度或中国，相关法律的约束并不太严格，这会导致一系列复杂的法律问题。而面对这个问题，不要试图推迟解决，与信息安全性类似，要让专家，如企业数据保护官，从一开始就在数字化项目中尽早制定相应的规范和安全措施。这应该在专业项目实施之外及时配合完成，以避免在项目讨论中有不确定性，或者可能需要某些专门讨论而浪费时间。关于信息安全和处理个人数据，提出明确、务实和及时的指导方针有助于明确目的，将项目成功付诸实施。

2.6 性能强大的网络

除了信息技术安全性和处理个人数据外，功能强大的网络也是实现数字化的一个重要先决条件。工业 4.0 的具体实施需要生产工厂层次的可靠通信，并完整全面地集成入企业信息系统之中，同时又与企业外界保持网络连接。目前，这种通信的数据数量和密集强度都在迅速增加。

基于目前的网络基础设施，可用的带宽已经不再能够满足这种需求，必须尽早采取措施，以确保通信不会成为数字化进程中的"瓶颈"。目前，企业通常配置了 10Gbit/s 的网络，而计算中心已经使用 40Gbit/s 线路，甚至 100Gbit/s 带宽也在计划中。

基于这个基础设施，汽车制造商通常使用所谓的多协议标签交换（Multiprotocol Label Switching，MPLS）技术，来进行跨区域性的通信优化，MPLS 可以使用不同协议，通过网络发送信息包，因为其低成本，在互联网连接中，越来越多地得到应用。在这个领域，所谓的"ALL-IP"技术将在未来占主导地位，这里指的是基于互联网协议（IP），对不同传输技术的捆绑。因此，各种业务服务，比如电话、多媒体邮件和数据仅通过一种技术进行路由传输。来自每个单一服务商的这项服务可带来低成本和良好的服务效益，比如，对来自任何地方的用户，使用统一的访问 [NN15]。接下来的网络发展台阶，称为下一代网络（Next Generation Network，NGN），它也将提供捆绑技术，但不再是基于 IP 技术，而是使用制造商特定的协议。

在网络领域的进一步发展中，将会看到虚拟化的应用，为此目的而设计的未来网络技术，将由软件定义网络（Software Defined Network，SDN）和网络功能虚拟化（Network Functions Virtualisation，NFV）所决定。这种技术通过软件层，将基础设施从通信要求中分离开，通过在软件层的协调来优化资源的使用。这一技术已经在目前的计算中心得到验证（见 8.4.5 小节），因此，我们不再进一步讨论其技术细节，而是仅给出研究成果作为参考，将来在广域网（WAN）中实施这些技术方法，为数字化通信保证提供了进一步发展的潜力。

2.7 技术展望

面对未来，我们下面提出这样一个问题，即是否能够以及如何实现信息技术性能的持续增长；基于新的信息技术，摩尔法律是否仍然继续有效。衡量信息技术性能的巨大进步，可以使用一个用来评估这个问题比较可行的尺度，即：今天，一个市面上通常的智能手机已经拥有当年美国宇航局阿波罗计划的 1.2 亿倍计算能力，iPad 的计算能力可以进入 1994 年的超级计算机的排名 [Gru16]。

2.7.1 3D 芯片架构

到目前为止，提高芯片性能的基本做法是连续不断地减小芯片结构，并增加晶体管的封装密度，但这已经达到其极限。目前已在研究，大小为 5~7 纳米的芯片结构，依然需要一些努力，才能实现具有经济效益的大规模生产。我们可以假设，在几年之内就可以实现 5~7 纳米芯片的大规模生产。然而，这种微型化的道路，很可能遇到物理方面的限制，因为硅原子的直径约为 0.3~0.5 纳米，因此只有少数的原子能够彼此相邻地置入结构中。在这样的尺度下，安全的原子运动或线性运动不再可能了，所谓的量子效应 [Ruc11] 就会出现。除了这些物理学方面挑战之外，还有其他的挑战，比如能源供应的限制和热量问题的控制。如果芯片技术的发展对能源需求，继续维持目前相同的的框架条件，那么几十年后系统的计算能力将提高 3 万倍，它就需要今天全世界电力总产量来给予支撑。

基于硅技术的芯片持续微型化来实现提高计算性能的目的，似乎已接近尾声。现在有一种不同于二维（2D）平面结构的芯片，而是采用在三维（3D）架构中，构建多个层次的芯片。在这种三维结构中，电子元件位于层叠在一起的多个晶圆上。图 2.7 显示了这个原理，这可以实现从单板结构到电路板组的可扩展 [Ruc11]。

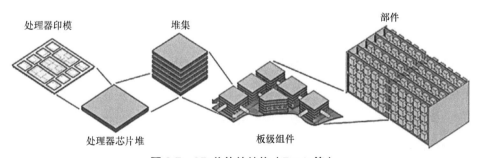

图 2.7 3D 芯片的结构（Ruch 等）

这种 3D 芯片架构，可达到空间高封装密度，可以允许进一步提升芯片性能，由于芯片基座较小，进而模块之间的距离可以缩短，并且可以优化数据传输。但是，这种紧凑型架构带来了两个新的挑战：一方面是芯片组的叠加会导致极度高温，可达到每立方厘米产生几千瓦·时的热能，这已远远超过了内燃机的发热量；另一方面，通过连接引脚供应所需的电能，也难以

充分给予保障 [Ruc11]。

2.7.2 液流电池

为了控制和解决芯片或电路板中的热量问题，可使用液体通过极其精细的冷却通道，穿过芯片堆栈进行散热。在 2010 年初，瑞士苏黎世实验室的 IBM 研究人员，已经在采用热水冷却方面取得了很大进展。它们在超级计算机中，已实现了明显的节能效果，IBM 实验室正在进一步推进这项创新成果。其基础是所谓的氧化还原液流电池，它已经在实践中获得使用，比如可再生能源中的应用。在这项技术中，能量不再通过通道运输，而是借助于电化学的活性液体，电极用于能量聚集以及从液体中提取能量。因此，使用液体的目的很明确，用于能量传输，同时也用于冷却。这种液体也可以被称作电子血。

可以想象，信息技术的发展能够进一步推动功率密度提高和微型化发展是非常重要的。这里我们可以把它们与生物大脑做一个类比，正如图 2.8 所示，生物大脑在效率和功率密度方面明显优于当今的技术 [Ruc11]。目前，我们的大脑比现有的信息技术强大 1 万倍。模仿我们的大脑，通过血液来供应能量和冷却，研究人员看到了液流电池的类似潜力。因此，他们确信在几年后，可以建造一台超级计算机，其计算功率会达到 1 PetaFlop/s（这就是说每秒 10^{15} 的浮点运算），这意味着在同样的性能下，设备体积可以从一间教室大小减少到通常的个人电脑大小 [Ruc11]。

2.7.3 碳纳米管

为了进一步探寻提升芯片性能的途径，寻找硅材料的替代品也进行了研究，例如对所谓的碳纳米管的研究已经进行了多年。这是些微小的管子，其管壁由单层碳原子构成，以蜂窝状结构连接，这些管子可以实现以最小的电阻传导电子，管的直径为 0.5~50 纳米。挑战是在生产中如何将几个紧密交织的纤维束进行捆绑 [Shu13]。

IBM 科学家们已经可以在硅片晶圆上并排排列碳纳米管，在已建立的芯片结构的顶部，纳米管可以用作晶体管。在此基础上，科学家预测在未来几年内在大规模生产中实现金属导线和纳米管的连接，其中金属导线和纳米管只需要 28 个原子的厚度 [Quin16]。这就为芯片性能的提升开辟了一条崭新的道路。

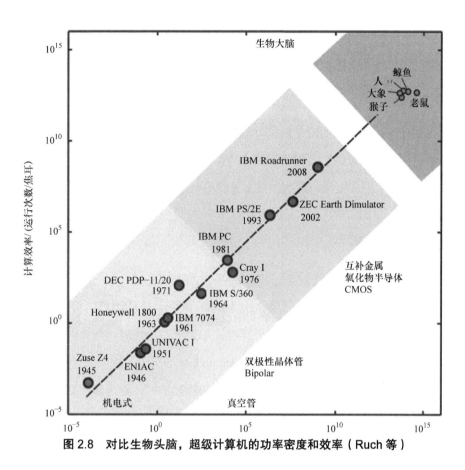

图 2.8 对比生物头脑，超级计算机的功率密度和效率（Ruch 等）

2.7.4 神经元网络

提高芯片性能的另一种方法涉及架构。今天的电脑都是基于所谓的冯·诺伊曼 (von-Neumann) 原理，其中晶体管生成二进制切换状态，以进行二进制数据处理。此外，处理器和存储器是分开的，因为晶体管本身不能存储信息。通过处理器，计算的每一个步骤都有开关电流在算术单元、逻辑单元和暂存单元之间来回流动，这是非常繁琐和高能耗的。

另一种替代方法，同样是模仿人类大脑，但使用所谓神经元网络，它们由神经细胞（神经元）组成，通过通信渠道（突触）彼此相连接。在网络内通过神经元，用非线性函数处理信息，同时考虑更多的神经元或开关点。借助这种关系，可以实现高速度并行地处理输入信息，但在输入信息中，非常复杂的非线性依赖性也很快显示出来。神经网络能够学习这些依赖关系，并进一步积累扩展经验 [Rey10，Smh15]。

在一个新型的芯片架构，所谓的神经形态芯片中，神经元网络会由硅电路来模仿，存储和处理器会结合在一起。通过这种方式，具有神经细胞的人类大脑可以被模仿，从而可以更高速，用比今天的计算机系统能源效率高得多的方式，解决某些实际问题，比如模式识别或语言环境的预测和识别。

具有了这些功能，基于它们的芯片和计算机系统，也会让汽车工业感兴趣，例如应用于自动驾驶中的快速模式或图像识别。考虑到将会带来的巨大潜力，该领域正在继续深入研究，第一批产品原型已经显示出来相当可观的成果，显现出可走上成熟生产之路的曙光[Dn14]。

2.7.5 量子计算机

考虑进一步实现大规模信息技术性能提升的各种未来技术和方法的讨论的最后，这里再简要介绍一下量子计算机这个主题，这方面已经获得了多年研究[Mat13]。不同于当前的二进制系统，仅具有两个明确定义的状态，这种计算机使用量子力学效应。与二进位制信息单位比特（bit）类似，有所谓的量子比特（Qubits，从 quantum bits 导出），然而，它可以被假设为任何一种中间状态。人们可以把几个量子比特结合，在量子物理学中，称为量子交织，由此，共同状态再次叠加所有个别状态。如果好几个量子比特被交织成所谓的量子寄存器，信息被分配在这些寄存器上，这样就可以同时处理非常多的数据，从而可以解决非常复杂的计算问题[Sch15]。如此获得的计算并行性，可以实现更高的计算性能。然而，量子计算机还不是一种通用计算机，但很好地利用量子力学效应，使它特别适合解决某些特殊的问题，比如如下例子：叠加磁场的模拟，非结构化的数据库搜索，基于素数概念的素数分解，实现解码问题。

许多大型研究机构和开发组织正在进一步致力于量子计算机的发展，所遇到的挑战是小型化以及具有很多量子比特寄存器的可重复生成和交织。目前，已经展示了初具希望的方案和第一个产品原型。目前在实验室条件下，这种新型系统在处理适当的任务时比传统计算机已经快1亿倍[Sch15]。

这里的描述仅仅是作为对一些未来技术的简要介绍，这些未来技术将使信息技术的性能得以进一步提高。此外还有许多其他想法也在研究之中，比如光子学（光效）、自旋电子学（电子作为两比特的介质）和生物遗传 DNA 计算机。仅仅从这些更多新技术选项的角度来看，适用于其他技术的摩尔定律将显而易见也继续在此适用。除了这些效果之外，数字化也将随之发展。

2.8 技术奇点

下面将作为一个愿景，简单阐明一下未来的议题，那些今天二十出头的年轻人在有生之年将能够经历到：即所谓的技术奇点。这个概念最初是来自数学函数术语，奇点是指这样一个点，在该点没有确定的函数定义，例如 $X = 0$ 处的 $1/x$，在这个点，X 的所有曲线都走向无限。在物理学中，奇点是指没有自然科学定律可以适用的情况，譬如，推测中的黑洞 [Rie11]。看起来，这是一个相当令人沮丧的术语，然而，将这个概念应用到信息技术上，却是非常令人兴奋的。这里所谓的技术奇点，被理解为一个时间点，在这时候，全球所有机器和高性能计算机的处理能力的总和，将超越所有人类大脑的性能总和。从这一时间开始，计算机可以自主地继续进行自我完善 [Kur06]。图 2.9 说明了这种情况，它显示了今天所有计算机，以及所有鼠类、大象和人类大脑的计算能力。

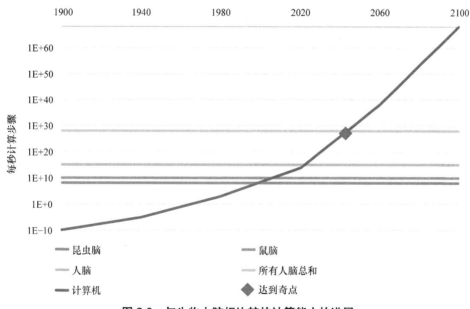

图 2.9　与生物大脑相比较的计算能力的进展

图中的交点，也就是所谓奇点，将出现在大约 2050 年 [Rie11]。如果假设从这一点开始，信息技术继续呈指数增长，那么这两个指数过程，即信息技术的发展和计算机的自主独立，在这一刻汇集在一起了，如果仍以这种令人难以置信的加速度发展，在这种假设下可以推导出对未来激动人心的评估结果，可以想象技术发展对人类所有生活领域产生的影响。也许那时公司的数字化，也可能会自主执行了。

这会带来医疗技术、纳米技术和机器人技术的革命，而且这些领域的更新和革命将持续进行。纳米技术将使得制造业在原子水平上进行，再与机器人技术相结合，就会生产出微型机器人，其智力超人，比如，它们可以不断地游离在我们的血管中，进行实地监测，提供身体健康状态参数。作为一种结果，如果出现某些疾病症状，这些机器人还可以自动采取治疗措施。也可以想象出在汽车行业，微型服务机器人能够找到类似的应用。

总的来说，大规模增长的整体智能能力，将推动信息技术以前所未有的速度，即以指数级别高速增长。

这里既有令人兴奋的愿景，也有与之伴随的许多问题仍需要回答：你如何能够将人的智能与技术智能联系起来？谁来领导谁？谁将控制谁？人类如何防止人工智能可能在毫无计划的领域产生人类不期望的发展和扩散？人的角色到底是什么？可以随便提出许多这样的问题，但这些不适合在本书进行讨论。感兴趣的读者，可以再次参考专业文献 [Kur06]。

对于作者而言，最重要的是要从技术角度来证明，目的明确和完整地讨论数字化的必要性。数字化进程具有巨大的推动力，并且势不可挡——所以它对每个企业都很重要，即要控制好这个新型的力量，并且能够有目的地去应用它们。

参考文献

[Bac16]　Bachlechner, D., Behling, T., Holthöfer, E.: IT-Sicherheit für die Industrie 4.0. BMWiStudie. Abschlußbericht 01/201. http://www.bmwi.de/BMWi/Redaktion/PDF/. Zugegriffen: 18. Juni 2016

[Boh15]　Bohr, M.: Moore's law will continue through 7 nm chips. ISSCC Conference 2015

[BSI13]　N.N.: ICS-Security-Kompendium 2013. Bundesamt für Sicherheit in der Informationstechnik. https://www.bsi.bund.de/SharedDocs/Downloads. Zugegriffen: 18. Juni 2016

[BSI15]　N.N.: Cyber-Sicherheits-Umfrage 2015. Bundesamt für Sicherheit in der Informationstechnik. https://www.allianz-fuer-cybersicherheit.de /ACS/DEdownloads/cybersicherheitslage/umfrage2015. Zugegriffen: 18. Juni 2016.

[Bur16]　Burger, A.: Data center emissions, coal power use much higher than thought. http://globalwarmingisreal.com/2016/02/09/. Zugegriffen: 17. Juni 2016

[Cha03]　Chau, R., Doyle, B., Doczy, M.: Silicon nano-transistors are breaking the 10 nm physical gate length barrier. Device Research Conference (2003)

[Dn14]　Dönges, J.: Neuromorphe computer – Der 1-Million-Neuronen-Computerchip. Spektrum der Wissenschaft, 07. Aug. 2014. http://www.spektrum.de/news. Zugegriffen: 21. Juni 2016

[Gru16]　Gruber, A.: Physikalische Grenze der Chip-Entwicklung: Kleiner geht's nicht. Artikel Spiegel Online: http://www.spiegel.de/netzwelt/web/moore-s-law-die-goldene-regel-der-chiphersteller-broeckelt-a-1083468.html. 26. März 2016. Zugegriffen: 20. Juni 2016

[Hin16]	Hintemann, R.: Rechenzentren – Energiefresser oder Effizienzwunder. Informatik aktuell vom 26. Jan. 2016. https://www.informatik-aktuell.de/betrieb/server/rechenzentren-energiefresser-oder-effizienzwunder.html. Zugegriffen: 20. Juni 2016
[Koo10]	Koomey, J.G.: New study of data centre electricity use 2010. http://www.koomey.com/post/8323374335. Zugegriffen: 17. Juni 2016
[Koo15]	Koomey, J.G., Taylor, J.: New data supports finding that 30 percent of servers are „Comatose". StudieJuni 2015. http://anthesisgroup.com/wpcontent/uploads/2015/06/. Zugegriffen: 17. Juni 2016
[Kur06]	Kurzweil, R.: The Singularity Is Near: When Humans Transcend Biology. Penguin Books, London (2006)
[Mat13]	Matting, M.: Die faszinierende Welt der Quanten. AO Aufl. 21. Jan. (2013)
[Mee16]	Meeker, M.: Internet Trend Trends 2016 – Code Conference, KPCB Menlo Park, 1. Juni 2016. http://www.kpcb.com/internet-trends. Zugegriffen: 03. Juli 2016
[Moo65]	Moore, G.: Cramming more components onto integrated circuits. Electronics. **38**(8) (1965)
[NN15]	All-IP-Netze: Abschlussdokument Projektgruppe All-IP-Netze; Plattform „Digitale-Netze und Mobilität", Nationaler IT-Gipfel Berlin, 27. Okt. 2015. http://webspecial.intelligente-welt.de/app/uploads/2015/11/151030_PF1_007_FG1_Abschlussdokument_PG_All_IP.pdf. Zugegriffen: 27. Febr. 2017
[Quin16]	Qing, C., Shu, J.H., Tersoff, J.: End-bonded contacts for carbon nanotubetransistors with low, size-independent resistance. Science. **352**(6292)(2016)
[Reg16]	Reger, L.: Baukasten zu autonomen Fahren Key Note ISSCC Conference 2016, San Francisco, artikel/127176/. Zugegriffen: 14. Juni 2016
[Rey10]	Rey, G.D., Wender, K.F.: Neuronale Netze – Eine Einführung in die Grundlagen, Anwendung und Datenauswertung 2. Aufl. Verlag Hans Huber, Bern (2011)
[Rie11]	Riegler, A.: Singularität: Ist die Ära der Menschen zu Ende? futurezone, 11. Apr. 2011. https://futurezone.at/science/singularitaet-ist-die-aera-der-menschen-zu-ende/24.565.454 Zugegriffen: 22. Juni 2016
[Ruc11]	Ruch, P., Brunschwiler, T., Escher, W.: Towards five-dimensional scaling: How density improves efficiency in future computers. IBM J. Res. & Dev. **55**(5), Sept./Okt. (2011)
[Sch15]	Schulz, T.: Rechnerrevolution: Google und NASA präsentieren Quantencomputer. Spiegel Online, 09. Dez. 2015. http://www.spiegel.de/netzwelt/web/google-und-nasa-praesentieren-ihren-quantencomputer-a-1066838.html Zugegriffen: 22. Juni 2016
[Shu13]	Shulaker, M.M., Hills, G., Patil, N.: Carbon nanotube computer. Nature. **501** (2013)
[Smh15]	Schmidhuber, J.: Deep learning in neuronal networks: An overview. Neural Networks. **61** (2015). https://arxiv.org/abs/1404.7828 Zugegriffen: 14. Juni 2016

第3章
"数字化生活方式"——未来的员工和客户

前一章已说明，信息技术的性能将以指数增长的方式推动数字化发展。数字化将广泛渗透到社会生活和工业企业，并极大地改变其业务流程和组织结构。这种变化将影响数量非常巨大的不同类型顾客和企业员工，他们在数字化方面接受了不同的教育和具有各自的经验。越来越多的客户和今天新进入职业生涯的员工都将属于所谓的"数字原生代"（Digital Natives），这些人都是在信息技术（IT）产品的伴随下成长起来的，如电脑游戏、互联网和脸书（Facebook）以及智能手机。熟练运用这些数字产品，对他们来说是理所当然的，并且影响了他们的日常行为。

此外，公司还有所谓的"数字移民"（Digital Immigrants）在从事工作，这些员工通常是在完成大学学业或职业教育后才刚学会了如何使用这些新的信息技术，这个群体的特征表现在成熟的行为习惯以及价值观念体系。当前的工作环境、组织形式、协作模式、工作场所设计和已建立的沟通方法通常仍然适用于这些"数字移民"。但是，在几年后，"数字原生代"将成为企业员工的大多数以及未来的消费客户。现在，公司应该认识到本身员工的这种情况，并制定相应措施，为获得成功的数字化转型，将所有员工纳入这项转型工作。

在更详细地讨论章节主题之前，作者想要提供个人的一个亲身经历，它真实地说明了数字原生代的现状。我 25 岁的儿子已在国外获得硕士学位。他的整个大学学习，特别是实验室和研讨会论文，都是采用所在大学的协作工具。这都是些基于安全平台的可用软件工具，借助于互联网，例如通过音频和视频会议系统、即时消息服务、项目管理工具等，使团体的合作大大简化。这使得与来自不同国家和地区同学的合作工作顺利进行，与不同团队协作而灵活地完成了许多不同任务。完成学业后，他找工作的第一步是在国际在线平台上进行查询。对于职位优劣的评估，通常社交网络中的评论也是决定性的。

与许多寻找初创企业文化的同学相比，他的职业生涯从一家咨询管理公司开始，以便深入了解这类通常承担各种不同业务的公司。作为居住地选择的是法兰克福，主要考虑了良好的交通设施。他通过社交媒体平台，发现了一个共享公寓中的房间，在这个房间里，与两个以前他不认识但大约相同年龄、刚开始工作的年轻人共享公寓。虽然这个公寓里，每个成员的平均收入高于平均水平，但他们都没有自己的车，也没有计划要购买。对于较短的距离，他们使用移动平台提供的服务，对于更长的距离，选择公共交通服务，更优选低成本的长途公共汽车，当然也因为车上稳定的互联网连接。如果有必要外出的夜晚，则通过共享平台灵活地预订住宿，例如通过 Airbnb。

此外，还有一个小轶事：他住进几个月后，在我第一次访问时，喝咖啡期间，不停的电话铃声扰乱了我们的谈话。经过长时间的搜索，终于找到了来源。原来在存储室的互联网接线处挂着一个传统的电话机，可能因为错误打入的电话而引起响声，但没有一个居民以前使用过它，或知道它的固定电话号码。

这虽是我个人的经历，但它说明了数字化时代对这些数字原生代的未来员工和潜在客户，公司要迎接将如何面对和处理的挑战。因此，在下面章节里，将更详细地说明数字原生代的生活背景和处事态度，并推导出若干建议，使公司知道如何在今天重建和组织自己，以吸引、激励和培养这一代新员工。另外还提出了些想法和建议，关于如何行动以赢得这一代人作为自己的客户。当然，与此同时还要激励数字移民紧跟上数字化的形势。

3.1 始终在线（Always On）

在 2015 年，全球有 32 亿人使用互联网，其中包括 20 亿在发展中国家。在这种情况下，全球互联网用户数量已从2000年的4亿,保持指数型的增长[ICT15](见2.2节)。他们中的大多数是青少年,即数字原生代。对德国互联网用户行为的综合研究表明,年龄在9~24岁的85%青少年声称他们每天上网,28%是每周至少上几次网。如图3.1所示,"在线等级"随着青少年的年龄增加而增加,因此18~24岁的人群中互联网使用率甚至达到了94%。同样的研究表明,这个年龄段最常用的是脸书(Facebook)、谷歌(Google)和WhatsApp [Bor14]。正如所料,这些正好涉及三个主要使用领域:社交网络、搜索和通信。此外,商业平台已经建立,视频和共享服务正在不断增长。从作者的角度来看,这些肯定是具有代表性的,其方式在其他国家也类似。巴西、美国和中国互联网使用率更高,在中国,相应供应商是百度和微信。

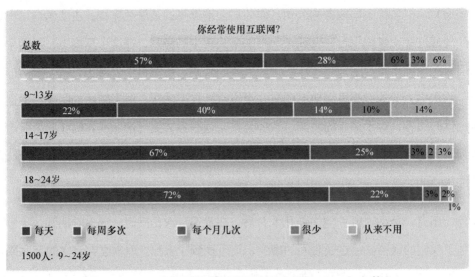

图3.1　9~24岁人群使用互联网情况(来源:Borstedt等)

图3.2描绘了一个有趣的、不同背景青少年的使用互联网情况,其对企业发展也有关系,这里涉及的是14~24岁的年龄组[Bor14]。

纵轴代表被研究的年轻人,按其教育水平分为低、中、高三个组,而横轴分为传统、现代和超现代三个等级。在这个区域中,又可以区分和定义七种特征行为模式。在互联网上,以目标导向和具有风险意识的方式行事,比较务实和自信的用户群,通常具有中高等教育水平,约占所有用户的54%,这个群体也准备好改变自己,具有一种好奇的态度,愿意迎接变化和突破。其次是最无忧无虑的群体(18%的人口),基本是低等教育水平,并且当他们在互联网上时风险意识较低。不安全感、谨慎和持怀疑态度的群体占受访者总数的20%,来自所有教育背景,基本上他们更有可能被赋予传统的态度,在这个群体里包含一组有责任感意识的人,通常是具有高等教育的背景。

对"始终在线"心态的深入分析，包括上述不同群体组中的行为态度，给公司提供了一个可行方法来分析公司内部同龄员工的心态，从而推导出例如企业数字化项目交流和培训计划课程。在这些计划课程中，对于具有创造力的数字原生代来说，重要的是整合他们的创造力、对当代信息通信的最新知识和创建最新的软件解决方案的能力，让他们成为企业转型的驱动力。

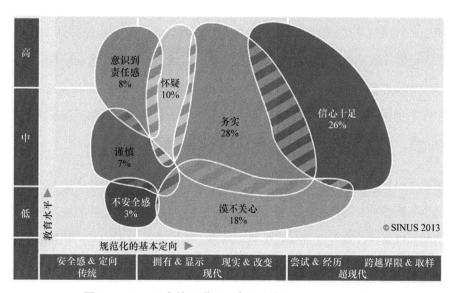

图 3.2 14~24 岁的互联网用户组（来源：Borchers 等）

3.2 移动经济学

不仅仅对于数字原生代而言，移动终端越来越成为信息技术使用的标准工具。预测 2017 年全球智能手机数量将增加至 32 亿台设备（2012 年为 16 亿部手机），因此智能手机的使用量将是智能型电脑的两倍。虽然个人电脑（PC）的数量可能保持当前数量或者将长期下降，但智能手机的数量将继续显著增加，从而进一步拉开两者间距离 [Eva16]。

这里重要的是要了解到，这种智能手机的"炒作"不仅取代了个人电脑（PC）作为访问互联网和信息技术解决方案的访问设备，而且这些智能设备将建立一种全新的文化。使用智能手机而始终在线（AlwaysOn）不再是用户有意识的决定，而几乎成了一种标准。与此同时，它为一个全新的经济体系，开辟了巨大的机遇。图 3.3 也说明了这种新一代业务的突破 [Eva16]。

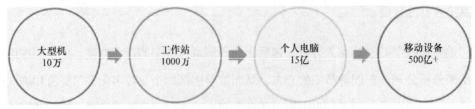

图 3.3　全球性计算机更新换代及其数量（来源：Evans）

图中显示了计算机的更新换代以及其设备数量，特别是在移动设备领域中的动态高速增长也在进一步的一些研究中得到验证，它们每种都相应地代表了一种典型的商业形式。大型机、工作站和个人电脑（PC）的统治时代，也表现了这个时代传统的公司企业结构。在大多数情况下，公司过去和现在都是按层次结构组织的，最初是基于本地化的，后来是上升到全球层面。大型机和工作站是许多应用软件的引擎，例如企业资源规划（ERP）和工程解决方案，企业员工在办公时间内，在固定性的工作场所去访问和使用这些软件。

通过智能手机，数字化现在正在进入公司的所有领域以及日常的私人生活。数字化有潜力让世界上每个人都能拥有智能手机。利用这种移动设备可以随时从不同的地方甚至移动工作场所访问所谓的后端系统。这导致了私人生活和从事工作的两个世界的紧密相互联系。无论是在工作环境中作为企业解决方案补充的前端解决方案，还是在私营部门如常见的天气、旅游或股票市场，会开发出越来越多的智能手机特别解决方案即手机应用程序（App）。这些应用程序（App）可以低成本轻松灵活地获得，或者通常通过广告，间接免费地从应用平台下载。如果这些应用程序在下载后，通过了第一个快速测试，它们通常会保留在设备上，以供进一步使用。

与此同时，越来越多的数字原生代将在公司工作，带来新型企业文化的发展，而且往往同时也在改变其组织形式、协作模式和商业模式。这种方面的数字化转型直至数字化的企业文化将在第 7 章讨论，因为这是推进数字化项目必不可少的成功因素。

伴随着所谓的"始终在线，移动第一"文化，信息技术设备的使用行为发生了巨大的变化。互联网及其提供的无数的服务已成为生活中不可或缺的一部分，它不再区分所谓开/关时间。这一点很明显，比如在电车、咖啡馆甚至是餐馆四处都可以看到，无处不在的年轻人以及越来越多的年龄大一些的数字移民，都在查看他们的智能手机，一次又一次地与该设备进行互动，很多不同的研究证实了这一观察。作为一个例子，[Mar15] 里给出了分析出的结论以及对结论的解释。如果某一用户每天访问智能手机 88 次，假设全天内有 16 小时为清醒状态，则是平均每 10 分钟"检查一次",或者说是瞄一眼手机,这样总的来说,每天使用手机的时间约为 2.5 小时。与智能手机的互动,通常平均不到 2 分钟。

这一结论提出了这样一个问题,即在这种持续性的短期中断下,如何仍可以保持有工作成效的精力集中,以实现目标导向的工作成果。但正是这些行为方式在越来越多地训练着青少年和数字原生代。他们将把这种"快速执行多重任务"的能力融入公司的工作中,但不仅仅是利用自己在这方面的能力,还包括从中导出的对公司的期望。对经常在线并以高速互动方式进行交流沟通的人,也期待他所在公司的同事、他的供应商、业务合作伙伴以及客户,同样以这种方式沟通合作。互动对话中的预期回复不是在一天内,而是在几小时内能到达,甚至是"实时"的。

3.3 移动生态系统中的"实时"期望

在互联网上工作,并不真正需要实时,但网页加载时间应低于 3 秒,以满足用户的期望。随着信息技术(IT)性能的提高,该值将会继续下降。持续在一个屏幕上工作或者作为智能手机解决方案使用某个应用程序,尽可能短的加载时间是非常重要的采纳标准。这也适用于公司中,应用软件加载到用户屏幕的时间。

这种实时高速度的交流沟通动态特性,以及对话应立即或至少及时给予回答的期望,将被转移到所谓的"移动生态系统"的其他领域。一个典型的例子是作为在线零售商亚马逊推出的"当日交付(same day delivery)"计划,即在订购当天交付订购的商品。对于此项服务,客户经常愿意接受附加费。因此,加速交付承诺至少在提出的开始,促进了在竞争中的差异化,拉开与对手的竞争距离。这导致的结果是,整个在线零售业的供应链都面临这种压力,可能也会观察到,这种方式会被复制进汽车工业的供应链。诸如使用无人机等新想法也已经在测试中,新的服务提供商正在通过各种创新方法,开发建立自己的业务,比如移动服务提供商优步(Uber),与亚马逊的 Amazon Now 进行竞争,已经通过应用程序或物流平台灵活地在美国提供交付。

这个来自移动互联网或移动生态系统领域的例子,清楚地表明了该技术对商业模式转型的推动作用。但重要的是,所有公司都要在早期阶段认识到这些风险,同时也要发掘相关的潜力,并将其用于自身发展。无可争议的是,其他许多的技术,诸如从大数据分析到认知型计算,都将成为新型商业模式的基础,以便追踪和考虑客户的愿望和历史。这里一个例子是所谓基于位置的服务整合,以优化物流路线和运输工具的利用。这里仅给出解决方案的启发,详细描述将在第 9 章中进行。

可以说明这种实时高速度交流沟通动态性重要性的另一个例子,是"企业对消费者(business to consumer,B2C)"的整个领域。客户期望在线通信中,公司给予快速的反应,以及希望公司对客户过去的信息是已知的,例如后续订单或投诉,并且将这些在回复中考虑在内。在一天内,以小时级别的对话频率提出解决方案,反映出作为数字原生代客户的期望特征。这些必须满足的期望,应作为成功建立客户关系的基础,因此,必须在公司组织工作中,使之具备这样的能力。此外,客户界面作为销售和售后流程的一部分,正经历了广泛的变化和挑战,这将在第 6 章详细说明。

3.4 共享经济学

共享经济是另一个有趣的商业模式。由于智能手机的迅速普及,共享经济模式变得越来越重要。人们早就知道共享利益或共同利用资源的基本方法,特别是对于高价位的商品。例如,在分时度假概念中,共享使用度假房屋,在合作社使用收割机,或共享机床设备。这些商业模型在互联网时代之前就已经建立。然而,该种交易需要特殊的组织形式和复杂的协调,因此到目前为止整个共享业务模型,仅能产生有限的销售量。但随着应用程序(App)功能的完善和改进提高,在这个商业领域,将可以实现简单、快速和极其经济的交易处理。建立在平台基础上,全新的市场正在出现。新的市场进入者,包括提供商和客户,几乎可以免费加入到现有的交易平台。这同样适用于扩展这类运作平台到新型的市场中,从而带来令人印象深刻的呈指数函数形式增长的大规模经济效果。比如,Rifiki 书中谈到的零边际成本社会(Zero-Marginal-Cost Society)[Rif14]。

众所周知的共享提供商是其各自市场的领导者,优步(Uber)公司提供移动服务,Airbnb 提供过夜住宿,每个共享的资源都由私人提供。Airbnb 成立于 2007 年,于 2017 年在超过 34 000 个城市和超过 190 个国家/地区开展业务,每年的过夜住宿总数超过 150 万。2013 年,公司销售额为 2.5 亿美元,2015 年约为 9 亿美元。虽然该公司在 2015 年没有盈利,但估值为 260 亿美元。然而,Airbnb 预测 2020 年的税前利润和折旧将达到 30 亿美元 [Eic15]。优步的发展同样充满活力,该公司成立于 2009 年,2017 年的估值为 625 亿美元。每天处理超过 200 万次旅行,仅中国就有 100 万次 [Haj16]。在美国,该公司拥有 6700 名优步员工,超过 450 000

名驾驶人。2015 年的销售额为 19 亿美元，亏损约 22 亿美元 [Fre14]。

仅这两个例子就凸显了共享商业模式的活力，其驱动力来自智能手机、"始终在线"的心态以及某些客户群体的生活方式，其中大多数是数字原生代。对这些公司较高的估值，主要还是取决于对市场潜力的评估。在全球范围内，这种共享商业模式的收入，目前估计为 150 亿美元，到 2025 年将为 3 205 亿美元 [Eic15]。

鉴于预期的共享商业模式将有高度增长，现在已提出了这样的问题，即汽车行业如何面对这个重要领域的发展。这方面已有广泛深入的研究，作为一个代表例子，这里对管理咨询公司 Roland Berger 的研究结果进行简要探讨 [Fre14]。该研究估计，2020 年的汽车共享增长将达到 56 亿欧元的市场份额。这种强大的吸引力和商业潜力，解释了为什么现在德国出现了许多服务提供商，如 car2go（戴姆勒）、DriveNow（宝马）和 Flinkster（德国铁路）。此外，拼车服务或专车服务（Ridesharing oder Ridehailing），这种有组织性的服务项目，2020 年的市场容量将达到 52 亿欧元，预计将来还要带来更强劲的业务增长。例如，优步（Uber）、Lyft（通用 GM）、Gett（大众）或 BlaBlaCar 的共享服务，以及中国的滴滴出行，都是典型的移动出行共享的供应商。共享停车场，即共用停车位，预计到 2020 年将每年增长 25%，年增长量约为 20 亿欧元。

因此，汽车共享、拼车服务和共享停车这三个领域，形成主要的汽车业务领域，进一步还有点对点共享（Peer-to-Peer sharing），汽车制造商希望在这些领域从战略上定位自己的发展。普华永道（PWC）的一项研究也证实了这一点 [Mil15]，其中分析了不同共享报价、发展状况和前景。图 3.4 摘要显示的 S 形曲线表示，各种共享方式的状态以及各个阶段的经济寿命曲线。

图 3.4　共享模式的发展（普华永道 PWC）

汽车行业所感兴趣的点对点贷款（Peer-to-Peer Lending）和汽车共享模式（Car Sharing）仍处于发展的初期，而传统的汽车租赁业务已处于饱和状态。据普华永道的研究估计，对于点对点分享（Peer-to-Peer Sharing）到 2025 年其年均增长率为 63%，而汽车共享（Car Sharing）为 20%。因此本研究也证实了这个有意义的业务领域，将可能是移动服务提供商的战略组成部分。

该图还显示出，仍存在其他很有希望的共享模式，例如在线人员配备、联合使用特殊机器或测试设备，这后一个领域不应该在本书中讨论。与移动出行相关的模型，将在制定数字化策略的第 5 章做进一步讨论。在线人员配置主题是第 7 章"企业文化"的一部分。

3.5 初创心态

数字原生代一个明显的行为方式来源于他们经常与电脑游戏打交道。不同的研究发现，青少年每天娱乐玩电游超过两小时，年龄较大的青少年甚至更长。基于这些玩电脑游戏的经验，数字原生代也在其职业生涯中再现了这种技能和思维模式 [Sti15]。这就奠定了这一代人，敢于跨越传统的边界并承担更高风险的思想意识，从中衍生出来一些典型行为模式——例如"从失败中重新站起（restart at failure）"。因此在这方面，数字原生代时刻准备，好毫无保留地尝试新的想法，快速评估其成功的机会，如果有必要就进行调整或完全抛弃它们（"重置 reset"）。在企业里这种心态可以发挥重要作用，例如在接受新的解决方案方面。数字原生代随时准备好，去接受更大的创新飞跃，但也期望可以立即消除错误或者进行调整。

这种新型的处事态度，可称之为所谓的初创心态（Start-Up-Mentality），其特点是勇敢地去解决迄今为止仍缺乏足够可用经验的问题。因此在从事一项工作中，能以极大的热情投入、采用创新的方式、灵活地借助额外资源。员工之间开放式地交流沟通、在项目相关结构中协同工作、尽可能地避免组织结构层次和标准的限制。然而，这种方法并不意味着忙乱、随意和仓促，它依然有制定的协议和目标。再者，相对于传统的机械式方式，这种动态团队更灵活，为实现价值迅速地进行补充调整。尤其是在硅谷的初创企业里，能够找到采用这种敏捷方式的工作领域，因此它吸引了大量的数字原生代和创始人去那里。吸引他们去硅谷的进一步动力，是国际化的环境和灵活的融资机会。相应的这类初创中心也已经出现在海法（Haifa）、柏林（Berlin）、伦敦（London）和班加罗尔（Bangalore），它们同样吸引了大量数字原生代。

为了能够与这些初创企业竞争，吸引数字原生代作为将来可能的雇员，企业需要提供一种能吸引这类员工的工作环境。当然，具有企业家思维方式的独立工作能力会成为一种标准。这样，数据原生代才能高水平地发挥其创造力和领导能力。存在的问题可迅速、非常规和原创性地得以解决。这样的结果是生成一个创造性的工作环境和新的组织文化，甚至数字移民也喜欢加入进来。在企业中，数字原生代所扮演的这个角色，被称为内部创业者（Intrapreneur）——这个概念来自"企业内部（Intracorporate）"和"企业家精神（Entrepreneurship）"单词的组合。对于企业来说，应该在他们的组织中培养这种新型员工，并将这种内部创业者变成企业变革的推动者。这样形成的转型文化是成功实现数字化项目的先决条件。这个主题将在第7章详细介绍。

3.6 创新型的工作模式

由于他们的自身的天然秉性和行为模式，数字原生代与工作的关系，与数字移民在职业生涯开始时完全不同。以前，入职时的工作位置保障、雇主形象和收入水平，以及将来在公司管理层级中职业上升的机会都是重要指标。今天，数字原生代更多看重的是工作任务内容、国际化程度、开放的工作环境以及灵活的工作模式，以及能否搭配出合适的"工作/生活平衡"。这个评价结论也得到弗劳恩霍夫研究所（IAO）的一项研究项目的证明，该研究将七种趋势确定为这种新环境中工作的激励因素 [Kor16]。

1. 竞争精神
2. 应对不断变化的任务
3. 国际化工作
4. 展示以需求为导向的存在
5. 不断获取新知识
6. 在自组织团队中工作
7. 非常规工作合同

该研究调查了1400名德国学生，在即将到来的工作中如何看待这些趋势。正如预期的那样，数字原生代更欢迎竞争和变化、学习新知识以及国际化地在自组织团队中进行工作。然而，后两种趋势被认为还是有争议的。虚拟的按需工作更优先于工作地点凌乱的变化，当然，永久性工作岗位肯定比临时工作或自由职业者更受欢迎。

数字移民的特点是忠诚于雇主，而数字原生代忠诚于他们的工作内容和环境。正如前面提到的研究和前一部分所解释的那样，在提供内部创业者自由的前提下，数字原生代也越来越愿意在成熟的公司里接受一个永久的职位。尽管如此，灵活的工作模式现在已经在建立，基于传统工作结构的逐步变化，灵活的工作模式会在未来变得更加重要。这些将在下面讨论。

3.6.1 数字游民

对于具有最高自由度的工作模式来说，数字游民（Digital Nomads）的概念已经确立了其地位。它是指那些在信息技术（IT）或数字化领域工作的人员，例如程序员、网页设计师、作者、博主甚至软件测试人员。他们通常是进行所谓的"单人表演（one man show）"，相对自由独立，可以自由选择他们的工作地点和工作时间。对他们本身和他们开展自己工作而言，最需要的是高性能的网络连接。数字游民谋生是通过适当的互联网平台独立营销他们的产品，例如应用程序或博客。另一种方式是在较大的项目中承担临时性工作，例如设计网站或编程软件解决方案。

特别是在企业创新的信息技术（IT）项目中，很多企业都不仅仅缺少自己的专业知识和缺乏经验，而且企业内部相应的人力资源也的确不足，所以需要依赖外部资源的支持。通常，外部服务提供商按预先协定的工作范围，处理所接受的企业任务。此外，还有可能把公司核心业务之外的某个工作领域长时间地比如 3~5 年交给外部服务商，以外工（Outtasking）（不包括员工转移）或外包（Outsoursing）（涉及员工转移）合同的形式转让给承包商。这时，具有特殊知识的数字游民经常作为分包商承担相应的业务。这种灵活的、按需编制的所谓项目人力资源的形式，运作在作为总承包商的企业合同伙伴之下，是目前比较普遍的协作模式。然而，从作者的角度来看，这只是迈向更灵活的工作方式，所经历的一个暂时性中间步骤。

3.6.2 众包和流动劳动力

传统的地方性劳动力市场以及企业内部传统形式的工作组织正处于剧烈的转型期。一方面，数字化项目往往需要在清晰的管理项目期间具有非常创新的和专门的知识；另一方面，数字原生代更愿意在新的工作模式中工作。另一个基本前提是提供互联网 Web 2.0 技术和高性能计算机网络作为工作工具，以便能够在几乎任何国家或地区的任何一个地方无缝协同工作。这样形成的高度灵活的工作结构，可以用所谓流动劳动力（Liquid Workforce）、众包（Crowdsourcing）和云包（Cloudsourcing）等术语来描述。

第 3 章
"数字化生活方式"——未来的员工和客户

正是在信息技术（IT）行业中使用术语"流动劳动力"，企业的固定雇员数量将相应减少，他们专注于几个不多的核心领域，他们由非常灵活（流动）的、根据项目相关需求的方式得到相关专家的强大支持 [Acc16, Boe14]。这些员工可以从全球人力资源池、众包池或云包池中选择。员工的选择和整合由专业的互联网平台处理，这些平台越来越多。这种形式的所谓"在线员工（online-Staffing）"将会大大增加，已经引用过的普华永道研究报告显示其年均增长率为35%。在这些人员配置决策中起决定性的标准，除经济效益考虑外，还有申请人的知识和专业经验。

但是，希望在项目中成功使用众包（Crowdsourcing）或在线员工（online-Staffing）时，需要考虑几个因素。首先，根据作者的经验，要从公司的角度给出关于最重要方面的一个简要概述。可以从项目的技术基础开始，比如采用的工具、工作设备、通信和整个项目的测试程序，它们要基于整个项目跨界地针对所有员工和外包合作伙伴做出明确的义务规定。具体实施时应该在很大程度上遵循既定的标准，以便在重复使用项目结果时，实现低的运营和调整成本。在此基础上，将该项目的业务范围细分成具体的工作包，并给予详细描述。这里特别要确定相邻工作包之间，以及和现有企业解决方案的接口，并且还必须定义成功评估参数。在承包公司方面，建议以标准化认证的形式，证明其拥有的资格，尽可能附带些参考资料。

公司通常在网络平台上，以招标的形式宣布单个的工作包，除详细说明外，公司还规定了承包公司所需的资格等级。付款前提通常是完成合同确定的工作范围并满足质量和时间要求的招标规定。公司和各自项目经理的核心任务仍然存在，主要是确保项目所有单一范围之间的可靠互动，以及集成到相邻的现有系统中。尽管在结构化项目准备和集成风险方面存在挑战，但可以预期通过基于互联网平台的员工配置将继续增加，同时这意味着可以解决在德国的行业专家日益匮乏的问题，即所谓的"人才争夺战（war for talents）"。因此，众包的概念，首先解释为灵活的工作组织和员工配备流程。此外，该术语也被其他各个方面采用。有关众包更多的应用领域在 [Arn14] 给予了描述：

- 创新……，比如未来汽车的联合开发
- 资金和投资……，比如为初创企业获取各种投资者
- 知识准备和管理……，比如创建维基百科分支
- 慈善/社会项目……，比如收集捐款/减少饥饿
- 创意市场……，比如数码摄影平台

其中一些方面对公司也很有意义。从大量群体提供的知识（比如有名的例子是维基百科）出发，进一步发展为一个数字生活方式的特征。下面对此将给出简要阐述，因为在数字化过程中，在转变企业文化时必须考虑到这一点。

3.6.3 维基经济学

维基经济学这个概念说明的是一种新的工作组织和协作形式，在公司中也是新企业文化的一部分 [Tap09]。人们以自由工作的方式，完成不同的任务，没有组织上的等级结构。维基百科不仅是这种工作模型名义上的教父，也是解释这个原理的很好例子。许多具有相应背景，共同感兴趣的人在这里工作，没有预先要求、压力和索取，使用互联网 Web 2.0 平台收集知识，保持知识更新，而且维基百科作为知识数据库是自由、灵活和免费提供的。这种开放式合作模式，即许多参与者动机相同且都有一个共同的目标，也可以转移到公司的任务中。而成功实施必须考虑以下四个基本原则 [Tap09]：

- 对等——个人自愿合作（包括外围人员）
- 开放——开放性
- 共享——共享文化
- 全球行动

这些原则是维基百科以及 LINUX 和 YouTube 成功的基础。这种原则也应该会适用于企业内部，可以采用这些原则共同地在整个企业中跨专业地成功完成研发任务，以所谓的维基（Wikis）形式汇集知识，并通过类似脸书（Facebook）的内部社交媒体平台让许多员工提交知识进行交流。这些举措的成功当然依赖于尽可能多的对此感兴趣的员工参与，有些情况下也需要上级领导的积极参与和作为榜样的激励。这种类型的倡议，特别会引起数字原生代的共鸣，并将激励他们参与贡献并进而成为企业转型的一部分，而企业转型是数字化成功的关键指标。有关转型的主题将在第 7 章中描述。

3.7 谷歌——数字原生代的目标

如前所述，数字原生代没有工作"开 / 关"时间的概念，他们喜欢跨越界限地思考和工作。在项目中，他们全球化地参与工作，并珍惜几乎是实时模式的交流沟通行为。他们在自发组织

第3章 "数字化生活方式"——未来的员工和客户

的团队中工作,不需要等级阶层的结构。对于变化他们会及时和灵活地应对。他们的工作可以在世界上的任何地方进行,可以承受工作的负荷极限,只要这有助于团队的成功,他们就会受到鼓舞并乐于接受。他们也欣赏工作/生活平衡的方式。因此,这种创新工作模式,伴随着一直变化的团队成员,将成为常态。

如果公司能够创造一种工作环境,使得上面的这种行为模式获得生存发展的空间,那么新加入的企业员工就会成为内部创新者,或者是传统企业中的变革推动者。尽管在"人才争夺战"中存在着激烈竞争,要吸引受过良好教育的数字原生代,使他们安心留下来,真正的问题在于公司如何使工作环境更具有吸引力。

作为一个示范,这里简要介绍一下谷歌,谷歌被认为是这种工作模式的"最佳"模型。一个关于各个知名公司企业对大学毕业生吸引力的排名情况的全面调研报告表明,德国信息技术专业毕业生对谷歌有极高评价。下面是排名情况,其中包含赞成比例 [Tre16]:

1.	Google	谷歌	23.7%
2.	BMW	宝马	9.1%
3.	Apple	苹果	8.6%
	…	…	
7.	Audi	奥迪	6.9%
	…	…	
9.	Daimler	戴姆勒	5.5%
	…	…	
12.	Porsche	保时捷	4.5%
	…	…	
18.	Volkswagen	大众	3.9%

谷歌被信息技术专业毕业生评为进入职业生涯的最具吸引力的雇主,远超过其他竞争者。德国汽车制造商中,宝马以较大的差距在其后排名第二,然后是其他制造商。因此可见,汽车工业明显需要采取措施来增加其吸引力。这种对信息技术人才需求的压力将来会更大,因为考虑到在这个行业中,对信息技术专家的需求现在更快增长,并且到2020年将超过对工程师的需求 [Pwc16]。因此,这是一个需要开始解决的重大人力资源问题。利用上面提及的灵活的外部人力资源配置模式,只能是解决方案的一部分。非常必要的是,汽车制造商作为潜在雇主应该变得更具吸引力,获得所需的信息技术(IT)专家,使之成为自己的内部员工。仅仅提供较高的薪酬,不会在吸引力排名中有所改善,特别是因为数字原生代人有其他更重要的标准。

但谷歌在竞争中遥遥领先的原因是什么?当然,形象起着重要作用。目前的年轻人认为汽车行业相对传统、缓慢且不具创新性。这种评价与产品紧密关联，却没有了解产品的细节，不了解产品中高超的工程技术成就，也不了解企业。然而，谷歌的产品更接近数据原生代的生活方式，而且都在大量使用谷歌的产品。其实企业形象也受到工作环境的强烈影响。

此外，作者的另一个个人轶事是：在旧金山度假时，孩子建议去参观在 Mountain View 的谷歌的总部（Google Headquarter），而不是优胜美地公园（Yosemite-Park）。不需提前组织任何事情，很容易进入谷歌公司所在地，还可以使用带有谷歌标记的自行车，自由随意在谷歌行走。这种开放自由感，实在是令人印象深刻。正享受午休的谷歌员工更令人印象深刻：有些人打篮球或踢足球，有些人在遛狗，所有人都相对很年轻，显然来自不同的国家和地区。这些说明了谷歌的开放型、营造出鼓舞人心工作环境的企业文化。

为了更加全面说明谷歌文化对数字原生代的吸引力，这里直接引用在德国谷歌网页中有关谷歌文化的一段话：

是我们的员工把谷歌成就为这样。我们将聪明的、有明确目的的人带入我们的团队。在这里，技能比经验更重要。尽管所有谷歌员工都有共同的目标和愿景，但我们各自的背景却截然不同，说多种语言，如同我们的用户一样来自世界各地。我们的休闲娱乐活动从骑自行车和养蜂到飞盘和狐步舞。我们希望保持一种典型的初创企业的开放式文化。每个人都可以积极参与，并与他人分享他的想法和意见。在我们每周的 TGIF 会议（"Thank God it's Friday 感谢上帝，今天是星期五"），谷歌的员工可通过电子邮件或在我们的咖啡馆中，可以就业务有关的问题，直接对话 Larry Page 和 Sergey Brin，或者管理团队的其他成员。我们设计的办公室和咖啡厅是旨在鼓励团队内部和团队之间的谷歌员工的交流互动——无论是在工作中，还是在一轮台式足球中。

总的来说，谷歌创建了一个充满活力和灵活的工作环境，并巧妙地利用了博客、信息技术报告，以及 YouTube 上发布的许多报道和照片 [Goo16]。很多个人门户网站也对谷歌作为最佳雇主，做了大量有关评价。每个评价都很相似，证明谷歌员工是在充满激情的国际团队中独立工作，在一个创新的环境里进行着各种有趣的项目。总体而言，有超过 62000 的员工在谷歌工作，平均年龄为 30 岁，而脸书（Facebook）为 29 岁，苹果（Apple）和惠普（HP）为 38 岁，国际商用机器制造公司（IBM）为 36 岁。然而，谷歌职工跳槽波动相对较高，新职业起步者通常在不到两年的时间内，便离开公司，开始自己的初创企业，或在新职位挑战中，寻求个人感兴趣的主题。谷歌员工的满意度为89%，与脸书（Facebook）96%和企业云计算公司（Salesforce）89%一起，都属于顶尖范围。在新职工的薪酬待遇方面，谷歌排在脸书（Facebook）之后，都属于高科技公司的顶尖范围 [Pay16]。

这个对谷歌的简短概述可以提示汽车行业，如何作为雇主，让数字原生代对所从事的工作更感兴趣。第一步就是要使产品更接近数字原生代的数字生活方式。对于这方面，拥有网联服务和自动驾驶概念的未来一代汽车，也如同一个移动的IP地址，提供了很好的机会。而且，具有吸引力的移动服务、智能手机平台提供的应用程序，也有助于提升汽车制造商的形象。然而，同样重要的是，要通过数字化将企业转变为类似初创企业的组织，以便为数字原生代提供有吸引力的任务以及创新的工作环境。

参考文献

[Acc16] N.N.: Liquid workforce: Building the workforce for to days digital demand. Accenture Technology Vision. https://www.accenture.com/fr-fr/acnmedia/ (2016). Zugegriffen: 01. Juli 2016

[Arn14] Arns, T., Aydin, V. U., Beck, M. et al.: Crowdsourcing für Unternehmen; Leitfaden. BITKOM (Hrsg.), Berlin https://www.bitkom.org/Publikationen (2014). Zugegriffen: 05. Juli 2016

[Boe14] Boes, A., Kämpf, T., Langes, B. et al.: Cloudworking und die Zukunft der Arbeit. BTQ Kassel Inputconsulting. https://www.researchgate.net/ (2014). Zugegriffen: 05. Juli 2016

[Bor14] Borstedt, S., Roden, I., Borchard, I: DIVSIU25 Studie; Febr. 2014 Deutsches Institut für Vertrauen und Sicherheitim Internet. https://www.divsi.de/wp-content/uploads/ (2014). Zugegriffen: 25. Juni 2016

[Eic15] Eichhorst, W., Spermann, A.: Sharing Economy – Chancen, Risiken und Gestaltungsoptionen für den Arbeitsmarkt. IZA Research Report No. 69. Forschungsinstitut zur Zukunft der Arbeit, Bonn. http://www.iza.org/en/ (2015). Zugegriffen: 27. Juni 2016

[Eva16] Evans, B., Andreessen, H.: Mobile is eating the world. Presentation März 2016. http://ben-evans.com/benedictevans/2016/3/29/presentation-mobile-ate-the-world (2016). Zugegriffen: 26. Juni 2016

[Fre14] Freese, C., Schönberg, T.: A shared mobility. How new businesses are rewriting the rules of the private transportation game. Roland Berger Studie. https://www.rolandberger.com/ (2014). Zugegriffen: 29. Juni 2016

[Goo16] N.N.: Google: Unsere Kultur. https://www.google.com/intl/de_de/about/company/facts/culture/. Zugegriffen: 05. Juli 2016

[Haj16] Hajek, S., Hohensee, M., Nowroth, M.: Fahrdienst Uber-All. Wirtschaftswoche 24, 10. Juni 2016, S. 12–13

[ICT15] N.N.: ICTFact and figures – The world in 2015. ICT data and statistics division, Geneva. http://www.itu.int/en/ITU-D/Statistics. Zugegriffen: 25. Juni 2015

[Kor16] Korge, G., Buck, S., Stolze, D.: Die „Digital Natives" grenzenlos agil? Studie Fraunhofer-Institut für Arbeitswirtschaft und Organisation IAO. http://www.iao.fraunhofer.de/images/ (2016). Zugegriffen: 01. Juli 2016

[Mar15] Markowetz, A.: Digitaler Burnout. Warum unsere permanente Smartphonenutzung gefährlich ist. DroemerKnaur, München (2015)

[Mil15] Miller, M. J.: PwC: Americans subscribe to sharing economy brandchannel. 21. Apr. 2015. http://www.brandchannel.com/. Zugegriffen: 02. Juli 2015

[Pay16] N.N.: Spot check: How do tech employers compare. PayScaleStudie. http://www.payscale.com (2016). Zugegriffen: 05. Juli 2016

[Pwc16] N.N.: Bis 2020 entfallen 60 Prozent aller neuen F&E-Jobs in Auto-mobilindustrie auf IT-Spzialisten. PwC Analyse 02/2016. http://www.pwc.de/de/pressemitteilungen/2016/bis-2020-entfallen-60-prozent-aller-neuen-f-e-jobs-in-automobili.html. Zugegriffen: 05. Juli 2016

[Rif14] Rifkin, J.: Die Null-Grenzkosten-Gesellschaft. Campus Verlag, Frankfurt a.M (2014)

[Sti15] Stiegler, C., Breitenbach, P., Zorbach, T. (Hrsg.): New Media culture: Mediale Phänomene der Netzkultur. Transcript Verlag, Bielefeld (2015)

[Tap09] Tapscott, D., Williams, A. D.: Wikinomics: Der Revolution im Netz. Dt. Taschenbuchverlag, München (2009)

[Tre16] N.N.: Deutschlands 100 Top-Arbeitgeber. trendence Institut. https://www.deutschlands100.de (2016). Zugegriffen: 10. Aug. 2016

第 4 章
数字化解决方案的技术

本章将介绍当今及可预见的未来，在汽车行业数字化项目中可以采用的新型技术和创新解决方案。其目的是了解它们实际应用的可能性和潜力，以便能够评估它们对当前或近期数字转型项目的重要性。

汽车行业领先技术分析专家 Gartner 曾对该行业中的创新技术进行了以下概述，表示为图 4.1 所示的技术成熟度曲线 [Lev15]，它将汽车行业中采用的不同技术按其成熟程度分为不同阶段，从最初对技术的认识理解期，到期望膨胀期，再跌落到曲线的低谷，然后经过第一个试点项目达到最终的突破。Gartner 对每种技术达到其成熟度所需的时间也做了粗略的预测。

并非上述所有技术都与汽车行业密切相关。为防止读者混淆，下文中仅讨论已经验证、具有相当成熟度、汽车行业可能应用的技术。此外，对于尚处于研究阶段、在中长期才有可能应用的方案和技术，本章不做讨论。本书将在第 7.6 节对这些潜在方案再进行具体论述，主要是用于制定数字化战略路线图。

本章所讨论的技术均基于大量文献调研以及网络查询结果，诸如 [GfK16，Köh14，Dum16，Man15]。基于这些分析研究以及作者本人多年相关项目和行业经验，选择性地对以下技术进行具体讨论：

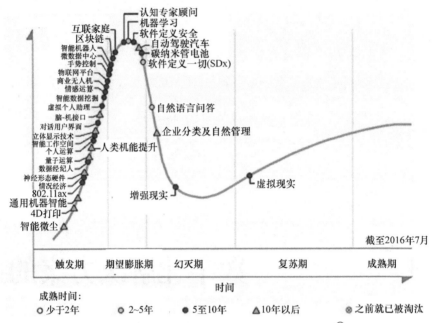

图 4.1 创新技术成熟度曲线（来源：Gartner）⊖

- 信息技术（IT）解决方案

  - 云服务

  - 大数据分析

  - 移动解决方案

  - 协作工具

  - 机器学习 / 认知计算

- 物联网

- 工业 4.0 / 边缘计算

- 3D 打印 / 增材制造技术

- 虚拟现实 / 增强现实

- 可穿戴设备 /Beacon 信标设备

⊖ 译者注：图片中文版来源于 http://www.sohu.com/a/110980940_465915《Gartner 2016 年度新兴技术成熟度曲线》全解读。

- 区块链
- 机器人
- 无人机
- 纳米技术
- 游戏化

汽车本身的创新，比如新材料、电池技术，以及用于自动驾驶等所采用的嵌入式软件开发，由于不直接涉及本书的数字化主题，故本章不给予相应的介绍分析。

4.1 信息技术解决方案

如前面所述，驱动数字化的最主要因素是信息技术，即通过应用功能越来越强大的硬件和软件，进入众多技术领域的具体应用。然而在今天，汽车行业所需要的数据仍有很大一部分由企业的计算中心提供。正如图 4.2 的下半部分，表示了信息技术从其诞生到 2000 年期间的发展变革过程。

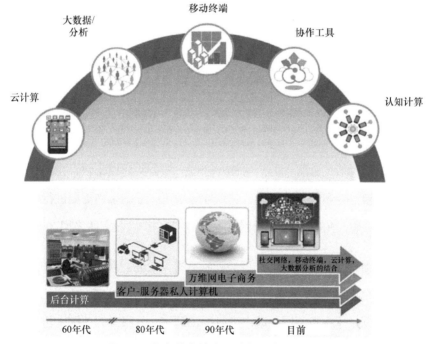

图 4.2 信息技术的发展过程（来源：作者）

在大型计算机基础上，20 世纪 80 年代和 90 年代开始出现分散型客户端 - 服务器框架解决方案。当今，大型计算机仍然应用在诸如金融研究、产品开发和物流等行业的核心领域，而以企业资源计划（Enterprise Resource Planning, ERP）和计算机辅助设计（Computer Aided Design, CAD）为代表的新型系统则以客户端-服务器方式付诸实现。这种框架中，信息处理任务由本地安装的客户端程序与另一地方的服务器程序共同承担并给予处理。2010年以来，云服务凭借其强大的网络和Web 2.0服务开始迅速发展，这意味着通过网络连接，企业可以获得更强大的计算能力和近乎无限的存储空间。

图4.2的上半部分分析了未来比较有潜力的信息技术，如大数据、协作工具和认知计算。这些对汽车行业发展非常重要的技术将在本节中进行讨论。

4.1.1 云服务

来自云的服务可分为三种不同的类型。第一种类型称为"基础架构即服务"（infrastructure as a service, IaaS），基于服务级别协议，由系统硬件（服务器、存储、网络）、操作软件及其中间件提供 [Kav14]，用户在所提供的基础架构上，自己安装应用软件程序并自己独立进行运行操作。第二种类型为"平台即服务"（Platform as a Service, PaaS），除上述基础设施外，还提供一个开发平台供用户使用。第三种类型为"软件即服务"（SaaS），软件或应用程序在云端进行，无须用户安装，例如SAP模块云服务。

服务模型可以根据需要采用不同的组织或安全形式。在公共模型（公共云）中，可以基于云服务商的软件环境从其数据中心匿名获取服务。在这一模式下，可以始终使用其空闲资源，利用不同地点的计算能力和存储空间进行运行操作。由于使用灵活，服务提供商的云资源可以得到充分利用，因此这种形式云服务的价格相对较低。与公共云相比较，在私有云模型中，客户在服务提供期间有自己专属的基础设施，其软件环境可以根据客户需要进行定制，数据的存储地点也是固定的。例如，在德国的某一数据中心维护客户个人数据便采用这一方式。

以上简要论述了当今云服务的不同类型和其各自的灵活性。具体的信息技术（IT）服务必须完全符合事先商定的业务内容，比如保证7天/24小时不间断、99.8%的可用性、即插即用的形式，账单价格可根据具体服务不同而动态进行浮动调整。云服务的关键优势正是基于这种灵活性、所提供的高速度以及能够处理需求波动的能力。使用云服务时，公司不必为了考虑高峰期间负荷而自己另建大型系统，从而避免了信息系统通常很高的折旧费用。在准备时间上，建立传统式的基础设施并在公司内部建立企业数据中心的方式通常需要几个月的时间，而基于互联网平台的云服务可以在数小时内就完成设置。

对于要适应快速变化以及需求波动很大的全新型应用程序开发，云服务具有相当大的优势。而对云服务的限制主要在两方面，一方面是依赖高性能和安全的网络连接（更快速且更便宜），另一方面是需要应用软件程序具有"云能力"。这通常意味着要进行相应的转换工作。关于云服务，另一个经常讨论的焦点是云的安全性。安全起见，与个人隐私相关的数据应该在所在国家的私有云或专用云环境中保存。另一方面，公司的敏感数据需要存储在公司自己的数据中心中，这也催生了所谓的混合云架构，这也是当前最常见的信息技术（IT）架构。这一点将在第 8 章详细讨论。

因此可见，云服务为更加灵活的信息技术（IT）服务提供了可能性。不需要大量的经费开支和时间上的准备，企业就可以通过云端来快速获得所需的服务。云服务的成本由所采用的模型和服务级别决定。一般来说，云服务使得企业经营获得更高的敏捷性，同时得以通过整体成本分析来降低日常运行费用。

然而对汽车行业来说，在向云服务转变的过程中还存在一些阻力，这主要来自员工对新技术的适应性以及之前尚未折旧的资金投资。在这一背景下，诸如数据安全性和网络稳定性等因素就经常被作为论据来反驳云服务的应用。现有企业组织机构中还有其他一些影响云计算使用的障碍性因素。比如，使云服务就绪实施的改造项目通常需要涉及多个职能部门。除信息技术基础设施部门外，还需要云服务的使用人员更改应用程序，并由专业部门对这些更改进行测试。

云服务改造项目涉及企业各个团队应承担的责任和人力付出。对公司整体来说，使用云服务可以节省成本，而对于项目参与者来说成本却可能增加。为解决这一问题，需要将云服务设置成所有部门经理的共同目标，并设置一个所谓云加速器 (Cloud-Accelerator) 职位作为矩阵式管理者，以跨越组织结构推动云服务改造的顺利进行。

4.1.2 大数据

除云服务以外，大数据技术也在很多领域具有强大的应用潜力。大数据这一概念在以前曾经历过一轮过度炒作，然而产出大都没能达到人们希望的效果，使得这一技术再次被置于低等的优先考虑级。从笔者的角度来看，由于大数据的使用结果往往是和处理大数据所采用的软件工具密切相关的，因此新型的数据处理技术才会真正显著地控制成本并提高和改进流程，以具备构建新的商业模式的能力 [Win14]。

从定义来说，大数据为来自不同渠道，以不同结构方式、媒体保存的大量数据，但同时也代表处理、分析和评估数据的方式方法。大数据这一术语的出现其实是以指数函数型增长的大量数据，特别是在物联网、第二代互联网（Web 2.0）、智能手机及其应用程序（App）方面，如图 4.3 所示。

图 4.3　数据量增长趋势预测（数据来自 IBM）

在未来几年，预计全球数据量将每年翻一番，2020 年将达到 44 泽字节（Zettabyte，对应 10^{21}）。更形象地讲，2020 年的数据量相当于世界上所有海滩沙子数量的 57 倍 [Jün13]。其中的大部分信息为非结构化数据，例如图片、视频或演示文稿。数据的增长不只出现在健康和保险行业，也发生在以汽车行业为代表的所有工业部门。在汽车行业中，数据的增长很大程度来自智能车辆和自动驾驶等一些新兴技术领域。

现有大量文献通常通过三个"V"对数据进行区分，即数据大小（Volumn）、数据的多样性（Variety）和处理速度（Velocity）。除此之外的关键参数还有可信度（Veracity，即数据来源的可靠性）以及数据价值（Value）。

为了处理这些数量极大且种类繁杂的数据，可以使用各种新型的处理工具，这些工具的性能远远超出了目前基于关系数据库以及电子表格处理为代表的传统式数据处理工具。联邦信息技术、电信和新媒体协会（BITKOM）的大数据指南对这些新工具进行了概述。该协会中来自不同公司和技术提供商的代表集体参加了 BITKOM 会议，共同以结构化的方式系统研究了整个大数据工具领域，最终得到图 4.4 [Web14] 所示的概述图。

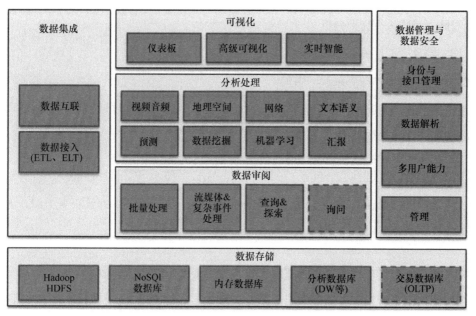

图 4.4 数据处理的工具（BITKOM）

在这一概述图中，大数据处理技术被划分为六个功能类型，以及每一类型相对的构成。因此，可以建立一个模块化系统，按不同功能分类进行解决方案的选择，再经整合得到基于需求的最终解决方案。例如，流工具可以访问所谓的 Hadoop 存储系统中的数据，可使用适当的数据挖掘工具对数据进行深入分析，并在仪表板中将结果可视化，接下来再将数据进行加密，并和相邻系统进行集成。在这些技术模块中，可以使用不同软件制造商的产品，这些产品也在 BITKOM 的研究中论述，其细节在此不做讨论。具体操作和系统架构层面的内容，以及诸如"数据湖"之类的新方法将在第 8 章进行论述。

由于当今的软件功能越来越强大，可以使用这些大数据工具对企业内外不同渠道的数据进行聚合和评估，从而为企业经营提供了巨大的发展潜力。这些技术解决方案的效果远远优于目前正在使用的结构化评估工具，如 Excel、Business Objects 或 Cognos 等数据分析工具。

现代化的大数据工具可以高效地组合结构化数据和非结构化数据并进行集中处理，从数据库中自动提取数据模板，并将分析结果和操作选项以图形化的形式显示在系统的用户界面或者智能手机的显示屏幕。对汽车行业来说，典型的大数据应用包括以下几项：

- 尽早识别基础框架中的缺陷
- 对用户关注点进行划分，定义下一步的最优行动
- 分析库存变动规律，达到减少库存的目的
- 对质保模式进行识别分析
- 增加共享零部件的利用度
- 分析采购过程中捆绑采购的潜力

以上的大数据项目实用例子已在汽车工业中实现，其投资回收周期很短。具体的项目范例将在第 9 章进行详细介绍。

基于以上的讨论又回到这一问题，即尽管这些大数据技术可用而且在很多场合其结果得到了验证，但大数据项目在汽车行业仍然进展得相当缓慢。与上一节中的云服务类似，大数据技术的应用障碍在于数据职责的分散性。

例如，对特定生产年份、经过特定保养车辆上的零部件数据进行分析，并在对零部件供应商质量进行评价的基础上，可以开发出零部件失效的早期检测模型，从而预防由零部件失效造成的车辆故障。从技术上看，这种全面的数据分析是较容易实现的。然而从公司组织结构来看，这种涉及公司内部不同部门之间协同合作的大数据项目仍存在很多现实问题，公司整体层面的优势可能会被各个组织单位的内部消耗所抵消。由于缺乏公司整体层面的改变动力和改进的动机，这类大数据开发项目经常无法推进。这一问题必须通过改变企业文化给予解决，这也将是第 7 章的讨论主题。

4.1.3 移动应用程序和 App

作为数字化项目核心，另一项广泛应用的技术是运行在移动平台上的应用程序，即所谓的 App。智能手机和其应用程序相互依赖，两者都已取得了快速的发展和功能增长。在智能手机刚推出时期 (iPhone 2007, Android 2008)，移动应用程序主要是在游戏、新闻、天气和聊天领域。之后，应用程序很快扩展到业已建立的互联网平台，在移动终端供用户使用，如 eBay、亚马逊和社交网络。由于取得了巨大的成功，而且用户逐渐对企业应用程序产生了很大兴趣，使得应用程序很快扩展到市场营销和通信领域。目前在苹果（Apple）和谷歌（Google）这两个当今最知名的网络商店平台上，每个平台都提供超过 200 万个应用程序，其中约 20% 是付费程序。

以下种类的应用程序在其数量上处于引导和领先地位：教育、生活、娱乐、商业、个性化工具[App16][Ipo6]。除苹果和谷歌的商店平台以外，许多公司也在自己建立的平台，以及在其他运营商的平台上提供各自的应用程序。

这些应用程序可能不是由苹果或谷歌开发，而是由全球的软件开发者团体开发的。所谓的商店运营商通过其商店平台发布应用程序，并提供相应的质量保证，开发者从中收取一定的费用。如果想绕过商店平台，在 iPhone 或 Android 智能手机上直接安装应用程序，则不能获得正式支持，因此 Apple 和 Google 的商店平台是封闭系统。相对而言，其他平台提供商亦是遵守这一原则。

目前这种应用程序的开发采用众包方式，使得新的应用程序和定制开发速度极快，对用户来讲使用成本极低。应用程序能够成功的另一个关键在于其下载安装简易和操作简易，无须进行特殊培训。应用程序主要都是针对商店平台中的智能手机技术（Apple Store 对 iPhone，Google Store 对 Android）为用户提供下载。下载安装应用程序后，通常可立即打开并进行测试体验。如果应用程序的功能特性、稳定性和响应时间良好，就将长期驻留在智能手机上供以后使用。因此，整个应用程序开发的动态水平非常高，符合数字原生代的行为模式，这一特点在第 3 章已做了说明。

因此，应用程序将由用户在日常使用中进行检验，尽管在数据安全性、使用条款规范和商店运营商的过滤方面还存在一些批评意见，但是总体来说应用程序（App）这种形式已被客户高度接受。应用程序这种信息技术形式也越来越多地影响到用户对公司的期望。与此相对的是，许多企业应用程序仍然使用复杂的用户菜单，对应固定的计算机工作站。随着智能手机的普及，越来越多的商业用户也希望在固定式的计算机上能够应用与应用程序（App）类似的简单且灵活的信息技术环境。同样，通过移动应用程序，客户也希望接收公司的市场营销情况或查询新产品信息。

针对这些客户期望，公司现在面临的挑战是将已建立的、经过验证的程序和庞大的数据库式信息技术结构，与移动应用程序这一新型导向有机地结合在一起。换一种更确切的说法，这一过程是将记录和操作系统（即已经过验证的信息技术系统）与面向移动应用的系统进行结合[Moo16]，如图 4.5 所示。

另外还要提到"洞察力系统"，其实际目的是从大量公司内部和外部数据中获取新的见解

和看法 [Whe15]。上节提到的大数据技术就是洞察力系统的一种形式,其他形式还包括认知计算以及协作领域的其他新型解决方案。

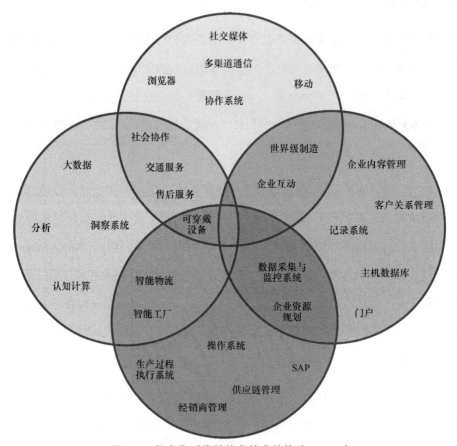

图 4.5 数字化时代的信息技术结构（Moore）

新型的见解可以通过整合来自不同渠道的数据获得。举例来说,所谓不同的数据,可以有来自 CRM 系统（Customer Relation Management,客户关系管理）的与产品相关的客户行为数据、可用的售后服务信息,以及网络平台上用户群组对产品的评论数据。基于这些数据,可以通过移动式销售应用程序向相关客户管理人员提供最新的用户分析结果。通过这一方式将现存信息技术（IT）系统、移动应用平台以及大数据或认知计算技术集成在一起。

以上示例显示了全面整合,以及使用新技术的方向和应用潜力,这些形式可以在公司中迅速推广应用。为此,公司的信息技术（IT）部门需要提供一个安全便利的信息技术环境,使得业务部门和用户可以简单轻松地在其移动端使用公司的应用程序,这样可以防止每个部门独自开发自己的应用程序或者托管解决方案,尽可能避免公司内部的不兼容。建立合适的信息技术

IT 环境的方法将在第 8 章中讨论。

对于企业业务部门而言，非常重要的是不能原封不动地将现有的、基于固定式信息技术（IT）设备的应用程序转移到客户移动端，而是应该真正将应用程序用作公司转型的载体。需要从用户的兴趣出发，对现有的流程和相应的应用系统提出质疑。例如，某一流程和相应信息是出自哪个业务目的，它们所对应的客户利益是什么？整个流程链是什么样的，前面和后续的部门是如何使用信息技术（IT）系统提供的信息？具体的分析过程将在 8.4.4 小节介绍。

在开发一个新的应用程序（App）之前，例如在设计思维研讨会（Design Thinking Workshop）中，应该对上文所提出的问题进行一些深入思考，从开始就将这一思考应用在数字化项目之中。之后的开发过程应该符合敏捷式的方法，保证尽快地为用户提供应用程序的初始版本，使得第一次开发迭代就可以将用户的反馈信息考虑在内。这种具有跨越部门的共同目标、快速实施新方法，以及开发组织方式应该成为企业文化的一部分。在第 7 章将对企业文化转型进行具体讨论。

4.1.4 协作工具

支持企业文化变革的一个重要因素是采用协作工具。目前电话和电子邮件是常见的通信工具，也是作为公司内外，以及跨越部门和国际合作的基础，例如与合作伙伴的合作。然而，由于大量的接收问题，这些技术目前处于极限，典型的原因包括海量的电话和电子邮件数量。数字原生代不再局限于进行这种通信伙伴之间的联系，而是更喜欢在群组范围内的信息交换，例如社交网络或兴趣小组中的消息服务。因此，企业中的电子邮件、日历、视频会议、文档管理和项目管理工具等现有技术，正逐渐被以下方式所完全取代或者给予补充：

- 社交网络
- 工作流系统
- 维基百科、博客、机器人
- 电子学习
- 消息系统
- 白板，桌面共享，团队合作
- RSS 供稿、标记

这些技术绝不是全新的技术，而是在参考项目中进行了测试检验，并且信息技术市场上有相应的项目提供。例如，**BITKOM** 研究 [Eng13] 提供了不少应用示例，并给予了总结性概述。这对倡导使用这些工具，在团队中进行沟通和协作，都起到了重要的作用。为了理解传统式和现代协作工具的根本不同，这些工作方法在图 4.6 中进行了详细的比较。

考虑	传统协作工具	现代协作工具
着重点	清楚划分的结构	开放的结构
管理	通过直接对话来命令和控制	社会协作
核心元素	电子日历，项目管理与文件管理	维基百科，社交网络，统一化交流与协助
价值	有唯一的来源	有开放的论坛用于探讨
业绩标准	稳定，可控	灵活，开放，透明
内容	经授权	共享
首选记录形式	文件，结构性数据	对话（文字、图像、音频、视频），非结构性数据
可查询性	容易	困难
用途	用户经过系统培训，可获取后续支持	直觉操纵，企业系统与社交网络重整合
可获取性	受管理，限于工作场合	特设的，时刻开放
协作方式	从上至下，由管理驱动	内在，共同驱动
政策焦点	封闭系统（知识保留）	开放系统（知识扩散）

图 4.6　传统协作工具与现代协作工具的对比（基于 [Moo16]）

上述比较清楚地表明，新型工具更强调团队中的开放式协作、灵活的应用领域，以及不同工具和流程的集成。传统的交流方式侧重于直接对话，例如电子日历、项目和文档管理以及开发人员的特殊软件解决方案，对这种合作进行支持。新型现代工具的特点是灵活性、开放性和整合能力，从而实现整个业务领域的透明度。由于通过在移动设备上使用应用程序，就如同常见的个人私有应用程序操作运行方式，因此无须进行特殊培训。

这为协作工具开辟了各种新型的应用可能性，例如，位于不同地点的分布式团队共同进行软件开发项目，通过社交网络进行公司范围的战略计划制定和意见建议沟通，或者使用维基中的新工具记录工作经验。如果需要，可以简单地在因特网上搜索解决方案和可供参考的示例。重要的是要认识到现代信息技术（IT）工具所带来的可能性，即新形式的交流沟通和互相协同合作，特别是将其应用于数字化项目。

4.1.5 认知计算和机器学习

在目前许多科学研究和工业界创新项目中，涉及信息技术有两个方面的焦点，即认知计算以及与之伴随的机器学习，这两个主题都属于人工智能范畴。

机器学习算法是基于算法编程，识别大量数据中的潜在数据模式和行为规律，并在此基础上对事件的未来发展进行预测。每当获得新的数据后，可以将算法计算结果和真实数据结果进行比较，以此对算法进行改进和完善。机器学习软件需要预先编程，以确定适当的初步模型规则，还无法做到全自动地优化。机器学习方法的应用领域主要包括评估互联网平台上的用户行为、检测信用卡、预防欺诈行为、优化垃圾邮件过滤器以及手写笔迹识别等 [Shw14]。

与机器学习方法相比，认知计算方法中并未预先指定算法的具体结构，而是采用更高层、更抽象的开放式算法结构，类似于人类大脑的思维方式。简短来说，这样的系统是基于已知的算法数据库，构造出几种算法结构的假设，然后使用概率方法对不同的假设进行验证，这一过程与人类的思维过程很类似。认知计算的编程是在所谓"元级别"中进行的。

基于认知计算的系统，其重点在于与该领域的专家进行对话，并在此过程中不断进行自身学习，得到自我发展。当今信息技术系统的计算能力呈指数函数形式快速增长，数据量不断扩大，算法的复杂度不断增加，这使得认知方法的使用效果迅速获得提高。

认知计算方法的一个众所周知的例子是国际商用机器制造公司（IBM），在 2011 年美国电视节目 Jeopardy 上首次使用的基于高性能硬件的 Watson 解决方案 [Kel15]。这一系统能够实时理解主持人的人类语言，分析其潜在背景、上下文关系和问题本质，然后使用认知算法，基于自身的事实性知识、图像和文档解决方案的数据库来完成任务。最终，Watson 取得了比之前两任冠军更好的成绩。

自 2011 年 Watson 系统发布以来，认知计算领域的科学研究和发展应用非常迅速。当前，认知系统已经能够接收和理解各种各样的问题，并独立处理各种异构型数据集。认知系统生成的结论和建议将会与相应专家的专业见解进行对比，从而促进系统持续不断地改进。所有认知型系统都具有以下几个特点：

- 灵活，开放的算法——可以自训练、自学习
- 基于经验进行改进——持续性互动

- 灵活的应用可能性，在不同领域均可进行自训练
- 与人互动——支持语音控制和多语言
- 处理大量结构化和非结构化的数据

由于认知计算能够用于各种任务，并且能够不断改进，生成逐步令人满意的计算结果，因此认知计算具有灵活应用性和巨大的发展潜力。特别是在管理流程处理、信息合并以及更新方面，可以通过认知计算方法使过程全自动化，进而在发展到一定阶段后，完全替代这些领域的人力劳动。在当前，以下已经是可以完全自动化的示例：

- 小额贷款处理
- 客户服务热线回答问题
- 分析 X 射线图像和医疗记录
- 发票处理
- 物流任务的分配和规划
- 对网上商店的采购流程进行自动处理

以上列举的还只是一些相对简单的项目。如同在其背后提供支持的信息技术一样，认知技术将会变得更强大，采用的算法更加全面，特别是基于语音控制的应用程序将会更安全可靠。

因此，认知计算在汽车工业，特别是在自动驾驶技术、语音控制、车辆诊断和车辆配置中，会有很多应用可能性。此外还可以预见到，在工作和个人生活中，所谓的个人助理工作是可以由认知技术替代的，对一些性质相对固定的工作可以完全自动完成，而其余较灵活部分可以人为进行。总体而言，认知计算将在汽车行业的未来发展、数字化路线图的发展以及本书后面章节中的一些实际示例中发挥重要的作用。

4.2 信息技术解决方案

与信息技术发展类似，传感器技术在其成本下降的同时功能越来越强大。这种趋势使得越来越多的日常生活物品，例如衣服、厨房用具、暖气设备以至气象站中大量应用可用于进行状态监测和通信的电器元件。对于制造产品和设备的公司来说，这一现象表现得更加明显。用于流程控制的传感器已经得到了很普遍的应用，目前的发展趋势是使这些传感器变得更加智能，并且可以与外界进行通信。

第 4 章
数字化解决方案的技术

术语"物联网"（Internet of Things, IoT）指的是，通过基于网络的应用程序，对来自各种"实物"的传感器数据进行集成。物联网的目的是支持用户，改进经营流程，优化控制过程或者获得新的见识。物联网的典型应用包括：当家庭主人快到家时，提前启动房屋的供暖系统；洗衣机根据所洗衣物的布料自动选择适合的洗涤程序；根据冰箱当前剩余食物状态以及用户的用餐愿望，在用户回家的路上告知用户需要采购的食品清单。

物联网的应用场合极为广泛，因此目前在所有工业行业、公共和私人场合都被视为一个重要的话题。图 4.7 对物联网可能的应用场合进行了概述 [Man15]。概述清楚地表明，物联网在许多场合已经得到成功应用，并且推动着相应领域的数字化变革。物联网技术一方面基于数字转型来完善改进现有流程，另一方面又创造新型的商业模式，其经济潜力不可忽视。不同的研究结果表明，物联网技术在德国有 200 亿欧元甚至更高的经济效应潜力 [Wis15]。

环境		描述	实例
	人类	人体穿戴或植入的设备	用于监控身体健康和情绪的可穿戴和信息提取设备；疾病管控、健身管理、效率提高
	家居	人居住场所	家电控制和安全系统
	零售环境	顾客消费的空间	所有客户消费的场所，包括商店、银行、餐馆、体育馆；自助结账、店内推荐、库存优化
	办公室	脑力劳动者工作地点	办公楼能源和安全管理；提高工作效率，包括对移动办公的员工
	工厂	标准化生产场所	重复劳动场所，包括医院、农场；运行效率、设备和库存的最优化
	工地	野外生产环境	矿井、油气田、建筑工地；运行效率、预测性维护、健康和安全
	交通	车内系统	轿车、货车、轮船、飞机、火车；基于现状的保养、基于用途的设计、销售前分析
	城市	城市环境	城市中的公共区域和基础设施、自适应交通管控、智能仪表、环境监控、资源管理
	外部	城市以外环境	包括铁路沿线、在郊外行驶的自动驾驶汽车、飞行导航、实时路径规划、互联导航、运输跟踪

图 4.7 物联网技术的应用范围（Manyka）

对于汽车行业而言，物联网至关重要，因为汽车行业几乎融合了图 4.7 所示的所有应用领域。举例来说，车辆可以对可能出现的故障进行预测，从而及时安排车辆保养服务以防止车辆中途抛锚。此外在城市内的行驶过程中，可以在车辆传感器与道路交通信号灯，或是与停车场停车空位传感器之间建立实时信息通信，从而能够根据驾驶人的意愿制定行驶路线。在工业领域，参考有关物流车辆配送状态的信息，可以实现按物流需求控制供应链。由于其在众多领域的重要性，物联网无疑也将成为汽车行业数字化变革的推动者。

4.3 工业 4.0

"工业 4.0"一词是在德国基于政治初衷创造的，其目的是确保德国制造工业的领先地位，以及在改进提高产品国际竞争力方面，进一步实现其自动化。与以往的概念，比如计算机集成制造（Computer-integrated Manufacturing，CIM）或精益化生产（Lean Production）相比，新型的数字化生产方式，从产品任务合同到供应商整合都更加灵活，在数量上甚至可以单独生产一个产品，使整个生产过程达到最大可能的灵活性。这需要将信息技术、传感器技术以及生产制造技术紧密连接，提供一个集成化的物联网解决方案。

"4.0"这个数字对应着以数字化技术为代表，将要进行的第四次工业革命。之前的三次工业革命分别以蒸汽机驱动、流水装配线和存储器可编程控制技术为特征。为了实现技术、人员和计算机之间理想且无障碍的互动，工业 4.0 相应的工作委员会已经在架构、技术标准和规范方面制定了一系列实施建议 [Kag13]。该委员会的工作将继续进行，以推动工业 4.0 研究项目和试点项目的具体实施。

工业 4.0 的参考架构记录在 VDI/VDE 的一份行情报告中 [Ado15]。图 4.8 显示了划分为办公室层(上层)和车间层(底层)的工业 4.0 组成模型，其中办公室层的业务流程是面向用户交易，而车间层则是负责实现传感器和执行器的实时操作工作。

目前在办公室层（或称企业层）已经实施了云解决方案，然而类似的服务在车间层（底层）则不能直接应用，这是由于数据传输速度不够高，无法满足车间层信息服务所需的实时性。当前的解决方案是建立分层架构，将办公室层和车间层进行分离。对于具有传感器、执行器、控制系统、总线系统的车间层，使用所谓边缘计算原理或雾计算原理等特殊云解决方案 [Rie15]。在此方案中，与云端的连接通过所谓的边缘网关（Edge Gateway）完成，这些边缘网关将以高度的实时性将车间层协议与上层企业云应用相连接。根据物联网或车间环境的大小不同，可能需要一个或多个网关组件。基于这种在车间层使用多个边缘服务器的思路，可以将计算负载合理分配以保证实时性，使得车间层的任务处理独立于企业层的应用程序。与此类似，边缘计算还可以实现机器对机器的应用程序与批量数据的本地预处理的分层。除车间层的应用以外，边缘计算的概念也在其他领域中应用，例如汽车的联网服务、能源领域的智能电网以及智慧城市等领域。

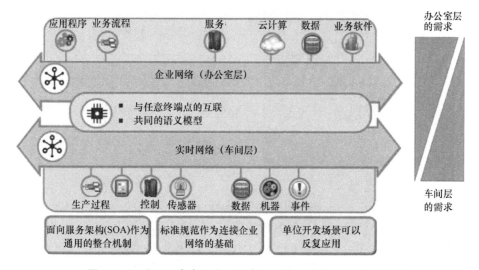

图 4.8　工业 4.0 在办公室层和车间层的组成模型（VDI/VDE）

在德国的许多制造业企业中，工业 4.0 已经处于实施阶段，这已经通过众多的参考文献给予证实。这一技术最早是应用在维护和服务领域，使用大数据的方法，可有效避免生产设备的故障发生。图 4.9 中列举了物联网和工业 4.0 的一些应用实例 [Man15]。

在图 4.9 的实例中，所有关于当前生产线所承担的任务、机器状态和零件供应物流的信息都集中显示在中央控制室的大型显示器上。基于以上的所有数据进行设备的预防性维护，并持续性地进行产品的质量控制。运输叉车在仓库和供应点之间自动行驶。通过预设置好的解决方案，生产安全通过传感器系统给予保证。

上面所描绘的场景是一个全面的、虚构的、有预见性的例子，还没有完全能够实现。然而一些实例已经表明，当前一些企业工厂的设备规划中已经开始整合供应商的物流。这使得生产灵活性大大提高，直到生产开始的一刻都可以进行产品重新设置，以及实现甚至批量仅为一个的客户精确定制。德国联邦教育及研究部的一份报告 [BMBF15] 中对工业 4.0 的参考项目、研究项目以及供应商的信息做了很好的总结。

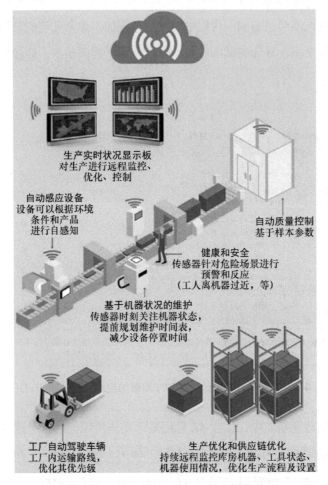

图 4.9　物联网和工业 4.0 技术的应用可能性（Manyka）

德国在 2011 年推出了工业 4.0 概念，在世界其他国家也有一些类似性计划与之相对应。在互联网上可以找到这些计划的详细信息，例如：

- 美国：工业互联网联盟（Industrial Internet Consortium, IIC）
- 日本：工业价值链计划（Industrial Value-Chain Initiative, IVI）
- 韩国：智能工厂 (Smart Factories)
- 中国："中国制造" 2025

第 4 章
数字化解决方案的技术

所有这些计划的最终宗旨，都是希望通过数字化手段提高生产效率，完善生产工艺，改进产品质量，从而确保本国工业的竞争力和可持续发展。

4.4 3D 打印

与数字化生产主题相关的技术还有三维（3D）打印。目前 3D 打印技术现已超越研究和试点项目阶段，进入工业化生产。因此在上面的技术成熟度曲线中，Gartner 将 3D 打印技术归属为即将能实现工业应用的阶段（图 4.1）。目前 3D 打印在汽车工业中存在很多应用可能，从原型件生产到售后备用件的按需求加工，从特殊模具生产到用户定制化生产（比如汽车内饰），都可以应用这一技术。由于该方法的性能不断提高，所用的材料性能不断改进，3D 打印技术被看成是一种"突破性技术"，如果能引入批量生产，将会造成传统生产过程的革命性变化。该技术的持续发展可能会进一步验证这项技术市场占有量的预测，这一市场包括 3D 打印机、3D 打印材料、软件以及服务。2016 年的 3D 打印市场总量约为 70 亿美元，预计最近几年会呈指数函数型增长，到 2020 年将可能达到约 210 亿美元的市场额 [Ric16]。

3D 打印这一通用术语实际上包括了增材制造领域中的不同方法。与传统的材料加工去除方法（例如车削和铣削）相反，增材制造的共同点是在制造过程中，目标产品通过材料层的不断堆积而逐渐生成。图 4.10[Ric16] 将增材制造区分为三种不同的方法。

在所谓的 PBF（粉末熔融成型，Powder Bed Fusion）工艺中，将塑料或金属制成的薄层材料涂布到工作表面上，然后用激光束熔化或烧结。待此层材料凝固后，再将这一涂布、烧结过程反复进行，直至达到目标的理想形状，完成整个成型过程。而在 EB（挤出成型，Extrusion Bed）工艺中，热塑性材料通过加热的喷嘴，进而沉积在轨道或分层中，以完成成型。在 PP（光聚合成型，Photopolymerisation）方法中，成型材料为液体，通过特定的光线（例如紫外线）使材料逐层固化，以得到所希望的形状。黏合剂喷射方法与喷墨印刷类似，将粉末和黏合剂的分层交替涂布，最终成型，因此产品由多层粉末层和黏合剂层组成。使用黏合剂喷射方法生产的产品可以实现高强度，可以用于大型零件的成型。除此之外，增材制造中还有一些其他方法，通常是上面提到的方法的衍生方法，这里不做深入讨论，其细节可以参考相应的文献 [Geb13，VDI14]。

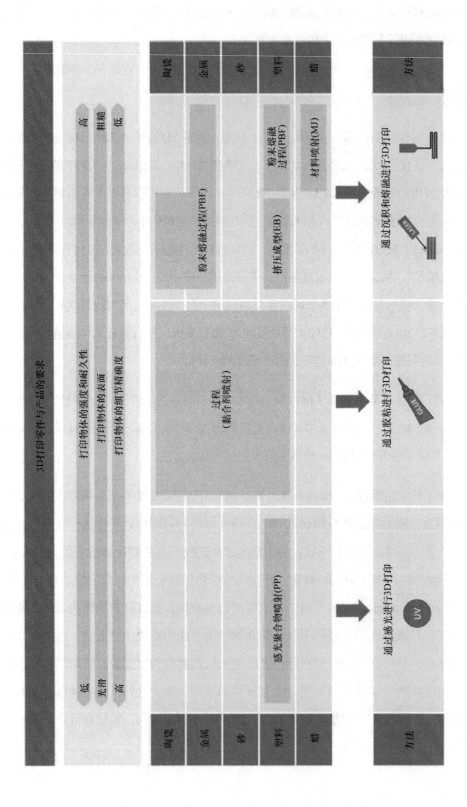

图 4.10 增材制造的方法对比（Richter）

第 4 章
数字化解决方案的技术

汽车行业长期以来一直在使用增材制造工艺，其技术成熟度也很高，其中最常用的是粉末冶金技术和挤出成型工艺。然而，目前增材工艺仍然只在小批量场合使用，还没有在大批量生产中应用。在现在和不远的未来，汽车工业的批量生产仍然需要由传统制造方法完成。而基于其高度灵活性和缩短生产时间的优势，增材制造主要应用于原型设计，以及特殊工具和备用零件的生产方面。通过使用这种方式，也可以经济地生产具有复杂几何形状的零部件 [Hag15]。随着技术的进一步发展，增材制造将会应用在越来越多的领域。

在汽车行业，美国加利福尼亚的 Local Motors 公司在 2014 年就推出了第一辆完全采用 3D 打印技术制造的汽车，可称为是 3D 打印技术应用的先锋。此后，该公司于 2016 年推出了一款名为 Olli 的自动驾驶迷你客车，其零件也完全采用 3D 打印技术制造 [Tri16]。Olli 客车可容纳 12 名乘客，只需要用户在应用程序中设定行程，Olli 就会自动行驶到出行地点接送用户，这一技术基于 IBM 公司的 Watson Suite，对应 4.1 节的认知计算方法。该例子将在 9.2 节中深入说明。

由于 Local Motors 的客车生产完全基于 3D 打印技术，这使该公司实现更加有实际意义的生产过程成为可能。与传统的集中式大型工厂大规模汽车生产不同，Local Motors 的客车可以在客户家庭附近的 3D 打印店就地生产。公司的愿景是建立一个以市场为导向的全球迷你型工厂网络，这些工厂能够将本地域的需求灵活地纳入产品生产中。

与这一想法相似，大众汽车在近期提出了一种愿景。在 2035 年，沃尔夫斯堡的大众汽车工厂不会再有汽车生产流水线（博物馆除外）。流水线将由一个由许多小型生产场所组成的网络替代，这一网络中有超过 10000 台 3D 高速打印机、100 个设计办公室、500 个市场营销公司和 300 个装配测试中心 [Eck13]。

当然，要实现这一愿景还有很长的路要走。当前在大批量生产中，传统制造工艺仍然优于增材制造技术。但正如前面所提到的，在需要灵活性和速度的小批量生产领域，3D 打印技术已经非常具有竞争力。随着其性能的进一步提高，特别是随着客户个性化增强、产品种类的增多、批量生产数量大幅度减少的背景下，3D 打印技术进入这种批量生产是很有可能的。在新型电动驱动领域，由于所需的零部件更少、复杂度更低、批量更小，3D 打印也将有机会发挥其重要作用。

4.5 虚拟现实和增强现实

本节介绍虚拟现实和增强现实技术，这是生产技术数字化项目中的一个核心代表，同时也在企业的其他领域，如产品销售、客户服务和开发中起重要作用。"虚拟现实"和"增强现实"通常被当作同义词来使用，但二者的意思有很大不同。虚拟现实（Virtual Reality，VR）是一种完全由计算机生成的三维（3D）显示方法，无须耦合到真实的物理世界。用户可以在虚拟世界中移动，例如在街道或工厂厂房中走动。虚拟现实的典型应用是3D电影、计算机游戏以及动态使用说明书，其中用户是单纯的消费者，通过控制杆或其他输入设备与编程环境进行信息交互。

与虚拟现实不同，增强现实（Augmented Reality，AR）意味着将计算机生成的场景映射到现实世界中。因此，增强现实需要以三维（3D）形式显示具有更高分辨率的图形，并实现图形与真实世界的实时交互。虚拟现实和增强现实这两种技术之间存在混合形式，比如说将真实情况反映到虚拟环境中，通过模拟对未来行动进行预演，或者尝试多种替代解决方案。在这一过程中，虚拟世界与现实世界相互重叠，其信息可以相互补充。增强现实技术可以通过其强大的输出形式（如动画、文本和语音等）将不同类型、数量巨大的数据源进行智能化连接。以上技术都是利用大数据、分析学和认知计算技术，在许多领域都可应用，其中汽车行业的应用可能性在以下的文献中叙述 [Teg06]。

作为一个智能工作场所的示范例子 [Teg06]，图4.11展示了一个增强现实应用的基本结构。这一解决方案通常由硬件和软件组成，主要包括以下部分：用于获取真实场景的输入系统（这里是摄像机），用于跟踪当前状态的处理系统，以及将虚拟元素和场景所需其他数据整合在一起的集成系统（场景生成器）。最终由输出系统向用户显示整个场景，此处的输出系统可以是数据眼镜。以上的各个组件可以通过不同的信息技术实现。AR的计算任务可以由专用计算机、云服务器承担，或者在特殊设备上实现，具体采用哪种方式主要取决于应用的类型和性能要求。以上技术所用的集成设备既包含硬件也包含所用的软件，例如用于快速分析大量数据或用于安全数据传输的软件和硬件。

在AR和VR中使用的输入设备除键盘、触摸屏和机械设备外，还包括各种传感器和摄像头。使用的输出或显示设备也有很多种，例如：

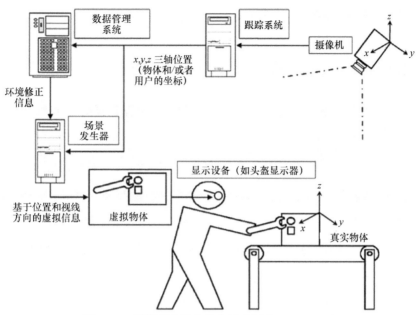

图 4.11　增强现实技术的应用示例（Tegtmeier）

- 显示屏。例如传统的屏幕、智能手机的显示屏
- 视频投影仪。在大型显示器或投影屏幕上进行显示
- 视频眼镜或头戴式显示器（Head Mounted Display，HMD）。比如眼镜或者特别的数据头盔
- 数据眼镜。将视觉信息和真实场景平行显示
- 带集成显示器的隐形眼镜
- 视网膜数据眼镜。将影像直接投射到用户的视网膜上

虚拟现实和增强现实技术在个人生活和企业经营中有各种各样的应用，其中在汽车工业领域的应用有以下的一些例子：

- 执行复杂的装配程序时，通过数据眼镜向操作人员直观显示操作说明
- 装配操作的虚拟仿真测试，例如动力总成的安装测试
- 在虚拟工厂模型上播放物料流概念
- 在展厅中将车辆的配置呈现为 3D 模型，将车辆与不同的内饰风格进行搭配
- 将不同设计师共同完成的车辆模型以 3D 形式投影在大屏幕上，以进一步完善概念设计
- 将道路状况显示在车辆风窗玻璃上

- 驾驶人利用语音与智能驾驶辅助系统进行交互
- 利用手势进行车辆操作
- 在车辆维修时,以交互形式对新入职维修人员进行培训

以上几乎所有的虚拟现实和增强现实的例子,都可以在互联网上找到有关汽车制造商的使用报告。由于 VR 和 AR 技术的广泛应用,用户的接受程度以及技术本身的性能都在持续提高和改进,预计 VR 和 AR 技术的应用市场仍将迅速增长。2016 年的 VR 和 AR 市场约为 20 亿美元,几乎全部来自 VR 解决方案。预计到 2020 年,市场额将达到 1500 亿美元,其中 AR 为 1200 亿美元,VR 为 300 亿美元 [Gor16]。大部分的 VR 份额将由电影、计算机游戏以及市场营销领域所占据,而 AR 领域主要依靠于工业界的快速增长。其他一些研究报告对未来市场的预测值虽然略低,但都无一例外地认为 AR/VR 技术将给汽车产业带来革命性的变化。

4.6 可穿戴设备与信标

信息技术的输入系统对所有增强现实(AR)的解决方案来说都至关重要。目前常用的输入技术是键盘、传感器和相机等。这一节将简要介绍两种相对较新、受到极大关注的输入技术,即可穿戴设备和信标技术。

可穿戴设备指的是那些小型且智能化、能由用户随身穿戴的电子设备,比如数据眼镜、健身手环、智能手表、数据手套以及嵌入到服装中的传感器。随着物联网和增强现实等技术的发展,与之紧密相关的可穿戴设备预计也将快速增长。可穿戴设备一般都可以与因特网相连,主要有两种类型。第一种可穿戴设备只具有简单的输入/输出功能(I/O 功能),如服装传感器及数据眼镜。第二种可穿戴设备除 I/O 功能外,自身还具有计算能力,因此可以直接运行应用程序,比如智能手表。

可穿戴设备也越来越多地出现在汽车行业中,比如在 4.5 节中提到了数据眼镜的使用示例。在汽车行业中的其他应用包括工作服中检测身体工作负荷的传感器。传感器的数据可以用于改进工作流程,以及避免危害员工身体健康的操作。

可穿戴设备还能在汽车服务领域得到应用。服务人员使用智能手表来检索下一个服务订单,然后在"点对点"(point to pick)解决方案和数据眼镜的协助下安装正确的零部件,完成车辆修理工作。这一技术也可以在销售领域应用。例如,许多汽车经销商已经建立了虚拟商店,

感兴趣的客户可以在虚拟环境中测试选定的车辆配置，并通过强大的 3D 眼镜以及模拟汽车行驶环境声音的声学设备，获得全面仿真的驾驶体验。通过人机交互，客户可以选择不同的内饰配置，也可以使用手势来打开虚拟车辆的发动机舱罩和车门以检查车辆内部细节。

另一种技术是所谓的信标技术 (Beacon)，目前主要用于零售领域，它是通过增强与客户的互动来获取客户的信息，从而满足每个客户的独特需求。具体来说，信标是由电池供电、火柴盒大小的信号发射器，它以短时间间隔发送具有设备特定 ID 的信号，接收端通过应用程序（App）接收信号数据。信标的数据传输采用蓝牙式低能耗技术进行，工作距离最远可达 30 米 [Stro15]。通过评估销售区中信标传来的信号，可以识别潜在客户的确切位置，然后精确地提供客户视野中产品的信息。此外，商店也可以通过销售部门传来的信标信息，详细了解用户的兴趣所在。

已有很多资料提及苹果专卖店或者星巴克门店中信标技术的应用，可见销售门店是这项技术极为合适的应用领域。信标技术在其他领域也开始有一些应用，例如物流行业中对派送人员的引导 [Bvd16]。在汽车行业，信标技术仍然处于起步阶段。

4.7 区块链

区块链 (Blockchain) 是一种来自于金融业的颠覆性技术。其概念在 2008 年首次提出，之后吸引了越来越多提供商的关注，进而提出了各种面向用户的解决方案。许多初创企业围绕这一主题成立，很快形成了一个迅速发展的社区。虽然区块链技术从金融行业开始，但其基本方法已在汽车行业的许多业务领域初步进行了试点应用 [Wil16]。

区块链架构的目的是让双方进行没有中间商的、安全的商业交易，比如不通过银行进行中间参与，实现 A 方到 B 方的直接转账。一般来说，在交易前后都将会部分涉及这种技术。区块链的基本思想就是将交易过程中的数据网络操作更透明化地进行，并按时间顺序定期进行更新。为了保证防伪，区块链技术中开发了一种多层体系结构，将交易的变化信息存储在加密的数据记录块中。区块链的基本结构如图 4.12 所示，取自比特币的公共开发者指南，其互联网支付方法也由区块链方法进行保护 [Bit16]。

在交易过程中，通过验证机制确保付款人在进行交易的同时，可以成为商品的拥有者。简单地讲，每个新的交易都存储在一个独立的块中，并与前面的块相关联，由此形成一个数据块的链条，这就是区块链名称的由来。

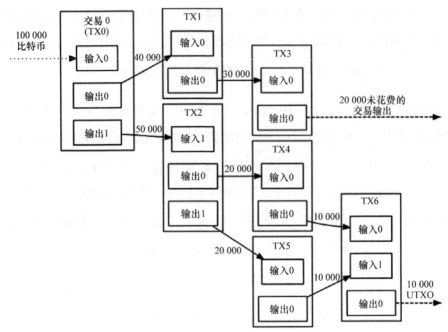

图 4.12 区块链技术的基本结构（Bitcoin，比特币）

区块链解决方案具有许多优点。除了确保安全性以外，优点还有省去中介方所带来的成本优势以及交易的透明度。而区块链的缺点主要是处理交易相关数据（保存、发送、更新）对应的工作量和处理时间。因此，该方法目前更适合于具有独特的业务内容和小交易量的场合，不适用于标准化的批量操作。标准化批量任务可以通过专门优化的信息技术（IT）解决方案更加经济和高效地处理。不仅限于金融领域，区块链的优势在其他领域也普遍适用。其适用场合的共同特征表现为，合作伙伴之间的业务关系是整体链条的一部分，在链条上以前任和后继的关系形式存在。

就汽车产业而言，区块链技术有灵活的应用可能性，包括供应链中的物流过程，汽车保修领域的车辆服务、移动出行服务，车辆短期租赁中的车辆管理，以及互联服务领域的支付。9.3节将通过实例对区块链的应用进行详细介绍。

如果能够通过第三方的提供商建立起通用平台，供各方进行一定数量级的交易，以标准化和高效的方式提供交易结算，就可以加速区块链的应用，提升这一技术对该产业的意义。可以期待的是，区块链可能会与数字化货币结合在一起，通过其在成本、安全性和透明度上的优势，引起产业的颠覆性变化。

4.8 机器人

工业机器人是制造业中一种经过验证的成熟自动化技术，已在汽车行业生产中应用50多年。机器人的主要应用领域是承担繁重的或有危险性的体力工作，例如车身焊接或整车组装。在2014年，汽车行业中的机器人密度（每10000名员工对应的机器人数量）统计数据如下：美国约为1100；德国和韩国约为1100；日本的机器人密度最高，为1400；中国则为300[Har16]。在汽车行业应用机器人技术已积累了丰富的经验，其应用始终在迅速扩展，这一领域的创新仍然层出不穷，值得不断给予关注。

当前推动机器人技术创新的动力主要来自于客户需求和应用场合的多变性和多样性，这对机器人和相关设备提出了更高的技术要求。随着机器人本身计算能力不断增加，编程方法越来越简单易用，性能不断增长，机器人技术将可以在更多的场合应用。另外，机器人在小批量生产中的应用也越来越受到关注。考虑当前购车用户的个性化定制将越来越多，产品批量将越来越小，可以预见在未来的汽车生产中大批量生产线将日趋减少。取而代之的是自主性制造单元，工作人员可以在里面更灵活地工作，无须直接操纵机器人。

机器人也越来越多地涉足之前尚未接触的领域，例如用于复杂零件的组装，以及用于服务领域。除了广泛应用的工业机器人之外，未来还将出现更加轻便的人机协作系统和服务型机器人。机器人必须装备更多的传感器，以确保人机协作（Human Robot Cooperation，HRC）的安全性。比如，机器人通过传感器来检测人类是否已接近其工作半径，如果检测到将会对人类产生危险，则它会立即停止运行。基于这一安全措施，将来不再需要为机器人设置安全围栏，即所谓的"无框架生产"。目前在没有安全围栏的情况下，一般的服务机器人已可以安全工作，比如作为老年人的医疗护理，或将机器人作为清洁车辆使用。

另外，当前应用功能更加强大的创新编程方法，这也使得机器人的进一步普及变得更加容易。过去机器人操作需要特殊编程方法和开发工具，而现在的编程方式以图形为导向，这使得机器人更加容易完成所希望的操作。另外，在所谓教学输入方法(Teach in method)中，机器人可以由有经验的工作人员引导进行初次操作，进而完善自身掌握操作方法。未来将使用手势和语音的方法实现机器人编程，从而更能够提高性能，同时降低初始化成本。

除技术可行性外，是否使用机器人的决策标准，还需考虑和比较预期单位成本。对于这一问题，大众汽车公布了其详细的分析结果，如图4.13所示 [Dol16]。基于机器人的投资成本，在示例的应用场景中，机器人的每小时成本在 1 欧元到 12 欧元之间。与真正工人的成本对比，使用人工每小时的总费用约为 50 欧元。因此从经济角度来说，机器人比人工更具有优势。

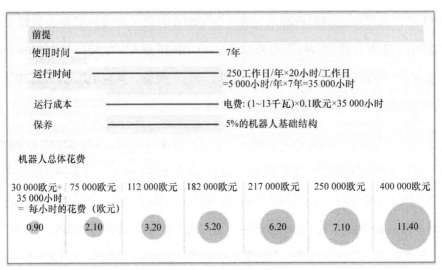

图 4.13　不同类型机器人的总体成本比较（VW）

基于这一定量分析，大众汽车公司计划进一步扩大机器人在汽车制造过程中的使用，试图从现有领域扩展到更为复杂的工作领域和应用场所，例如与工人的互动，即人机合作领域。通过使用机器人，也可以应对和解决目前技术工人缺乏的状况。

出于与工业领域类似的原因，服务型机器人的使用可能性也在快速增长，比如在护理服务、礼宾服务、清洁工作等全新领域。在这些应用中可以采用认知计算技术（见 4.1 节），机器人能够自我进行学习和与用户公开谈话，从而能够实现一定的社交功能。这方面的例子是日本软银公司的人形机器人"Pepper"，它基于国际商用机器制造公司（IBM）的认知技术"Watson" [Wan16]，这种可自我行走的机器人在日本得到广泛使用，比如用于银行的礼宾服务。在柜台上向客户问候，并询问客户的服务要求后，Pepper 机器人会引导客户到具体的银行咨询人员位置。在此期间，会通过评估客户社交媒体的数据以及银行现存的客户数据来建立客户的简要档案，提供给咨询服务人员，以准备与客户的进一步谈话，这使得对话从一开始，就在保证安全的前提下，完全在针对这一客户的信息库上进行。这个例子说明了机器人技术领域的未来可能性，涉及的是数字化技术的深层应用。关于 Pepper 机器人，可以参见第 9 章的实例以获取更多的有关信息。

4.9 无人机

在众多行业中，无人机是另一种具有应用潜力的新型技术，本节将讨论其在汽车工业的应用。无人机指的是飞行过程由计算机自动控制，或者由人远程控制的无人飞行物体。无人机在军事领域已经有很长的历史，早在 1931 年就有英国皇家空军使用无人机的记录 [Pap17]。近年来，无人机在人类生活领域和工业领域中的发展速度都很快。已应用的无人机有各种不同尺寸，从几厘米到几十米都有。大型无人机的典型例子是脸书（Facebook）试验的太阳能供电无人机"Aquila"，其翼展超过 30 米，重量超过 400 千克，可以在空中停留三个多月。这种无人机的目的是作为空中基站，让偏远地区的人们能够访问互联网。谷歌也已开展了类似的项目 [Han16]。

与之类似，无人机在汽车行业也有很多应用潜力。比如在物流方面，可以通过这种"飞行机器人"完成零件的交付，可以清点高架式仓库中的库存情况 [Bmw16]。在交通控制方面，已有试点项目通过无人机进行交通状况监控。无人机在汽车服务以及企业内部零部件供应中也有应用可能性，从而推动汽车行业的数字化进程。

4.10 纳米技术

纳米技术是指对尺寸小于 100 纳米（万分之一毫米）的微观结构的研究、生产和实际应用。这项技术自 20 世纪 80 年代以来迅速发展，已经在许多行业实现跨领域应用。具体来说，除了天然的纳米材料外，还有许多人造纳米材料。纳米材料可以分为碳基材料、金属材料、树枝状聚合物和复合材料 [Wer16]。纳米材料的效果主要是基于其表面积与体积的比率远大于常规材料，使得材料特性由表面性质主导。与较粗的其他物质相比，精细结构的纳米材料具有完全不同的化学、物理和生物学性质。纳米技术的应用领域大致可分为以下几个方面：

- 纳米颗粒。基于金属或复合材料的"微型材料"
- 涂层。表面涂层，如涂料或不粘涂层
- 生物学 / 医学应用。特殊药物和植入物
- 工具 / 设备。迷你传感器；用于医疗或工业应用的迷你设备

在汽车工业中，纳米颗粒已成为许多汽车零件的重要组成部分。例如，纳米颗粒可以优化轮胎的性能，在尾气催化和空气过滤系统中有效应用。洗车服务也开始提供"纳米处理"，这种经过特殊离散化处理的油漆表面具有更好的防污性能。其他用于汽车行业的例子有：

- 汽油添加剂，用于改善燃烧
- 替代焊接方法的黏合剂
- 高强度材料，取代传统的车身零件
- 工厂和车辆中的传感器
- 防腐蚀涂层
- 用于汽车照明的发光二极管（LED）
- 自调色车窗玻璃及镜子
- 具有防污表面或特殊颜色的汽车涂料

以上的例子显示了纳米技术的全面应用潜力。在数字化方面，基于纳米技术的设备也得到了很好的发展。在研究项目中已开始使用配备带有微电子、传感器和执行器的纳米器件，例如名为 Foglets 的微观纳米机器人群 [Stor01]。每一个 Foglets 机器人都有计算机电源，可以与其周围的机器人或控制单元进行通信。

Foglets 机器人可以在很多场合得到广泛应用。例如，在医学中可以将 Foglets 注入血液循环中。这种机器人可以驻留在血管中，现场监测人体健康状况，并在需要时采取相应的预防措施，比如通过去除血管污垢或患病细胞来维持和改善健康状况。与此类似，纳米机器人可以在汽车油路循环中使用，及时处理油路磨损问题。

另一个在汽车行业有趣的应用是，将大量纳米机器人通过执行器相互连接，形成结构坚固的材料，即所谓可编程化车身组件，当然这一应用还需要较长的研发时间。但随着相关技术的进步，预计这一愿景将在五十年内成为现实。

4.11 游戏化

到此为止，本章所介绍的都是技术领域的创新，而这一节将介绍提高流程效率，使用新式流程的方法，其中一种方法是所谓的游戏化。游戏化是在游戏之外使用游戏规则，具体在企业经营领域指的是使用这种方法调动起员工的工作热情，其真实基础是一个引人注意的、考虑员工利益的游戏理念。该游戏在竞争团队中进行，包括进度记分牌、奖金激励等特别游戏内容，游戏进度充分透明化，任务完成后给予鼓舞性的奖励。

在公司经营中使用游戏化概念，可以在人力资源领域、资格认证以及变更管理中发

第 4 章
数字化解决方案的技术

挥作用。例如，匈牙利普华永道（PwC）在经营中使用游戏"Multiploy"，利用地产大亨（Monopoly）的方法来帮助新员工认识了解公司，缩短他们的上岗培训时间。另外，沃尔玛（Walmart）使用游戏化进行员工安全培训，而高通（Qualcomm）则采用这种方法改善技术支持效果 [Mei16]。游戏化在汽车行业中也在发挥越来越大的作用，这一方法受到数字时代出生的员工的更多欢迎，使得公司对员工的吸引力大大增加。

以上的范例显示了游戏化的应用领域，除此之外还有许多其他可预见的应用领域。企业预算规划可以按照"龙穴"（Höhle des Löwen，创业投资电视节目）的思路进行，也可以吸取相应电视节目中的所谓"行为"要素，对新应用程序进行资格验证。显而易见，游戏化有利于企业文化向数字化时代转变。关于企业文化变革将在第 7 章论述。

参考文献

[Ado15]　Adolphs, P., Bedenbender, H., Dirzus, D.: Referenzarchitekturmodell Industrie 4.0 (RAMI 4.0) VDI/VDE Statusreport. https://www.vdi.de/fileadmin/user_upload/VDI-GMA_Statusreport_Referenzarchitekturmodell-Industrie40.pdf (2015). Zugegriffen: 18. Juli 2016

[App16]　N.N.: Number of available apps; AppBrain. http://www.appbrain.com/stats/ (2016). Zugegriffen: 10. Juli 2016

[Bit16]　N.N.: Bitcoin developer guide. Bitcoin Project, 2009–2016. https://bitcoin.org/en/developer-guide (2016). Zugegriffen: 28. Juli 2016

[BMBF15]　BMFF (Hrsg.): Industrie 4.0 Innovation für die Produktion von morgen. Bundesministerium für Bildung und Forschung Bonn. https://www.bmbf.de/pub/Industrie_4.0.pdf (2015). Zugegriffen: 18. Juli 2016

[Bmw16]　BMWi (Hrsg.): Autonomik für Industrie 4.0. Bundesministerium für Wirtschaft und Energie, Berlin. https://www.bmwi.de/Redaktion/DE/Publikationen/Digitale-Welt/autonomik-fuer-industrie-4-0.pdf?__blob=publicationFile&v=9 (2016). Zugegriffen: 01. März 2017

[Bvd16]　BVDW (Hrsg): Proximity solutions. Bundesverband Digitale Wirtschaft, Düsseldorf. http://www.bvdw.org/presseserver/Mobile/BVDW_Leitfaden_ProxiSolu_160909.pdf (2016). Zugegriffen: 01. März 2017

[Dol16]　Doll, N.: Das Zeitalter der Maschinen-Kollegen bricht an. Die Welt. http://www.welt.de/wirtschaft/ 04. Febr. 2015. Zugegriffen: 28. Juli 2016

[Dum16]　Dumslaff, U., Heimann, T.: Studie IT-Trends 2016 – Digitalisierung ohne Innovation? Capgemini Studie. https://www.de.capgemini.com/resource-file-access/resource/ (2016). Zugegriffen: 07. Juli 2016

[Eck13]　Eckl-Dorna, W.: Wie 3D-Drucker ganze Branchen verändern können. Manager Magazin, 17. Mai 2013

[Eng13]　Engel, W. (Hrsg.): Unternehmen 2.0: kollaborativ.innovativ.erfolgreich Leitfaden BITKOM. https://www.bitkom.org/Bitkom/ Publikationen/ (2013). Zugegriffen: 12. Juli 2016

[Geb13]　Gebhardt, A.: Additive Manufacturing und 3D Drucken für Prototyping – Tooling – Produktion. Carl Hanser Verlag, Munich (2013)

[GfK16]　　N.N.: Understanding the driving force behind the connected customer. GfK: Tech Trends. http://www.gfk.com/de/insights/report/download-tech-trends-2016/ (2016). Zugegriffen: 07. Juli 2016

[Gor16]　　Goral, A.: DIGILITY – Virtual und Augmented Reality im Rahmen der photokina. schaffrathmedien. http://knows-magazin.de/ 21. Juni 2016. Zugegriffen: 26. Juli 2016

[Hag15]　　Hagl, R.: Das 3D-Druck-Kompendium: Leitfaden für Unternehmer, Berater und Innovationstreiber, 2. Aufl. Verlag Springer Gabler, Wiesbaden (2015)

[Han16]　　N.N.: Facebook-Drohne erfolgreich getestet. Handelblatt, http://www.handelsblatt.com/technik/it-internet/solar-drohne-aquila-facebook-drohne-erfolgreich-getestet/13912824.html 22. Juli 2016. Zugegriffen: 01. März 2017

[Har16]　　Harhoff, D., Schnitzer, M., Backes-Gellner, U.: Robotik im Wandel. Gutachten der Expertenkommission Forschung und Innovation. http://www.e-fi.de/ (2016). Zugegriffen: 28. Juli 2016

[Ipo6]　　How many apps are in the App Store about tech. http://ipod.about.com/ N.N. (2016). Zugegriffen: 10. Juli 2016

[Jün13]　　Jüngling, T.: Datenvolumen verdoppelt sich alle zwei Jahre. Die Welt. http://www.welt.de/wirtschaft/webwelt/article118099520/ 16. Juli 2013. Zugegriffen: 09. Juli 2016

[Kag13]　　Kagermann, H., Wahlster, W., Helbig, J. (Hrsg.) Umsetzungsempfehlungen für das Industrieprojekt Industrie 4.0; Abschlussbericht. Promotorengruppe Kommunikation der Forschungsunion Wirtschaft – Wissenschaft (Hrsg.). Frankfurt. https://www.bmbf.de/files/Umsetzungsempfehlungen_Industrie4_0.pdf (2013). Zugegriffen: 18. Juli 2016

[Kav14]　　Kavis, Michael J.: Architecting the Cloud: Design Decisions for Cloud Computing Service Models (SaaS, PaaS, and IaaS), 1. Aufl. John Wiley&Sons, Hoboken (2014)

[Kel15]　　Kelly, J. E.: Computing, cognition and the future of knowing. White Paper, IBM. http://www.research.ibm.com/software/IBMResearch/multimedia/Computing_Cognition_WhitePaper.pdf (2015). Zugegriffen: 12. Juli 2016

[Köh14]　　Köhler, T. R., Wollschläger, D.: Die digitale Transformation des Automobils. automotiveIT Verlag Media-Manufaktur GmbH, Pattensen (2014)

[Lev15]　　Levy, H. P.: What's new in Gartner Hype Cycle for Emerging Technologies. http://blogs.gartner.com/smarterwithgartner/ (2015). Zugegriffen: 12. Juli 2016

[Man15]　　Manyika, J., Chui, M., Bisson, P.: The Internet of Things: Mapping the Value beyond the Hype. McKinsey Global Institute. https://www.mckinsey.de/files/ (2015). Zugegriffen: 07. Juli 2016

[Mei16]　　Meister, J.: Future of work: Using gamification for human resources. Forbes/Leadership. http://www.forbes.com/sites/ (2015). Zugegriffen: 26. Juli 2016

[Moo16]　　Moore, G.: The future of enterprise IT. Report AIIM Organization. http://info.aiim.org/ (2016). Zugegriffen: 10. Juli 2016

[Pap17]　　Papp, K.: Wissen – 8 Fakten über Drohnen. INGENIEUR.DE 1. http://www.ingenieur.de/Themen/Flugzeug/8-Fakten-ueber-Drohnen März 2017. Zugegriffen: 01. März 2017

[Ric16]　　Richter, S., Wischmann, S.: Additive Fertigungsmethoden – Entwicklungsstand, Marktperspektiven für den industriellen Einsatz und IKT-spezifische Herausforderungen bei Forschung und Entwicklung. Herausgeber: Begleitforschung Autonomik für Industrie 4.0. Berlin. https://www.vdivde-it.de/publikationen/studien/ (2016). Zugegriffen: 21. Juli 2016

[Rie15]　　Rieger, S.: Die 5 wichtigsten Infrastrukturtrends 2016. Blog it-novum. http://www.it-novum.com/blog/die-5-wichtigsten-infrastrukturtrends-2016/ 17. Dez. 2015. Zugegriffen: 18. Juli 2016

[Shw14]　　Shwartz, S., David, B.: Understanding Machine Learning – From Theory to Algorithms. Cambridge University Press. http://www.cs.huji.ac.il/~shais/UnderstandingMachineLearning/understanding-machine-learning-theory-algorithms.pdf (2014). Zugegriffen: 20. Aug. 2016

[Stor01]　　Storrs, H. J.: Utility fog: The stuff that dreams are made of Kurzweil Essays. KurzweilAI.net. http://www.kurzweilai.net/utility-fog-the-stuff-that-dreams-are-made-of 5. Juli 2001. Zugegriffen: 22. Aug. 2016

[Stro15]	Strobel, C.: Beacon-Technologie: Das große Ding der kleinen Dinger. CyberForum. http://www.techtag.de/ (2015). Zugegriffen: 26. Juli 2016
[Teg06]	Tegtmeier, A.: Augmented Reality als Anwendungstechnologie in der Automobilindustrie. Dissertation, TU Magdeburg, (2006)
[Tri16]	Trisko, A.: Olli: Selbstfahrender Bus mit Elektroantrieb aus dem 3D-Drucker. Trends der Zukunft. http://www.trendsderzukunft.de/ 17. Juni 2016. Zugegriffen: 21. Juli 2016
[VDI14]	N.N.: VDI Richtlinie 3405: Additive Fertigungsverfahren Blatt 1–3. Beuth Verlag, Düsseldorf (2014)
[Wan16]	Wang, B.: IBM putting Watson into Softbank Pepper robot. http://www.nextbigfuture.com./ 10. Apr. 2016. Zugegriffen: 28. Juli.2016
[Web14]	Weber, M.: (Hrsg.): Big-Data-Technologien – Wissen für Entscheider BITKOM-Arbeitskreis Big Data. https://www.bitkom.org/noindex/Publikationen/2014/Leitfaden/Big-Data-Technologien-Wissen-fuer-Entscheider/140228-Big-Data-Technologien-Wissen-fuer-Entscheider.pdf (2014). Zugegriffen: 08. Juli 2016
[Wer16]	Werner, M., Kohly, W., Simic, M.: Nanotechnologie in der Automobilbranche. Hessisches Ministerium für Wirtschaft, Verkehr und Landesentwicklung. hessen-nanotech NEWS 1/2005. https://www.hessen-nanotech.de/ (2005). Zugegriffen: 28. Juli 2016
[Whe15]	Whei-Jen, Ch., Kamath, R., Kelly, A.: Systems of Insights for Digital Transformation. IBM Redbook. http://www.redbooks.ibm.com/abstracts/sg248293.html?Open (2015). Zugegriffen: 10. Juli 2016
[Wil16]	Wild, J., Arnold, M. Stafford, P.: Das Rennen um die Blockchain Capital. http://www.capital.de/ 12. Nov. 2015. Zugegriffen: 28. Juli 2016
[Win14]	Winkelhake, U.: IT Innovationen als Treiber von Wachstum im Automobil-Aftersales. Beitrag zur 5. Deutschen Fachkonferenz Aftersales Services. Süddeutscher Verlag Veranstaltungen GmbH, Mainz 03./04. Dez. 2014
[Wis15]	Wischmann, S., Wangler, L., Botthof, A.: Industrie 4.0; Volks- und betriebswirtschaftliche Faktoren für den Standort Deutschland. BMWi (Hrsg). Berlin. https://www.bmwi.de/BMWi/Redaktion/ (2015). Zugegriffen: 18. Juli. 2016

第 5 章
数字化汽车工业 2030 的愿景

针对汽车行业数字化发展的愿景和路线图这一主题，前面的章节讨论了相关的驱动因素、影响力和评价标准。当前，信息技术的性能和使用领域正在迅速发展。正如摩尔定律所阐述的，人类所需要的新技术，比如神经形态芯片正在以指数速度发展，迅速达到量产所需的成熟度。数字原生代开始进入劳动力市场，并把他们的经验、价值体系和新的行为模式应用在企业和消费领域。当前各种各样的"颠覆性技术"都在崭露头角，比如认知计算、3D 打印、更加灵活和高效的机器设备以及未来纳米机器人。

为维护和拓展企业的竞争力，目前有许多数字化技术选项可供选用。然而对汽车行业来说，实施重大变革和转型的速度一向很慢。汽车行业已经习惯于 4~6 年的新车开发周期，没有办法像智能手机或应用程序的开发节奏一样，在一年时间内推出新一代产品。另外，汽车行业在实现数字化的同时还面临许多其他的挑战。市场需要具备电力驱动、互联服务和自动驾驶功能的汽车。新购车者的年龄慢慢接近 50 岁，而青年拥有车辆的欲望没有以往那么强烈，许多青少年甚至没有驾驶执照。同时，人们对移动出行服务和共享模式的需求越来越高。

到目前为止，由于有资本密集型生产设施投入、复杂的营销结构以及必要的售后服务，汽车行业受到新进入者的冲击较少，但这种情况将发生根本性变化。随着与数字化相关的新机遇的出现，大量来自本行业或其他行业的新竞争者进入汽车市场，对现有的汽车公司形成压力，这使得现有公司必须从根本上转型才能保住市场地位。除了专注于电驱动和互联网直销的特斯拉汽车公司外，苹果、谷歌和法拉第未来也值得重点关注，这些公司都在大规模推广自动驾驶技术。在中国，百度和阿里巴巴等大型非汽车行业公司也宣布进入汽车市场。这些公司拥有丰富的信息技术经验，并将这些经验应用于电气化、互联服务和移动出行服务。这些新进入者预计会使用类似于苹果与中国制造合作伙伴富士康的关系选择车辆制造服务商，以便廉价地制造车辆，将新车更快地推向市场。具有强大制造技术的大型工厂的市场差异化将会减少。购买车辆的标准将更加关注信息技术解决方案、互联服务和创新驱动技术。

在这种情况下，对于成熟的汽车制造商而言，在全面的数字化战略和路线图下进行变革显得至关重要。本章内容的出发点是对市场和客户的未来期望以及汽车生产商当前战略的分析，由此可以预见汽车行业未来如何演变，以及到 2030 年数字化项目转型后的行业状况。了解客户期望是制定行业建议，使业务战略与整体数字化战略保持一致的基础。第 6 章制定了一个框架，讨论了整体计划中所需的措施。

5.1 汽车市场的发展

目前，不同国家的汽车市场发展差异很大。中国汽车市场一直在持续增长，目前以低于 10% 的年增长率持续扩大。在销量方面，中国现在是并将继续成为世界上最重要的汽车市场。而且，中国也将越来越多地推动汽车行业的创新。美国作为全球第二大市场，汽车市场稳定在一定水平，与欧洲市场类似。巴西和俄罗斯的汽车市场面临挑战，可能将在中期停滞不前。东盟特别是印度尼西亚汽车市场有很多机会，与之类似的是非洲市场。2016 年全球汽车市场销量约为 7800 万辆，预计未来的年增长率约 3.4%，整体情况较为稳定 [Dud15]。麦肯锡与斯坦福大学合作的一项研究也支持了这一观点，其研究结果如图 5.1 所示。基于对亚洲、欧洲和美国的专家的多次访谈，该研究预计全球汽车销售额将从 2015 年的 3.5 万亿美元增长至 2030 年的约 6.7 万亿美元，对应 4.4% 的年增长率。在总销售额中，新移动出行产品和互联服务的收入每年会增长 30%，推动整体市场的增长。传统的汽车销售的年增长率为 2%，而售后服务市场将从 7200 亿美元增长到 1.2 万亿美元。对于售后服务市场，由于未来电动汽车维护费用减少，自动驾驶汽车的交通事故减少，使得维修费用减少，一定程度上抵消了汽车数量和共享车辆服务的销售额增长。

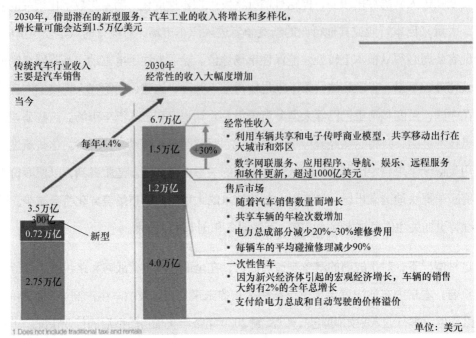

图 5.1 汽车市场未来的发展趋势（至 2030 年）[Kaa16]

尽管车辆销售和收入将继续增长，但不可否认汽车市场正在经历巨大的动荡。这一方面是由于新的市场参与者和新技术的引入，另一方面是由于客户需求的急剧变化。这体现在以下方面。这些趋势将对未来的汽车市场发展产生巨大影响。

- 城市化以及随之而来的拥堵和环境污染
- 汽车的象征意义的丧失。倾向于使用而不是拥有汽车
- 数字原生代的行为特点，专注于互联、共享、移动办公
- 环境和生态方面的意识
- 灵活的移动出行服务。关键是移动出行随时可用，不再考虑汽车品牌
- 健康和运动意识的提高。使用自行车而不是汽车
- 生活方式个性化定制

5.2 乘用车行业未来的客户期望

用户对乘用车的期望实质上反映的是社会发展和时代精神的消费趋势变化。前文第 3 章已通过事例对"数字原生代"的行为模式进行分析，此外其他人群的消费趋势也在变化。 这些新

的消费趋势需要进行重点分析，并在未来车辆销售和移动出行方面得到反映。有关未来消费趋势的各种变化在图 5.2 中进行了简要总结。

消费趋势	对汽车产业和移动出行产业的影响
多样化	对生活的设想更加碎片化，需求更加多样性。与传统的目标人群战略相比，面向特定生活阶段的产品更加重要
找回童真	消费者的心理年龄比实际年龄更加年轻。不再购买廉价商品，而是购买更能带来年轻化体验的商品
家庭2.0	分居型家庭对于出行有更频繁更多样的要求，不再只是传统家庭的Van、SUV或旅行车形式
新城市	汽车移动出行需要符合未来的绿色城市的规定（零排放）
绿色经济学	汽车移动出行需要考虑生态效应，同时也需要对消费者友好
新奢侈主义	汽车产品需要更豪华，以实现生活品质提升
简约化	简约、省时，消费者无须考虑汽车技术细节
深度支持	汽车作为家到办公室的纽带，需要支持多种生活需求
廉价时尚	产品能体现奢侈元素，又能让消费者买得起

图 5.2 汽车市场的消费趋势 [Win15]

目前有一种名为"多画面"（Multigrafie）的消费潮流，指的是当今与我们父母的时代相比节奏更快，生活片段变得时间更短、种类更多，使得消费者对新事物的接受度更强，对便捷性的要求更高。例如，人生中通常会有多个合伙阶段，还有多个专业重心不同的雇主。个人爱好的要求也越来越高，而且在不同生命阶段经常切换，比如从帆板到滑雪再到高尔夫。由此出发，用户对车辆或者说出行解决方案的需求也是随着使用情景不断切换的。这一趋势表明，汽车行业需要对车型进行进一步细分，提供更多个性化选项，以满足不同移动出行场景的需求。这方面的例子是奥迪提供的"车型选择"和"共享车队"服务 [AUDI16]。在"选择车型"服务中，客户购买的不是一台单一的车辆，而是对至多三种不同车型的使用权，可供选择的车型库包括夏天使用的敞篷车、行李空间大的旅行车、长途商务出行的豪华轿车等一系列车型，这些车型具备青年人喜欢的配置，在客户群中共享使用。汽车灵活使用的另一个例子是针对拥有一批员工的公司的"共享车队"服务。在这一汽车共享解决方案中，员工可以通过预订门户网站自主选择奥迪车型，用于公务出行或者工作时间以外的私人出行。允许私人出行使得公司能够提高其车队的利用率，同时为员工提供更好的出行选择。除以上的例子之外，还有其他方案顺应"多画面"的汽车使用趋势。

汽车行业另一个重要的消费趋势是"找回童真"（Downaging），即老年群体的消费年轻化。老年人是一个非常重要的有购买力的购车群体。目前人类的平均寿命持续上升，人们即使在退休年龄也更健康，行为更加年轻化。当前这一代"最佳年龄段"（50~70 岁）的人已经成为人口中非常活跃的一部分，而汽车是他们生活方式的重要组成部分。研究表明，超过三分之一的新车买家的年龄超过 60 岁 [Wit15]。这一人群的汽车购买标准是同时满足汽车运动性和必要的汽车舒适性。他们经常选择的配置包括更高、更舒适的汽车迎宾踏板，更方便的座椅和方向盘调节，以及汽车电子辅助系统，而不再像以前一样需要一些不切实际的配置。这些特征恰好有利于汽车制造商的利润增长。随着这一老龄化人群的经济实力的增长，汽车行业应该更加关注这个拥有车辆和移动出行需求的客户群，这也符合未来车辆易用性和用户友好性的特征。

另一个名为"新城市"（Neo-Cities）的趋势有两方面特点，一方面是反映城市化水平提高以及大城市人口增长的趋势，另一方面是许多城市在生态方面清洁化、绿色化的努力，直到达到"零排放"的目标。哥本哈根是大规模支持市民使用自行车的先锋，目前也有很多城市效仿这一措施。比如，伦敦市提出了名为"未来伦敦——一代的足迹"的环保计划[Wen12]，该项目的目标是支持大都市的绿色生活方式。除了对可持续行为比如自行车出行的支持外，也有在商店支持有机食品和公平贸易产品的行为。汽车制造商的产品也必须符合这种趋势，可以通过推出绿色出行的产品来跟随趋势，创造更多的市场机会。伦敦以外的许多其他城市也正在努力通过不同的措施来减少私家车的使用量。圣保罗的车辆仅在隔天允许使用，分单双号限行；北京的购车许可证数量非常有限；在新加坡的高峰时段，只允许至少搭载三名乘客的车辆行驶。新加坡的政策导致了全新的工作机会：在限行时收费搭载第三名乘客，从而达到了所需的乘客数量。各个城市的出行趋势对汽车工业产生了巨大影响。

以上的趋势也与所谓"绿色经济学"（Greenomics）引起的变化类似，它不仅影响人们的移动出行，还会影响其他工业领域以及城市地区的面貌。在"绿色经济学"中，所有人群都有健康和可持续的生活方式，这一理念在营养、体育和旅行方面被更多地纳入行动规划和购买决策过程。消费者的购车行为也受这一趋势影响，甚至有些消费者不购买汽车，只是使用出行服务。购车决策在很大程度上受到汽车油耗和气候环境的影响。而在移动出行方面，影响消费者决策的主要是使用便捷性和可持续性，而车辆性能不再那么重要，特别是发动机功率和最高车速指标几乎不起作用。这种价值观的变化影响了许多人，特别是在发达国家的用户，而这一趋势在气候变化和资源稀缺的背景下还会更加明显，值得汽车行业重点关注。

图 5.2 还讨论了名为"新奢华主义"（New Luxury）的消费趋势，这一趋势包括更关注非物质的价值，如生活质量，更加简约而专注于要领，复杂度降低而且服务更便捷的"深度支持"，产品质量好而价格合理的"廉价时尚"。这些趋势为汽车行业规划未来的产品和服务提供了参

考。此外还有其他趋势，例如更多的丁克家庭，其购买力很高，已经受到商家的重点关注。个人的消费趋势和与其所在的市场大趋势重叠性较高。因此需要根据不同市场的特点进行相应的目标客户细分。汽车市场的成熟度和制造商的市场地位不同，消费者的购买趋势也不同。例如，在中国和印度，品牌价值和发动机动力是客户购车的重要标准；在德国消费者中，可靠性和二氧化碳的排放量是购车的重要指标；对热爱互联网和体育，且预算有限的巴西人来说，带有互联服务的小型 SUV 是最受欢迎的。基于上文所述的趋势模板可以定义移动出行的类型，进而划分目标客户的类型。在成熟的汽车市场，比如欧洲、日本和美国，其变化趋势符合图 5.2 以及描述未来出行模式的图 5.3 的叙述。

1.绿色创新者 (Greenovator)	出行需求需要满足资源、环境保护的要求。用户希望了解出行对环境的影响，使用创新解决方案
2.家庭成员互访出行 (Family Cruiser)	家庭成员分居场景逐渐增多，使得出行需求增加，出行花费增加
3.中老年购车者 (Silver Driver)	中老年人开始热衷消费和享受，在业余生活中追求生活品质
4.高频通勤者 (High-Frequency Commuter)	高频出行者对移动出行的需求很高，需要频繁往返于商业中心和外围地点
5.全球飞旅者 (Global Jet Setter)	经常在世界各大都市间往返的人群，需要追求高级别致的体验
6.驾驶体验粉丝 (Sensation Seeker)	出行需要体现自由、乐趣和生活情调，且体现个人地位。"快乐驾驶"就是其中典型的生活元素
7.基本需求用户 (Low End User)	此类人群需要降低出行的花费，总是寻找最便宜的出行方案

图 5.3　成熟市场的移动出行方式 [Win15]

图 5.3 中，一个重要的移动出行模式是所谓的"绿色创新者"（Greenovators，来自单词 green 和 innovator）。预计到 2020 年，北美、西欧和日本的 30% 以上的人口会选择这种方式 [Kaa16]。正如字面意思所表达的那样，绿色创新出行专注于出行的可持续性和创新模式。生活质量、资源有效利用和环境兼容性是购买车辆时的重要指标，这一诉求与新驱动技术相符合。未来的客户不只局限于汽车拥有者，也包括移动出行或共享出行的人群。在成熟市场中，中老年购车者、全球飞旅者和驾驶体验粉丝是典型的消费者群体。相比之下，新兴市场的消费者群体没有分得那么细。汽车厂商的主要精力是寻找基本消费者，但同时也在寻求追求尊贵的豪华车买家。本书在这一点上不会进一步展开，感兴趣的读者可以参考因特网和专业文献中的研究 [Kaa16，Wen12，Sta15]，[Joh16]。本节只是突出这一问题的重要性。为了更好地理解客户和市场，汽车厂商必须从一开始就上升到经营战略高度，设计合理的数字化战略和路线图。产业转型的影响很深远，传统的汽车制造商需要不断深入地开展和更新市场分析，因为新造车势力的目标客户的需求与传统客户并不相同。在此背景下，特别是在新用户关注的数字化方面，汽车

制造商如何更好地实现客户导向就显得更加重要。

5.3 汽车行业的数字化情况

作者在本章对一些汽车制造商的数字化情况进行了简要调研。信息来源包括企业年度报告、公司投资者关系以及专业文章，时间截止到 2016 年 8 月。为评价各家企业的数字化战略，作者定义了以下参数：

- 与客户期望的符合程度
- 销售 / 售后服务的转型情况
- 企业文化朝着数字化方向发展的程度
- 业务流程的数字化：工业 4.0 到商业 4.0
- 互联服务
- 移动出行服务
- 自动驾驶
- 与孵化器合作
- 向信息技术转型

以上的因素中，客户期望的重大改变是制定业务战略和数字化战略的基础。通过便利的销售渠道提供合适产品并结合优秀的售后服务，是成功的先决条件。本节将会具体分析制造商是否有明确的市场和客户划分，是否已经积极进行销售渠道的转型。互联网在今天已经在汽车行业发挥着重要作用，特别是在产品分析和零部件采购方面。互联网作为销售渠道的重要性将大大增加，将对汽车交易的形态带来很大改变。

判断企业数字化转型是否成功的一个重要标准是，是否具备一种"准备就绪"的企业文化，即以开放、快乐和"饥渴"的心态面对数字化这一主题。这种状态不应只局限于某些组织部门或仅仅是信息技术部门，而应该在公司内被广泛接受，涉及公司的每个人。特别对于德国人来说，他们喜欢保持既定的流程，将改变视为威胁而非机遇，因此转型起来较为困难。但只有采取转型措施，才能保证企业的数字化进程成功，从而在面对新竞争者时保持竞争力。因此也需要对公司转型举措的深入度进行评估。

另一个研究领域是工业过程数字化，包括基于工业 4.0 的生产制造和所有其他业务领域。从当前背景来说，几乎所有工业过程都可以通过信息技术方法实现自动化。这一转型通常会受到经济因素的制约，因为所需的自动化解决方案往往比人工更昂贵。而随着应用程序性能的提高，成本的劣势被弥补，业务过程的自动化程度将在所有领域显著提高。汽车制造商在过程数字化方面的参与程度也需要进行评估。

随着移动生活方式的普及，许多客户都希望可以在车辆中使用与智能手机类似的应用程序。汽车制造商提供的互联服务的使用应该与手机应用程序（App）同样简单，可以方便地对车辆程序进行更新，如用来消除故障、增添功能。许多制造商目前提供的解决方案与消费者的愿望仍然相去甚远。然而，在互联服务的体验以及客户响应度方面的改善已成为企业的重点标杆，在本章中也将进行评价。

另外，本章研究了汽车制造商是否已经提供移动出行服务或者已经与服务提供商建立了紧密的合作关系，分析了自动驾驶的进展，以及与孵化器合作用于加速数字化改进的情况，比如是否将信息技术业务定位为核心任务，以推进数字化转型。重要的是，需要让传统的计算机信息技术研发者与汽车研发部门的计算机程序研发者紧密结合，创建协同作用，并保证车辆嵌入式信息技术与传统计算机信息技术间的兼容性。

由于公开资料中缺乏细节，无法有效评价企业的创新性项目的可行性和可持续性，无法判断企业是真的想进入新领域或者只是炒作概念，因此很难通过公开资料对企业状态进行准确的分析。但是，由于这一趋势适用于所有汽车制造商，因此分析车企整体趋势并进行对标是有意义的，调研的结果汇总在图 5.4~图 5.6 中。研究的细节和背景在附录 B 中列出。

图 5.4 表明，相对于批量汽车制造商，豪华车生产商的数字化进程一般更远，尤其是在企业文化转型、与孵化器建立合作方面。在数字化方面，特斯拉汽车是豪华车制造商的标杆。作为"诞生在网络上"的新造车势力，特斯拉汽车在以客户需求为中心、数字化的企业文化、基于高效信息技术云计算的自动化流程方面，都是老牌汽车厂商的学习榜样。另外，汽车销售采取少量大型商场门店支持互联网销售的方式，以及以"空中下载"（OTA，over the air）方式更新车辆软件的方式，也是传统车厂尚未做到的。有趣的是，老牌豪华车厂在移动出行服务方面比特斯拉走得更远，特斯拉在这一方面也许可以快速地赶上。

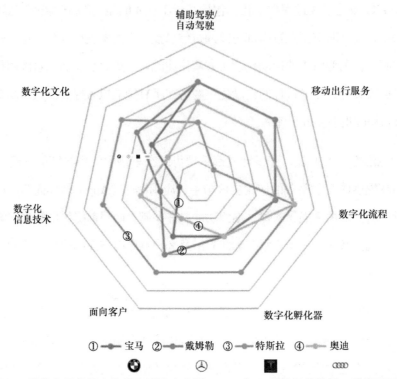

图 5.4 豪华车厂的数字化程度对比（来源：2016 年 8 月的网络资料，详见附录 B）

从图 5.5 可知，批量汽车生产商的数字化进程是相似的。大众在孵化器合作、自动驾驶规划和企业文化转型计划方面投入较多精力，另外在移动出行服务、数字化业务流程、客户导向开发和信息技术转型方面正在奋起直追。丰田在流程数字化领域的成果较多。在以客户为中心的销售/售后服务领域，福特汽车和通用汽车处于领先地位。

图 5.6 中总结了汽车行业各类厂商当前的数字化进程，可见数字化改革是由豪华车公司引领的。这一调查揭示了汽车厂商需要加强的地方或是不明确之处，如下所示：

- 目标客户定义和市场定义
- 调整业务战略和业务重点
- 调整后的收支结构的定义，以及目标销售额
- 整体愿景和数字化战略路线图
- 改变企业文化的路线图

以上的不足必须通过整体的数字化战略来解决。在具体展开这一建议之前，下一节首先对汽车行业 2030 年的愿景进行讨论。

第 5 章
数字化汽车工业 2030 的愿景

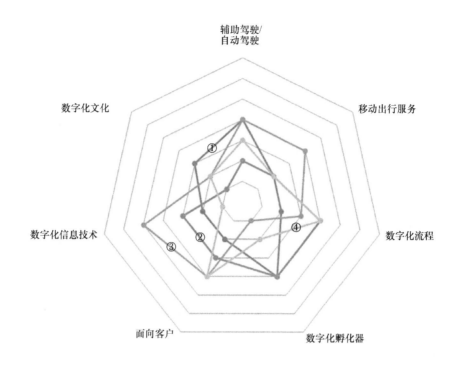

图 5.5 主流车厂的数字化程度对比（来源：2016 年 8 月的网络资料，详见附录 B）

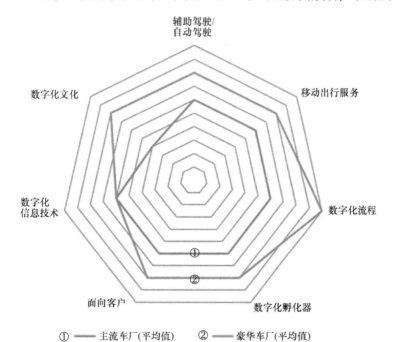

图 5.6 豪华车厂和主流车厂的平均数字化程度对比（来源：2016 年 8 月的网络资料，详见附录 B）

5.4 数字化汽车行业的愿景

作者在本节对 2030 年汽车行业的愿景进行阐述。作者在德国和其他国家的几家汽车制造商主持过各个业务领域的信息技术项目，根据这些行业实践经验给出了自己的见解。本节的内容还综合了行业同仁的简介、IBM 汽车产业研究的披露 [Rau15，Sta15]、前几章中讨论的数字化的驱动因素和影响因素，以及市场预期的变化。在此基础上，作者对 2030 年的数字化汽车产业提出以下假设：

- 在工业化国家尤其是大城市，拥有汽车将不再那么重要，汽车市场将更多地受到移动出行服务的影响。在发展中国家市场中，新车购买市场仍然存在，特别是在紧凑型车和豪华车领域，大城市的汽车市场也仍有发展前景。
- 移动出行服务主要依赖于与汽车品牌不直接相关的平台，这一平台允许多模式联运，即整合不同类型的交通以及城内出行方式。
- 将有新形式的移动出行服务，例如出行订阅和扁平概念，这与现在的手机合约类似。服务价格等级取决于车辆类型或多人一起拼车的意愿。
- 为了优化利用率和减少空载的状态，移动出行提供商需要使用复杂的交通控制方法，其难度堪比今天的空中交通管制。
- 自动驾驶车辆在大城市的车辆中至少占到 30%的份额，而在公交车、出租车和移动出行提供者的车辆中的占比尤其高，使得自动驾驶汽车对城市出行需求的覆盖率达到 50%以上。
- 所有新车都采用电动驱动、互联服务和车车联网，并支持新的移动出行概念。汽车软件的更新通过空中下载（OTA）迅速完成。
- 车辆软件中的互联程序和智能手机的应用程序完全同步，因此可以在汽车和手机这两个使用环境中使用相同的功能和相同的数据。
- 车辆的嵌入式信息技术系统基于中央服务器，汽车具有备份服务器和事故记录器，类似于当今飞机的黑匣子。
- 车辆不再基于平台进行设计，而是基于中央元件，类似于智能手机基于中央处理器。车辆的许多设备功能是根据需要由软件打开的，类似于今天的服务器设备。
- 增强现实是开发过程中不可或缺的一部分，这种技术可以将所需原型车的数量减半，并在虚拟环境中提供大量测试。

- 汽车销售中，50%以上的销量是通过与汽车品牌相独立的互联网渠道实现的。虚拟现实方法将车辆配置演示在3D的"家庭影院"中，实质上是虚拟的私人销售展厅。
- 工业化国家的汽车销售商数量大幅减少。成功的销售商转型提供移动出行服务。
- 汽车制造商的制造方法与市场相适应。在新兴市场，汽车主要在大规模生产线上生产；在成熟的汽车市场，出现越来越多的个性化定制车辆，生产基地的机器人比例更高。
- 作为新制造和新物流概念的一部分，一部分零件和备件通过3D打印方式生产。
- 汽车产能供过于求。开放式制造网络中可以共享产能资源。
- 80%的信息技术服务来自云环境。推动这一趋势的不是汽车制造商，而是大型数据中心的云服务供应商。固定的工作站系统完全被移动设备所取代，这些移动设备支持语音操作和手势操作。
- 在车辆和许多其他业务领域中建立了辅助系统，这些系统主动支持用户，并通过不断地自学习来更好地满足客户需求。
- 至少50%的汽车公司业务流程实现自动化。

以上的基本假设在下面各小节中进行具体解释。

5.4.1 以移动出行服务代替拥有汽车

当前，世界上已有一半以上的人口生活在超过一千万人的超大城市。预计城市化进程将继续向前推进，在2030年有三分之二以上的人生活在超大城市，而且可能会出现人口超过五千万的特大城市以及更多的千万人口的超大城市 [Gri15，Dob15]。当今时代的很多人已经经历过持续数小时的驾车堵车，特别是在圣保罗、北京、墨西哥城、巴黎、莫斯科这些大城市，出行高峰期间的交通状况已经使人难以忍受。环境污染以及交通拥堵使得人们更看重新的驱动技术和移动出行方式。其他的消费者需求变化，比如对可再生能源汽车的接受、对共享汽车的接受，也在年轻客户特别是城市年轻客户中得到印证，移动出行服务会渐渐取代汽车拥有权。

因此，在2030年，城市中的私家车交通量将大幅减少，而街道将以各种移动出行方式的自动驾驶汽车为特征。动力蓄电池的充电基础设施将广泛建立，同时由于电池技术的改善，电动汽车的续驶里程将大大增加 [Thi15]。在发达国家的城市中，拥有汽车会像吸烟一样成为污染环境的象征。这一情况在印度尼西亚、纳米比亚、哥伦比亚等新兴国家，以及中国、印度、美国农村地区会有所不同。在上述地区，传统汽车将继续拥有市场，这一市场的特点一方面体现在低价格汽车的更小、更高效的发动机，完善的配置，另一方面体现在豪华汽车系统的奢侈元素上。

未来的移动出行服务可以通过互联网平台轻松预订。除了车辆出行之外，还包括所有类型交通的预订，比如渡轮或城铁等公共交通工具。作为扩展，也可以调用剧院的票务系统、酒店预订系统甚至智能家居功能（例如提前开始房屋供暖）。这一移动出行服务平台可以通过语音控制，可以识别多个用户，并单独支持每个用户的预订过程，同时会考虑每个用户之前预订的习惯和偏好。移动出行平台提供不同的服务级别，从带有专职驾驶人的豪华车出行，到多个用户拼车、不在乎车型的共享出行服务，都可进行预订。价格结构将基于各自的服务水平，并考虑预订优惠和包月优惠。如今的优步（Uber）或来福车（Lyft）等供应商已经提供了类似的创意商业模式以及非常灵活的出行选项，预计这将引领新的商业模式。

与今天的空中交通管制相似，未来将有更高级的道路交通控制方法，其原理与工业 4.0 领域的数字方法类似（见 5.4.9 小节）。在这一高级交通管理系统中，所有车辆的位置和行驶目的地均已知，由此可以得到路径规划提示，并提供搭车的机会。系统中的车辆不只包括全自动驾驶车辆，也包括有驾驶辅助技术的车辆。交通管理系统根据收到的移动出行需求以及请求的服务级别来确定服务的顺序，并且以最小化堵车为目的来优化交通流。这些信息可以整合到新的服务模型中。

用户可以通过网络平台方便地使用移动出行服务。越来越多的用户将使用这一服务，而不再拥有汽车，这一趋势在大城市中尤为明显。类似地，之前拥有公车车队的公司也会改变公司购车建立车队的方式，改为为员工提供移动出行服务。由于移动出行服务中的车辆使用率更高，使得出行服务比自购车更加廉价，进而提高用户接受度。作者预计，由于用户对车辆服务的选择面更宽，独立的移动出行运营平台将战胜汽车厂商建立的平台，正如当前的公共酒店预订平台比单一酒店的预订平台更受欢迎一样。此外，用户使用移动出行服务时并不关注车辆品牌，未来的汽车品牌忠诚度会降低。

5.4.2 互联服务

互联服务是汽车行业的另一个重要发展领域。如今，大约 30% 的新车配备了这项技术，而到 2030 年，所有新车都将应用互联技术。现在互联服务的市场已建立，在未来，营业额在 2020 年将达到约 1000 亿欧元，2025 年会上升到 5000 亿欧元。在一辆互联车辆的整个生命周期内，大约可以产生 5000 欧元的流量收入 [Gis15]。这些数字印证了互联服务的市场重要性。

第 5 章
数字化汽车工业 2030 的愿景

互联服务技术不仅是高效、舒适地使用移动出行服务的先决条件，也是新的商业模式的基础。图 5.7 列举了未来可能的互联服务和功能 [Wee15]。

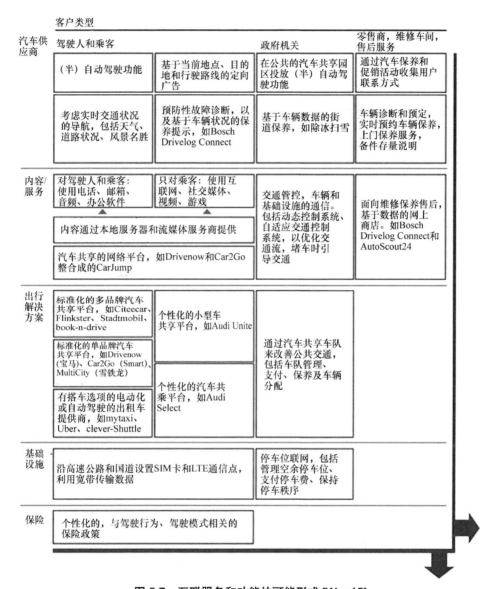

图 5.7 互联服务和功能的可能形式 [Wee15]

移动出行解决方案在图 5.7 中显示，图中也显示了其他有用的功能，如导航、天气预报和办公服务。此外还有与城市基础设施的交互功能，如收费站和道路的拥堵情况、停车场位置、通信方式；有汽车售后服务相关功能，比如远程诊断以及维护；有保险领域的功能，如根据用户驾驶习惯得到的个性化投保方案。由此可见，互联服务对几乎所有汽车用户都有吸引力，也可以作为选择车辆时重要的差异化指标。

除了图 5.7 中的示例之外，还有很多其他的基于大数据的互联服务选项。车辆内部的机电元件产生大量信号数据，用于车辆过程监控。驾驶辅助系统和自动驾驶系统中的传感器和摄像头的数量逐渐增加，也使数据量增大。可以通过互联服务将这些车辆数据上传到云端服务器并进行集中分析，可以得到新的有用信息，比如获取驾驶人典型驾驶模式、生成高精度地图以及分析车辆磨损和故障的具体原因。因此，这些信息可以作为一种新的商业模型的基础。

以上的例子强调了互联服务在开辟新业务领域上的潜力。预计到 2030 年，将在互联服务领域和大数据的商业应用中产生新的服务商。除了纯粹以车辆为导向的产品外，在整合智慧城市和附属服务产品（如保险和市场营销）方面，也会出现新的商机。对于汽车制造商来说，需要确定在这种新的商业环境中采取哪种立场。在 2016 年底特律举行的世界汽车新闻大会上，奥迪美国总裁 Scott Keogh 认为，互联服务和相应平台的建设是决定未来汽车行业领导力以及盈利能力的关键。

5.4.3 自动驾驶

与互联服务类似，自动驾驶也是每个汽车制造商、新造车势力以及供应商的重点研发方向。自动驾驶的第一个研究试点项目在 20 世纪 90 年代已经开展，而真正受到行业广泛关注的时刻，是在 2010 年谷歌宣布了自动驾驶汽车项目并在 2014 年推出了完全自动驾驶的、没有脚踏板和方向盘的汽车 [Cac15]。加利福尼亚州的谷歌测试车队位于山景城（Google 总部所在地）的街景区。其他汽车制造商也在用原型车进行道路测试，例如德尔福和奥迪在美国进行测试，沃尔沃在奥斯陆测试，戴姆勒在德国测试。除乘用车外，也开始有自动驾驶货车，以及新加坡出现的首批无人驾驶出租车 [Gro16]。自动驾驶车辆正在稳步发展产品成熟度。在这一发展过程中，当今的量产车辆中也提供了越来越多的自动化功能和驾驶辅助功能。对于自动驾驶这一领域，其分级标准是根据驾驶功能从驾驶人逐渐转移到机器的程度。除了德国联邦公路研究所的定义之外，SAE（美国汽车工程师协会）的自动驾驶级别分类如图 5.8[SAE14] 所示。

图 5.8 的前三个阶段，从无辅助驾驶（0 级）到辅助驾驶（1 级）再到部分自动驾驶（2 级），用户在大多数情况下都有驾驶的主权，例如加速、转向、观察道路交通状况。在 2 级辅助驾驶中，只有车道保持、车距保持等一般功能由系统自动接管。3 级到 5 级是根据自动化程度分类，从有条件的自动化（3 级）到高度自动化（4 级）再到完全自动化（5 级）。5 级自动驾驶时，汽车可以在没有方向盘、没有驾驶人的情况下自动行驶。

第 5 章
数字化汽车工业 2030 的愿景

分级	名称	具体定义	转向和加减速操作的主体	驾驶环境的监控主体	驾驶支援的主体	系统作用域
人类驾驶人监控驾驶环境						
0	无自动化	人类驾驶人全权操作汽车，行驶过程中可以得到警告系统的辅助	人类驾驶人	人类驾驶人	人类驾驶人	无
1	辅助驾驶	通过驾驶环境的输入，对转向和加减速中的一项操作进行辅助驾驶，其他的动作由人类驾驶人负责	人类驾驶人和系统	人类驾驶人	人类驾驶人	部分驾驶环境
2	部分自动化	通过驾驶环境的输入，对转向和加减速中的多项操作进行辅助驾驶，其他的动作都由人类驾驶人负责	系统	人类驾驶人	人类驾驶人	部分驾驶环境
自动驾驶系统监控驾驶环境						
3	有条件自动化	由人类驾驶系统完成所有的驾驶操作，人类驾驶人根据系统请求提供适当的干预	系统	系统	人类驾驶人	部分驾驶环境
4	高度自动化	由无人驾驶系统完成所有的驾驶操作，即使人类驾驶人没有根据系统请求提供适当的干预，系统也能完成驾驶	系统	系统	系统	部分驾驶环境
5	完全自动化	由无人驾驶系统在所有环境下完成所有的驾驶操作	系统	系统	系统	全域

图 5.8 自动驾驶技术的自动化程度分级 [SAE14]

在传统汽车制造商方面，自动驾驶技术是以循序渐进的方式发展。在量产车特别是高端量产车中，2级和3级的自动驾驶系统已经有应用。随着自动驾驶功能驾驶舒适性的提高和价格的降低，市场需求和用户接受度不断提高。实现更高自动化水平所需的零部件目前有不同的技术成熟度，在图5.9[Cac15]中显示。

图5.9中列举了汽车自动驾驶功能所需的车辆内部和外部的技术，评价指标是各个部件的技术成熟度和创新潜力。例如，汽车传感技术在通信功能及地图数据方面已经在图5.9的中上部范围，即接近量产状态，并且其创新潜力较高。汽车专家认为，在2020年将高度自动化驾驶技术引入市场已不再有技术障碍。根据国际劳工组织（IAO）的调研结果，许多汽车制造商和供应商都宣布到2030年可以引入全自动驾驶车辆，其技术路线图如图5.10所示。随时间推进，自动化级别逐渐提高，直到达到全自动驾驶。

由于自动驾驶技术的参与者众多，在2030年左右实现完全自动驾驶的目标预计可以达到。传统汽车制造商主要采用循序渐进的方式发展自动驾驶技术，而优步、特斯拉，以及百度和阿里巴巴等新造车势力和服务提供商采取直接研发全自动驾驶汽车的策略。到2030年，目前广泛讨论的法律框架问题特别是赔偿责任方面的问题将得到解决。此外，将建立强大的通信基础设施，以确保车辆与车辆通信、车辆与制造商通信，以及车辆与新商业模式的合作伙伴的通信。

自动驾驶技术的持续发展清楚地表明，这种技术不再像过去想象的那样遥不可及。随着自动驾驶技术的发展，移动出行服务也可以实现新的商业模式，可能会完全替代现有的服务方式。下面列举了其中一些创意：

- 自动驾驶的共享出租车
- 城市小区移动出行。建立自动驾驶园区，小区中的出行完全由自动驾驶车辆实现
- 公司出行平台。提供移动出行服务来取代公司车队
- 物流云。比如备件的自动交付服务
- 供应链平台。生产线上的零件自动供应
- 健康保险服务。自动驾驶车辆将老人运送到医院
- 网上购物的自动交付服务

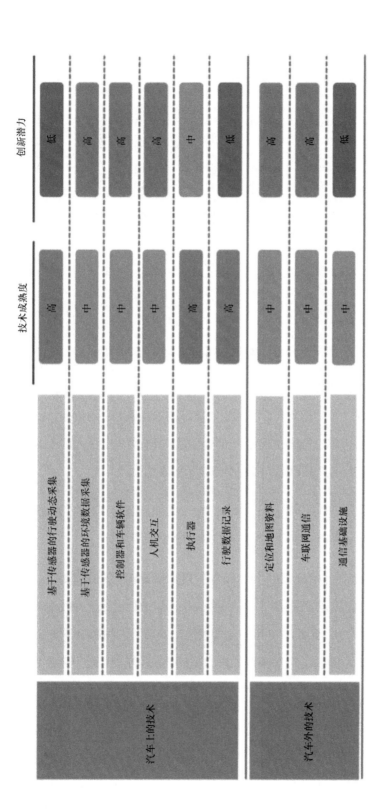

图 5.9 自动驾驶相关技术的成熟度和创新潜力 [Cac15]

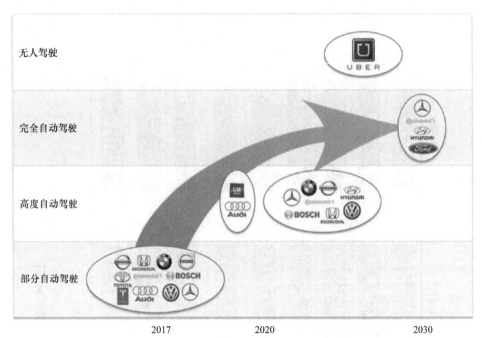

图 5.10　自动驾驶技术路线图（基于 [Cac15]）

这些创意的共同特点是将服务和自动出行相结合，以提供新的更舒适的产品和服务，供用户在互联网平台上使用。平台运营商会受到新的信息技术竞争对手的挑战，由于互联网解决方案的可扩展性以及新服务理念的快速成熟，传统运营商可能将失去巨大的市场份额。汽车制造商也需要明智而清晰地定义产品目标，以应对新竞争对手的挑战。

图 5.11 对自动驾驶汽车的份额进行了预测。随着法律问题的不断改善、技术的不断发展以及新的商业模式的建立，新车中自动驾驶汽车的比例将会稳步增长。

图 5.11 也预测了现在开始到 2040 年，新车中自动驾驶汽车的份额变化。具体来说，根据采用技术和市场商业模式的激进程度不同，分为 4 个场景进行讨论，并假设法律领域的障碍和最后的技术障碍均已消除。预测 2030 年自动驾驶汽车的市场份额在中等场景下为 15%，保守场景为 4%，激进场景为 50%。在 2030 年之后，自动驾驶汽车的市场份额会继续迅速增长。

可以预计，大多数自动驾驶汽车不是由私人使用，而是在新的移动出行服务模式中使用，这种现象在大城市更加明显。作者据此假设，自动驾驶汽车在 2030 年的特大城市中至少占据 30% 的份额。考虑到自动驾驶汽车更高的使用率，城市中 50% 以上的移动出行需求都由自动驾驶汽车提供。对行业影响巨大的是，未来的出行服务主要通过出行平台而不是私家车提供。在大城市中，新车市场将大幅减少，而这一减少会被新兴汽车市场的需求增长所抵消。

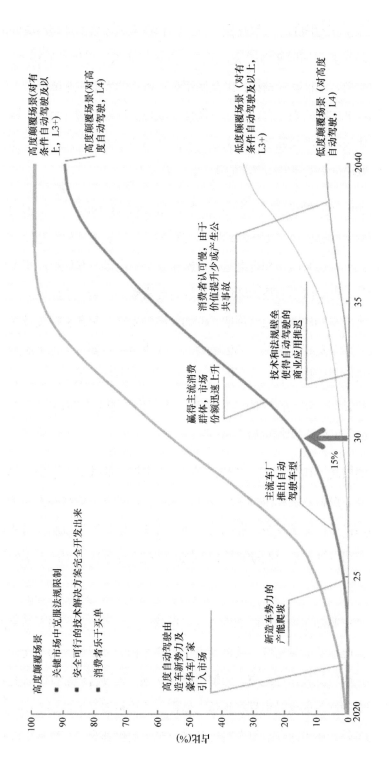

图 5.11 自动驾驶车辆在新车总量中占比的预计 [Kaa16]

5.4.4 汽车电气化

随着大城市中交通密度的增加，二氧化碳、颗粒物和噪声等造成的环境污染问题越来越严重，燃油汽车造成的环境变化需要努力解决。因此，汽车行业除了提供新的移动出行服务外，还在通过使用轻量化材料、设计新的结构，以及使用更小排量的发动机来降低燃料消耗和污染物排放。以上技术和本书主题关系不大，在此不做详细叙述。环境问题的另一个解决方案是汽车电气化，由于电气化技术也涉及数字化的主题，因此在本节中进行叙述。除了环境污染原因外，化石燃料的供应短缺也是发展电动汽车的背景。

汽车电驱动早在20世纪初就是汽车行业的首选驱动技术，在1900年，美国的大多数汽车都是电动汽车。然而由于内燃机汽车更长的续驶里程和加油站基础设施的快速建立，电动汽车逐渐竞争不过内燃机汽车。续驶里程和充电基础设施也是当前电动汽车能否广泛发展并被用户接受的讨论焦点。此外，电动汽车的整体环境平衡性也经常受到质疑，不应该只比较驾驶过程的能量消耗，而应该比较车辆的整个生命周期，例如考虑到生产、服务和报废过程的环境友好性。对于评估电动汽车环境友好性来说，产生电力的方式也至关重要。可再生能源发电对环境的危害很小，其在德国能源结构中的占比，即"绿色发电"的份额越来越高。在这一前提下考虑汽车全生命周期的排放时，电动汽车的环保价值明显优于内燃机 [VDI15]。另外，使用天然气或生物燃料的内燃机汽车也认为比传统汽车清洁。

电动机的优点是能效高，其效率超过90%，相比之下内燃机的效率约为35% [VDI15]。此外，由于省略了变速器、燃料系统和排气系统等许多部件，电动汽车的结构更简单，因此其生产制造更容易，保养维护工作显著减少。在制动方面，传统车辆只能通过制动将能量转化为热量消耗掉，而电动汽车可以通过电机制动将机械能回收储存在电池中，提高效率的同时减小制动系统的磨损。

目前，几乎所有的电驱动车辆都用电池作为能量存储单元提供电能，但当前电池的能量密度远低于柴油和汽油。电池低能量密度导致电动汽车需要体积大、重量大的电池包，或者由于能量过少使电动汽车只能行驶较短的距离。为解决这一问题，世界各地的许多研究者都在努力研究电池技术，使得电动汽车的续驶里程在重量、体积、价格可接受的前提下得以增加。除单纯使用电池的纯电动车外，还可以通过氢燃料电池在汽车上提供能量，但燃料电池技术的成熟度还落后于电池。

由于汽车制造商的不懈研究努力以及政治家和客户的明确共识,电驱动技术已经成为首选的环境友好和可持续发展的动力系统解决方案。预计到 2030 年,很大比例的新车将是纯电驱动。现在已有很多量产纯电动汽车印证了这一假设,特别是特斯拉汽车公司,其量产车型的续驶里程、充电基础设施投资以及在内华达州与松下公司联合建造的超级电池工厂是电动汽车界的标杆,正在推动整个行业的发展 [Lan16]。为了解决纯电动车续驶里程短的问题,许多汽车制造商提出混合动力驱动,即发动机驱动和电驱动相结合的方案。作者认为,随着能量储存技术的发展,纯电动车的续驶里程问题将逐渐解决,使得混合动力汽车这一折中解决方案到 2030 年时不再是主流。

据德国政府设想,德国到 2020 年时将会有 100 万辆电动汽车在公路上行驶,从而达到将二氧化碳排放量降低到 1990 年水平的 40% 的目标。中国计划到 2020 年电动汽车保有量达到 500 万辆,为此启动了很多电动汽车支持计划和基础设施项目。同样,英国、法国、挪威和日本都有雄心勃勃的目标,这使得纯电驱动电动汽车的市场份额逐渐增加。对于电驱动技术以及其未来发展趋势,有大量的文献和研究进行了叙述 [VDI15,Kor12,Wie13,Bra16]。图 5.12 中分析了电动汽车的市场情况,即纯电动汽车和混合动力汽车在主要汽车市场 2014 年 /2015 年的销售额的对比。从销量和增长速度上看,电动汽车的主导市场是中国,这体现了技术引领战略的作用,即国家通过大量的补贴政策促进产业发展,从而达到技术领先的目的。由于目前油价较低,美国电动汽车销量有所下降。而在欧洲,英国、法国和德国开始出现电动汽车销量的高增长,而挪威的增长率则有所放缓。研究预计,电动汽车市场仍将快速增长,到 2030 年可占全部新车销量的 30%。

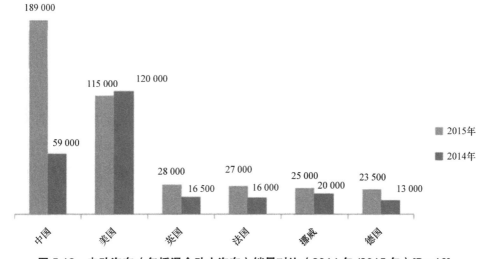

图 5.12 电动汽车(包括混合动力汽车)销量对比(2014 年 /2015 年)[Bra16]

电动汽车的结构大大简化，为汽车生产、组装、物流以及销售和售后的新商业模式提供了可能性，因此电动汽车市场的发展对汽车数字化技术发展来说非常重要。此外，电动汽车中的软件数量与传统车相比大大增加，这使得通过设置参数改变车辆特性成为可能，例如，通过改变软件参数来切换汽车的驾驶模式。到2030年，汽车软件的更新将与当前通过空中下载（OTA）方式进行无线更新的智能手机软件相类似，而无须到汽车维修车间进行更新。由于电动汽车与数字化技术的相互依赖性，汽车制造商应该在制定汽车电气化和数字化计划时，充分利用其协同效应。由于电动汽车结构相对简单，市场进入壁垒较低，这一机会将被新竞争对手，尤其是中国的造车新势力抓住，完成对传统汽车制造商的追赶。

5.4.5　集中嵌入式信息技术架构

汽车电气化是汽车迈向"车轮上的信息技术系统"的重要步骤。这一说法是基于当前量产车上的"嵌入式信息技术"。汽车嵌入式系统软件的发展如图5.13所示。发动机和底盘控制变得越来越复杂。此外，越来越多的自动化功能、辅助驾驶功能和舒适功能（如自动刮水器、制动防抱死系统和分区空调）也使得软件代码量逐渐增多。与此同时，软件的复杂性以及软件成本占汽车总成本的比例也呈指数增长，软件成本占比从1978年的5%增加到2015年的40%。这一趋势将持续下去，预计未来几年，混合动力和纯电动汽车中的软件成本占比甚至将增长到80%。在2015年，福特GT汽车的代码行数已经超过了波音喷气式客机[Ede15]，可见汽车上软件的重要性。类似地，安装在车辆中的电子控制单元（ECU）的数量正在迅速增长。在现在的豪华汽车中，ECU的使用量已经超过100个。

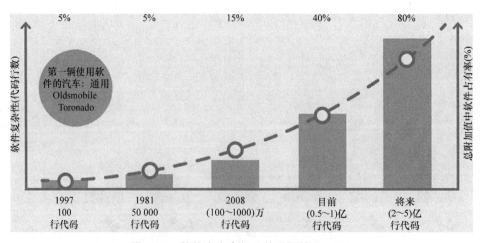

图5.13　软件在汽车行业的重要性 [Sei15]

显而易见，信息技术将成为汽车行业的主导技术，到 2030 年，大多数汽车制造商将成为生产"智能网联汽车"的信息技术公司。很多厂商都已经意识到这一不可避免的行业转变，但却通常没有采取合适的对策。许多制造商都缺少适当的转型措施。今天，控制器通常被视为传统汽车开发项目的一部分，被看作提供必要功能的黑箱，直接从供应商采购，例如空调控制的软硬件集成解决方案。这些电子控制单元相互独立，独自实现各自的功能，例如驾驶人座椅自动调节、发动机模式调节以及驾驶模式调节。这种嵌入式信息技术架构在汽车行业已经发展了几十年，在汽车制造商中的对应部门是根据相应功能而定。控制单元购自不同的供应商，而控制单元和相应的执行器、传感器之间均用导线连接，汽车上导线的总长度已长达数千米。目前有多种网络拓扑结构和通信协议在汽车上使用。汽车制造商作为总集成商，对汽车上所有信息技术组件进行集成测试以保证其安全。

当前的汽车嵌入式信息技术架构的复杂度越来越高，使得开发、集成测试、运行、更新和匹配需要大量的工作，难以掌控最终结果。在这种架构下，功能扩展以及车辆生命周期内的功能更新需要付出相当大的努力才能实现。由于信息技术和电子器件错误导致的失效概率也很高。新功能的应用，比如在线控领域中，由于当今嵌入式信息技术系统的性能缺陷，使得驾驶人的制动、转向等机械信号输入可能在电子部件处产生延迟。目前汽车行业已意识到这一问题，并试图通过标准化操作对嵌入式系统进行协调和简化。在嵌入式系统标准化方面，值得注意的是汽车开放系统架构（AUTOSAR），许多汽车制造商已经形成联盟推进标准化发展 [Sch12]。

作者认为，当前这些标准化的尝试还不足以让已建立的信息技术架构的改进持续到 2030 年，因为当前架构至少在成本方面已不能满足电驱动和自动驾驶等新技术的要求，因此需要建立全新的颠覆性的架构 [Wei16]。至少对造车新势力来说，可以通过选择新架构来超越长期保持现状的老牌制造商，以适应汽车行业的未来需求。到 2030 年，汽车软件架构将有以下技术和功能方面的特征：

- 通过开放平台，将嵌入式信息技术系统集成到制造商的后端
- 硬件上，采用中央电子控制单元
- 使用中间件来集成传感器和相应的应用
- 软件 / 应用：采用功能组、功能域，采用分层模型
- 嵌入式宽带通信：采用以太网进行车载通信

- 实现车与后端平台、车与车，以及车与基础设施之间的实时通信
- 很多车载设备和功能元件可以通过软件打开
- 通过空中下载（OTA）功能进行软件更新和所需的固件更新
- 与其他信息技术设备的互联，比如智能手机、移动服务提供商、充电站、运输基础设施等
- 基于中央电子控制单元构建车辆信息技术架构

从未来的客户期望和新的商业模式出发，汽车信息技术架构的转型可以借鉴传统计算机信息技术的概念和经验，如解耦、虚拟化、数据存储和逻辑的分离。未来的汽车技术平台可以引入一部分开源解决方案，以便利用其他开发者的创新能力并实现成本优势。在实施过程中，需要考虑机械部件、电子部件和软件之间的无缝交互。新方法需要侧重考虑协调和标准化，从而减少技术多样性。由此可以降低系统复杂度，从而保证高可靠性、低开发成本、低运营成本，以及系统的易扩展性，以覆盖未来需求和新商业模型。

考虑到这些目标，供应商和汽车制造商需要协同合作来开发合适的系统架构。图 5.14 叙述了一个基于 Linux 的开放式信息娱乐平台的概念。基于操作系统，中间件层提供标准化服务，通过应用程序接口（API）来集成应用程序，这些应用程序可以根据用户的喜好来具体设置，即所谓的用户体验（UX, user experience）。与之类似，在硬件层灵活地进行不同的控制单元、执行器和传感器的集成。在图 5.14 所示的架构中，还支持诸如无线网络、蓝牙、多媒体和"基于位置的服务"（LBS, location based service）等最新技术 [Bre15]。

许多制造商已经认可这些整体性架构概念，并试图推动现有方法在这方面的改进 [Ain13, Ber16]。作者认为，更有希望的是在新的场合应用这些技术。新车型尤其是电动车，应该成为新系统架构应用的蓝海。举例来说，奥迪集团在这方面的规划如图 5.15 所示。图 5.15 中间展示的是车辆中基于域结构的信息技术架构，不同的域比如驾驶舱、动力系统和驾驶辅助系统。车辆内部的通信基于快速的以太网技术，不同的控制器和传感器在半导体层中组合，并通过灵活的适配器层进行集成（此处未显示）。在车辆外部，通过快速的 5G 通信网络集成到汽车厂商的后端系统中。汽车厂商后端包括与车辆互联服务协同工作的应用程序，例如用于后台诊断以便确定汽车保养需求，或向驾驶人提供个性化操作提示的功能。在汽车厂商后端储存了受保护的数据，例如车辆数据、客户数据和车辆行驶数据。另外，信息技术架构还提供了来自车辆和制造商的功能集成，例如地图服务"Here"的集成。

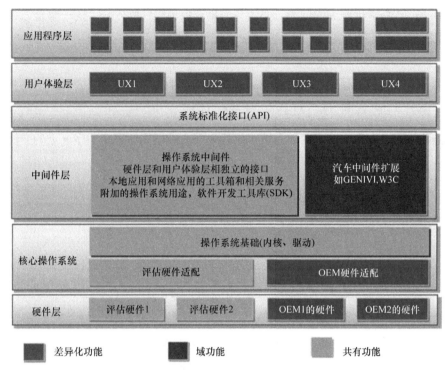

图 5.14　一种开放的信息娱乐平台架构 [Bre15]

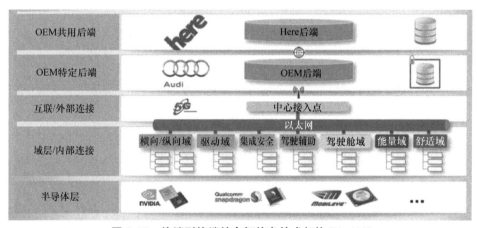

图 5.15　终端到终端的车辆信息技术架构 [Hud16]

这些集成功能还用于将车辆集成在移动出行服务中,或者向驾驶人提供周边信息,例如停车厂或餐馆的信息。在该架构的基础上,可以实现从车辆到车辆以及从车辆到基础设施的通信,使得新服务模式成为可能。

未来的软件和应用程序需要依赖更高的计算和通信能力。因此,新的车辆信息技术硬件结构将在 2030 年得到应用。未来将不再采用很多单一功能的分布式电子控制单元,而是由少数几个高性能中央控制器提供所需的性能,并由备份系统保证系统的安全。这一整合方式将使车载网络变得更简单,使得软件开发和测试的自动化程度提高。

汽车信息技术架构这一主题在此处只做简要说明,不再进一步阐述。更多信息可以参考相关文献,例如相关的路线图分析 [All15]。对于本书的数字化主题来说,重要的是汽车制造商需要采取措施建立面向未来的嵌入式信息技术架构,而全新架构似乎比循序渐进的方法更有时间和成本优势。通过该架构,需要实现全面的系统集成和通信功能,以支持移动出行服务、自动驾驶技术,使新服务和新商业模型成为可能。

5.4.6 无原型的基于流程的开发

从初始概念到批量生产的新车开发流程通常参考产品开发过程（PEP, Produkt-entstehungsprozess,基于 VDA 4.3 标准 [VDA11]）。开发部门一般根据部件或车辆子系统进行组织划分,例如底盘、动力系统和内饰。嵌入式系统开发部门也是一个单独的组织单位。

车辆开发从多年前就开始引入信息技术解决方案,例如通过计算机辅助设计（CAD）方法来绘图,并进行相应的计算和模拟。CAD 相关的工作通常与工作流程解决方案以及物料清单系统相结合,开发的基础是车辆机械结构,以单独的零部件为导向。嵌入式信息技术设计也是在各自组件中进行独立的解决方案开发,没有考虑信息技术整体架构。这种传统方法没有充分利用电子器件和软件的功能,其结果是新车项目的开发需要数年时间,需要进行大量的匹配和变更才能满足产品的需求。

为了解决这一问题,需要在传统的以零部件为导向的车辆开发方式之外,更多地从整车功能性角度出发进行开发。从整车功能的角度考虑车辆部件,注重部件之间的相互影响,比如部件能耗受驾驶风格的影响,以及机电组件之间的相互作用。这种以整车功能为导向的开发理念将在 2030 年全面应用。需要开发通用应用程序,并且使用基于功能架构的认知工程解决方案来支持这种开发理念。在这一方面,增强现实技术可以快速展示新的车辆设计,与虚拟环境相结合后,可以削减很多原型车和实车测试过程 [Run16]。据作者估计,未来新车的开发周期将大大缩短,甚至少于一年。与客户个性化相关的改装工作也可以在一天之内完成。

除了工具支持和自动化手段之外,实现以上的快速开发目标还有一个前提,即项目开发方法从现在的按部就班的瀑布开发方法转型为敏捷开发方法,即根据项目需求,通过跨学科团队的合作和创新的流程来快速达成目标。

这一方法也属于所谓的"故障消除流程"的一部分。到 2030 年，可以使用"分析代理"的服务来分析企业内部不同来源的数据、售后服务数据以及公开的数据，从而更早地发现存在于量产车上的故障。这些结论不断提供给开发部门，进而实现产品改进。具体的改进包括生产制造过程的改进，以及必要时在售后服务中的补救措施，比如通过空中下载（OTA）更新解决相应车辆的故障。

以上讨论了快节奏的故障消除流程、以功能为导向的开发方法，以及通过虚拟现实技术减少原型车开发周期的方法。这些基于信息技术自动化的方法已受到一些汽车制造商的重点关注，相应的改造项目已在进行。

在方法改革方面的最大挑战是，以上的所有举措仍然基于传统的面向部件的分析方法，即仍然将嵌入式信息技术系统作为单独的模块进行管理。作者认为这种方式并未充分反映信息技术系统在车辆中的重要性。越来越多的车辆部件由信息技术系统架构决定。当前的信息技术架构中，通过交叉引用或特殊信息技术列表的方式来使用和维护不同的车辆部件。这导致系统复杂度和成本很高，特别是在车辆部件的材料需求列表以及车辆售后维护方面。

因此作者认为，此处也可以采用颠覆性的方法，即采用嵌入式中央处理器替代传统的分布式系统。可以预料在 2030 年，电动汽车 80% 的附加值在于嵌入式中央处理器和相应软件，这是车辆架构和车辆组件列表的基础。与智能手机的发展类似，中央处理器将成为车辆的主要组成部分，传统的机械结构不再重要。图 5.16 叙述了智能手机的硬件架构，以解释未来汽车上可能的架构。可见中央处理器（应用处理器）对其他子组件起支配作用。传感器、摄像系统、通信、能量管理和用户界面都受中央处理器控制。以上这些功能不只在手机中，在现在的汽车中也已发挥了重要作用。对汽车来说，与信息技术相关的还有与驾驶辅助相关的汽车驾驶功能，以及对电驱动系统的控制。汽车中只有少数机械部件不与处理器进行交互。

作者认为，这一面向中央处理器的开发方法也可以作为汽车部件列表处理、物料需求计划和其他后续流程的基础。传统汽车制造商必须决定是否采用这种以中央处理器为导向的颠覆性方法，而新型电动汽车的开发可以作为一个切入点。可以预计，造车新势力会采取这一新方法，进而对传统车厂造成压力，促进车辆开发方法的彻底转型。

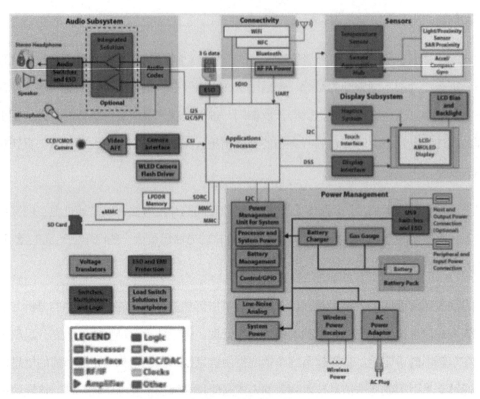

图 5.16 智能手机的硬件架构 [Ram13]

5.4.7 基于互联网的多渠道销售

在汽车产业数字化背景下，另一个需要进行全面转型的领域是汽车销售。这一变革的压力来自于 Web 2.0、智能手机和社交媒体等新技术，客户期望的改变，以及客户购买习惯的改变。以上情况已在第 2 章和 5.2 节做了详细讨论。先前的产业结构已不能满足新的市场需求和快速变化的产品的需求，也使得转型势在必行。图 5.17 对这一情况进行了讨论，将当前的主要销售流程和每一步中的责任方进行对应。在今天的销售结构中，汽车制造商与消费者之间没有直接的联系。市场营销、销售以及售后服务由汽车制造商提供给所在国家或地区的进口商负责。例如，汽车制造商为推广新车，推出平面广告和电视广告，并提供销售所需的新车宣传材料。制造商还提供用于客户支持的车辆配置以及呼叫中心。这些服务经过进口商针对特定市场的润色之后，再发送给经销商。经销商通常开设连锁门店，形成规模后进而开展自己的销售活动或建立自己的应用解决方案，例如经销商管理系统（DMS, Dealer Management System）。经销商是当前销售渠道的最底端，直接面向客户。除了汽车销售，售后服务业务以及汽车备件业务也是经销商的业务重点。

第 5 章
数字化汽车工业 2030 的愿景

在将来，除了传统的卖车和车辆服务之外，还会出现新的汽车业务，因此传统的分销结构将发生巨大变化。如果汽车制造商需要提供互联服务、移动出行服务、多种交通工具联运的服务，以及互联服务支持下的第三方服务，例如预订酒店服务，就必须建立适当的销售渠道。新的销售渠道需要为客户量身定制。未来的客户不只是车辆买家，也是对以上新型服务感兴趣的客户。汽车销售的这一新情况在图 5.17 中进行叙述，图中已进行适当简化，但仍可以看出汽车销售领域所需的巨大变化。

	营销	销售	售后服务	互联服务	移动出行服务	联动出行	第三方业务
进口商	制造商的关注点			新的销售板块			
经销商							
汽车客户	经销商的关注点						
移动出行客户							

图 5.17 汽车销售领域的转型（来源：作者）

由于所有权结构复杂，调整当前的汽车销售结构非常困难。汽车制造商当前的所有权模式有多种，最常采用的是混合形式，即所有权模式根据市场的不同而不同。一般来说，汽车制造商在重要的战略市场会成立进口商公司，在其他一些市场中是特定汽车销售公司的所有者，并且在大城市中通常建立旗舰商店。在某些情况下，也会建立与贸易伙伴的独家合同关系，或者只通过独立的公司进行销售。这种多样的所有权结构、厂家无法直接面向客户的特点以及客户导向的过于复杂使得汽车销售的转型难以进行。在向 2030 年的新销售结构的转型方面，应该考虑到以下明显趋势：

- 通过互联网销售的汽车和汽车备件的比例将大幅增加。
- 将大数据和分析技术应用在不同数据库的评估上（如社交媒体信息、制造商的内部数据、经销商信息），从而识别潜在的新客户，通过提供个性化的销售方案使用户最终购买此产品。
- 虚拟现实在汽车销售中将变得非常重要，可以用于客户的汽车配置选型和虚拟试驾。
- 经销商数量将大幅减少。经销商需要加盟汽车销售连锁店并且参与新业务领域的产品销售，才能在未来取得成功。
- 客户希望在所有的销售渠道中得到相同的用户体验，并且不同销售渠道的信息保持同步。
- 基于互联网的汽车销售通常通过多品牌平台进行。此外，融资、保险和售后服务等辅助产品也通过这些平台进行处理。

- 融资机构和银行是汽车销售平台的重要组成部分，一般占有多数股权。
- 由于移动出行服务的发展，拥有车辆所有权的比例将下降，这一趋势在大城市更加明显。
- 以汽车所有权为特征的传统汽车业务将在新兴市场继续发展。
- 移动出行服务有很大一部分由自动驾驶汽车提供。出行服务中电动车也占了很大比例。
- 移动出行服务一般由与汽车品牌无关的通用平台提供。此外，平台还提供多方式联运服务、观光旅游预订，并为高端客户提供专职驾驶人服务。
- 汽车品牌在移动出行服务中的重要性降低。服务的核心竞争力在于服务的性价比。
- 通过商业模式和客户计划实现客户对移动平台的忠诚度。
- 汽车制造商将开发新的业务领域。例如，通过集成的互联服务，用户可以在汽车上收到酒店或餐馆的信息，而车辆通过提供此服务进行盈利。
- 制造商将从车辆本身和行驶数据中获得的数据分析结论销售给第三方，例如保险公司或零部件制造商。

以上这些趋势已经越来越明显，也推动了汽车销售结构的转型。对传统汽车制造商来说，为了在新业务领域承受新进入者的挑战并获得利润，必须快速、成功地进行销售结构重组。这一情况在最近的一些研究和专业书籍中进行了叙述 [Bra15，Lau16，Köh14]。行业预期的发展和分工在图 5.18 中进行说明。图中预测，包括互联服务在内的纯汽车销售收入份额将持续下降，在 2035 年只有现在的 50%。相比之下，移动出行业务以及新的收入领域（如数据交易和信息传递）的销售收入将增长到 50%。该研究还分析了利润的转变。据预测，当前的售后利润驱动因素（包括备件服务和金融服务）的利润率将大幅下降，盈利重点将转向新的业务领域。这一分析也证实，汽车制造商在业务转型中需要明确定位，充分意识到销售面临的压力。

作者注意到，谷歌、苹果、优步、阿里巴巴和百度等新势力正在世界各地与传统汽车厂商展开激烈的竞争，争夺的重点就是汽车移动出行服务。开发产品和提供报价固然重要，但更重要的是尽早将产品带到客户身边，从而确保先发优势。在传统汽车厂商的其他领域也有新竞争者，例如 Ebay 和亚马逊等网络交易公司就在争夺备件业务的市场份额。基于所谓的"金融科技"的银行平台（如 Auxmoney、Kreditech 和 LendingClub）是传统汽车制造商金融服务的强有力竞争者。可以预计的是，更多的初创企业和其他行业的知名公司（例如电力提供商、零售商或铁路公司）也将进入汽车市场的一些新领域以获取利润。

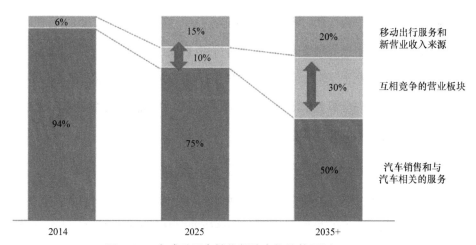

图 5.18　全球乘用车销售额的变化趋势预测 [Bra15]

传统汽车制造商要继续取得成功，就必须将传统销售结构改造为多渠道面向客户的结构，使用户既能通过线上渠道直接联系厂商，也能使用传统的间接渠道。需要保证客户每时每刻都能通过不同途径解决问题，并保证每种渠道提供的信息保持一致。为了实现这一目标，汽车制造商需要将已有的销售结构进行拆解，然后与进口商、售后服务机构、内部金融机构分销商以及新的网上服务商进行合作，建立新的结构。需要将流程、应用程序和数据进行跨功能集成，才能实现汽车销售的数字化。此外，要创建不断提供新产品新服务的企业文化，作为新产品的补充，这里的新产品是指例如整合的移动出行服务，以及通过与战略合作伙伴、孵化器和数据提供商合作而快速开发出的有竞争力的新产品。对于汽车经销商和进口商来说，也必须积极参与销售转型。关于销售网络转型，目前汽车制造商已开始试点项目，而贸易商和进口商的动作还较为迟缓 [Lau16]。

5.4.8　数字化汽车银行

与上节中汽车销售的变化趋势类似，汽车银行也正面临全面转型。多年以前就有预测，银行业将是数字化浪潮中第一批需要转型的行业。目前大多数银行的交易都已实现在线处理，面向私人客户的传统柜台区已经减少到最低限度。类似的转变也已扩展到汽车制造商的银行。在德国，购买汽车时 75% 的客户都选择银行融资，其中 46% 的融资来自汽车银行 [AKA16]。汽车银行的根本目标是通过有吸引力的融资解决方案促进汽车的销售，此外还为其制造商母公司以及相关进口商和指定经销商的投资项目提供资金。对汽车银行来说，二手车业务变得越来越重要，私人银行业务和移动出行服务业务也越来越多。作者认为，与制造商母公司相比，汽车银行在这些新业务领域的策略方向更不明确。

传统销售渠道中，汽车银行通过汽车经销商与客户建立联系。当前，购车者在网上找到车辆的配置功能信息、价格信息、融资选项以及售后服务选项。一般来说，购车者基于收集到的信息，在经销商处试驾后才进行购车和付款。汽车银行网站中提供的产品和价格一般是通用的，没有针对当前客户的情况进行量身定制。用户购买汽车时，可以选择融资套餐，套餐中除金融服务外还经常包括保险服务和售后服务。

汽车银行与终端客户的直接在线互动目前主要在储蓄领域进行，但还没有实现客户和汽车制造商之间的其他业务关联。目前还没有一个针对客户的数据库，来记录客户的私家车拥有情况、服务历史记录和其他业务关系。此外，不管在汽车销售商还是汽车银行那里，都无法根据客户的网络浏览信息制定特定客户的个性化购车方案和租赁方案。从这些现状来看，汽车销售在过程调整和数字化措施方面还有巨大的改进潜力。关于未来如何通过数字化方式实现客户为导向的销售流程，图 5.19 给出了概述。汽车租赁的整个流程在图的左半部描述。从开始的细节确定和询价，到财务文件准备，再到签订合同，都可以通过智能手机在线完成，如果有必要可以用在线聊天方

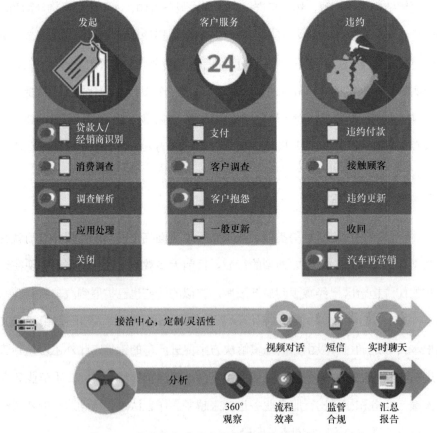

图 5.19　汽车银行客户业务的数字化过程 [Pan14]

式获得人工服务。与之类似的技术也应用在二手车领域，通过类似的用户界面处理二手车的付款、认证和再销售。所有的流程由通用的中央后台支持，可以提供全天候的服务。与之并行的还有一个始终运行的分析机制，基于客户的整体视角来确定支持方案、销售方式和服务方式。基于这一分析机制，可以尽早识别汽车的技术问题以及客户不满意的地方，以便采取预防措施，改善用户满意度。通过客户相关流程的完全数字化，汽车业务的处理效率和质量可以大大提高，这也同样适用于汽车银行相关业务的数字化改进。有关过程自动化，将在 5.4.10 小节中进行深入讨论。

5.4.9　灵活的制造结构 / 开放网络 / 工业 4.0

当前，汽车销售部门在方案规划、可行性检测以及客户订单的精细调度方面，与生产部门有诸多合作。在将来，由于车辆个性化程度的增加以及大数据方法的支持，销售部门和生产部门的联系将更加紧密。以上只是数字化生产的一个方面。数字化生产在工业 4.0 技术和与之相伴的物联网方法的推动下，已经付诸实施（参见 4.2~4.6 节）。需要确认的是，上述这些举措能否涵盖整个领域，能否充分应用数字化技术的潜力。为此需要首先进行假设，设想 2030 年的汽车生产是什么过程，和哪些主要参数相关。作者对此有以下的估计：

- 在高收入国家，流水线生产将被高度灵活的生产岛所取代，机器人和工人密切合作，实现车辆的定制化生产。
- 流水线生产形式将主要保留在新兴市场，用于大量生产低成本车辆，供给当地的大众市场和移动出行服务提供商。这些车辆也可以用于成熟市场的移动出行领域。
- 根据仓库大小进行生产管理的方式将大幅减少，而基于客户的个性化生产将占主导地位，尤其是在高端市场。
- 全面应用工业 4.0 技术，实现客户个性化定制车辆的低成本生产和批量生产。
- 供应商也密切参与到生产规划中，以便在供应链中也进行客户定制化生产。
- 出于预测控制的目的，需要建立生产和物流链的"数字阴影"，对过程中产生的数据进行分析。具体来说，通过使用认知解决方案，可以实现数据的分析和预先计划，从而满足供应链中响应时间的要求。
- 为了控制生产过程，建立全公司范围的生产状态监控系统。可以选择不同的视角，即从整个系统放大到单个工厂、单个机床甚至单个组件。自学习系统向控制团队提出行动措施的建议，而这些措施也可以分阶段自动执行。

- 市场上将出现一些新造车企业，它们自己没有汽车生产能力，汽车的生产完全依靠委托制造商伙伴。这一现象在电动汽车领域尤其明显。
- 汽车产能供过于求，因此新造车企业很容易找到汽车制造合作伙伴。
- 除机器人外，3D 打印机也会用于汽车生产，与生产车间内的工人进行准顺序制（Just-In-Sequence）协作。
- 在主要汽车市场中，50% 以上的汽车备件都是根据需要，由 3D 打印机和弹性制造单元生产。
- 增强现实技术在生产制造中广泛使用，典型的应用场合有工厂规划模拟、建筑可行性研究、工厂参观和生产培训。
- 报废车辆的回收将大大增加。生产中将应用更多可生物降解的物质，例如工业大麻。
- 基于射频识别（Radio Frequency Identification，RFID）技术的进一步发展，车辆在生产过程中将永久植入一个芯片，用于售后服务中的无线通信以及互联服务中的客户个性化设置。
- 汽车部件将具有通信功能，将部件的数据发送并应用在控制算法中，如用于提前确定汽车保养方案。纳米机器人 Foglets（参见 4.10 节）将在一些汽车部件中进行应用。
- 使用人类语言对应用软件和机器人进行编程。

在所谓"数字阴影"这一数字化背景下，许多研究项目和试点项目重点关注的主要议题之一是生产数字化 [Dom16，Sch16]。将所有与生产线以及配套系统的价值创造相关的数据通过虚拟图像来表示，然后建立时间精确的虚拟模型。这一真实生产线和虚拟模型相互对应的模式称为"数字孪生"模式，用于评估和分析。该方法如图 5.20 所示。

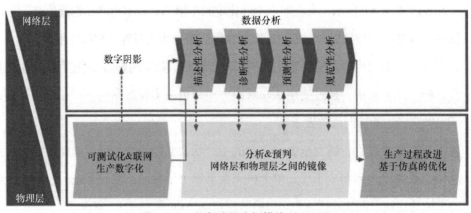

图 5.20　生产过程分析措施 [Bau16]

图 5.20 下半部分叙述了生产制造的物理层结构，包括构建"数字阴影"和虚拟模型所需的数据，以及其他一些附加数据，例如资源占用情况、机器使用数据和物流数据。这些数据通过虚拟模型进行分析，基于仿真结果给出生产过程的改进建议，并进行备份。在提出改进建议时，系统会考虑与生产相关的因素，如库存水平或生产顺序。基于数字阴影的集成控制和优化方法仍然处于研究阶段，预计到 2030 年方法将得到很好的应用。

在传统汽车制造商方面，当前的计划和项目通常以循序渐进的方式进行，在工业 4.0 计划的背景下不断提高自动化水平。这些项目通常是独立进行的，缺少一个符合工业 4.0 实施建议的总体目标[BMB13]。因此，在横向集成中，需要实现跨企业组织和跨公司边界的整个增值链；在垂直集成中，需要实现企业管理层与单个机器之间的对话，并确保整个产品生命周期和生产体系中工程开发和数字化的一致性。

从整体意义上讲，作者认为传统汽车制造商在生产领域的数字化进展过于缓慢，而造车新势力可以在生产伊始就使用数字化程度更高的生产系统，实现对传统厂商的超越。例如，特斯拉汽车 Model 3 生产工厂的目标是实现完全的无人化生产，因为生产线上人工的存在会降低整体的生产速度 [Pri16]。

实现这一有挑战性的目标肯定需要采用颠覆性的概念。这对传统制造商来说很难一步实现，其中一个原因是现有的高度自动化的生产线已经经过精密计算以提高效率并紧密地集成在以通信结构和物流网络为代表的生产过程中。对生产线结构的大幅改造通常意味着潜在的运行风险，因此工程上一般只进行生产线的小幅改造。

生产线改造的技术挑战将在第 6 章详细讨论。改造缓慢的另一个重要原因是，企业的组织结构复杂，且项目参与者的目标各不相同。首先以信息技术为例。工厂的信息技术单位一般隶属于生产部门，主要负责工厂的信息技术解决方案和面向工厂的目标，而企业的中央信息技术单位通常向财务部门汇报，其目标更加宏观。中央信息技术的应用解决方案通常是单独开发的，其技术一般与工厂解决方案不同，二者使用的通信技术也常常不同。当信息技术人员和生产经理使用不同的技术术语讨论同一项目目标时，会存在一些不便。这个例子说明，在项目中需要进行总体管控，保证项目参与方对项目的理念和优先级目标有同样的理解。需要注意的是，老牌厂商采用的循序渐进办法步伐过小，速度太慢，无法充分应对造车新势力的冲击。因此，需要采用整体概念，快速推进生产改造。

5.4.10 自动化业务流程

汽车生产过程正在按照工业 4.0 的倡议向生产数字化目标进行推进。数字化技术也可以用于其他业务部门，提高业务效率和质量，保证企业竞争力。作者预计，在数字化领域有以下趋势，以实现 2030 年的产业愿景：

- 在财务、人力资源和管理等行政部门，80% 的业务流程会自动运行，无须人工干预。
- 在需要更多互动与协调的领域，如工程、质量保证、项目管控以及市场营销领域，许多业务流程可以自动处理，总体的自动化程度在 50% 左右。
- 基于认知软件技术的"流程自动处理机"开始出现，并将与现有系统进行集成，其功能将持续发展。
- 区块链技术将应用到企业内部平台，使得通过消除审计任务来简化业务流程成为可能。
- 自动处理机将集成到企业平台中，可以在移动设备中进行语音控制实现服务呼叫。
- 基于网络 2.0 经济中平台经济学的概念，企业将建立全集团范围的中央业务平台来处理管理任务，服务平台支持集团的所有品牌。今天的服务特定品牌的组织架构将被淘汰。
- 平台将提供开放式接口，以便通过第三方组件轻松实现平台的功能扩展。
- 今天大型软件程序的推广项目（Roll out project）将完全消失，取而代之的是"卷入"项目（Roll in project），即将海外部门的具体技术经验集成到中央平台。
- 员工工位将配备智能辅助系统，以支持员工工作，例如任务优先级排序和信息搜集。也可实现一些任务的自动处理，例如旅行预订或协调会议参与方。
- 行政部门和非直接业务部门的员工人数将大幅减少。

与当前的手动业务模式相比，业务流程的高度自动化和企业内部由各品牌共享的业务平台的建立，使得业务效率和质量显著提高。员工工位的工作辅助工具也大大提高了工作中的生产效率。目前正在对工位辅助工具进行初步测试，已在小型办公区域有试点项目。企业内部平台的使用如图 5.21 所示，图中是以财务部门为例。内部平台的核心功能包括权限管理（单点登录）、安全管控、数据集成，以及数据分析、业务流程控制和自动化功能。集成层可以灵活地绑定现有的财务应用程序，确保能继续使用现有的技术和投资。应用程序和移动层通过智能手机等移动终端设备或记录手势操作的摄像头提供对财务解决方案的用户访问，即通过新的访问方法继续使用原有的应用功能。新的应用功能开发完成后就集成在这一层中，这一平台开发方式属于"卷入式"方法（Roll in）。公司可以通过特定的接口连接到平台，逐步使用平台的新功能，并根据需要逐步减少或关闭旧系统。这种平台概念实现了从不同市场异构系统到全球统一解决方案平台的转型，利用应用程序灵活且可扩展的优势吸引用户。该平台也使得业务流程逐步实现自动化。

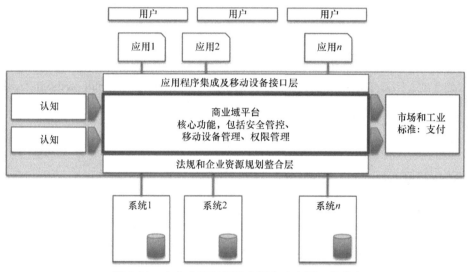

图5.21　企业内部财务平台概念（来源：作者）

图5.21中展示的平台概念也可以应用于许多其他公司领域，例如采购、人力资源和质量管理。对许多公司来说，从现有的应用环境转向新解决方案的过程中存在较大的挑战，具体的转型建议将在第6章中讨论。除了企业内部的平台解决方案之外，生产商和供应商之间也可以建立跨行业平台，其典型应用是在物流服务处理方面，目标是提高交易处理效率和流程透明度。

5.4.11　基于云的信息技术服务

高效的信息技术服务是应用业务平台和所有其他数字化备选方案的先决条件。今后的信息技术服务将基于与现在完全不同的新结构、新方法和新概念。作者看来，以下几个方面是2030年的信息技术服务应有的特征：

- 由于云端服务灵活而且简单，制造商80%的计算和存储任务均在云端进行。
- 云环境由运行大型数据中心的特殊提供商提供。在所谓的混合云概念中，云环境与制造商自身的信息技术系统灵活地连接。
- 互联网上提供很多几乎免费的无限数据存储服务。数据存储通过软件层的操作实现

（软件定义的存储）。

- 智能手机、可穿戴设备和智能屏幕等移动终端设备将集成在家具、服装和机器中。语音控制或手势控制的计算机将完全取代工作站系统。这些设备的性能与当今的超级计算机相当。

- 长运行周期的信息技术项目以及全面的平台推广项目（Roll out project）已不复存在。与之相对的是，与应用程序（App）类似、几天之内即可创建的解决方案组件，以及基于集成平台的卷入概念（Roll in concept）将在行业中广泛应用。

- 敏捷项目方法（Agile project method）取代"瀑布方法"（Waterfall method)[Zwe16]。

- 基于微服务架构的语音控制可以实现编程和软件创建。

- 软件产品的很大一部分用于评估大型数据库，具体来说是给出自动转换的建议并进行自动操作。

- 信息技术服务的很大一部分是用于企业内部服务平台和企业间市场平台的创建和运营。

- 信息技术基础架构的监控由应用系统中并行的所谓代理系统（Agent system）执行。代理系统可以提早识别新出现的问题并自动采取纠正措施。

- 信息技术的成本驱动因素之一是抵御网络攻击的安全系统。在安全领域较早使用的主要是量子计算机，例如用于保护企业业务的加密程序领域。

- 公共互联网将免费提供，且带宽充足，网络速度将超过500Mbit/s。

- 将建立基于IPv6寻址的新互联网架构。私人领域和商业领域的互联网将进行区分，从而实现不同的服务。

- 将各种事物广泛连接的"万物互联"（Internet of Everything）将建立 [Tho15]。

为了实现信息技术平台转型和建立数字化的坚实平台，信息技术系统面临很多挑战。图5.22中将信息技术面临的挑战进行了汇总。图中以三代平台表示信息技术系统的发展过程。第一代平台是一个集中的组织结构；目前主导的是第二代平台，使用分布式的客户端/服务器架构；未来会发展到第三代平台，在公司内部实现对"数以百万计的应用程序（App）、数十亿的用户、数万亿的事物"的处理。正如上文的信息技术发展趋势所述，第三代平台的功能只能通过灵活的混合架构来实现，因为混合架构可以在计算能力和存储容量方面通过云环境进行扩展。为了在人工智能方面实现自动化并协助用户使用，需要将大数据技术与深入的分析功能结合使用。员工的"始终在线"（Always-on）的移动办公环境，以及基于"社交商业"（social business)的企业协作模式也都由信息技术系统提供。

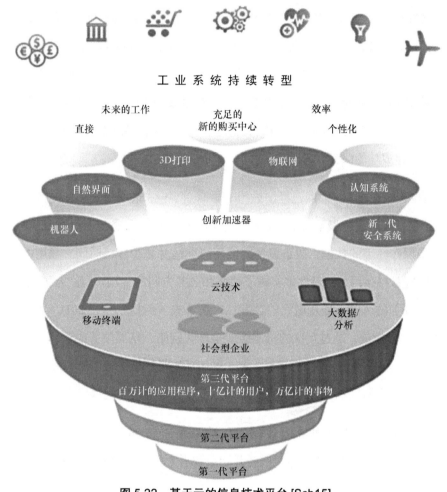

图 5.22 基于云的信息技术平台 [Sch15]

高效、敏捷的信息技术是实现数字化转变的基础和创新驱动力,在第 4 章中已对其中一些技术进行描述,如 3D 打印、机器人和认知解决方案。不只对单个项目而言,对公司和整个价值创造网络的持续转型,包括客户和供应商的转型来说,信息技术都是其中的关键。下面将结合具体案例解释这一数字化转型过程。

5.5 通用电气——可持续数字化的案例

以苹果、谷歌以及初创企业为代表的硅谷公司来举例说明数字化主题是非常合适的,而优步(Uber)也是与本书目标密切相关的企业。关于这些企业的讨论将在第 6 章简要进行。本节将选取历史悠久的公司通用电气（General Electric，GE），作为传统企业在数字化时代进行深远且可持续的变革的例子。通用电气公司是历史近 130 年的行业资深公司，也是自 1896 年道琼斯指数建立以来唯一一家始终在该指数中上市的公司。通用电气凭借爱迪生发明的在 1879 年获得专利授权的白炽灯起源，其初始业务是照明领域。公司现已发展成为全球化的综合性集团，在 100 多个国家拥有超过 30 万名员工。公司产品组合包括医疗保健、材料和航空航天工业等领域的设备、机械和组件，也提供工业厂房建设、公共基础设施和相关维护服务领域的集成解决方案。GE 的公司口号是基于创新领导科技发展。在这一背景下，持续发展和转型是公司的基本特征，也是公司多年成功的保证 [GE16]。

大约从 2000 年开始，互联网已经演进为一个商业平台，总是有更多的竞争对手进入这一平台提供自己的机器设备以及配套的软件解决方案。在互联网平台上，公司基于创新算法，通过使用机器和操作环境的数据，改进设备的使用可能性并减少停机时间。通用电气将这种趋势视为风险与机遇并存，并针对性地实施了战略和业务方向的急剧转型。为了避免"商品化"（commoditization）的风险，通用电气的首席执行官杰夫·伊梅尔特在 2011 年明确提出了 GE 的战略："我们的目标是，通过互联的机器组成全球化网络，从而显著改善客户的使用体验。"首席执行官在 2013 年补充说："我们知道，工业界和互联网行业要建立合作伙伴关系。GE 需要成为这个主题的一部分，我们不能接受我们领域的数据被其他公司使用。"[Buv15]

通用电气的这一企业战略强调了从以工业制造为基础的企业向数据驱动的服务型企业转变的决心。为了加速这一转型，通用电气已经开始采取重大行动，制定了具体的实施步骤。转型的步骤可以总结成以下几条 [GE16a，Buv15，GE16b，Pow15]：

- 定义明确的目标和明确的愿景。通过自上而下的方法将愿景和目标进行连接。
- 重点围绕创新举措以及快速工作（FastWorks）计划相关的工具和方法，对企业文化的发展建立转型计划，从而在各个层面建立创业氛围。
- 成立一个软件部门，在大数据、分析、认知、移动终端、应用程序（App）和工业互联网领域开发软件解决方案，基础投资为 10 亿美元。
- 投资 15 亿美元，收购分析和大数据领域的小型软件公司，以建立该领域的内部开发能力。
- 任命有合适经验的人做企业高管，例如在新的 GE 软件公司做总负责人、首席技术官、销售负责人或企业转型负责人。同时设置软件架构师、程序员和项目经理，来构建内部开发能力。

- 为有兴趣的软件公司开放经过验证的软件解决方案，使他们在此基础上开发自己的解决方案，即实现 GE 生态空间（GE-Ecospace），例如围绕物联网的平台"Predix"系统。GE 执行董事戴夫·巴利特（Dave Barlett）说："我们希望 Predix 成为机器制造领域的 Android 或 iOS"。

- 为发现新的创意以及项目带来的专业技能，需要与多方展开合作，包括技术公司如亚马逊 Web 服务、思科和英特尔，孵化器如 LemonsLab、Rock Health 和 Breakout Lab，以及众包的合作伙伴。

- 建立一个风险投资部门（GE 创投），在相关创新领域建立一个初创企业网络，从而尽早发现新创意和新趋势。

以上的概述很好地体现了通用电气向数据驱动型服务公司转型的一系列行动和措施。重要的是，为各自的举措确立明确的量化标准并进行相互沟通。图 5.23 给出了通用电气 2016 年年度报告中物联网平台的目标。图中给出了促进物联网领域数字化的一些可量化的要求。在 2016 年，至少要有 20 万台机器联网，基于 Predix 平台的 Ecospace 规模将扩展到 20000 名开发人员和 50 个合作伙伴，在工业应用商店中将提供至少 100 个应用程序（App）。基于这些明确的指导方针，通用电气将其在物联网服务中为客户提供可持续价值的战略进行落实。年度报告还指出该平台将扩展为"数字阴影"或"数字孪生"，从而为前瞻性的智能解决方案奠定基础（见 5.4.9 小节）。

图 5.23　通用电气物联网平台的目标 [GE16a]

全面的数字化战略不只与上面的物联网示例有关，也适用于整个公司的各个领域，这在通用电气 2015 年的年度报告有体现，如图 5.24 中对转型计划中各种战略举措的概述。重要的是，在每个组织单位中都需要建立数字化知识，为此，需要在每个单位中任命数字化负责人并配备相应的团队。与此同时，需要将当前去中心化的组织结构重新整合成一个整体。数字化产品的销售责任要以责任矩阵的方式分配给所有组织。根据首席执行官杰夫·伊梅尔特制定的目标，通用电气在数字化板块的销售额将从 2015 年的 50 亿美元增加到 2020 年的 150 亿美元。

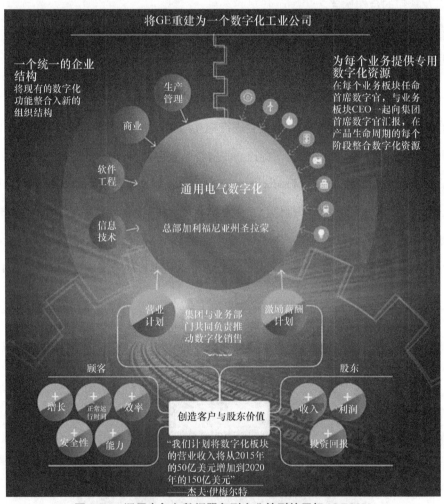

图 5.24　通用电气向数据服务型企业转型的目标 [GE16b]

以上所有措施都采用自上而下推动的整体结构化方法 [Buv15]。通用电气已经在数字化转型的道路上起步，但仍需要继续稳步推动转型，时刻关注环境的变化，注意并紧跟新出现的颠覆性趋势，调整技术发展路线，从而将其转化为新的商业潜力。

参考文献

[Ain13] Ainhauser, C.; Bulwahn, L.; Hildisch, A.; et al.: Autonomous driving needs. ROS BMW Car IT GmbH. https://www.bmw-carit.com/downloads/presentations/AutonomousDrivingNeedsROSScript.pdf (2013). Zugegriffen: 04. Sept. 2016

[AKA16] AKA: Automobilbanken 2016 AKA – Arbeitskreis der Banken und Leasinggesellschaften der Automobilwirtschaft. White Paper. http://www.autobanken.de/download/102788/hash/673149728cc7085ef6b5677d62398d00 (2016). Zugegriffen: 11. Sept. 2016

[All15] Allmann, C.; Broy, M.; Conrad, M.; et al.: Eingebettete Systeme in der Automobilindustrie Roadmap 2015–2030, Gesellschaft für Informatik e.V., SafeTRANS e.V., Verband der Automobilindustrie e.V. http://www.safetrans-de.org/documents/Automotive_Roadmap_ES.pdf (2015). Zugegriffen: 04. Sept. 2016

[AUDI16] Audi: Audi Business Innovation GmbH, Übersicht: Audi select. Audi shared fleet. https://www.audibusinessinnovation.com/de/service/de_audibusinessinnovation/Audi-mobility-innovations.html (2016). Zugegriffen: 07. Aug. 2016

[Bau16] Bauerhansl, T.; Krüger, J.; Reinhart, G.: WGP-Standpunkt Industrie 4.0. Wissenschaftliche Gesellschaft für Produktionstechnik. http://www.ipa.fraunhofer.de/fileadmin/user_upload/Presse_und_Medien/Pressinformationen/2016/Juni/WGP_Standpunkt_Industrie_4.0.pdf (2016). Zugegriffen: 11. Sept. 2016

[Ber16] Bernard, M.; Buckl, C.; Döricht, V.; et al.: Mehr Software (im) Wagen: Informations- und Kommunikationstechnik (IKT) als Motor der Elektromobilität der Zukunft, Abschlussbericht BMWi Verbundvorhabens „eCar-IKT-Systemarchitektur für Elektromobilität", Hrsg: ForTISS GmbH. http://www.fortiss.org/forschung/projekte/mehr_software_im_wagen/ (2016). Zugegriffen: 01. Sept. 2016

[BMB13] Umsetzungsempfehlungen für das Industrieprojekt, Industrie 4.0. Abschlussbericht Promotorengruppe Kommunikation der Forschungs-union Wirtschaft – Wissenschaft (Hrsg.), Frankfurt. https://www.bmbf.de/files/Umsetzungsempfehlungen_Industrie4_0.pdf (2013). Zugegriffen: 18. Juli 2016

[Bra16] Bratzel, S.: Elektromobilität im internationalen Vergleich. Bilanz 2015 und Prognose, Center of Automotive Management CAM. https://kommunalwirtschaft.eu/images/presse/pdf/87ee9d8567ba0c8a9bf0f868c40ba56b-Pressemitteilung-Elektro-Jan-2016-v01.pdf (2016). Zugegriffen: 01. Sept. 2016

[Bra15] Brand, F.; Greven, K.: Systemprofit 2035: Autohersteller müssen den Vertrieb neu erfinden. Oliver Wyman-Studie. http://www.oliverwyman.de/who-we-are/press-releases/2015/oliver-wyman-studie-zum-automobilvertrieb-der-zukunft-systemprof.html (2015). Zugegriffen: 11. Sept. 2016

[Bre15] Brendon, L.: How open-source collaboration is transforming IVI and the auto industry. Embedded Computing Design. http://embedded-computing.com/articles/how-open-source-collaboration-is-transforming-ivi-and-the-auto-industry/ (2015). Zugegriffen: 04. Sept. 2016

[Buv15] Buvat, J.; KVJ, S.; Bisht, A.: Going digital: General Electric and its digital transformation. Capgemini Consulting. https://www.capgemini-consulting.com/resource-file-access/resource/pdf/ge_case_study_28_5_2015_v4_1.pdf (2015). Zugegriffen: 24. Sept. 2016

[Cac15] Cacilo, A.; Schmidt, S.; Wittlinger, P.; et al.: Hochautomatisiertes fahren auf Autobahnen – Industriepolitische Schlussfolgerungen, Fraunhofer-Institut für Arbeitswirtschaft und Organisation IAO; Studie für BMWi. https://www.bmwi.de/BMWi/Redaktion/PDF/H/hochautomatisiertes-fahren-auf-autobahnen,property=pdf,bereich=bmwi2012,sprache=de,rwb=true.pdf (2015). Zugegriffen: 24. Aug. 2016

[Dob15] Dobbs, R.; Manyika, J.; Woetzel, J.: No ordinary disruption: The four global forces, breaking all the trends. PublicAffairs, New York (2015).

[Dom16] Dombrowski, U.; Bauerhansl, T.: Welchen Einfluss wird Industrie 4.0 auf unsere Fabriken und Fabrikplanung haben? 13. Deutscher Fach-kongress Fabrikplanung, Ludwigsburg 20./21. Apr. 2016

[Dud15] Dudenhöffer, F.: Weltautomarkt 2015: Niedriges Wachstum lässt sinkende Branchengewinne erwarten. Bericht GAK. https://www.uni-due.de/~hk0378/publikationen/2015/20150119_GAK.pdf (2015). Zugegriffen: 07. Aug. 2016

[Ede15] Edelstein, S.: Ford's new GT has more line of code than a Boeing jet airliner. Digital Trends,. http://www.digitaltrends.com/cars/the-ford-gt-uses-more-lines-of-code-than-a-boeing-787/#/2 21. Mai 2015.Zugegriffen: 01. Sept. 2016

[GE16a] General Electric: GE Fact Sheet 2016. http://www.ge.com/about-us/fact-sheet (2016). Zugegriffen: 24. Sept. 2016

[GE16b] General Electric: DIGITAL INDUSTRIAL – GE Annual Report 2015. http://www.ge.com/ar2015/assets/pdf/GE_AR15.pdf (2016). Zugegriffen: 24. Sept. 2016

[Gis15] Gissler, A.: Connected vehicle – Succeeding with a disruptive technol-ogy. Accenture Strategy. https://www.accenture.com/t20160504T060431__w__/us-en/_acnmedia/Accenture/Conversion-Assets/DotCom/Documents/Global/PDF/Dualpub_21/Accenture-Connected-Vehicle-Transcript.pdf (2015). Zugegriffen: 22. Aug. 2016

[Gri15] Grimm, M.; Tulloch, J.: Allianz Risk Pulse; Leben in der Megastadt: Wie die größten Städte der Welt unsere Zukunft prägen. Allianz SE. https://www.allianz.com/v_1448643925000/media/press/document/Allianz_Risk_Pulse_Megacitys_20151130-DE.pdf (2015); Zugegriffen: 22. Aug. 2016

[Gro16] Grosch, W.: In Singapur fahren die ersten Taxis ohne Fahrer, VDI Ver-lag GmbH; ingenieur.de. http://www.ingenieur.de/Branchen/Verkehr-Logistik-Transport/In-Singapur-fahren-Taxis-Fahrer 26. Aug. 2016. Zugegriffen: 26. Aug. 2016

[Hud16] Hudi, R.: Die Automobilindustrie im (radikalen) Umbruch Chancen, Risiken, Trends, Herausforderungen, Vortrag Automobil Elektronik Kongress, Ludwigsburg 14./15. Juni 2016

[Joh16] Johanning, V.: Car IT kompakt: Das Auto der Zukunft – Vernetzt und autonom fahren. Springer Vieweg, Auflage, Berlin (2016)

[Kaa16] Kaas, H.; Mohr, D.; Gao, P.; et al.: Automotiv Revolution – Perspective Towards 2030. McKinsey&Company, New York. https://www.mckinsey.de/files/automotive_.revolution_perspective_towards_2030.pdf (2016). Zugegriffen: 07. Aug. 2016

[Kor12] Korthauer, R.; Fischer, H.; Funke, C.; et al.: Elektromobilität – Eine Po-sitionsbestimmung, Hrsg: ZVEI – Zentralverband Elektrotechnik- und Elektronikindustrie e. V. http://www.zvei.org/Publikationen/ZVEI_Elektromobilit%C3%A4t_ES_25. Okt.12.pdf (2012). Zugegriffen: 01. Sept. 2016

[Köh14] Köhler, T.; Wollschläger, D.: Die digitale Transformation des Automobils automotiveIT. Verlag Media-Manufaktur GmbH, Pattensen (2014)

[Lan16] Lange, C.: Tesla eröffnet Gigafactory: Batteriefabrik startet Produktion in Nevada. Auto-Service.de. http://www.auto-service.de/news/tesla/84202-tesla-gigafactory-batteriefabrik-produktion-nevada.html 01. Aug. 2016. Zugegriffen: 01. Sept. 2016

[Lau16] Lauenstein, C.: Digital Customer Experience: Wer baut hier die meisten Leuchttürme? Post Capgemini Consulting. https://www.de.capgemini-consulting.com/blog/digital-transformation-blog/2016/digital-customer-experience (2016). Zugegriffen: 11. Sept. 2016

[Pan14] Pandey, I.; Jagsukh, C.: Digitizing automotive financing: The road ahead Cognizant 20–20 Insights. White Paper. https://www.cognizant.com/InsightsWhitepapers/Digitizing-Automotive-Financing-The-Road-Ahead-codex949.pdf (2014). Zugegriffen: 11. Sept. 2016

[Pow15] Power, B.: Building a software start-up inside GE. Harvard Business Review. https://hbr.org/2015/01/building-a-software-start-up-inside-ge (2015). Zugegriffen: 24. Sept. 2016

[Pri16] Prigg, M.: Tesla's Model 3 production line will be an „alien dreadnought": Elon Musk reveals humans will be banned as they will slow progress to „people speed". dailymail. http://www.dailymail.co.uk/sciencetech/article3726179/Tesla-s-Model-3-production-line-alien-dreadnought-Elon-Musk-reveals-humans-banned-slow-progress-people-speed.html 05. Aug.2016. Zugegriffen: 11. Sept. 2016

[Ram13]   Ramesh, P.: Signal processing in smartphones – 4 G perspective. SlideShare. http://de.slideshare.net/ramesh130/signal-processing-in-smartphones-4g-perspective (2013). Zugegriffen: 07. Sept. 2016
[Rau15]   Rauch, C.; Mundolf, U.: Automotive Zeitgeist Studie 3.0. Zukunftsinstitut. https://www.zukunftsinstitut.de/artikel/automotive-zeitgeist-studie-30/ (2015). Zugegriffen: 22. Aug. 2016
[Run16]   Runde, C.: Whitepaper Virtuelle Techniken im Automobilbau, Technolo-gien – Einsatzfelder – Trends. Virtual Dimension Center VDC. http://www.vdc-fellbach.de/files/Whitepaper/2016-VDC-Whitepaper-Virtuelle-Techniken-im-Automobilbau.pdf (2016). Zugegriffen: 07. Sept. 2016
[SAE14]   SAE: SAE – Society of Automobil Engineers, Standard J3016: Taxonomy and Definitions for Terms Related to On-Road Motor Vehicle, Automated Driving Systems. http://www.sae.org/misc/pdfs/automated_driving.pdf (2014). Zugegriffen: 24. Aug. 2016.
[Sch12]   Schmerler, S.; Fürst, S.; Lupp, S.; et al.: AUTOSAR – Shaping the future of a global standard. http://www.autosar.org/fileadmin/files/papers/AUTOSAR-BB-Spezial-2012.pdf (2012). Zugegriffen: 04. Sept. 2016
[Sch15]   Schulte, M.: Future Business World 2025 – Wie die Digitalisierung unsere Arbeitswelt verändert. White Paper. IDC Central Europe GmbH. http://www.triumph-ader.de/C125712200447418/vwLookupDownloads/B4DAB93CA-CA6F4F4C1257E2100305F61/$File/IDC_White_Paper_Future_Business World_2025_TA.pdf (2015). Zugegriffen: 21. Sept. 2016.
[Sch16]   Schürmann, H.: Smartfactory – Auf dem Weg in die Zukunft. VDI Nachrichten., Nr. 14. http://www.iqm.de/fileadmin/user_upload/Medien/Zeitungen/VDI_Nachrichten/Downloads/Exklusiv_Zukunft_der_Fertigung.pdf 8. Apr.2016. Zugegriffen: 11. Sept. 2016
[Sei15]   Seibert, G.: Wie verändern digitale Plattformen die Automobilwirtschaft. Accenture. http://plattform-maerkte.de/wp-content/uploads/2015/10/Gabriel-Seiberth-Accenture.pdf (2015). Zugegriffen: 01. Sept. 2016
[Sta15]   Stanley, B.; Gymesi, K.: A new relationship – people and cars. IBM Studie. IBM Institute for Business Value. http://www935.ibm.com/services/us/gbs/thoughtleadership/autoconsumer/ (2015). Zugegriffen: 16. Aug. 2016
[Thi15]   Thielmann, A.; Sauer, A.; Wietschel, M.: Produktroadmap Energiespeicher für die Elektromobilität 2030. Fraunhofer Institut für System- und Innovationsforschung ISI; Karlsruhe. http://www.isi.fraunhofer.de/isi-wAssets/docs/t/ de/publikationen/PRM-ESEM.pdf (2015). Zugegriffen: 22. Aug. 2016
[Tho15]   Thompson, C.: 21 technology tipping points we will reach by 2030. TECHinsider. http://www.techinsider.io/21-technology-tipping-points-we-will-reach-by-2030-2015-11 12. Nov. 2015. Zugegriffen: 21. Sept. 2016
[VDA11]   VDA: Das gemeinsame Qualitätsmanagement in der Lieferkette, Verband der Automobilindustrie e.V. http://vda-qmc.de/fileadmin/redakteur/Publikationen/Download/Risikominimierung_in_der_Lieferkette.pdf (2011). Zugegriffen: 07. Sept. 2016
[VDI15]   VDI: Elektromobilität – das Auto neu denken, Bundesministerium für Bildung und Forschung, Redaktion VDI Technologiezentrum GmbH. https://www.bmbf.de/pub/elektromobiltaet_das_auto_neu_denken.pdf (2015). Zugegriffen: 30. Aug. 2016.
[Wee15]   Wee, D.; Kässer, M.; Bertoncello, M.; et al.: Wettlauf um den vernetzten Kunden – Überblick zu den Chanchen aus Fahrzeugvernetzung und Automatisierung. McKinsey & Company, New York. https://www.mckinsey.de/files/mckinsey-connected-customer_deutsch.pdf (2015). Zugegriffen: 22. Aug. 2016
[Wei16]   Weiß, G.: Zükünftige Softwarearchitekturen für Fahrzeuge, Fraunhofer-Institut für Eingebettete Systeme und Kommunikationstechnik ESK. http://www.esk.fraunhofer.de/content/dam/esk/dokumente/PDB_adaptives_Bordnetz_dt_web.pdf (2016). Zugegriffen: 01. Sept. 2016
[Wen12]   Wenzel, E.; Kirig, A.; Rausch, C.: Greenomics – Wie der grüne Lifestyle Märkte, 2. Aufl. REDLINE Verlag, München (2012)
[Wie13]   Wietschel, M.; Plötz, P.; Kühn, A.; et al.: Markthochlaufszenarien für Elektrofahrzeuge,

Fraunhofer-Institut für System- und Innovationsforschung ISI. http://www.isi.fraunhofer.de/isi-wAssets/docs/e/de/publikationen/Fraunhofer-ISI-Markthochlaufszenarien-Elektrofahrzeuge-Zusammenfassung.pdf (2013). Zugegriffen: 01. Sept. 2016

[Win15] Winterhoff, M.; Kahner, C.; Ulrich, C.; et al.: Zukunft der Mobilität 2020Die Automobilindustrie im Umbruch. Studie Arthur D Little. http://www.adlittle.de/uploads/tx_extthoughtleadership/ADL_Zukunft_der_Mobilitaet_2020_Langfassung.pdf (2015). Zugegriffen: 07. Aug. 2016

[Wit15] Wittich, H.: Neuwagenkäufer 2015: Das sind Deutschlands Rentner Marken. auto motor und sport. http://www.auto-motor-und-sport.de/news/deutschlands-rentner-marken-neuwagen-2015-10343615.html 28. Dez. 2015. Zugegriffen: 07. Aug. 2016

[Zwe16] Zweck, A.; Holtmannspötter, D.; Braun, M.; et al.: Forschungs- und Technologieperspektive 2030, BMBF-Foresight Zyklus II, VDI Technologiezentrum (Hrsg.) im Auftrag des Bundesministeriums für Bildung und Forschung. http://www.vditz.de/fileadmin/media/VDI_Band_101_C1.pdf (2015). Zugegriffen: 21. Sept. 2016.

第 6 章
可持续数字化路线图

本书的前面几章介绍了数字化的驱动力、影响力和用于数字化的科技技术。除了信息技术 (IT) 作为数字化驱动力外,还介绍了与汽车行业息息相关的革新技术和解决方案,而且特别是分析了数字原生代作为未来员工和客户的影响。在此基础上,第 5 章对客户期望和购买行为的变化进行了详细说明,分析了目前重要生产厂商的数字化程度,并详细阐述了数字化的汽车行业在 2030 年的愿景。

在目前已经达到的和至 2030 年需要发展并可以做到的,这两种状态之间还有一个相当长的路。这条道路需要建立在一个全面的路线图基础上,目标明确地进行规划。在下文中,根据作者本人长期研究和从事项目中积累的经验,对要达到此目标不可缺少的工作方式进行详细剖析和阐述。

6.1 数字化路线图作为企业规划的一部分

数字化项目是公司业务模式中的一个贯穿各个方面的主题,并影响到企业所有主要的业务流程。因此，不应将一个涉及所有领域的数字化路线图孤立地对待，而应作为长期的全公司战略规划过程的一个组成部分，来进行不断发展。图 6.1 对应采取的方法进行了梳理。

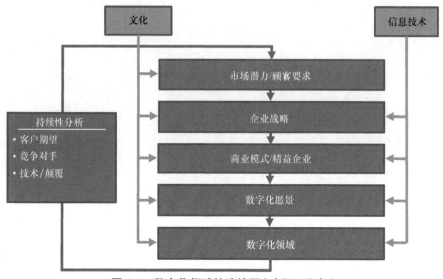

图 6.1 数字化领域的路线图（来源：作者）

在第一个规划步骤中，对市场状况和客户需求的充分理解构成了以下战略决策的基础，即"哪些市场或客户应得到哪些产品或解决方案？"之后，在实施该战略时，业务结构和相关流程要做到尽可能精简和高效。在这一优化结构的基础上，为数字化定位和目标制定一个愿景。为了能够实现这个愿景，必须将各数字化领域用具体步骤和路线图进行定义。信息技术和企业文化不是每个规划步骤的一部分，而是跨越所有步骤的主题，注入这两个题目是成功转型和实施数字化路线图的基本先决条件。

但是，规划过程不必一次性完成和把结果作为一次性措施来执行。相反，应该建立一个循环往复式流程，通常应每年周期性地往复一次。由于数字化的多变性，至少在实施的"启动增长阶段"中建议采用每半年一个周期。这伴随着对市场和客户行为变化的持续性分析，以及根据新出现的技术或商业模式判断出，是否出现颠覆性的趋势。这些认知可以敦促公司持续地对战略和规划进行调整。

下面的详细介绍就是按上述这个简单描绘的框架来规划的。每一个步骤都深入地说明。企业文化和信息技术作为覆盖所有步骤的重要主题，将分别在第 7 章和第 8 章进行详细阐述。

6.1.1 评估市场潜力和客户需求

对客户和市场深刻的理解是制定公司战略的基础。汽车产业对这个用实践检验过的方法是很重视的,并且公司里已经积累了很多相关信息,因此该题目在这里只进行简要解释和举例说明。

在 5.2 节描述了以"汽车愿景 2030"为基础的消费者趋向和不断改变的顾客行为,并且对消费者类型进行了推断和预测。这里重要的是,有效地利用这些根据地理区域和目标客户细分市场的潜力估测出来的信息。汽车制造商传统上侧重于各种可能的车辆销售,车辆通常是按车辆类型、驱动技术和配置选择进行分类。由于汽车增值领域的变化,需要进一步研究和挖掘新的业务潜力。这包括自动驾驶、移动出行服务和新兴的数字业务领域,这些领域是通过销售数据或通过将驾驶人介绍给餐馆、酒店或贸易客户从而获取佣金来实现的。回到第 5 章的客户细分,图 6.2 显示了 2020 年汽车市场上,按照客户移动出行类型在主要经营市场的详细划分。

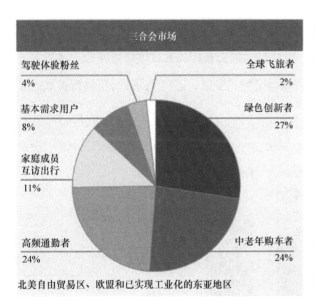
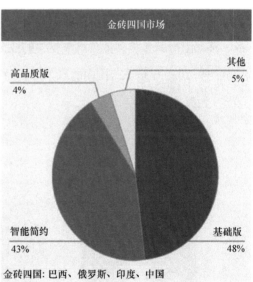

图 6.2　移动出行消费的出行类型 2020 [Win2015]

这幅图区别了所谓的由北美自由贸易区、欧盟和已实现工业化的东亚地区组成的三合会 (Triade Market) 和金砖四国 (BRIC Markets),即巴西、俄罗斯、印度和中国市场。在成熟的市场中,移动出行消费被详细地分为不同类型的移动出行类型。对于这些类型的定义和购买行为的差异,请参阅 5.2 节。其中绿色创新者 (Greenovatoren)、高频通勤者 (High-Frequency Commuter)和中老年购车者 (Silverdriver) 已经覆盖了市场容量的 75%。如果添加家庭成员互访出行 (Family Cruiser) 和基本需求用户 (Low-End User)，就占到 95% 的潜力。

金砖四国市场的细分程度较小，基础版和智能简约两个部分共覆盖91%。在这些新兴市场，仍然有许多首次购买者，他们通常购买最基础配置的类型，后来发展成价位高一些的智能简约类型的第二次买家。

制造商必须针对这些细分市场或移动出行的消费类型，提供适当的车辆和移动出行服务。特别是绿色创新者有兴趣购买更小的汽车、最新的、低排放驱动技术的汽车和电动车。他们想法开放，使用各类移动出行服务，而不是想拥有车辆。高频通勤者，日常开车上下班，对于他们来讲，购买的前提条件是注重安全性、能耗效率和可靠性。而在金砖四国市场中，基础版的消费者，更看重性价比，但是汽车所代表的形象，即"提高社会地位的潜力"，对购买也是至关重要的。为此目的，特别是在新兴国家，有吸引力的互联服务受到极大的重视，从而在竞争中脱颖而出。

除了对个别细分市场中可能的车辆销售进行传统研究外，对潜在市场大小的评估里还必须包括对汽车行业进一步发展商机的分析。在金融服务和售后服务以外，这些服务还包括互联服务、移动出行服务和其他与汽车相关的业务，以及与数据交易相关的数字型新商业。普华永道估测的到 2030 年全球范围内的汽车行业销售和收益分配的发展，证实了对该分析进行扩展的必要性，如图 6.3 所示。

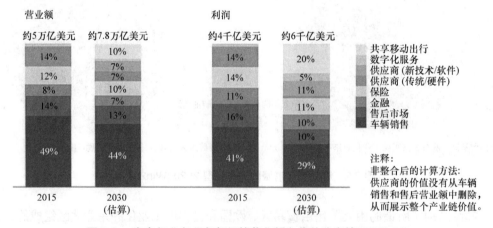

图 6.3　汽车行业各业务部门的营业额和收益分布情况 [Vie16]

图中，除了营业额 (Revenue) 的发展，还显示了整个市场中利润分配 (Profits) 的预测。重要的一点是，制造商要认识到，汽车销售的份额在营业额和利润中比率显著地减少，在营业额上从 49% 下降到 44%，在利润上从 41% 降低到 2030 年的 29%。售后服务也略有下降，营业额占到了 13% 的份额；盈利上更加明显地下降到未来 10% 的结果。金融服务在商业发展中被认为是相对不变的，而保险业务在营业额和利润方面分别下降了 2% 和 3%。移动出行服务，在 2030 年以 10% 的营业额占比和 20% 这个比较高的利润占比，呈现了最强的增长。软件的数字服务也在大幅增长，而数字硬件业务处在下降趋势。值得注意的是，这项研究认为，今天的制造商在 2030 年只能满足大约 70% 的市场总量，总价值 7.8 万亿美元，而新进入厂商会抢占市场总量的 45%[Vie16]。

总而言之，重要的是要意识到，与车辆相关的业务将渐渐退到后台，移动出行服务和数字服务将对营业额增长和盈利结果产生巨大影响。作为补充，图 6.4 展示出更详细的、对新服务业务领域发展的预测。

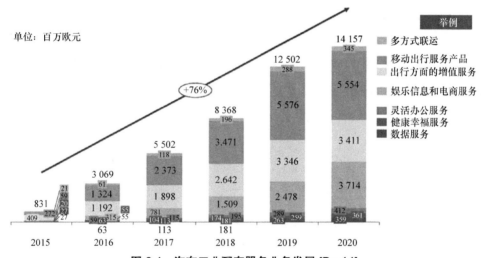

图 6.4 汽车工业配套服务业务发展 [Bra14]

接下来，汽车工业的配套服务在业务量上继续稳步上升，在 2020 年达到 141 亿欧元。其中所占的最大份额将是 55 亿的移动出行服务，其次是额外的服务，如预订停车位或当前地图和交通信息，其潜力约为 34 亿欧元。在类似的规模上，信息娱乐和电子商务解决方案也将具有类似的潜力，而多方式联运、灵活办公解决方案以及健康数据服务，在 2020 年间的配套服务市场份额低于 3%。

正如许多其他研究表明的那样，这些数据也清楚地表明，未来汽车工业中的传统业务将会减少，而在移动出行服务、互联服务，以及与新合作伙伴协作的第三方业务会大幅增长，也可

参见文献 [Röm16，Thi15]。因此，制造商必须调整公司经营战略的方向，并在数字化转型过程中迅速实施执行。

6.1.2 企业战略的调整

正如前面详细介绍的，在那些新兴国家汽车市场中，汽车所有权仍然是主要购买动机，但在饱和的工业化国家市场，随着城市化程度的不断加深，明确表现出使用移动出行服务的趋势，特别是在年轻的客户中。为了满足移动出行的需要，在不同的共享模式中通过使用智能手机的应用程序来轻松地共享车辆，这正是优步 (Uber)、来福车 (Lyft)、DriveNow 或 Car2Go 等公司成功的基础。此外，汽车正在变成行驶中的互联网协议 (IP) 地址，并通过它们经由网络引入越来越强大的应用程序，从而应用到车辆里。这里除了简化车辆操作或监控功能以外，第三供应方的应用程序也越来越多地集成在一起，例如，对驾驶人的糖尿病数值进行连续性医疗监测。甚至到提供全面语音控制的办公功能，从而承担邮件和日历等的个人组织性工作。

汽车的数据以及驾驶行为信息对于保险公司、市场营销机构和服务提供商来说都是非常有价值并且可以出售的。在图 6.5 中总结了从所描述的市场情况所推导演绎出的商业大环境。

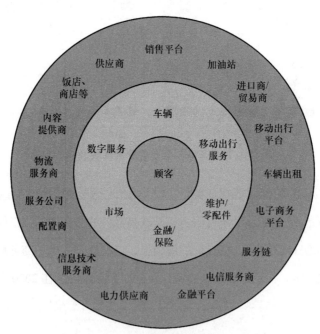

图 6.5　汽车工业生态系统（来源：作者）

其中围绕在客户中心的内环，是移动出行这一商业模式提供的产品和服务。除了包括车辆、维护服务和零配件在内的传统业务外，还包括金融、移动出行服务和具有各种内容和市场营销信息型数字化服务。

在外环中列出了各种不同的供应商，他们创建和提供上述的产品和服务。除了制造商和它的本身的供应商之外，还有其他贸易组织和机构，越来越多的在基于互联网的平台上，提供各种不同的商业贸易，例如移动出行服务、零配件和金融业务。此外，所谓内容提供商提供诸如地图、娱乐或交通控制之类作为数字服务。最终，保险公司、营销机构、燃料和电力供应商以及贸易公司和饭店餐馆都是移动生态系统的一部分。

这种有众多参与者的多元化业务环境，提供了广阔的参与可能性，当然新进入者和新业务模式将带来很多潜在风险。对此制造商必须为此做好准备，在以下问题中寻找出自己的答案，例如：

- 应该关注移动出行这个生态系统中的哪些业务领域？哪些核心领域已经建立好了？目前众所周知的领域是：

  - 汽车研发

  - 制造、商业

  - 移动出行服务

  - 车载应用程序的互联服务，直至单独的应用商店 (App Store)

  - 数据交易，例如，与营销机构和保险

  - 第三方，例如，经纪佣金、基于应用程序 (App) 的交易

  - 金融，包括补充性领域，如保险

  - 售后服务、零部件业务

- 到什么时候，哪个业务领域能带来多少营业额和利润份额？

- 如何进行相应产品销售？什么是需要销售公司才能卖给客户的？什么是直接通过互联网商店或交易平台可以做到的？

- 各业务领域的附加值是多少？是否具有数字化特色？这方面的例子包括：

  - 建立和运营包括车队在内的移动出行服务平台

  - 建立和运营互联服务和数字服务

  - 建设和运营车辆、二手车、备件的金融商业平台

- 从长远来看,公司的核心组成部分是什么?是否会排除不具备未来发展潜力的企业部门,以及应该收购哪些具有重要战略性意义的公司?
- 与合作伙伴在哪些领域合作?想建立什么形式的伙伴关系?
- 公司结构是否需要调整?新的业务领域是否必须外包给新公司?
- 改变公司文化的主要措施是什么?

实例表明,成熟的制造商需要对公司战略进行广泛调整,并在此基础上进行全面转型,以便成功开辟新的业务板块。根据市场和客户信息,在重新定位问题上,需要详细分析公司自身所具有的优势、当前所存在的劣势、对自身机会可信的评估,以及认识到即将到来的风险。众所周知的 SWOT 分析是这方面的重要决策基础。SWOT 分别代表优势(S)、弱势(W)、机会(O)和风险(T)。例如,图 6.6 为作者对当前的汽车行业的评估汇总分析。

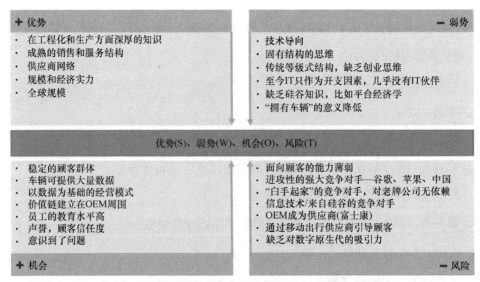

图 6.6 用 SWOT 分析汽车行业的数字化(来源:作者)

汽车行业本身优势源于多年在车辆开发和制造方面的经验、成熟的企业结构,以及与车辆相关的创新方面的经验。这也为在未来的数字业务中,确保现有客户基础和接触新客户提供了机会。但其弱点是,几十年来建立的传统商业模式,必须适应新兴的业务部门,而且当前的企业管理文化传统上是等级分明,而不是像初创企业那样。

对成功的公司来说,评估自己面对的新风险、确认目标商业模式的颠覆性趋势,以及发现未来的主要竞争对手 [Chr16],是难以做到的事情。因此,几乎所有已成熟的制造商都制定了新的战略,强调对电力驱动、自动驾驶、移动出行服务、互联服务以及内部流程数字化的重要定位(见 5.2 节)。

然而,在所宣布的战略中,对客户期望以及对未来业务模式的关注几乎是寥寥无几,并且通常没有明确的计划,即何时以及如何在哪个业务领域实现销售的哪个部分。但至少部分目标应该定量。例如,戴姆勒 - 奔驰计划将其汽车共享业务 Car2Go 从 2016 年的 1.5 亿欧元增加到 2020 年的 10 亿欧元 [Eis17]。因此在这一点上,戴姆勒领先于其他制造商的汽车共享计划,如图 6.7 所示。

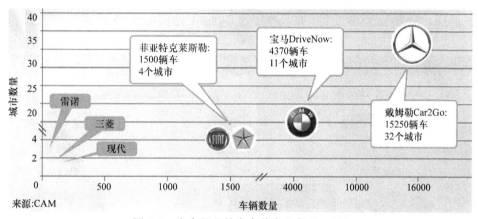

图 6.7　汽车行业的汽车共享业务 [Bra16]

2017 年,Car2Go 在全世界 32 个城市中拥有超过 1 万 5 千辆车。宝马和菲亚特也积极进行自己的项目,而雷诺、三菱和本田只是小规模地进行试点测试。大众汽车以 Greenwheels 及其购买以色列移动出行服务提供商 Gett 的份额,正在开始进行追赶。在推出 "Together-Strategy 2025" 同时,大众汽车还宣布成立一个名为 "Moia" 的新业务部门,用于提供移动出行解决方案。重点是在线解决方案、汽车共享服务和机器人出租车,即完全自主驾驶出租车。在这个新兴领域,正在努力争取到 2025 年达到 "数十亿的营业额"。到这个时间,大众汽车还希望能出售 200 万到 300 万辆电动汽车,这相当于大众集团总销售额的 25% [Mor16]。

如果从现在优步 (Uber) 的数据角度考虑,成熟制造商的举动是相对比较少的。优步公司在 2017 年活跃在全球 425 个城市,预计 2016 年的销售额将达到 40 亿美元,比上一年增加一倍 [ECO16a]。

在此背景下,成熟的制造商所面临的问题是,能否集中精力,并且足够快地行动起来,从而在与新秀对新兴业务领域的竞争中生存下来。作者认为,应该建立起更有进攻性的战略,针对所选定市场中的新业务，通过各个领域中的可衡量销售目标来关注目标客户。由于对具有电力驱动、自动驾驶和移动出行服务车辆的需求逐渐增加，在短时间内，这些新兴业务的销售额度会比制造商宣布的策略中的额度更高。

6.1.3 商业模式和精益企业

基于公司战略而制定的销售计划，一般是建立在对市场发展和战略实施的假设基础上。而在具体实施中，需要再建立与此相适合的公司结构，使之能够支持所选择的商业模式。关于商业模式的选择，制造商必须决定他们的基本经营方向。其选项如图 6.8 所示。

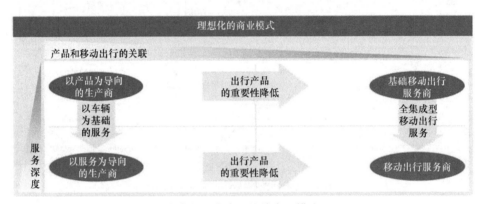

图 6.8　汽车行业未来可能的商业模式 [Win15]

这是关于是否寻求更加面向车辆，或者面向移动出行的商业模式。面向服务的制造商，通常是在平等的基础上看待这两种商业模式。相比之下，对于那些明确专注于移动出行服务的公司而言，车辆往往不太重要，因为车辆往往仅仅作为附属品，或者定位为从属的营销工具，比如 Car2Go 或 DriveNow。另外一种，共享车辆无论如何都是非自主品牌，比如 Uber 或 Lyft 的模式。

许多制造商已宣布"以服务为中心的制造商"战略。这可以理解其目标是推动既定的车辆相关业务以及新的服务业务部门。在实施这一战略时，要平衡相互之间有冲突性的目标。例如，电力驱动和传统驱动，以及移动出行服务和汽车销售都是完全相反的业务。在战略实施过程中，要尽可能减少这些因目标冲突所造成的摩擦损失，并在组织上以成立独立的业务领域来回避这些冲突。特别是对于移动出行服务和数字服务，作者建议应建立新的业务部门。

作者认为，迄今为止，还没有一家成熟的制造商宣布"以产品为中心的制造商"的战略。然而走这条路也可能是一个明智的选择。特别是考虑其长期的生产经验、成熟的供应商网络以及竞争地区的生产设施，这些都为成功实施该战略提供了合适的先决条件。

但是，还应该记住，车辆的价格压力会增加，因此降低成本将是决定性的成功因素。车辆定价下降的压力，其中一个原因是车辆生产过剩。随着向电驱动的过渡，造车比以前容易很多，导致这种过剩会继续增长。第二个原因是车辆销售从个人客户转向车队客户，即通过捆绑销量，来获得相应价格优势的移动出行服务商，而且他们得到的是品牌忠诚度较低，但成本效益较高的车辆。尽管存在这些挑战，成熟制造商应该有可能通过明确其重点成功实施这一战略。

除了这种协调商业模式和公司结构的基本决策之外，销售额的巨大变化也随之出现。除了传统的与车辆相关的销售外，还将创建互联服务和数字服务组织结构，当然前提是这些服务产品是作为战略方向的一部分。销售结构的适应性要求，已在 5.3.7 小节的 2030 愿景中进行了详细说明，如图 6.9 所示。

图中显示了与 2025 年的预测结果相比，当前汽车贸易业务模式的结构。在当前模式中，制造商（所谓原始设备制造商 OEM）在其零部件供应商的协助下制造生产汽车，向其进口商（全国销售公司，NSC）供应成品，而进口商再将车辆传送给其附属的或自由经销商，最终销售给终端客户。

从中期来看，可以预见进口商和经销商经营方式将从根本上发生变化，车辆和移动出行服务在很大程度上将通过互联网平台或市场进行，这些平台或市场可同时提供几个制造商的不同品牌。零部件供应商的整合也可通过交易平台进行。制造商还可通过数字化渠道直接向终端客户提供产品，即开发出所谓的多渠道分销方案。在这种环境下，平台运营商、自动驾驶汽车服务经营商、自由移动服务提供商、新制造商等其他公司也可借此定位自己。汽车制造商，特别是贸易商和进口商，需要重塑自我，以便能够继续在未来的增值系统中发挥重要作用。由于这种商业结构必须非常面向和针对基于互联网的平台，因此数字化在这种转型中起着重要作用。

无论其他业务领域的数字化如何，建立业务模式，设计的高效业务流程以及精益企业仍然具有重要意义。在启动数字化计划之前，迫切建议首先优化现有的组织结构和流程，而不是仅仅将现状不变，简单地进行其数字化，即使通过自动化，现有流程可以实现生产率的提高。事实上，应该采纳许多专家以及 VDI (Verein Deutsche Ingenieure，德国工程师协会) 指南中提出的精益管理方法，以便尽可能有效地协调流程。例如，VDI 2870-2 对集成生产系统的设计提供了很好的概述。以下说明其设计原则以及相关方法的示例 [VDI13]：

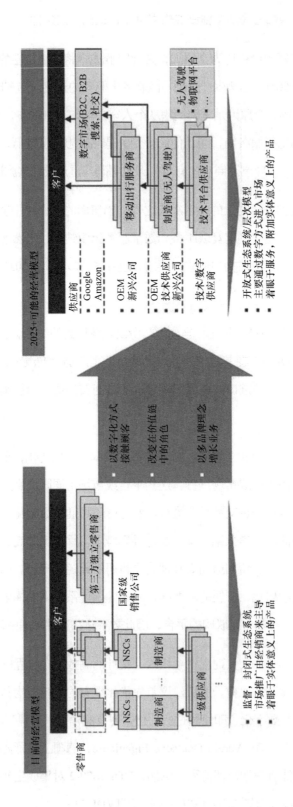

图6.9 汽车贸易业务模式的变化 [Kos16]

- 避免浪费——低成本自动化、对浪费进行评估
- 持续性改进流程——基准测试，创意管理、审计
- 标准化 5S、流程标准化
- 零故障原理——5 个为什么、六西格玛、防误防错 (Poka Yoke)、石川图 (Ishikawa)
- 流程原则——价值流规划、单件流程、先进先出
- 拉动原则、准时制 (Just in Time)、准顺序制 (Just in Sequence)、看板 (KanBan)、循环取货 (Milkrun)、超市
- 员工导向和目标导向式领导——班长 (Hancho)、目标管理
- 视觉化管理——安灯 (Andon)、车间 (Shopfloor) 管理

有关这些和更先进的工艺优化方法及其应用，请参考相关的专业文献，例如 [Dom15]。特别是在汽车行业，丰田生产系统及进一步的配套系统仍然是汽车行业的参考对比基准 [TUD16]。许多制造商已经在其公司特定的系统中，容纳入了相应的原则、流程和程序，并且已经获得了良好的实践验证。

精益管理的重点通常是在生产领域，通过更加有效的流程和方法，实现了显著的改进和完善。为了进一步优化，最佳实践结果应该扩展到整个企业，其目标是形成"精益企业"[Dom15][Wie14]。特别是在某些间接性非生产领域和组织结构之间的交界处，仍然存在许多可进行内部改进的潜力，可以使用适当的工具和方法，在整个流程和价值链中给予实现。这些项目的倡议和实施应以敏捷式的方式进行，其重点是快速取得成果。这种方法已成为企业文化的一部分，可见第 7 章的详细介绍。

6.1.4 数字化框架

如上所述，所有制造商都将高优先级的数字化主题作为一个企业行动方向，并将各自的目标纳入其战略中。为了不寻求形式主义，而且这一行动不应该是因为其热门和强制炒作所驱动的，这就有必要制定一个有条理的方法，作为公司战略的一部分使其融入企业的商业模式，该方法定义了数字化的举措，即为哪个领域的目标，必须开始采取哪些数字化举措。

为了帮助员工和客户了解企业数字化的目标、方向及其优势，也是为了在大型组织机构中众多的项目中，使用类似的方法和工具，因此建议定义清晰、有条理的数字化愿景。图 6.10 展

示了一个总目标的示例和所需的数字化能力。这是基于数字产业发展的愿景，按照数字化举措所涉及的各个领域归类，并在每个领域里定义了相应的具体措施。

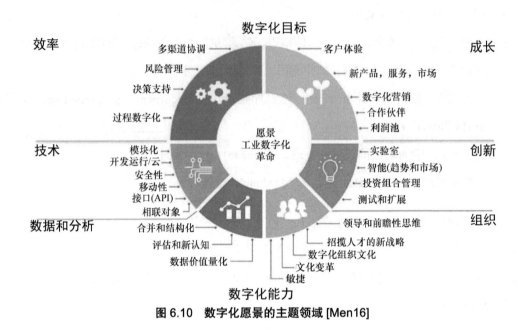

图 6.10　数字化愿景的主题领域 [Men16]

在效率方面，使用自动化工具或统筹管理所有销售渠道可降低成本或加速流程。例如，在处理采购过程中，使用监控软件来控制供应链或沟通平台可以显著地降低开支，并由此降低流程本身的成本。

此外，还需要采取措施支持公司的发展。通过数字化可以开发新产品或扩展现有产品功能，从而开辟新的销售潜力。还需要确定改善现有结构中客户体验的项目。例如，对公司和网络上的不同数据进行分析，可以更深入地了解客户行为以及他们对定制服务的愿望。除了传统的贸易结构外，还可以建立新式的在线销售渠道。

为了实施这些项目，必须提供或培养足够的数字技能。这些包括技术技能、方法和工具以及组织措施和创新管理结构。这样设计的目的是，除了为持续改进流程、方法和技术之外，还要密切监控市场，以便尽早发现可能危及整个业务模式的颠覆性趋势。创新管理作为企业文化的一部分的主题也会在 7.6 节进行介绍。

现在，数字化愿景的总目标需要转化到汽车行业的特定需求。图 6.11 描述了作者建议的框架。

第 6 章
可持续数字化路线图

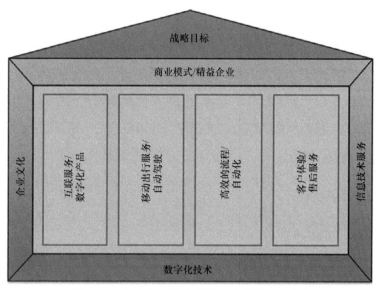

图 6.11 汽车公司数字化框架（来源：作者）

在公司已定义的战略目标基础上，需要建立带有高效业务流程的商业模式，这些流程是与精益企业的思路一致的。商业模式里包含 4 个数字化领域，每个领域有具体实施举措。在汽车行业是：

- 互联服务，其中还包括新型的数字产品，以及由此产生的销售机会
- 通过自动驾驶技术的巨大推动力，建立提供移动出行服务的新业务领域
- 业务流程的自动化和数字化
- 在销售和售后方面的客户体验

所有这 4 个数字化领域都需要对汽车行业至关重要的数字技术。因此，制造商必须建立起相应的技术能力，例如 3D 打印、增强现实技术和物联网，正如第 4 章所述。此外，大数据、云计算和机器学习信息技术必须为数字化过程提供基本服务。作为成功实施转型的另一个重要因素是，创建一种新型企业文化，不受等级制度结构的影响，激励员工参与，用"创业思维"在数字转型中做出贡献，并渴望学习新知识。

可以使用所提出的愿景框架来定位制造商的数字化工作。例如，下面是奥迪(Audi) 在互联网上发布的关于数字化的原文 [AUDI16]。

数字化正在从根本上改变客户的日常生活。他们期望生活的所有领域相互连接——汽车成为他们生活紧密相关的一部分。他们的要求是"始终在线"——甚至是在汽车中……通过

为客户提供数字服务，我们能够挖掘出新的商业模式和销售潜力——在销售中，在汽车里，尤其是超出车辆本身的移动出行服务。其共同基础是一个集中平台——一个对客户和合作伙伴，都具有吸引力的数字生态系统。人工智能促成更快且能够自学的系统。可以想象，这些系统的进一步发展，将使我们有机会创造全新的客户体验和业务流程……因此，奥迪要加强推进数字化进程。我们将持续数字化我们的流程，并为整合的、相互联接的高品质移动出行和数字服务创建一个中心平台。

到 2025 年，我们将实现：

- 整合数字化的过程

- 卓越的用户体验

- 对数字服务和移动产品做出了巨大贡献

- 扩展 myAudi 平台

我们要为所有客户创建统一的数字奥迪世界，创建对客户和合作伙伴同样具有吸引力的生态系统。并通过该平台向第三方服务商开放。

以上这些论点证明了数字化对该公司未来战略的重要性。所提到的聚焦点完全符合图 6.11 拟议的愿景框架。在上述奥迪文稿中虽然没有提到整体企业战略、企业文化作为数字化的先决条件的重要性，以及 IT 的必要转型，但实际上这些都是在互联网领域将要触及的。

在作者看来，奥迪计划到 2025 年实现的目标是相当泛泛而言的，难以衡量。这里仍需要量化的目标，例如，应该从哪个业务部门实现收入和收益贡献。但在其他地方，奥迪清楚地表达了其更具进攻性的目标 [Sch16]。到 2020 年，年营业额的一半将通过与汽车驾驶相关的信息技术、软件和服务产生。虽然在这个来源中也没有详细说明。

由于数字化改变行业的程度会是很强烈的，成熟的制造商必须创造性地、积极地进行数字化愿景规划。这是对抗行业新秀的唯一方法，因为他们从一开始就采用了高水平的数字化方法，从而以高效率和完全创新式的商业模式起步。

第 5 章介绍的数字化汽车工业 2030 年愿景可以作为参考性标杆。其中提出的预测应与制造商的内部评估进行比较,以便在此基础上制定出自身的数字化和转型目标。关于这一方法的具体介绍,也可以在一些特殊文献和研究报告中找到。图 6.12 示例性地总结了 3 家战略咨询公司给出的关于建立数字化愿景的建议。

麦肯锡 (McKinsey)	罗兰贝格 (Roland Berger)	凯捷 (Capgemini)
宏伟的抱负	先把事业做大,再想利润	了解面临的风险
获取能力	推动供应以拉动需求	达到本身的数字成熟度
确定范围和培养人才	建立公司内的信任	设计由高级团队指导的变革性数字化愿景
挑战所有的事情	与其他移动模式进行互动、集成和连接	采用自己的商业模式
迅速行动,数字驱动	研究你的客户,然后再更多地去研究他们	强大的企业治理
追踪利润点	保持简捷方便	让组织开展工作
痴迷于面向客户	建立自己的生态系统	填补技能差距
	从开始就游说权威	量化并监控进度
	像创业公司一样思考、行动和招才	
	拥有令人惊叹的外观和感觉	

图 6.12 数字化愿景的建议(根据 [Ola16],[Fre14],[Wes12])

这里不详细提及列表中的所有观点和看法,基于上述建议和作者的经验,可以总结为以下实施建议:

- 客户成为所有举措的焦点
- 明确关注未来增长领域和挖掘市场潜力
- 了解颠覆性趋势并制定适当的应对措施
- 必须从根本上仔细审查所有已建立的商业模式和流程
- 制定数字化举措的综合路线图
- 定义可以衡量的目标和项目,控制关键数据并监控进度
- 在高级管理层领导下实施全面的治理模式
- 培养创业心态的文化;营造乐观的工作氛围
- 在这种方法中"大胆思考",同时注重短、平、快
- 速度,速度,速度……

考虑到上述这些建议,有必要为拟议和选定的数字化领域制定具体的程序计划,将其纳入企业总体计划,以便利用转型项目产生协同作用,并协调公司战略意义上的各种不同目标。

6.2 数字化路线图

在上一节中图 6.11 说明了汽车行业的业务部门应在此基础上进行数字化转型。以下项目优先级和步骤可以按照一定的时间顺序安排进制造商特定的路线图中。为了制定要采取的举措，必须审查相关的数字化技术，以确定它们在企业中的应用可能性。关于这些技术的概述见第 4 章。此外，还将评估行业中的试点应用，参考成功范例的可转移性。作为这些分析的起点，在第 9 章描述了各个数字化阶段中可提供的参考信息。

作为制定预期的数字化计划准备工作，可以采用一个简单的工具，以整合所有方法和建议。这是一个矩阵图，将所选技术与各项举措进行对比，如图 6.13 所示。

每一横行代表相关的数字化技术，这些技术被分配给企业的 4 个业务领域。例如，两个简单的项目：一个是根据 App 生成的诊断数据，显示车辆所需的服务需求，另外一个是在工作流程解决方案中，自动执行的差旅批准的工作流程。

总的来说，云技术几乎在所有计划中都发挥着重要作用，因此是公司的一个战略性交叉点主题，应该给予优先推动。而在生产制造转型主题上，3D 打印对工业 4.0 方面的举措至关重要。3D 打印在售后服务中也发挥着重要作用，以便将来在维修现场直接生产简单的零备件，从而大大减少这些零件的仓库存储。在这种情况下，已经明确了不同部门的共同兴趣，因此应该考虑建立一个 3D 打印联合中心，以便集中力量并分享经验。

该方法最初用于对初始想法的全局性考核，以便识别出共同协作的潜力。在下文中，将更详细地讨论每个数字化领域的重点题目。

6.2.1 互联服务和数字产品路线图

汽车将从纯粹的交通和旅行工具转变为"行驶中的数据中心"，该中心将配备强大计算能力和网络基础设施。此外，许多车辆与不同的合作伙伴广泛且不断地联系在一起。例如，所有制造商都监控车辆状况，并且先锋的制造商进行"无线 (over the air)"软件更新。通过驾驶人的智能手机，地址、音乐或导航信息被传输到信息娱乐单元，或者向车辆提供下一个停车场信息。这些是互联服务领域的典型示例。这一解决方案领域和与移动出行相关的其他新业务领域正在蓬勃发展。客户希望车辆配备强大的功能，以便能跟现代智能手机的能力相媲美。

数字化商业领域 数字化技术	互联服务 数字化产品	移动出行服务 无人驾驶	高效流程 自动化	客户体验 销售/售后
云	P1			
大数据	×		×	
移动	×			
合作	×		×	
机器人				
3D打印				
增强现实				
可穿戴式设备				

举例：
→ P1：在智能手机上的服务需求
→ P2：在自动的流程中进行差旅行批准

图 6.13 数字化矩阵图（来源：作者）

由于这些业务部门的重要性日益增加，加上相应的业务增长和盈利潜力，所有制造商以及许多新供应商正在将自己定位于该领域，并积极开发相应的产品。对客户的激烈竞争以及客户本身对新型移动出行方式的热情已经开始。因此制造商必须占据这些领域的控制点，使他们能够在这个市场中成功发展。这样一个重要的控制点将是一个集成平台，它充当新型数字产品、车辆以及客户、制造商和其他参与者之间的技术中心。图 6.14 说明了该方法。

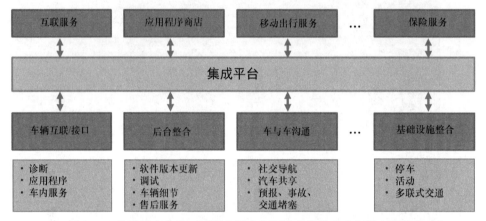

图 6.14　集成平台作为互联服务的中央解决方案元素（来源：作者）

集成平台位于该图的中心区域，可集成的领域显示在其下部，来自汽车行业新业务领域可能的解决方案和提供的服务显示在其上部。该平台由开放的、可扩展的框架，以及建立在其中的信息技术组件灵活组成，其详细信息将在本书后面讨论。它确保了车辆的连接以及与制造商的信息技术解决方案（即所谓的后端）的安全对话。例如，检测汽车的油温和磨损情况，通过诊断软件进行分析评估，部分在车辆中或在后端进行，并以行动建议的方式发送给驾驶人。

用于道路导航或娱乐节目的应用程序被加载到车辆中，或者那些应用软件从制造商的售后服务来获取车辆中各个组件的技术信息。此外，平台可以支持车辆与车辆的通信，使得自身车辆不仅将其当前的交通或道路状况信息传输到后续车辆，而且还可从后端获得辅助性的预测，或者高精度的地图信息。未来，驾驶人之间还将相互通信，以便通过"社交导航"灵活地讨论路线，或通过移动出行服务提供商安排汽车共享，一起旅行或接送额外的乘客。还可以通过平台访问有关交通系统控制、停车场占用情况或社交活动的信息。

要实现集成平台，面临的挑战是如何达到满足以下目标的设计架构：使其能够跟随数字应用和用户要求动态增长，并能实现不同提供商的各种潜在应用和信息访问。该平台的接口必须既可扩展又具灵活性，而且能够高速度处理大量数据，同时可靠地控制与车辆、后端和其他技术合作伙伴的通信。集成平台架构概念如图 6.15 所示。

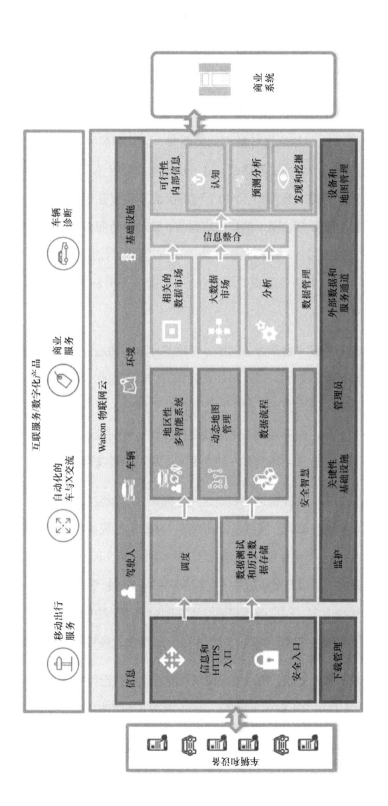

图 6.15　互联服务和数字产品集成平台的架构概念（IBM）

在深化对集成平台的基本考虑时，该图显示了架构概念中的技术组件。通过该平台，基本功能可作为单个模块实现，并可在云环境中使用。通过信息传递和网关，例如通过可配置接口，实现与车辆IT的连接（在图中的左侧）。其他模块用以支持安全服务，以及处理分析需要大量数据的服务。

通过快速实施趋势分析和预测来进行数据的预处理，以及随后的可配置响应，也基于平台服务以及与制造商和后端的业务系统的集成。进一步的基本型服务，包括访问权管理以及与设备和传感器的链接。应用程序编程接口（API）可提供给互联服务和数字产品领域的相关解决方案。此外，集成平台的服务可以用于例如应用程序、移动出行服务或保险解决方案，它们越来越频繁地配置了所谓的微服务，这些微服务是小型的、独立的信息技术服务 [May16]。在6.2.2小节中，将有对移动出行服务主题更详细的介绍。在第8章专注介绍更高级的信息技术，如微服务架构和云解决方案。

制造商应该建立强大的集成平台作为公司所有车辆的标准。通过该平台可以独家控制对嵌入的信息技术和本身汽车数据的访问，以及对公司数据的访问。因此，制造商至少可以掌控所有需要嵌入车辆或后端数据的解决方案。对于这些提供的可能性，可以决定如何在公司内部开发和营销互联服务或数字产品，或者与哪些供应商进行合作。特别是这个新型业务部门正在不断动态地发展，图6.16显示了未来将可为客户建立更多互联服务领域的情况。

该服务的主要重点是娱乐、驾驶辅助和安全以及处理紧急呼叫服务。此外，这些功能群不断发展且即将显露其巨大的增长潜力。这些是自动驾驶、移动出行服务和医疗保健提供的领域。制造商肯定会在车辆和移动出行相关服务中推出自己的解决方案，而在家庭服务（家庭集成）领域，如住宅安全和冷暖监控，以及健康服务（如糖尿病和疲劳分析等），他们更有可能与合作伙伴合作或提供独立的解决方案。制造商能够通过API向对它感兴趣的公司销售其平台，为这些公司提供各种服务、使用权限和客户数据，因此也可以在商业上参与第三方业务。

该平台的另一个要求是其开放式，可以集入像苹果或谷歌这些已拥有倍受欢迎的应用商店，以便来自此环境的解决方案也可以下载到车辆中，以获得完整的汽车和智能手机之间的同步。

移动出行服务是应该在此平台上构建的另一个重要业务领域，以便驾驶人可以向移动出行提供商传达路线和获得乘车共享。保险公司、金融服务提供商、餐馆、酒店和经销商也是该平台的用户。

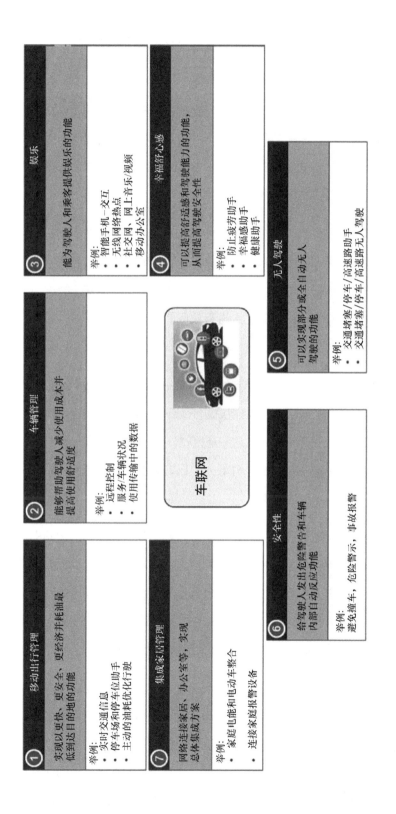

图 6.16 互联服务的功能群 [Bra14]

为了成功创建一个开放式集成平台，将它作为制造商特定的生态系统基础，必须考虑更多的方面：用户从公司外部访问的安全管理问题，用于商业用途的 API 管理系统以及有吸引力的开发环境。以下将简要讨论这些要点。

登录访问公司的信息技术解决方案，这可由所谓的身份和登录管理（IAM）系统控制。该系统验证公司员工的真实性，并根据其职能角色，分配其对特定应用程序的访问权限。这些系统已经是成熟的，是所谓的单点登录（SSO）解决方案的基础，其中单个密码输入应用程序可以在整个公司中使用，而无须再次登录。

如果外部用户或其他公司的员工希望通过 API 访问集成平台的服务，则此访问也必须是安全的，但通常在理想情况下无须重新检查密码，这避免了诸如复制身份或新密码提示之类的工作。目前的解决方案基于组织之间的信任关系，通过链接每个组织的安全解决方案，然后，在存在认证的系统之间安全地交换确认，就足以进行访问。用户的身份在核心系统中，而不是在复制的系统中。

这种跨公司的身份验证方法称为联合单点登录(Federated Single Sign On)[May16]。API 在网络层面进行处理，因此实施安全通信，网络或防火墙设计实施由公司内部防火墙给予保护。为此，所谓的 API 网关已被证明是有效的。这些是接收外部 API 访问的上游计算机。他们检查所请求的 API 对话并通过内部防火墙 [May16] 导入。已有解决安全问题的成熟解决方案，因此在这一点上不应成为实施集成平台的障碍。

市场上提供的各种版本 API 管理系统可用于处理这些交易，建议将选定的标准系统集成入平台的整体架构中。该系统不仅处理 API 和应用程序之间的对话，还提供数据流量中的版本管理、系统监视和负载平衡功能，例如，以避免大数据量时，造成应用程序的过载。其他重要的方面包括，要确保为用户和开发人员提供一致的详细文档，以及分析和控制功能。它还为商业模型的使用量化和结算创建了基础，并根据 API 使用情况进行定价。

集成平台和整个业务部门的成功性，将在很大程度上取决于是否有可能说服尽可能多的客户购买互联服务。为了获得广泛的客户接受度，除了明智和强大的应用程序之外，现有智能手机环境和车辆信息娱乐单元的完全集成是客户的要求。目前，问题在于移动电话和汽车电子是两个分别独立的系统，只能将有限的功能进行结合。这样产生的结果是，即在高档车辆驾驶期间，除了集成在车辆上的导航系统以外，同时还使用具有强大的社交导航方案的智能型手机。

该解决方案其实是完全复制移动环境，包括所有应用程序、数据、图像和地址，除此还需要语音和手势控制以及有强大显示功能的屏幕，作为补充，这种集成将具有高度的接受程度，因此第一家能提供这一功能的制造商，将肯定可以为自己赢得额外客户。同时，这种方法有助于应用程序的分发和付款流程，因为客户可以使用已经习惯了的应用商店。

此外，对于外部开发人员而言，集成意味着简化和鼓励开发车辆本身的应用程序。吸引开发人员的另一个先决条件是公布集成平台的体系结构，并在具有良好文档注释系统，有效地支持以及全面协助平台服务，为其吸引人的开发环境中提供强大的 API，甚至可以使用车辆数据，特别是在制造商不为自己保留这个领域的情况下。通过公司外部开发人员的这种"众包"，很快就可以在市场上建立有吸引力的产品，从而进一步提高平台的认可度。为数字游民创造良好的收入机会也至关重要（参见 3.6 节）。其基础是制造商的车辆，且具有许多接受互联服务的客户。

如上文详细描述的那样，实现互联服务和数字产品的最重要因素，是公司范围的集成平台要得到实施。来自不断增长的移动出行生态系统的互联服务和其他数字产品可以安装在此平台上。通过该平台，制造商通过 API 拥有一个重要的控制工具，可以在塑造这些服务的市场中发挥积极作用，而不会被新的供应商所取代。因此，关于实施互联服务和数字产品的路线图中，重要问题和决定可总结为：

- 以公司战略为基础的战略业务领域决策：
  - 应该提供哪些互联服务？
  - 是内部还是合作伙伴解决方案？
  - 哪些进一步的数字产品成为焦点？
  - 销售数据，服务佣金，究竟是哪些？
- 为这些业务部门的商业用途开发商业模式：
  - 如何销售互联服务？
  - 内部商店解决方案或基于合作伙伴关系，使用已建立的商店？
  - 是平台或 API 授权收费？还是免费提供使用？
  - 价格模型或免费用于差异化和保留客户？
  - 更多数字产品的价格模型？

- 开发基于中央、公司范围的互联服务和数字产品集成平台，要解决方案架构：

    - 使用基础技术——开放式堆栈 (Openstack) / 开源代码 (Opensource)

    - 智能手机和车辆完全集成的功能

    - 基于微服务或使用标准组件的自编程

    - 云战略——Cloud Foundry

- 实现集成平台

    - 实施策略——内部——建立合作伙伴关系？

    - 运营战略

- 实施互联服务敏捷流程——根据客户要求确定优先级

- 建立合作伙伴关系

    - 技术与开发

    - 互联服务和数字产品的商店或销售渠道？

    - 生态系统中的第三方提供商，例如停车场运营商、城市、收费服务提供商、保险公司、多式联运合作伙伴、网络运营商……

目前具有令人感兴趣的服务是基于集成平台开发开放式生态系统，典型的实例是福特和标致雪铁龙集团的解决方案 [PSA16]，[Nor16]。这两家公司都在为其数字服务实施开放平台。通过与云技术和开发工具供应商的合作，实现了高速和可持续性。其体系结构和 API 的结构已经发布，并且建立了第一个开发者社区，开辟了社交媒体沟通论坛，以交换新消息和经验。因此，开发人员的动力可以提高速度、创新和扩大服务范围。福特和标致雪铁龙集团的解决方案，以及其他制造商追求的目标，都是将平台扩展到如同移动出行服务供应商的角色。在第 9 章将深入介绍这些实际例子。

除了用于驾驶人辅助、车辆监控和娱乐的互联服务之外，汽车制造商还参与了其他数字型服务产品。概述如图 6.17 所示。

这类产品种类繁多，从汽车共享和自行车共享选项到寻找充电站、停车场和驾驶人服务。这些服务目前主要在高端车辆部门提供。德国制造商宝马、戴姆勒和大众汽车领人，福特汽车和通用汽车公司紧随其后。有趣的是，特斯拉汽车公司，通常被称为创新领导者，目前只提供充电站领域的服务——可能只是暴风雨前的平静，直到这家制造商，如自己宣布将参与自动驾驶，可能还涉及移动出行服务？中国供应商仍然空缺。但是，在与电动汽车主题相关的解决方案上也正在进行密集的工作。还应该指出的是，所提供的全部服务都与车辆和出行移动的主题密切相关。

图 6.17 成熟制造商提供的数字服务概述（摘自 [Bra16]）

为了扩展业务及其接受度，制造商必须能够在第三方基于智能手机的解决方案出现之前，就在其创新服务中，充分使用与车辆相关数据中的附加值。制造商典型的特定服务包括比如车辆诊断和服务监控、驾驶行为信息和驾驶特定生态足迹、跟踪二氧化碳排放，而第三方提供与城市基础设施和停车场的互动，或与亚马逊合作的购买方案。制造商可以通过提供车辆的运动数据作为对支付这类服务的回报。

6.2.2 移动出行服务和自动驾驶路线图

如图 6.17 所示，一些制造商通常与合作伙伴共同合作提供移动出行服务。客户可以选择不同的汽车共享模式。这些服务通常在固定的指定站点运行，但也有为车辆提供灵活的接管点。还有大众对大众选项，即车主本人提供的服务和拼车优惠。具有相应车队规模的戴姆勒和宝马产品在市场上受到关注，如图 6.7 所示。而其他制造商的移动出行服务，几乎还不会超出试点阶段。

公众态度和移动出行服务业务，是由少数独立品牌的初创企业主导的，如优步、来福车、**Zipcar** 和 **BlaBlaCar** 以及中国的滴滴出行。这些公司的经营模式仅在注册程序或付款流程等细节上有所不同。它们的共同点是客户非常容易接受这些服务。首先从一个常用的应用商店下载该供应商的应用程序，并点击进行安装，然后再使用此应用程序预订计划的行程。在此还有不同选项可供选择，而且价位和服务的透明度很高，例如何时以及哪种车辆可用于行程。付款也在线进行，价格基于服务水平和车辆的状况。在高峰时段，与其他客户共享使用比自己专用乘车经济便宜。此外，在下雨期间，移动出行变得比交通量少或天气好的情况时更昂贵些。简单易用、易于维护和价格优惠是这些初创企业成功的原因。成熟的制造商很难再与这些"网络上出生的公司"进行竞争，这些公司都是把客户放在他们产品服务的核心地位。

正如在 5.3.2 小节中已经提到的那样，对移动出行服务——而不是车辆所有权——的认可程度和由此而产生的该产品的市场成长将在未来继续强劲增长。总之，主要原因是城市化不断发展、基础设施拥挤、作为客户的数字原生代的价值观的变化，以及越来越方便的共享产品。自动驾驶汽车对此带来了额外的增长刺激，可以用作机器人出租车，让移动出行服务可以更灵活、更经济。

一项研究预测，2016 年所有行程中 30％ 的份额将在 2030 年使用自动驾驶出租车承担，只有 45% 使用私人车辆；目前它仍然是 70%[Ber16]。因此，移动出行服务的强劲市场增长迫在眉睫，这将直接影响车辆的销售，因为汽车共享的使用频率明显高于私人交通工具。由于车辆销售减少导致的收入损失，其补偿正是移动出行市场的增长。许多竞争对手也发现了这些机会，例如不依赖品牌的独立服务提供商也已经定位，这除了谷歌和苹果以外，还有中国的和来自其他行业的新商家。

因此，在这个具有吸引力的市场中，制造商必须制定其有前途性的战略，以确保其市场份额。图 6.18 简单地对比了制造商可为客户（B2C，企业对消费者）提供的移动出行可能性。

移动出行服务	商业特点	行程特点	购买标准
即刻出行	量型商业	短距离，市内	价格
无缝移动出行	整合	长距离，多联式	简单，安全
品牌型移动出行	专用	短/中距离	形象
公司移动出行	可信	公差出行(中距离)	灵活，价格

图 6.18　B2C 移动出行服务的产品类型（来源：作者）

来自"即刻出行 (Just Mobility)"细分市场的移动出行服务将占据该业务的最大份额，其中客户只对尽可能灵活地驾车开往目的地的路线感兴趣。在这种情况下，汽车品牌是次要的，主要的标准是价格。所有批量生产商的车辆都在这一部分中使用，并且可由机器人出租车很好地运行。"无缝移动出行 (Seamless Mobility)"服务类别，则吸引了希望以不同交通方式进行长距离出行的客户。在这种情况下，交通方式类型可发生变化，例如，从汽车到渡轮，从那里再到自行车，这些由移动出行服务提供商在后台完全组织，并提供给客户，以便能按"一键购物"进行选择。奢侈品和独家跑车领域的制造商，则对"品牌型移动出行 (Branded Mobility)"感兴趣，因为对他们来说，该品牌提供移动出行服务这件事本身是很重要的。这个高端细分市场，还可以提供诸如安排高尔夫活动或饭店服务。在这里，移动性成为该品牌的特定的体验，因此将感兴趣的客户带入该品牌。该服务的另一个特殊领域是"公司移动出行 (Company Mobility)"，这当中包括公司从待遇角度提供给员工的移动出行服务，而不是配置个人公车。

考虑到目标市场和客户群体，制造商必须在此决定他们的发展方向，并定义组织形式和相关业务模型。从作者的角度来看，移动出行服务应该由一个新的独立组织来经营实施，以便至少减少成功提供移动服务，而以牺牲车辆销售额为代价所引发的冲突。戴姆勒就是使用这种方式，成立了独立的子公司 Moovel。如图 6.19 所示，在这里各种服务和合作伙伴关系梳理在旗下。

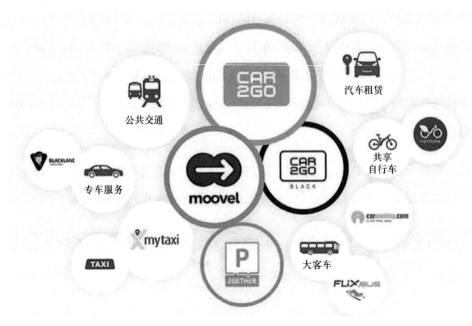

图 6.19 Moovel 移动出行服务概述 [Mat16]

除了 Car2Go 品牌下的汽车共享服务外，还提供公共汽车、自行车服务，以及与公共交通公司、出租车和专车服务的合作伙伴关系。凭借这些多样化的选择可能性和合作伙伴关系，戴姆勒可以通过应用程序提供更灵活的服务项目，从而在移动出行市场取得成功。另外"Mercedes me"门户网站提供互联网上集合式互联服务、金融服务和提供各种销售可能性。

开发和实施移动出行服务，需要使用移动出行平台。如图 6.20 所示，这些服务均位于图 6.14 所示的集成平台上方，并使用提供的基本服务，例如用于车辆连接和后端集成。

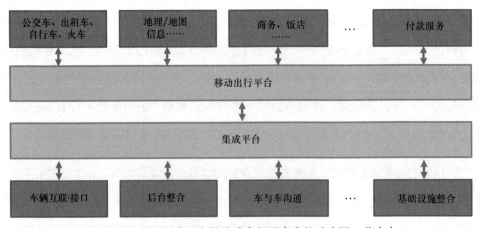

图 6.20 基于集成平台的移动出行平台定位（来源：作者）

第 6 章
可持续数字化路线图

与集成平台类似，移动出行平台集成了处理服务所需要全部功能。第三方提供的其他服务，例如多式联运服务、替代交通工具、地图以及天气数据，也可通过 API 和接口适配器进行集成。此外，旅程期间的餐厅预订，或者购买可以通过连接的支付解决方案，进行交易并立即支付。通过使用移动出行平台，这些服务可以使用智能手机上的应用程序来获得。图 6.21 展示了一个例子。

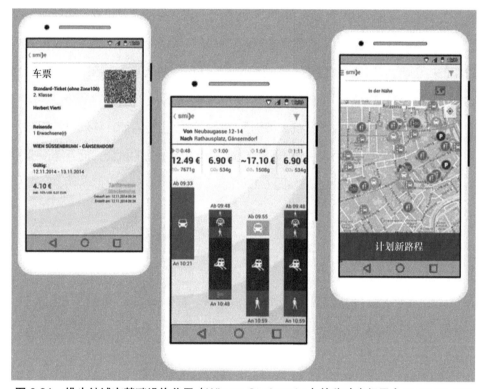

图 6.21　维也纳城市基础设施公司（Wiener Stadtwerke）的移动出行平台 Smile[Kot15]

这是移动出行平台"Smile"的用户界面示例，它表明了操作的简易性和功能性。通过该平台，用户可以通过使用多种运输工具，安排多式联运，从而了解价格信息、行程持续时间，以及二氧化碳排放平衡。所需的门票可在线购买，而且行驶路线在城市地图中实现了可视化。

在此，对移动出行平台架构的技术细节不进行深入分析。与集成平台类似，开放式标准、高度模块化、可扩展性、可调节性，以及 API 和微服务设计，这些是服务盈利能力和可持续性方面的重要实施标准。有关架构和技术组件的详细信息，请参阅开放移动出行平台联盟的研究项目 [Bro16]。

Smile 平台自 2016 年起在维也纳开始投入运营,在客户接受程度、通过使用便利自行车和公共交通,从而减少私人交通方面所获得的初步经验很可观。同样,其他城市也开展了类似的移动出行平台项目,这包括新加坡、伦敦、哥本哈根和赫尔辛基 [ECO16b]。除了不依靠品牌的独立服务商业之外,特别是城市交通问题是这种综合移动出行服务的主要驱动因素,以防止交通瘫痪,尽管进一步城市化,但也迫切需要改善和解决二氧化碳排放和细尘污染问题。

汽车制造商在车辆移动数据或移动出行产品方面,正在扮演着"开放式移动出行平台的供应商"这样一个被动的角色。为了在移动出行的"商品"领域被接受,或许甚至可以实现具有综合报价权的主创者角色,建立合作伙伴关系或收购是可能的选择,市场上许多相应的案例都证明了这一点。在特殊移动出行平台领域,例如"品牌型移动出行"或"公司移动出行"的上层部分,仍然可以找到市场并获得商机。特别是在公司移动出行方面,移动出行服务作为个人车辆使用的替代方案,可以为公司提供一个降低成本且有吸引力的机会,而且至少要做一些事情来支持"绿色形象"。该想法的基础如图 6.22 所示。

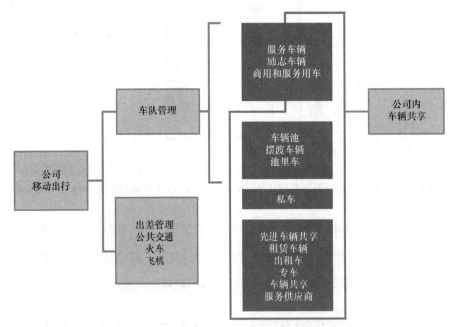

图 6.22 "公司移动出行"作为公车的替代品 [Ren16]

图 6.22 总结概括了移动出行平台所包含的区域,以便整合各种服务,诸如这些基于车队车辆、私家车和公共交通服务、出租车服务、公司汽车共享式的企业员工移动出行方式。该方法与公共平台相同。但是如果一家公司更倾向于其车队中的某些制造商,那么该公司或制造商可

以成立联盟，建立相应的平台以确保车辆销售，尽管其数量有限。因此制造商应考虑在该服务领域给自己定位。

移动出行服务领域能提供的另一个商机是通过平台，优化控制车辆——类似于空中飞机交通管制。"数字移动出行阴影"可以作为这种做法的基础，类似于生产控制。为此所有车辆的所处的位置，如果可能的话，包括计划达到的目的地，都出现在高精度地图中，并且把它们集成到某个地理区域，加入其整体交通状况虚拟模型中。考虑到来自客户的目的地和查询，可以从中预测出交通状态的动态变化，并且可以通过引导路线措施，来优化车辆流量以避免交通拥堵。通过自动驾驶车辆，避免拥堵，还可以降低车辆碰撞风险，并提高车辆的整体利用率。通过这种优化控制，可以实现对于个体驾驶人以及整个交通状况众多的优化特性。这种未来的模式，可以由占据有高市场份额的制造商开发，因为他们可以访问制造商特定的车辆数据，建立有效的统计模型。

总之，移动出行服务的重要性将显著增加，通过使用机器人出租车，自动驾驶汽车将实现额外的增长。移动出行服务可通过平台使客户能够借助智能手机应用程序，方便地预订多方式联运移动等出行服务。市场基本上由非固定品牌的公司主导。驱动移动平台建设的其他因素是城市和公共交通公司。

为了能够成功地给自己在这个广义的移动出行生态系统中定位，并可能弥补已经失去的经营领域，建立战略合作伙伴关系和收购可能获益的公司，对于制造商来说也非常重要。进一步的机会在于，制造商提供一些专用的特殊移动出行服务，例如以"公司移动出行"或"品牌移动出行"的形式。上文建议的优化控制车辆的前瞻性项目，也能为批量生产的制造商提供市场定位的机会。它可以通过避免拥堵、提高车辆利用率、减少自动驾驶车辆的碰撞次数，提供相当大的优势。

6.2.3 流程和自动化路线图

业务流程的数字化，以至达到完全自动化，其目标是提高其经营效率。这不仅涉及个别业务领域，还将涉及公司的所有运营部门。随着业务流程的改进，通过使用新的信息技术（如大数据、分析，尤其是认知计算和机器学习）可实现进一步的优化。为了创建正确的数字化计划，有必要在初始阶段确定并优先考虑那些需要改进的领域，从而提高效率，以及挖掘出巨大的潜力。

为此，面向流程的方法措施已证明是有效的，有关信息可以从综合研究和专业文献中获得，其中也提供了汽车行业业务流程的参考模型，例如 [Wed15]。这些模型通常在标准化语言基础上进行描述，使用特殊软件生成文档。这些模型还为各个流程提供了性能的基准，例如 [APQC14]。此外，还有软件供应商的参考模型，它们还允许基于软件解决方案，对流程和数据结构进行各自的定义。由于许多公司都使用 SAP 解决方案，他们的商业模型，即所谓的价值图，在汽车行业中也是众所周知的。图 6.23 显示了该模型的上层。

价值图显示了公司的业务能力，并为其分配了必要的业务流程领域。例如人力资源部门的能力范围涵盖薪酬、人才发展、工作时间记录和员工规划等主要业务领域。其他能力领域，包括例如生产和物流、市场营销、销售和售后以及采购，每个领域都有相关的业务领域。在价值图的帮助下，可简单地对公司经营结构和流程领域，进行总结性分析。

也使用类似的方法，IBM 的业务组件模型（CBM）描述了相关的业务部门职能，如图 6.24 所示。

每一列显示了相关部门的业务能力。部门在这里是独立流程区域，包括员工、IT 解决方案和成本。部门分为三个区域：最上面的三分之一是直接的战略和计划组件（直接的），在中间的三分之一是控制流程区域（控制），在最下面的三分之一是操作步骤（执行）。基于 CBM 的方法，还可以用作分析公司流程结构弱点的基础，目的是找出可提高效率的数字化项目，并为此设置路线图。为了达到这个目的，采用图 6.25 所示的程序，被证明是很有效的。

该图简要描述了这些工作阶段所需的步骤和支持方法。在第一步中，记录和评估要调查的业务部门的业务流程。公司通常已经存有大量相关的文档。

在进行第一次粗略评估时，建议根据 SAP 价值块或 CBM 方法中总结出的业务范围流程。对于已确认的流程领域，所需的各类资源要记录下来，比如人员、信息技术（IT）系统，特别是要注意衔接处和系统中断点。参考相应的成熟度和改进潜力，对公司不同品牌或者市场上类似品牌进行业务评估，或者最好采用一些可以相互比较的数据。对人员需求相对较高的、不同的 IT 系统及系统间存在系统间断的，以及成本高的区域必须给予高度重视。这些在 CBM 表示中，以红色标记，具有中等潜力标记为黄色，在该评估标准中，已经领先的流程区域标为绿色。这样就产生了一个所谓的热度图，它可以一目了然地显示公司现状或需要关注的业务领域。

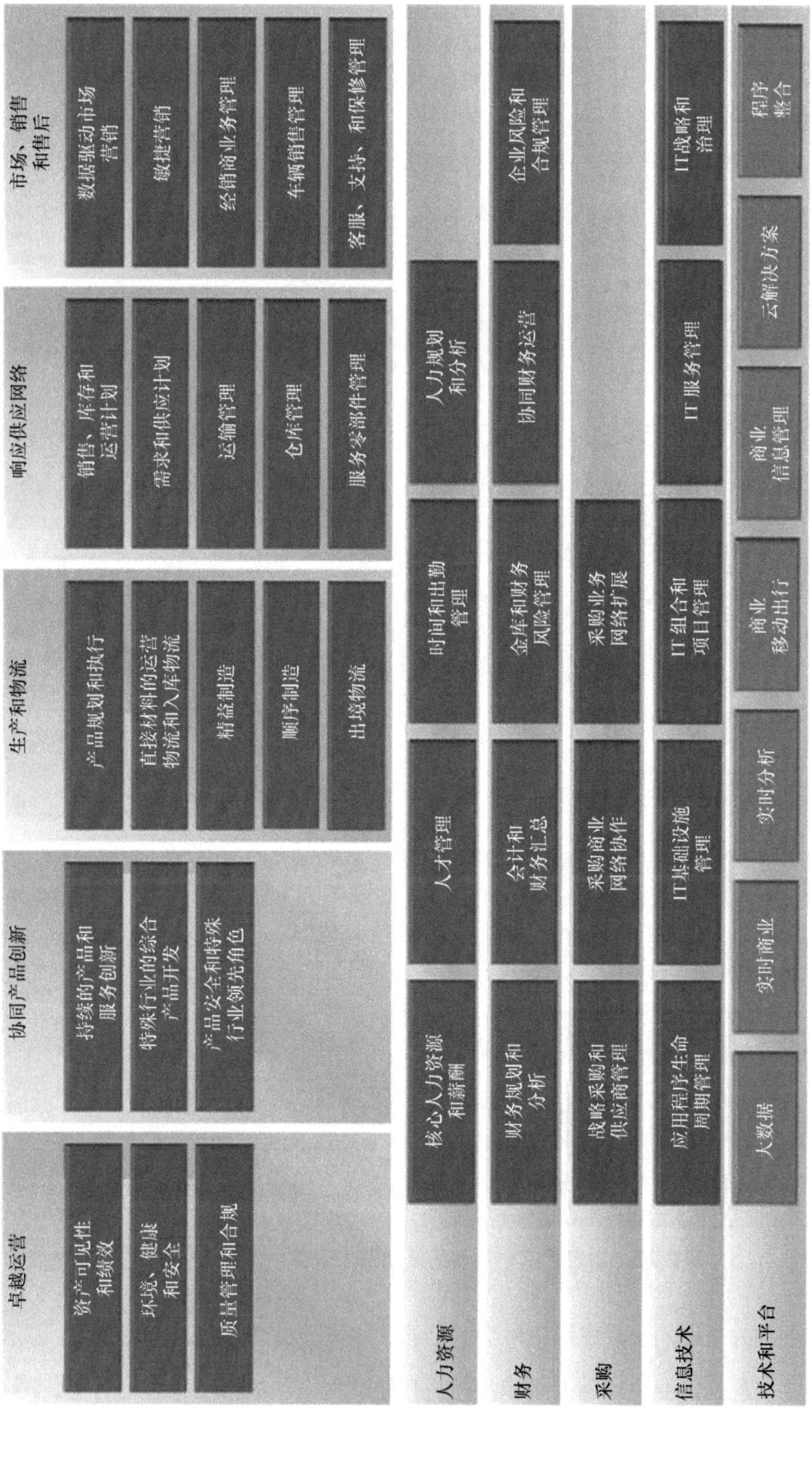

第 6 章
可持续数字化路线图

卓越运营
- 资产可见性和绩效
- 环保、健康和安全
- 质量管理和合规

协同产品创新
- 持续的产品和服务创新
- 特殊行业的综合产品开发
- 产品安全和特殊行业领先角色

生产和物流
- 产品规划和执行
- 直接材料的运物流和入库物流
- 精益制造
- 顺序制造
- 出境物流

响应供应网络
- 销售、库存和运营计划
- 需求和供应计划
- 运输管理
- 仓库管理
- 服务零部件管理

市场、销售和售后
- 数据驱动市场营销
- 敏捷营销
- 经销商业务管理
- 车辆销售管理
- 客服、支持、和保修管理

人力资源
- 核心人力资源和薪酬
- 人才管理
- 时间和出勤管理
- 人力规划和分析

财务
- 财务规划和分析
- 会计和财务汇总
- 金库和财务风险管理
- 协同财务运营
- 企业风险和合规管理

采购
- 战略采购和供应商管理
- 采购商业网络协作
- 采购业务网络扩展

信息技术
- 应用程序生命周期管理
- IT基础设施管理
- IT组合和项目管理
- IT服务管理
- IT战略和治理

技术和平台
- 大数据
- 实时商业
- 实时分析
- 商业移动出行
- 商业信息管理
- 云解决方案
- 程序整合

图 6.23 汽车行业的 SAP 价值图 [SAP14]

157

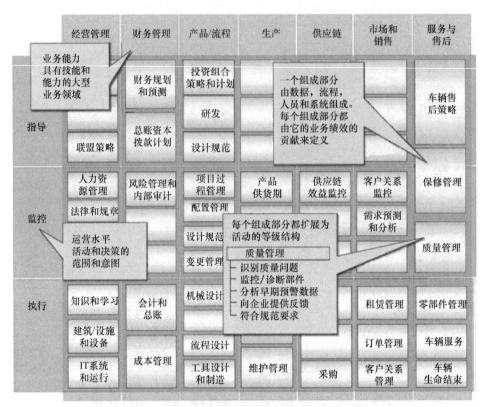

图 6.24　IBM 的业务组件模型（CBM）[Kop10]

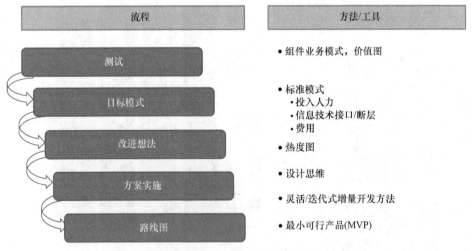

图 6.25　制定数字化项目的路线图（来源：作者）

然后，热度图成为所谓的设计思维研讨会的话题，将需要关注领域、相关领域，以及 IT 部门代表共同汇集在一起，以便快速全面地提出改进措施，提出新的想法和设计方案。图 6.26 显示这一种经过试验和验证的方法，用于开发一个实施数字化项目的路线图。

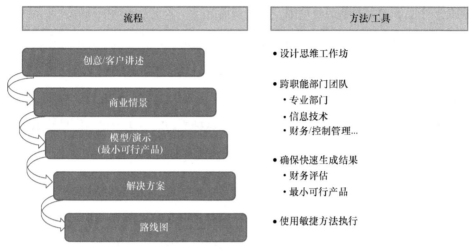

图 6.26 数字化路线图的开发步骤（来源：作者）

对于根据热度图中具有很大改进潜力的领域，跨职能部门团队要在研讨会中开发解决方案，并以用户故事形式记录这些解决方案。对每个商业案例都要评估其经济效益。在 8 周内对"容易上手，见成果"的项目进行付诸实施，相应的改造成本可以很快通过具体节约下来的给予平衡。

对于选定的项目，使用现代 IT 工具在短时间内开发出第一个解决方案。目标是提供未来 IT 解决方案的基本原型，或所谓的最小可行产品（MVP），例如作为智能手机上的应用程序，以便在早期用以评估用户和项目的需求，并且初步满足预定的目标。在这些 MVP 的基础上，在进一步的敏捷研讨会上，商定了一个新的执行计划，然后在所谓的迭代式增量开发方法（Scrum）过程中给予实施。迭代式增量开发方法是一种敏捷式开发方法，在 7.2.2 小节中将有详细解释。共同定义里程碑也是整个规划的路线图中的重要组成部分。

这种在以数字化为导向的企业文化里，创新项目中使用的现代方法在这里仅仅简要概述，并将在第 7 章中深入说明。在下文中，将对流程进行介绍，其中数字化措施通常可以显著提高经营效率，并同时提高服务质量。除了财务外，重点是人力资源和采购管理，以及以工业 4.0 为重点的制造业。

财务，人事，采购

在传统制造商的管理中，业务流程通常仍然需要大量的人工和文书工作。所使用的标准软件解决方案（通常来自 SAP、Oracle 或 Peoplesoft 的解决方案）可安装在固定办公室工作场所的台式计算机上。平板电脑甚至智能手机上的移动设备充其量是补充的。

在拥有多个品牌的大型制造公司中，在很多情况下，名义上使用相同的软件系统，但经常对它们进行大幅修改，从而适应特定品牌需要或国家地区。这就导致了，例如在其财务系统使用不同的账户系统，人员系统要在不同的职业结构中得到使用，采购系统使用不同供应商的数据。此外，除标准软件解决方案之外，特殊流程部门还使用自行开发的遗留系统，因此通常需要通过复杂的接口系统，才能够连接到标准包。在这种所谓的多构异化的信息技术环境中，特定业务领域的总体分析通常只能通过大量手动劳动才能实现。

这种情况导致了采用"Excel 疯狂"作为紧急解决方案，即手动将数据传输到评估电子表格中，然后通常也只能由专家进行处理。在这种随时间发展的环境中，应该实施有针对性的数字化项目。需要投入行动的领域有，例如，系统中断、全面的人工干预、业务领域之间缺乏整合，应在所述方法的帮助下确定（见图 6.25）并记录在热度图中。

为了进行改善，首先应该选择"容易上手，见成果"的解决方案。不同项目的经验表明，在每个领域中都有一些可以快速且易于实现的改进点。本文以匿名形式，给出作者从实践中挑选出的一些典型例子。

- 记录仓库的温度和湿度，并在每日报告中进行准备；作为建立这一过程的原因的敏感吸湿材料，很长时间没有在那里储存了。

  - 立即取消整个过程

- 实施基于 SAP 的采购解决方案；遗留系统即使在 2 年后仍然可以并行使用。

  -2 个月内关闭遗留系统

- 在不同的应用中，采用功能相同的流程步骤，例如，在物流、全散件组装 (CKD) 和备件中的进货这一步骤。

  - 整合，至少作为共享服务的子区域

- 在多个系统中使用供应商的主要数据；手工分析商业交易。

  - 使用开放的、现代分析工具进行分析

- 在目录系统的基础上，超过 30% 的订购流程需要人工干预，这与原始目标相反；并且该组中使用了多个目录系统。

  - 使用已建立的产品目录；如果有偏差需要经过采购经理的合理批准，并承担额外的内部成本。

这些例子可能以相同或相似的方式在任何公司中发生。这些问题往往得不到解决，因为员工日常业务负担过重而变成"常规盲"，而且这些改进只能跨越部门才可实施，或者只能通过IT集成实施。此外，通常缺乏动力来解决这些问题，无论是通过奖金还是职业规划方面。为了改善这种状况，必须创建一种文化，激励每个员工指出并解决这些问题。详细见第7章。

此外，尽管存在安全问题，但应该更容易地将现代化软件工具（通常在私人计算机或智能手机上使用）引入公司。一个例子是聊天工具，如WhatsApp或文件共享系统，如Dropbox。事实证明，这些解决方案可以改善部门协作，并减少交流沟通的成本。尽管从市场上，公司可以获得类似的解决方案，但制造商尚未使用这些实用且容易接受的解决方案，或者制造商与合作伙伴之间的合作尚未使用。快速和务实应用当代IT工具，这当然是另一个"容易上手，见成果"的项目，它除了改进流程以外，还会对员工产生激励性作用。

第一阶段实施的措施已经产生了改进和节省效果。为了取得进一步和持续性进展，综合整体解决方案对行政领域特别有用。为此在第5章中关于愿景2030（参见5.3.10小节，图5.21）提出了一种平台方法。基本方法是内部业务平台，现有的软件解决方案可以连接到该平台，并以应用程序的形式构建新的功能。这将经过验证的IT解决方案涉及的"旧世界"，与移动系统上运行的应用程序，所谓的"新世界"结合在一起。图6.27将第5章中提出的概念进行了细化。

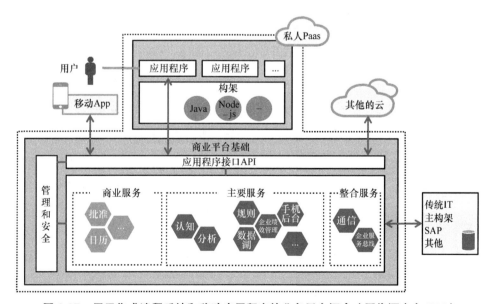

图 6.27　用于集成遗留系统和移动应用程序的业务平台概念（图像源来自IBM）

商业基础（Business Foundation）平台提供可联合使用的服务，例如主数据管理（MDM）和数据湖，分析和认知计算。此外，这类服务可确保已建立的信息技术解决方案的集成，而且可提供重复出现的业务服务，例如区块链或应用程序版本。这一般是借助灵活的移动设备或门户网站，通过标准化的API使用服务。整个解决方案基于云结构。应用程序和其他功能使用"平台即服务概念"（PaaS）中的微服务，进行服务功能配置。而这整个理念都是基于开放式架构和相应的标准，并设想尽可能使用免费的开源软件。

企业内部业务平台的基本概念如此之多，有关进一步的技术细节，例如在混合云环境中运行或使用基于微服务的体系结构，请详细参阅第8章。下面的讨论是关于哪些业务领域，可以有资格采用这种方法，这种方法提供了哪些好处，以及如何进行设置。

原则上，在使用不同数据源和IT解决方案的领域，重复出现并需要标准化流程的情况下，此方法非常有用。因此，采购、财务和人事是第一批特别适合这种方法的领域。例如，在采购中，使用简单的移动应用程序访问数据和应用程序，以便在整个公司内分析供应商的采购量或捆绑采购流程。为此，采购人员使用新的"支出应用程序"，具有简单的对话、搜索和分析功能。此应用程序通过API，访问品牌的连接购买系统。数据在MDM或数据湖功能中自动合并和标准化。这种总体分析和捆绑可以在没有大量人工评估的情况下协商购买价格。另一个优势是全公司范围内使用App，因此重复性开发和本地特殊解决方案就过时了。快速引入现代IT解决方案，以及与遗留系统环境的分离，并进行更新，是该方法的另一积极方面。

平台的概念设计和实施所面临的挑战并非在技术层面上。对此已存在许多经过验证的方法，积累了实际经验和功能强大的信息技术工具。而主要的挑战是必要的企业文化变革，应该在整个公司内部，建立和使用这一平台以挖掘企业经营潜力。例如，如果目标是共同型财务平台，那么必须逐步将所有涉及品牌，以及制造商不同市场中的财务应用程序，全部进行调整并对接到平台。为了能够在整个公司中以应用程序（App）的形式，利用新的信息技术功能，需要对工作流程进行标准化。这种集中化和协调化的可接受性，意味着发生的巨大改变，要求员工对传统型业务自我理解，这里特别是指那些过于偏重个体化、"过程循环"式的个体解决方案。

为了成功实现平台建设并实现必要的更改，建议在开始时，建立一个公司范围内的共享服务中心。为此，业务经营部门的工作流程可以以其当前形式，与现有信息技术（IT）系统结合在一起，以便从上述共享中心获得提供的服务。在经过稳定阶段之后，信息技术的测试调整和连接可以在后台逐步实施，然后再安装上其他辅助功能。最后客户可以使用移动应用程序与信息中心合作。这些流程可以在认知解决方案的基础上，逐步增加其自动化程度。因此，通过共享服务中心作为中介，在各个行政区域中实现自动化流程执行。

除了这种顺序式方法，另一种方案是在过渡阶段就已经将应用程序转换成目标系统。这条道路当然需要增加变革管理活动，以便员工以积极的方式支持这种双重变革。

产品开发

长期以来，在产品开发过程中，IT 解决方案用于产品数据管理、设计、计算、模拟和虚拟测试，使用信息技术是日常很常见的。但是，这一领域也仍具有通过数字化项目提高其效率的巨大潜力。较为典型的科目可以是：

- 例如，通过引导式搜索和专利研究，分析计算，如增加部件重复使用率
- 知识管理，网上学习
- 在认知解决方案的基础上协助进行手工工作，例如，通过比较分析和与"经验数据库"的比较，以及使用可选材料来确定产品设计改进的潜力
- 使用增强现实，而不是原型机，进行驱动性能测试和可行性测试
- 图像搜索纠错过程中的损坏分析
- 整体连贯纠错过程；集成信息流，从来自试验现场到开发和生产中，再到售后零件供应
- 在制造商和外部合作伙伴中使用协作工具
- 通过开放式反馈平台吸收客户建议，转化为产品创意，实现众包
- 社交媒体分析和公司范围内的客户相关数据分析，以便及早发现问题和客户需求

所有上述列出的方法都具有可挖掘的潜力，通过提供附加信息，基于共同信息技术的相邻业务经营领域，工程技术人员提出有针对性的支持建议，以改进和完善开发过程。图 6.28 总结了哪些数字化技术，将在哪些开发领域的目标中，可具有更大的改进潜力。

它表明，除了"自我思考"认知解决方案之外，特别是大数据和分析工具的使用，能够支持、完善、改进开发。此外，为客户打开基于互联网的反馈平台，为直接捕捉客户对产品的看法和建议提供了机会。广泛使用协作工具可以简化和加速员工之间的协作，缩短生产时间并减少工作量，可以达到更多的改进目的。

	技术/方法						
●具有潜力	大数据/分析	认知方案	知识管理	合作工具	众包	增强现实	社交关系
目标 提高流通速度	●	●	●	●			
减少工作量	●	●	●	●			
提高质量	●	●	●				
加强革新力度					●	●	
提高客户导向性					●		●
提高透明度				●			
减少零配件		●		●			
加速错误改正	●	●					

图 6.28　利用数字化技术促进发展（资料来源：作者）

除了改进工艺和工作流程的措施之外，从作者的角度来看，制造商的开发部门也应该负责在车辆概念设计过程中，实施两个基本的结构调整，其必要性在此简要重复强调。一方面，这是围绕嵌入式 IT，另一方面是围绕互联服务。

当前嵌入式 IT 的特征，可以说是长期建立在异构结构上，具有不同网络拓扑、多个电子控制器的分散式架构。该系统容易出错，难以控制安全可靠性，仅在有限程度上可以扩展，并且也是高代价的。这意味着需要采取行动，特别是考虑到互联服务、自动驾驶、移动出行服务和数字产品的新业务领域，这些都需要围绕车辆数据进行强大的数据交换这一事实。

除了接口和 IT 技术的进一步标准化之外，架构向集中式方法发展，可能有望根本转变，或者显著改进并保证未来的可行性，见 5.4.5 小节和 [All16]。集中式方法考虑了车辆越来越多地由 IT 驱动的趋势。从长远来看，中央处理器正在成为车辆主要部件，"轮子的剩余机械"被分组。这种体系结构的转换很复杂，并且存在相当大的挑战，作者认为，它实际上是必不可少的。它提供了一个机会，特别是在开发新的电动车辆时，从一开始就依赖于所描述的中央架构，而不是长期的演变方法。

用新方法，将针对即将推出的电动汽车，解决第二个紧迫问题。目前正在为驾驶人开发两个"数字世界"。一方面，它是通过信息娱乐系统提供的互联服务，另一方面是个人智能手机环境。这两个区域都通过解决方案，不断渗透到彼此各自的传统区域。

除了众所周知的辅助系统之外，未来还将在车辆中提供购买和预订选项。通过移动电话，强大的导航解决方案不仅在所有私人和商业事务中已经成为不变的伴侣，并且将来可以用于服务和诊断应用程序。

为了避免重复性工作并简化使用，必须为客户方便起见，将这两个世界结合在一起。同步解决方案可用于此目的，但仅在限制功能的情况下。在作者看来，客户更期望无缝集成（参见5.4.2 小节）。当用户进入车辆时，熟悉的智能手机环境应该在信息娱乐单元显示器上，完全简单舒适地使用。使用方式应该是语音和手势控制，但是驾驶只能在功能受限的情况下提供。车辆相关的应用程序也可以通过已建立的应用程序商店进行安装（参见6.2.1 小节）。最终车辆相关的辅助系统仍然留在车辆中。

用这种方法，另外两点也被很务实地解决了。新的应用程序从一开始就提供了备受青睐的个性化服务，这在以前的机载方法中，首先需要通过特殊的软件解决方案来建立。此外，App方法允许通过智能手机进行短周期更新，而与大多数需要较长更新周期的车辆相关应用程序完全分开处理。这个建议的完整集成，肯定会增加对互联服务的接受程度，并提高客户满意度。

制造和工业 4.0

除了管理和研发外，制造是另一个企业流程领域，数字化可以对此带来重大的改进。在这方面，德国制造商的生产过程正受益于工业 4.0 这个平台的活动、成果和建议，这是由联邦经济和能源部（BMWi）赞助的一项倡议。在这当中设立了许多相关的委员会和工作小组，不断追求将数字化和制造系统结合，作为其总体目标，从而为开拓市场和技术领先奠定基础，成功地参与国际竞争 [BMWI16]。针对各自利益集团的具体行动、关系网络，以及协作建议都脱颖而出。目前其他国家也在效仿，寻求采取类似的举措，比如美国、日本和中国，使本国的制造业得到类似的支持（参见第 4.3 节）。德国倡议并制定了一系列具体方案，描述未来的生产发展。

图 6.29 以通俗形式说明了这些与生产相关的未来情景，工业 4.0 正是在这个基础上为下一步开展工作。所有涉及的领域对汽车制造商都很有意义，应具体转化为项目并实施。

作为一个出发点，在进行流过程评估之后，必须根据 6.2.3 小节中介绍的方法，制作与生产相关的热度图。根据作者的经验，较为可能的举措通常为以下主题：

订单驱动的生产 基于自动化生产市场，跨越公司的生产方案可以高效地满足客户特定的要求
适应性工厂 生产能力和产能将以完全自动化方式，借助模块式生产设施，进行调整和优化，并考虑到客户的要求
自行组织，适应性的物流 基于全面的自动化物流解决方案，提高整个工业供应链中工业系统的灵活性，缩短反应时间
基于价值的服务 虚拟平台整合机器和生产数据，并为基于需求的维护和个性化服务提供基础
分布式产品的透明度和适应性 即使在出厂后，也可以在整个生命周期内跟踪产品，并可根据这些产品的使用条件进行更新和调整
生产中工作人员的支持 数字助理系统支持生产中的工作人员，并改变内容以及要执行的工作的组织
智能产品开发用于智能生产 在以客户特定解决方案实施过程中，有针对性和全局观地使用生产和产品数据

图 6.29 企业未来的生产场景 [And16]

- 直接在生产线上使用 3D 打印，而不是供应分散的零件，例如，车辆内饰
- 使用最终装配的机器人解决方案，减轻员工的原始性体力工作
- 全局性规划工厂占用度，以及基于此的细节规划
- 以需求为导向的零部件存储
- 监控供应链中的供货和质量状况
- 生产设备的预防性维护，以避免停机
- 及早发现质量问题
- 实时监控供应线路并启动预防措施，以避免供应短缺
- 新员工的线上学习解决方案
- 使用不同数据源的情况下，进行排班计划
- 控制站中的辅助系统，用于在发生故障时进行纠正

- 首次通过情况的预先确定，即确定哪些车辆正在通过生产过程，而且没有任何问题，或预期哪些部分可能会出现问题，并且通过预防措施避免失败
- 持续的质量监控和早期维修或者筛检出车辆，以避免在继续的情况下增加相应的成本
- 无纸化制造，零部件信息卡的数字化
- 调试支持，指导零件拆卸和装配

在生产数字化背景下，其他一些典型项目示例，比如可参考宝马公司的报告，总结性列入图 6.30 中。

主题	应用领域/例子
基于上下文的敏感辅助系统	通过智能手表进行员工指导，例如，提醒下一步工作流程
机器人系统	减轻员工重体力工作的负担，轻型机器人与员工携手合作
模拟与工厂数字化	在壳体结构测量过程中，使用3D扫描仪和高分辨率相机
规划和控制系统	在生产或者物流过程中，记录零件质量
智能物流	实时捕获供应商的状态，保证零件供应
高级分析	监视螺杆装置，预防性维护，以避免停机

图 6.30　宝马生产中的数字化项目 [SchR15]

这里的一个重点是支持解决方案，例如在车间操作顺序出现偏差的情况下，通过智能手表给操作员工发出警报信息，或者重体力或易疲劳工作，采用轻型机器人，使人从繁重的体力劳动中解放出来。另外这种分析技术还可用于尽早监控零部件的质量，控制供应链中的交付情况。为了避免生产过程停机，在趋势分析和预测的基础上，提前启动预防性维护措施，比如，实时地在拧紧螺栓时进行扭矩监控。这些示例都适用于工业 4.0 平台的应用场景，并给予了详细说明。在这些方方面面都是通过基于价值的服务，以及创新型物流解决方案给予支持。

这些项目中所实施的各项措施，将被综合考虑，以进一步发展和扩充平台。例如，工业 4.0 应用场景中，设想了一个所谓的生产市场，可搭接入特定客户的生产系统，即一个技术平台，提供给加工机器、生产数据平台以及物流转运中心。为了支持企业业务流程中所预期的横向和纵向集成，以及建立计划中的数据平台，需要在车间级别完全集成 IT 系统。这里的问题是工厂内部的信息技术设备，通常非常多样化，它还包含大量网络类型、协议、传感器、适配器和发送器。为了确保这些不同技术的集成，一种方法是实现所谓的车间集成层，工厂服务总线 [Die16]。图 6.31 显示了大众汽车公司的解决方案。

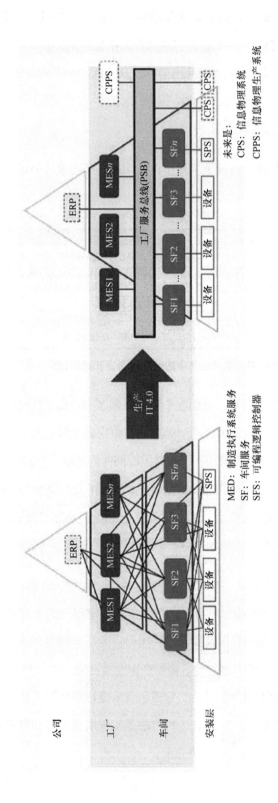

图6.31 用于连接工业4.0解决方案(大众汽车)工厂IT的工厂服务总线

在图的左侧，展示了目前车间内 IT 技术的多样化世界，通常要求直接连接到特定设备，例如，记录装配中螺栓扭矩，或者为机器人控制提供新程序。在现有信息技术结构中，需要付出高成本和采用特殊的解决方案才能实现，例如，记录所有组装机的操作信号，在生产区域添入设备以评估过程趋势。总体监测系统的实施也很复杂。此外，任何一个工厂设备组成部分的更换，都需要对 IT 解决方案进行繁琐的调整。

实施车间集成层可以解决这个问题，除了信息技术核心功能之外，它还提供了快速适应的可能性，以便连接其他车间的 IT。此外，该层还提供各种应用程序接口（API），作为可用于数字化项目的创新 IT 解决方案。这种集成层方案解除了技术和应用程序之间的刚性联系。通过这种方式可以轻松地更换、扩展和调整所有相关组件。工业 4.0 所需的纵向和横向集成也是可行的 [Die16]。例如，加工机器之间的订单数据，可以伴随操作进度，同时进行从开发区域到机器的水平通信，以确保快速纠正错误。

类似于移动平台架构（参见图 6.20），在车间集成层，可以使用面向物联网（IoT）的微服务建立一个应用平台，面向与生产相关的解决方案，例如，用于预防性维护，或者近实时性的产品质量监控。因此，除了最初数字化项目以及快速应用之外，这里重要的是车间集成层和物联网平台的战略方向、可持续性以及概念和实施。从长远来看，这种架构也将成为所谓数字阴影的基础（见 5.4.9 小节）。在带有提供有实时数据的虚拟生产图像中，可以执行未来预测和替代方案的模拟，以便在操作部署之前，在测试阶段就可能发现提高效率的地方。

6.2.4 客户体验、销售和售后服务路线图

与生产制造类似，汽车行业的销售和售后部门也应该纳入这一广泛的转型过程（见 5.4.7 小节）。通过经销商销售的车辆数量将要缩减，而基于互联网的销售平台将快速增长。因此，预计经销商数量将大幅度减少，至少其业务经营结构将发生一定的变化。今后新兴的所谓多渠道模式、业务流程、工具和合作模式将与经销商达成一致。此外还需要创建新型的制造商销售渠道，例如互联服务、移动出行服务和各种与车辆数据相关的应用。在零备件领域，除经销商外，新的销售渠道也将会出现，如商店系统和平台。通过使用新型数字技术，市场营销也将发生深刻变化。

根据作者的经验，销售过程中的主要数字化举措，将包括以下主题：

- 销售

- 使用社交媒体，利用记载的客户历史和信息，对将购置的车辆进行合理配置；并在与客户交互过程中，使用这个配置工具

- 增强现实技术，利用虚拟空间或经销商或私人区域，在高分辨率屏幕上呈现所需车辆的配置，在可自由选择的周围环境中，进行虚拟驾驶

- 通过在线销售平台销售车辆，开发多渠道销售方案

- 跨越品牌式，从初始接触到车辆购买，持续性客户管理

- 社交客户关系管理（CRM），支持所有销售流程，同时兼顾考虑来源于公司和各种公共渠道的不同数据

- 数字化推销员工作站，建立具有基于需求支持功能的辅助系统

- 支持数字产品的定义、数据交易、通过互联服务进行贸易、商业经纪，以及利用制造商平台提供的 API

- 定义移动出行服务和数字化产品的销售结构，以及建立相应的在线销售平台

- 建立销售伙伴关系，共享已建立的市场

- 市场

  - 特定客户的直接营销

  - 新型数字产品的市场化，符合汽车业务战略

  - 跨越品牌的全面性客户认知，这包括社交媒体分析和对客户完整的了解（360°视角）

  - 客户忠诚程度分析，早期发现其改变迁移趋势

  - 集成潜在客户管理、营销、销售计划

  - 特定交易中的客户满意度分析

  - 通过特定客户的需求对营销和销售活动跟踪，以进一步发展其对产品的兴趣直至销售

  - 在考虑到特定客户的本地化同时，将来自零售商、加油站等合作伙伴公司的优惠信息显示在车载信息娱乐系统上

  - 跨媒体和渠道的品牌管理

- 服务

  - 持续性车辆诊断，对特定客户提供主动服务

  - 基于认知技术的服务前台系统，车辆维护工作的智能辅助系统

  - 移动设备作为 App 应用程序使用窗口，面向客户的数字化车损评估

  - 通过无线方式进行软件更新

- 协调保修管理，将车辆使用趋势反馈入纠错过程中

- 在线车辆档案，集成服务和记录零部件更换历史

- 用于车间容量规划和备件配置的智能解决方案

- 零配件
  - 当地市场上备用零配件的 3D 打印
  - 特定配件需求导向存储
  - 在线零配件交易
  - 作为复制保护的零件跟踪和源保护的区块链方法
  - 从制造商直接向服务提供零件
  - 基于大数据和分析技术的主动需求计划，充分使用来自销售预测、社交媒体、天气数据和历史检索的信息

- 管理和控制
  - 使用 360° 客户视角，滚动式销售计划
  - 持续以案例为导向的销售和营销成本后计算
  - 具有深度挖掘功能的在线报告
  - 对制造商品牌之间类似区域基准化
  - 通过自动化提高流程执行效率

这些项目主题的举例概述表明，销售正在经历与数字化紧密相关的巨大变革。在根据计划的优先级次序，定义数字化路线图之前，必须针对现有销售结构，考虑其各自目标的利益冲突，做出综合方向性的解决方案决策。例如，在这里必须考虑以下情况，同时作者给每个情况都介绍了一个可能的解决方法：

- 移动出行服务的成功是以汽车销售量减少为代价的
  - 将移动出行服务转移到一个独立的公司组织，经销商参与分销渠道和移动出行计划的实施

- 直接在线销售车辆和零部件将减少经销业务
  - 给车辆（"集中中心"）的中央营销中心定义一个和谐的分配计划，整合经销商的售后服务和新产品的分销

- 大多数进口商和经销商不属于制造商，而是基本独立的公司。经销商"拥有"客户信

息。经销商所拥有的信息技术基础设施经常过时,并且与制造商没有充分整合。因此利润率低,创新和数字化的投资可能性很少。

- 为经销商提供基于云的开放式交易平台,在经销商和制造商之间共享客户数据以获得补偿

- 移动出行服务、互联服务和数字产品的分销渠道
  - 专注于移动出行公司的销售,使用合作伙伴关系和已建立的平台,例如,通过应用商店销售互联服务

在对这些问题做出基本决定的基础上,必须在数字化路线图上,优先考虑高优先级的数字化项目。除此以外,通过使用现代化信息技术解决方案,采用在 6.2.3 小节中描述的方法,不断提高销售流程的效率。

图 6.32 显示了汽车行业,从时间的角度考虑,可以推荐采用的数字化措施 [Wei16]。横轴时间反映了所需技术的稳定性和可用性,以及实施的准备情况,而纵轴表示每个解决方案的实现复杂性。多元化销售渠道在这里被视为具有高优先级的主题,其次是其他销售渠道,例如,售后和服务业务的转型,以及虚拟经销商。从中期来看,除了自动驾驶、预防性维护和定位相关服务等相邻领域的举措外,3D 打印的潜力也将被认为属于优先考虑。基于网络物理系统的智能工厂,在这里被赋予了高度的复杂性,并且被认为仅在中期才能实施。在车辆数据集成的帮助下,还将提供与用户相关的保险方案。

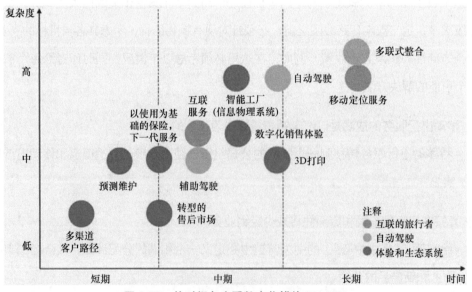

图 6.32 从时间角度看数字化措施 [Wei16]

数字化措施方案将会影响制造商、进口商和经销商在这三个层面的已定型的销售结构。对三者来讲其项目效益的预测值，可能是完全不同的。图6.33定性地给予一个预测。

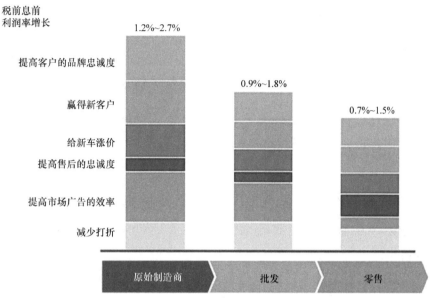

图6.33 销售中数字化措施的效益评估 [Lan13]

上面的例子明确显示了数字化措施所产生的不同影响，通过建立三级销售结构，将影响从OEM到进口商，再到下面零售商的每个人，并促进销售和提高收益（百分点值）。通过更加有效的销售和市场营销活动，可使更多的新客户（即所谓的潜在客户）产生兴趣，进行购买，并可通过提供主动式客户支持，增加客户对制造商的忠诚度。可以更有针对性地使用客户定制营销，以尽可能减少无用努力，获得更有激励性的购买效果，因此只需要很小的折扣。总体而言，预计每个销售阶段的销售额平均增长约9.5%，同时要改善盈利状况，在制造商处，它可高达2.7%，在销售阶段平均约为1.3%。这些效果都可直接来源于车辆业务中现有流程和结构效率的提高。所示估计数字中不包括新服务、结构调整和新产品。

6.3 路线图总结概述和关键效益指标

为制定制造商数字化路线图，作为整体方法的一个重要组成部分，在图6.11中提出了框架概念，该框架涉及四个主题和其相应的行动建议。还通过使用数字化解决方案为跨领域主题"提高过程效率"制定了具体方法，这些都在行政、开发和生产领域得到加强，重点是工业4.0。总结概述如图6.34所示。

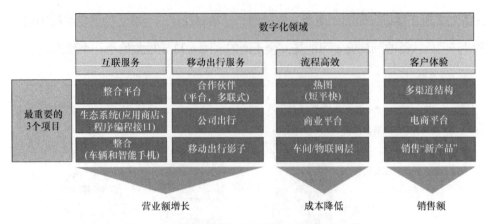

图 6.34　最重要的数字化项目（来源：作者）

竖列为四个数字化领域，对应实施数字化战略中三个最重要的项目。这些都是从本章的详细说明中得出的，因此不需要深入详述。相反，重点是一目了然地指出项目及其目标。每个制造商都应该制定类似的项目规划，作为公司数字化战略指导原则，并作为互相沟通的出发点。为项目目标和各项举措的进展，确定具体的衡量标准是非常重要的。每个制造商的目标可能是不同的，需要和其他企业项目达成一致，并要从考察得出的需要出发。衡量的标准和方法可以从文献 [LeH16]、[Col14] 中获得。 数字化过程中的衡量标准为：

- 战略方向
  - 既定车辆业务、移动出行服务、互联服务和数字产品的目标销售额、盈利贡献和市场份额，至少拥有的主要市场
  - 每个销售渠道的销售额——传统上，也包括基于多渠道结构中的新平台

- 数字化路线图
  - 积极参与新产品开发的员工人数
  - 数字化项目的投资
  - 以数字化为重点的战略合作伙伴数量
  - 在公司外部开发的应用程序数量（众包）
  - 制造商在社交媒体中的接受程度（活跃用户、关注者）

- 数字化项目
  - 员工和 Scrum 团队的数量
  - 应用场景和故事点的数量

-MVP 所用时间

-API，微服务

制定定量目标及其相应沟通是这种文化的一部分，这种文化可以以敏捷、开放的方式促进数字化战略制定，加速数字化路线图的实施。企业文化是实施数字化的关键成功因素，有关这个话题将在第 7 章进行详细介绍。

参考文献

[All16]　　Allmann, C., Broy, M., Conrad, M., et al.: Embedded Systeme in der Automobilindustrie. Roadmap 2015–2030. Gesellschaft für Informatik, SafeTRANS, VDA. http://www.safetrans-de.org/documents/Automotive_Roadmap_ES.pdf (2015). Zugegriffen: 04. Nov. 2016

[And16]　　Anderl, R., Bauer, K., Diegner, B., et al.: Plattform Industrie 4.0: Aspekte der Forschungsroadmap in den Anwendungsszenarien. Bundesministerium für Wirtschaft und Energie (BMWi) (Hrsg.) Ergebnispapier, Berlin. https://www.plattform-i40.de/I40/Redaktion/DE/Downloads/Publikation/anwendungsszenarien-auf-forschungsroadmap.pdf?__blob=publicationFile&v=14 (2016). Zugegriffen: 04. Nov. 2016

[APQC14]　APQC: APQC process classification framework automotive. Standardgeschäftsmodell. https://www.apqc.org/knowledge-base/documents/apqc-process-classification-framework-pcf-automotive-members-bpmn-version-6 (2014). Zugegriffen: 28. Okt. 2016

[AUDI16]　AUDI: Audi Unternehmensstrategie. http://www.audi.com/corporate/de/unternehmen/unternehmensstrategie.html#fullwidthpar__ah (2015). Zugegriffen: 11. Okt. 2016

[Ber16]　　Bernhart, W., Winterhoff, M., Hasenberg, J., et al.: A CEO agenda for the (r)evolution of the automotive ecosystem. Roland Berger GmbH. https://www.rolandberger.com/publications/publication_pdf/roland_berger_tab_automotive_intransition_20160404.pdf (2016). Zugegriffen: 23. Okt. 2016

[BMWI16]　BMWi: Die Digitalisierung der Industrie – Plattform, Industrie 4.0; Fortschrittsbericht, Hrsg. Bundesministerium für Wirtschaft und Energie (BMWi), Berlin https://www.bmwi.de/BMWi/Redaktion/PDF/Publikationen/digitalisierung-der-ndustrie,property=pdf,bereich=bmwi2012,sprache=de,rwb=true.pdf (2016). Zugegriffen: 04. Nov. 2016

[Bra14]　　Bratzel, S., Kuhnert, F., Viereckl, R., et al.: Connected car studie 2014 strategy&, PwC, CAM. Kurzversion. https://www.pwc.de/de/automobilindustrie/assets/automobilbranche-das-vernetzte-fahrzeug-ist-das-grosse-thema-der-zukunft.pdf (2014). Zugegriffen: 03. Okt. 2016

[Bra16]　　Bratzel, S.: Connected car innovation studie 2016. Center of Automotive Management CAM. http://cci.car-it.com/download/CCI_Studie_2016_Web.pdf (2016). Zugegriffen: 06. Okt. 2016

[Bro16]　　Broy, M., Busch, F., Kemper, A., et al.: Digital mobility platforms and ecosystems, State of the Art Report, Juli 2016, Projektkonsortium Technische Universität München, Living Lab Connected Mobility. https://mediatum.ub.tum.de/doc/1324021/1324021.pdf (2016). Zugegriffen: 26. Okt. 2016

[Col14]　　Colas, M., Buvat, J., KVJ, S., et al.: Measure for measure: The difficult art of quantifying return on digital investments. Capgemini consulting. https://www.capgemini-consulting.com/resource-file-access/resource/pdf/measuring-digital-investments_0.pdf (2014). Zugegriffen: 08. Nov. 2016

[Chr16]　　Christensen, C., Dillon, K., Hall, T., et al.: Competing Against Luck: The story of innovation and customer choice. HarperBusiness, New York (2016)

[Dom15]　　Dombrowski, U., Mielke, T. (Hrsg.): Ganzheitliche Produktionssysteme – Aktueller Stand und zukünftige Entwicklung. Springer-Verlag Berlin (2015)

[Die16]　　Dietel, M., Franken, R.: IBM-Perspektiven auf und Erfahrungen mit Industrie 4.0. VDMA Seminar,. https://zentrum-digitalisierung.bayern/wp-content/uploads/IBM_I40_VDMA_15. Nov. 2106-ext.pdf 15. Nov. 2016. Zugegriffen: 06. März 2017

[ECO16a]　　Economist: Uber – From zero to seventy (billion). The Economist,. http://www.economist.com/news/briefing/21706249-accelerated-life-and-times-worlds-most-valuable-startup-zero-seventy 03. Sept. 2016. Zugegriffen: 06. Okt. 2016

[ECO16b]　　Economist: It starts with a single app. Economist,. http://www.economist.com/news/international/21707952-combining-old-and-new-ways-getting-around-will-transform-transportand-cities-too-it 01. Okt. 2016. Zugegriffen: 26. Okt. 2016

[Eis17]　　Eisert, R.: Zetsche bestätigt Milliarden-Umsatzziel von Car2Go. Wirtschaftswoche. http://www.wiwo.de/unternehmen/auto/daimler-zetsche-bestaetigt-milliarden-umsatzziel-von-car2go/13908452.html 21. Juli 2016. Zugegriffen: 06. Okt. 2016

[Fre14]　　Freese, C., Schönberg, T.: Shared Mobility – How new businesses are rewriting the rules od the private transportation game. Roland Berger Studie https://www.rolandberger.com/publications/publication_pdf/roland_berger_tab_shared_mobility_1.pdf (2014). Zugegriffen: 13. Okt. 2016

[Kop10]　　Koppinger, P., Ban, Linda, Stanley, B.: Component business modelling. IBM Institute for Business Value. http://www-05.ibm.com/services/bcs/at/industrial/download_ind/a_ge510-3633-00f.pdf (2010). Zugegriffen: 26. Okt. 2016

[Kos16]　　Koster, A.: Das vernetzte Auto im Zentrum der digitalen Disruption, Vortrag Automobil Elektronik Kongress, Ludwigsburg 14./15. Juni 2016

[Kot15]　　Kotrba, D.: Eine App, um alle Verkehrsmittel zu benutzen, futurezone,. https://futurezone.at/digital-life/eine-app-um-alle-verkehrsmittel-zu-benutzen/138.423.413 27. Juli 2015. Zugegriffen: 26. Okt. 2016

[Lan13]　　Landgraf, A., Stolle, W., Wünsch, A., et al.: The new digital hook in automotive. White Paper A.T. Kearney. https://www.atkearney.de/documents/856314/3032354/BIP+The+New+Digital+Hook+in+Automotive.pdf/457380e6-78c8-4f09-8612-4a5e33788fb7 (2013). Zugegriffen: 08. Nov. 2016

[LeH16]　　LeHong, H.: Digital Business KPIs: Defining and Measuring Success Gartner Research Report, 03. März 2016. Zugegriffen: 08. Nov. 2016

[Mat16]　　Matthes, F.: Städtische Mobilität in der digitalisierten Welt. Karlsruher Entwicklertag,. http://fg-arc.gi.de/fileadmin/Architekturen_2016/Matthes-TUMLLCM_Hildesheim.pdf 15. Juni 2016. Zugegriffen: 26. Okt. 2016

[May16]　　Mayer, M., Mertens, M., Resch, O., et al.: From SOA2WOA, Leitfaden der Bitkom e.V. https://www.bitkom.org/Publikationen/2016/Leitfaden/From-OA2WOA/160128-FromSOA2WOA-Leitfaden.pdf 21. Okt. 2016. Zugegriffen: 21. Okt. 2016

[Men16]　　Mennesson, T., Knoess, C., Herbolzheimer, C., et al.: Traditionelle Unternehmen in der digitalen Welt – Nachzügler haben das Nachsehen. Studie Oliver Wyman. http://www.oliverwyman.de/content/dam/oliver-wyman/europe/germany/de/insights/publications/2016/apr/2016_Oliver_Wyman_Traditionelle_Unternehmen_web.pdf (2016). Zugegriffen: 11. Okt. 2016

[Mor16]　　Mortsiefer, H.: Strategie 2015: Volkswagen baut radikal um, Der Tagesspiegel. http://www.tagesspiegel.de/wirtschaft/strategie-2015-volkswagen-baut-radikal-um/13745924.html 16. Juni 2016. Zugegriffen: 06. Okt. 2016

[Nor16]　　Norton, S.: How Ford is building the connected car. Wall Street Journal. http://www.wsj.com/articles/how-ford-is-building-the-connected-car-1456110337 21. Febr. 2016. Zugegriffen: 23. Okt. 2016

[Ola16]	Olanrewaju, T., Smaje, K., Willmott, P.: The seven traits of effective digital enterprises. McKinsey & Company Artikel. http://www.mckinsey.com/business-functions/ganization/our-insights/the-seven-traits-of-effective-digital-enterprises (2014). Zugegriffen: 13. Okt. 2016
[PSA16]	PSA: Connected Car; Multi-device connectivity: Develop the tech-nological ecosystem for the car oft the future. https://www.groupe-psa.com/en/newsroom/tagged/connected-car (2016). Zugegriffen: 23. Okt. 2016
[Ren16]	Renner, T., von Tippelskirch, M. (Hrsg.): Shared E-Fleet – Fahrzeugflotten wirtschaftlich betreiben und gemeinsam nutzen, Shared-E-Fleet-Konsortium, Forschungsvorhaben BMWi; Abschlussbericht 2016, Fraunhofer-Institut für Arbeitswirtschaft und Organisation IAO. http://shared-e-fleet.de/index.php/de/downloads. Zugegriffen: 26. Okt. 2016
[Röm16]	Römer, M., Gaenzle, S., Weiss, C.: How automakers can survive the self-driving era. ATKearney Studie. https://www.atkearney.com/documents/10192/8591837/How+Automakers+Can+Survive+the+Self-Driving+Era+%282%29.pdf/1674f48b-9da0-45e8-a970-0dfbd744cc2f (2016). Zugegriffen: 03. Okt. 2016
[SAP14]	SAP: SAP roadmap for automotive. http://www.uniorg.de/images/downloads/leistungen/sap_loesungen/aio/uniorg_sap_aio_automobilzulieferer_en.pdf (2014). Zugegriffen: 26. Okt. 2016
[Sch16]	Schneider, M.: Audi: Digitalgeschäfte sollen 2020 die Hälfte des Umsatzes ausmachen, BILANZ,. http://www.presseportal.de/pm/114920/3243234 04. Febr. 2016. Zugegriffen: 11. Okt. 2016
[SchR15]	Schmöl, R.: 6 Beispiele für Digitalisierung in der BMW-Produktion., CIO von IDG. IDB Business Media GmbH. http://www.cio.de/a/6-beispiele-fuer-digitalsierung-in-der-bmw-produktion,2881919 12. Aug. 2015. Zugegriffen: 04. Nov. 2016
[Str16]	Strelow, M., Wussmann, M.: Digitalisierung in der Automobilindustrie – Wer gewinnt das Rennen, Studie Iskander Business Partner GmbH. http://i-b-partner.com/wp-content/uploads/2016/08/2016-09-06-Iskander-RZ-Whitepaper-Digitalisierung-in-der-Automobilindustrie-DIGITAL.pdf (2016). Zugegriffen: 03. Okt. 2016
[Thi15]	Thiele, J., Schmidt-Jochmann, C.: Geschäftsmodell der KFZ-Versicherung im Umbruch, Studie Roland Berger GmbH. https://www.rolandberger.com/publications/publication_pdf/roland_ber ger_kfz_versicherungen_im_umbruch_20151014.pdf (2015).Zugegriffen: 03. Okt. 2016
[TUD16]	Technische Universität Darmstadt: 25 Jahre Lean Management. Studie der Staufen AG und des Instituts OTW der Technischen Universität Darmstadt. http://www.staufen.ag/fileadmin/hq/survey/STAUFEN.-studie-25-Jahre-lean-management-2016.pdf (2016). Zugegriffen: 06. Okt. 2016
[Vie16]	Viereckl, R., Koster, A., Hirsh, E., et al.: Connected car report 2016 Studie Strategy &, PwC. http://www.strategyand.pwc.com/media/file/Connected-car-report-2016.pdf (2016). Zugegriffen: 03. Okt. 2016
[VDI13]	VDI: VDI Richtlinie 2870, Blatt 2 – Ganzheitliche Produktionssysteme Methodenkatalog, Verein Deutsche Ingenieure, März (2013)
[Wed15]	Wedeniwski, S.: Mobilitätsrevolution in der Automobilindustrie Letzte Ausfahrt digital!. Springer Verlag, Berlin (2015)
[Wei16]	Weinelt, Bruce (Hrsg.): World economic forum Davos, white paper: Digital transformation automotive industry. https://www.accenture.com/t20160505T044104__w__/us-en/_acnmedia/PDF-16/Accenture-wef-Dti-Automotive-2016.pdf (2016). Zugegriffen: 08. Nov. 2016
[Wes12]	Westerman, G., Tannou, M., Bonnet, D.: The Digital Advantage: How digital leaders outperform their peers in every industry. Studie Capgemini Consulting und MIT Sloan, Management. https://www.capgemini.com/resource-file-access/resource/

	pdf/The_Digital_Advantage__How_Digital_Leaders_Outperform_their_Peers_in_Every_Industry.pdf (2012). Zugegriffen: 13. Okt. 2016
[Wie14]	Wiendahl, H-P.: Betriebsorganisation für Ingenieure, 8. Aufl. Carl Hanser Verlag, München (2014)
[Win15]	Winterhoff, M., Kahner, C., Ulrich, C., et al.: Zukunft der Mobilität 2020 Die Automobilindustrie im Umbruch. Studie Arthur D Little. http://www.adlittle.de/uploads/tx_extthoughtleadership/ADL_Zukunft_der_Mobilitaet2020_Langfassung.pdf (2015). Zugegriffen: 07. Aug. 2016

第7章

企业文化和组织结构

在电驱动、自动驾驶汽车以及正在加速发展的移动服务趋势下，都可根据需要通过智能手机的应用程序方便地利用这类服务。将来可按照事先制定的出发日期，无人驾驶出租车（Robotaxi）将为出行做好准备，将他们的顾客带到所希望的目的地，在后台运行付款服务期间，已经上路开始前往下一个预定的地点。车辆通过互联服务通信连接，在所谓移动阴影（Mobilen Schattens）内，通过更高级别的控制系统有效地实施导航以确保能避免交通拥堵。通过这些舒适且便利的服务，至少在城市中，车辆的实际拥有量将大幅度减少。只有在"新兴市场"和"爱车族"中的少数车辆，比如跑车和豪华车方面，传统的汽车业务仍可继续进行。这个未来汽车行业的愿景，已在第5章详细解释了，其更长远的愿景，将在第10章介绍。

移动服务供应商的运营采用完全不同的商业模式。提供运输服务的供应商，通常拥有属于自己的车辆，而在"共享概念"中使用私人或公司车辆。总体而言，由于服务业务中，车辆的利用率提高，所以对车辆的需求正在下降。要在这个不断变化的市场环境中竞争，以及提供新的优惠措施以抵消汽车销售下滑，汽车行业必须要重塑自我。

目前已成熟的产品战略和相关技术，诸如发动机功率的提高、流线型车身、新型材料应用和高效生产技术，已经不能再满足将来的要求。汽车制造商需要通过新产品，建立新战略和业务模式。战略和模式的选择范围，可以从"带有车辆生产制造的移动服务提供商"到"成为移动服务提供商或高效加工商的'富士康'"，但也可取决于其目标市场，采用上述两种的混合形式。根据自身战略的定位，制造商通过全面的转型和数字化举措，使其公司与新目标保持一致。这个主题已在第 6 章做了详细说明。

在即将到来的深刻变革中，真正的挑战并非在于数字化技术的控制和可用性。其实困难得多的是激励所有员工积极主动地参与转型和推动变革，不要再对旧的行为模式和流程持保留态度。当今制造商的企业文化，通常以等级层级结构和传统价值体系为特征。打破这种僵硬的组织结构，并创造一种以变革精神作为基础，这就需要一种新型的"数字化文化"。其特征为好奇心、渴望改变的意愿和扁平型的人事组织结构。高速度和敏捷性要胜于形式化的缓慢流程。

适应新型的文化，营造一种创新心态，是数字化驱动转型成功的前提，这些是本章的主题。为此，将提出新的创新和项目管理方法，从数字化角度讨论组织结构的方案。这些构成了将要讨论的基础，即数字化所需的企业组织调整。

7.1 沟通与领导

企业文化体现在员工彼此之间，以及与顾客的相互交流，这些不言而喻的行为中，它包含了生活价值观、员工环境和道德观念。这种文化通常总是能够再现出来，主要是通过公司的发展历史和根源、产品在市场上的声誉、所塑造的经济环境。这些都构成了企业获得成功的坚实基础，员工带着实施企业商业战略的激情，有目的地为企业成功做出贡献 [Zel15]。

建立在超过 100 年以上的汽车发展历史上，该行业的持续性经济成功发展，使众多制造商都仍坚定地维持现有的、建立在其基本价值观上的行为指南。公司员工的职业愿景、职业生涯模式在几代人中都是同样有效、一成不变并传承下去。但要成功实施生存所需的数字化转型，现在重要的是可持续地改变这种根深蒂固的文化。

根据最近的一项研究表明，企业文化主要受到以下因素的显著影响 [Eil16]：

- 沟通

- 领导力
- 灵活性／变革意愿
- 多样性
- 透明度
- 参与／共同决定

该研究调查了被询问的公司在这些相关领域的实际定位从而为转型项目做好准备的情况。事实证明，就调查平均结果而言，所有这些公司都仅仅取得了初步令人满意的结果。例如，图7.1 显示了对员工沟通现状的调查结果，这被认为是对企业文化影响力中最重要的一个部分，紧随其后的是领导层和希望改革的意愿。

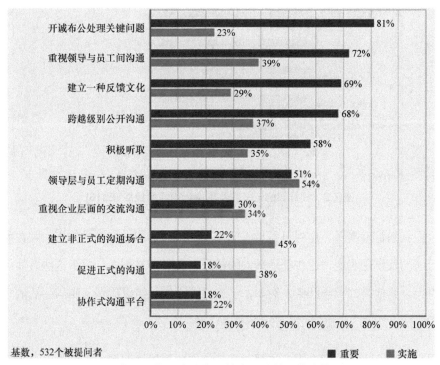

图 7.1　企业文化：交流沟通的主题及其具体实施 [Eil16]

就企业内部交流沟通来说，在开诚布公地处理关键问题方面，仍存在最大的差距，其次是反馈型文化、高级管理人员与普通员工交流沟通、跨越等级层次的直接沟通。相比之下，一些更容易实现的主题则比较令人满意，虽然这一重要性相对而言次要些。这方面的例子，比如管理层与员工的沟通、建立非正式的交流场所以及促进正式的信息交流。这清楚地说明了，哪些领域仍需要改进,应该从哪些沟通主题开始。必须积极主动地处理紧要问题,既要超越等级层面,也要在值得双方重视的对话中进行。这些改进显然主要是领导的任务,要有意识地缩短相关的实施差距,真正付诸行动。

在这项研究中,还研究了管理人员应负的其他任务和挑战,特别是在数字化转型方面。结果概述如图7.2所示。

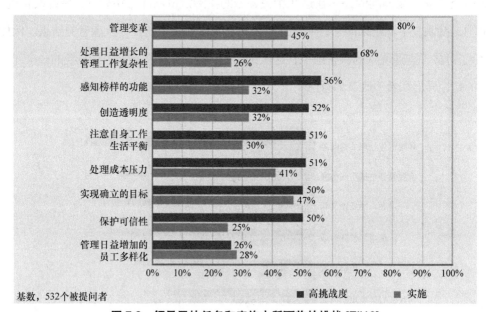

图7.2　领导层的任务和实施中所面临的挑战 [Eil16]

进行企业组织管理变革,应对日益增长的复杂性,有意识地起榜样作用,并在所有流程中创造出尽可能的处事透明度,这些都是最大的挑战,在实施过程中,关于这些方面仍有很多事情要落实执行。其他类的领导任务,例如,创造良好工作气氛以确保工作与生活的平衡、应对成本压力和保持可信度,也都显示出明显的执行力不足。

为了提高转型能力,管理者需要加强和维护传统的领导力要素,在此之上,还要不断学习和识别新的商业模式,管理数字化规划的新的需求。为了应对这些挑战,在专业研究中,要求成功的管理人员必须完全灵活的行动方式工作 [ORe13]。这在创新和转型的背景下被理解为这样的能力,除了在既定的业务领域管理中实施传统的改进措施,同时还要开发和推广新的颠覆性商业模型。

过去几年里,制造商几乎完全是专注于不断地改进其现有组织结构,以减少生产过程中的无益费用，比如使用精益方法，或通过六西格玛（Six Sigma）方法确保产品质量。

然而敏捷性、乐于尝试和敢于冒险是突破性创意得以发展的典型先决条件。这些新技能将会得到鼓励支持，因为它们决定了数字化所需的文化变革。以前的等级层次组织结构和价值体系正在慢慢退出历史舞台，现在需要的是：项目相关的组织形式、所谓"跳出箱子（out of the box）"的跨界限思维方式、灵活性、随时不断学习、敢于承担责任和乐观的情绪。高级管理人员需要能够向企业员工介绍这个崭新的世界，提高创造创业型自由度，建立新型的组织形式，激励部门团队，简化复杂的主题，按设定的目标，采用新的方法，去寻找和获得解决方案。为了加强跨越等级层级的理解和沟通，作为一种创新方法，应该使用反向指导（Reverse Mentoring）方法。在这里，"经验丰富的高管"定期会见公司内部的数字原生代，作为他们的后盾并进行指导，辅助他们解决当前数字化领域的实际问题。以这种方式，可减少闭关自守，更促进员工间开放式交流沟通。

如前所述，这种新型文化其基础是公司的愿景和在此基础上建立起的公司经营战略，它应该用明确的和可以衡量的目标，在企业内部和外部进行交流沟通。每个员工、合作伙伴和客户都应该理解，公司的具体目标是什么，以及如何实现这些既定目标。为此公司要表明，公司对员工基本态度的期望，这个态度是企业文化的一个不可缺少的组成部分。这种交流沟通的进步趋势，通过高管们的以身作则得以具体地加以深入。

这些对改变企业文化的建议，作为本书写作的一个目的，这里应该已经充分地说明了。如果有深化需求可参考专业文献，文献中详细讲解了关于如何以科学和全面的方式处理这场企业文化变革 [Zel15]。

戴姆勒（Daimler）就是一个很好的例子，通过其"领导力2020"计划，在企业内部进行清晰的交流沟通，激活新型的企业文化。为了更清楚地说明，这里引用了该公司网站中"创新"部分的内容 [Daimler]：

数字化将继续向前推进。所有主要工业行业的发展趋势，都已经受到数字化的巨大推动，或者说它自己推进它本身。我们将逐步在戴姆勒建立一种新型的创新文化。只有这样，我们才能将全球企业的优势，与初创企业的优势，更紧密地结合起来……在数字时代，我们要取得超前的进步，为敏捷性和网络化组织创造条件。这样，才能使我们的员工充分发挥他们的创造力，并实现他们个人的想法……我们的企业文化将以清澈透明、互相信任和灵活性为特征。我们相信员工的能力和技能，从而提供他们各种贡献才能的机会，积极创造戴姆勒公司数字化未来所需的"工具"和技术。我们提供给员工相应的发展空间，比如，数字化生活日（Digital Life Days）、开放空间和黑客马拉松、国际化数字生活路演，或者我们的内部社交网络 Daimler CONNECT。

在这里可以清晰地看到，戴姆勒公司对数字化本身、企业文化变革给予了极大关注。在创新文化的道路上，公司领导层依靠员工的创造力和他们的知识，并且通过技术培训、课程、工具、创新型项目，以及基于内部的社交网络，促进开放式沟通，为员工提供大力的支持，比如，首席执行官 Dieter Zetsche 本人，曾身穿牛仔裤和运动鞋，在某车展开幕式上，做出了相当出色的表现。他也在绿党党代会上的演讲（2016 年 11 月 13 日）中预测说，汽车行业只有一个未来，在开发零排放环保汽车的同时，要注重新型的企业文化。这些具体行动表现在：汽车共享、多式联运、网联服务和辅助驾驶系统方面，公司进行了多项投资和早期项目，使公司的新战略更趋于合理化（见 6.2.2 小节中的图 6.19）。企业文化的改变，包含新程序的应用和示例、新的方法和工具，例如用于项目管理和协调的工具。下面将会列出一些给予介绍。

7.2　敏捷式项目管理方法

许多公司依靠敏捷式方法和流程，以在跨越职能团队中，快速成功地实现项目实施。最初，这些方法来自信息技术的软件开发领域，但越来越多地转移到处理其他工作问题上。这样，可以采用务实和快速的方式，发现新想法和开发新的方法，并测试其可行性和成功的可能性。这些方法采用一致的应用模式，提供了理想的框架，推进企业文化转型。

20 世纪 90 年代已经发布并且实际应用了所谓敏捷式软件开发方法。2001 年所谓的"敏捷宣言"的制定，大大加快了其传播速度，这是一个由 17 位知名的软件开发者发布，至今已有几千个签名者 [Bee01]。该宣言提出了敏捷式开发的 4 个价值观和 12 条原则。例如，价值观为：与客户的合作高于合同谈判，积极响应变化而不仅仅是执行计划。例如，项目原则包括在很短的时间内交付可运行的软件，几乎经常性的专家合作，不断关注先进和卓越技术，良好的设计，必不可少的简约，以及团队在规划和实施方面的自行组织 [Bee01]。这些价值观和原则都放射出面向客户、灵活性和活力，使人明确为什么许多公司都在寻求敏捷性，以在数字化意义上促进企业文化。

在价值观和原则的基础上，建立了各种工作方法，其由不同的实践和工具支持。这些相互之间关系如图 7.3 所示。

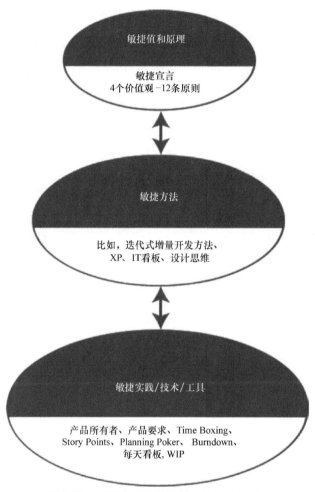

图7.3　敏捷值、敏捷方法和敏捷技术的层次结构 [Kom15]

该图显示了从宣言开始，通过方法，到实践、技术和工具之间，这些敏捷概念之间的联系。在方法领域中，迭代式增量开发方法（Scrum）和看板（Kanban）的应用非常普遍，而作为方法中的具体技术，则使用 Story Points 方法来描述应用场景，即所谓的图表，被广泛用于展示项目时间和内容上进展的程度。

图 7.4 显示了一项研究的结果，这是在项目管理中，六种敏捷方法和传统方法相互之间的

相对比较，都是基于7个评估标准，比如结果质量、准时交付和用户效率。除了一个例外，敏捷方法在每个评估标准中，都比传统项目管理表现得更好。在敏捷方法中，用户对迭代式增量开发方法（Scrum）的评价最高。除了对迭代式增量开发方法之外，设计思维（Design Thinking）在鼓励员工、团队合作和面向客户方面的评价相对较高。因此，除软件开发之外，该方法可被视为普遍适用的方法，比如用在创新研讨会和寻找创意方面。总的来说，所有方法比较中的准时交付标准，通常最不令人满意，同样，传统的项目管理方法这方面也表现最差，而迭代式增量开发方法相对被评为最佳。还要提及的是，所有敏捷方法通常根据时间定量原则（Time-Boxing-Prinzip），其中工作量是可变的，但是最终时间点是保持不变的。

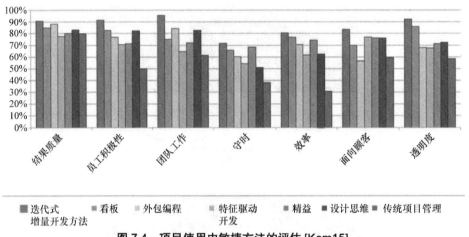

图 7.4 项目使用中敏捷方法的评估 [Kom15]

设计思维和迭代式增量开发方法是制造商经常使用的方法，在信息技术项目中占有很高的份额，但也越来越多地用于创新管理。下面将简要描述这两种方法。如希望进一步深化了解敏捷方法，可以参考有关的研究和专业文献，比如 [Rig16, Now16]。

7.2.1 设计思维

设计思维（Design Thinking）是一种解决遇到的问题或开发新主意的敏捷方法。这里重要的是，这种方法更关注客户的要求和期望，而技术可行性和经济方面则位于其后。该方法的核心是使用跨部门团队的迭代式工作方法，与未来的客户密切合作，开发创意性解决方案。除了跨学科团队和互动方法，它对成功的关注更至关重要，可以在设计各异的工作空间里，充满魅力的气氛环境中工作，理想情况下也可以在平时习惯的工作环境之外的场合进行，从而进一步促进创造力。通常在准备研讨会时，记录客户行为和流程，确定相互对话中客户的期望，例如，客户典型的"生活中的一天"情况，将其记录在流程图中 [Ger16]。在进一步的过程中，使用了各种其他方法和工具。设计思维方法没有标准化的解决方案，但通常已经建立了一种包含有 6 个流程步骤的方法，如图 7.5 所示。

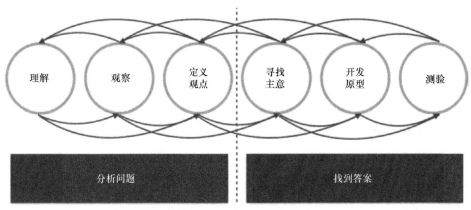

图 7.5　设计思维方法中的流程步骤 [Lob16，Pla09]

图中可以看到 6 个工作阶段，每个阶段通常都必须迭代。在重复进行期间，可以有新的发现或来自于未来用户的反馈信息。在处理过程中，分析程序与直观方法相结合，比如，系统性的信息评估，同时借助头脑风暴法（Brainstorming）和可视化。

项目的开始是从客户的角度理解问题。这里重要的是所有团队成员都必须尽可能完整地了解客户情况和任务，领会其后续步骤。在接下来的观察阶段，与客户进行更详细的交流，并与专家咨询类似问题领域的解决方案，比如，来自该领域的装配工或物流工作人员。在此基础上，在完成问题分析的第三阶段工作中，巩固团队成员得到的各种信息，一起进行评估，从中定义出一个统一观点。然后才按照下面三个步骤寻找解决方案。

可使用各种不同的创造性技能，发现尽可能多的主意和想法。最初只是简单地收集，并不进行优劣评级，也不加评论。而在这以后，团队才制定标准，进行评估和选择，比如，技术可行性、成本效益、预计的客户接受程度。对于选定的方案，在第五步中创建产品原型。对于软件项目，团队可以在最初的流程中，尝试使用先进的具有最小功能范围的开发组件，演示结果，比如应用程序（App）。对解决机械类问题，可使用乐高（Lego）或积木模型，给以演示说明，而对服务流程模拟，可由团队成员扮演相应的角色，现场演示。

并不要求原型可能完美地实现一个想法，但要说明其解决方案，在考虑到正确理解客户要求的前提下，以作为评估和开发改进解决方案的基础。在最后阶段，未来的客户测试原型。根据来自测试的反馈，根据需要，在进一步的迭代过程中改进解决方案。确定解决方案并开始付诸实现之时，必须保证技术的可行性、具有经济可行性以及满足客户的所有要求。

设计思维的互动方法，应尽可能接近未来的客户，采用灵活的方法，在早期就对成功有充分的把握，这些方法已在许多软件项目中得到了证明 [Sch15]。该方法不仅可用于开发新型产品和商业模式，同时也用于改进内部业务流程，以及员工本身的业务流程，开发出对用户友好的软件系统。

根据 Hasso Plattner 研究所的统计，目前采用设计思维的用户，比如有 Airbnb、宝马（BMW）、德卡银行（DekaBank）、DHL 物流公司、Freeletics、大众（Volkswagen）和 SAP[Sch15]。但是，这些项目通常被用来解决个别问题，因此往往获得孤立型的解决方案。然而，设计思维的潜力特别在于用来处理跨越职能工作，即跨越部门的边界，创建创意型的解决方案。

在许多情况下，仍然需要探索其应用可能性，这方面的研究可参阅 [Sch15]。以客户为中心是设计思维过程的前沿所在，除了对目标群体的分析和调查，以及个人初始情况预测之外，以客户为中心受到最高度的重视。在整个过程中，工作人员自己尝试扮演角色，将获得的经验转化为创造性的解决方案，在研讨会上，建立高效的团队。因此，这种方法以其开放性、迭代的方法，对企业文化以及跨越部门界限的交流沟通，都可以产生积极的影响。

7.2.2 迭代式增量开发方法（Scrum）

另一种敏捷方法是所谓的迭代式增量开发方法（Scrum），这已经被许多汽车制造商采用了，它不仅是全面性地为软件开发提供了活力。这个词来自橄榄球运动，意思为"列队争球"，即在轻度违反规则后，重新启动比赛 [Fle14]。这种场景反射出一种动态的项目工作，其中有偶尔的会议和有序的重新启动。迭代式增量开发方法顾名思义也迭代运行，它将期望的项目目标拆分为若干的分步骤，由团队通过循环过程，即所谓的一个冲刺（Sprint），逐步处理这些分步骤。迭代式增量开发项目的内容、项目运行的流程和基本要素如图 7.6 所示。

第 7 章
企业文化和组织结构

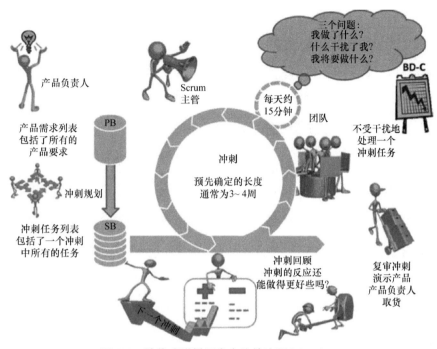

图 7.6　迭代式增量开发方法的流程 [Kom14]

一个团队通常应该有 5~10 名员工，没有等级层次组织结构，而是以自组织形式负责创造产品。该方法中，团队成员区分扮演了三种不同的角色。产品负责人（Product Owner）代表最终客户利益及其工作订单，负责定义和确定客户需求的优先级，他领导着整个开发过程。Scrum 主管（Scrum Master）支持团队成员，并负责组织管理和提供基本条件，以便顺利开展工作。团队（Team）从工作订单中获取任务需求，以用户的话说，就是所谓用户故事（User Storys），取决于订单的规模还可有几个细分故事点。用户故事构成产品"需求"列表（Product Backlog），产品需求列表包括这个产品所具有的所有功能和特性的集合，其描述将在项目过程中不断得以补充和完善。

团队从列表（Backlog）中选择若干任务作为冲刺（Sprint）计划，然后在下一个工作循环，即冲刺（Sprint）中处理这些任务。给团队选定的工作清单，是以冲刺任务列表（Sprint Backlog）的任务门票（Ticket）形式提供的。从这个任务列表中，团队成员自我负责自己的门票去处理各自的任务。在每天的简短站立会议中，每个人都要报告他的工作情况，包括对什么感到厌烦或者受到阻碍，以及下一步应该怎么去做。所谓的故障图表（Breakdown-Chart），记录了与预定计划相比，实际工作量完成的处理进度。

每个冲刺的持续时间是不变的。团队要在一个所谓的规定时长（Time Boxing）内，考虑任务优先级，来相应地调整工作量。在冲刺结束时，需要回顾性地分析执行的过程和获得的结果，并为下一个冲刺（工作循环）提出必要的改善。一个冲刺的工作结果，即一个产品的部分解决方案，会提供给最终客户进行测试，这里由 Scrum 产品负责人（Product-Owner）来代表客户。根据反馈信息，要对产品需求进行调整或者完善。

因此，Scrum 方法的特征是自行组织的团队，在固定工作循环中迭代形式的工作方式。为了不断评估每个冲刺的中间结果，要保证最终客户密切参与其中，从而保证客户反馈直接获得实施，对产品需求的变化得以灵活调整。工作任务列表的透明度、工作执行的状况、每日的沟通和开放式的团队工作，这些都可以营造激励人心的工作氛围，并迅速获得所需的工作结果。

总的来说，非常建议使用这种敏捷式方法。但应该指出，这些方法并非在所有情况下都能起作用，有些情况下更有可能使用通常已知的瀑布方法。根据作者的经验，图 7.7 显示了若干建议，哪种方法适合哪些要求。

瀑布方法	敏捷方法
• 项目重点：静态流程和需求	• 项目重点：针对确定要求的创新方案
• 基于已有工具的成熟方法	• 跨部门的目标制定，需要高度协调
• 团队知识和决策的有限能力	• 团队具有知识和决策能力
• 项目结果只能在完整产品中测试	• 终端客户可以永久性参与
	• 可以迭代测试

图 7.7　项目管理中的方法选择（来源：作者）

如果必须采纳成熟的流程和使用已有的工具，来实现明确规定的需求，那么从笼统到细致的瀑布方法，作为传统的方法总是首选。即使在实施阶段，如果终端客户只具备有限的流程知识和决策权，或者项目不能采用迭代式测试时，使用瀑布方法也是合理的。但即使如此，在还没有完全定义产品需求时需要找到创新型解决方案，以及跨领域的团队拥有技术知识和决策能力时，敏捷方法仍是首选。

7.3 创业精神

通过更多地使用敏捷式项目管理方法,项目人员正在开发和促成新的工作态度和处事习惯,这对于所期望的"数字文化"而言是具有方向性的。这些方法的基本考虑是:

- 对员工的信心和信任
- 自力更生
- 使用团队智慧
- 通过实验进行学习
- 接受错误和失败
- 给予反馈意见
- 反复阶段的结果导向
- 自行组织

在寻找新想法和实施项目中,跨领域的团队,通过共同努力可以促进创造性的独立工作能力,这种方式越来越成为企业文化的一部分。其中许多因素与传统式指挥控制(Command &Control)和微观管理(Micromanagement)的方式不一致,那些老式的管理方法,更倾向于促使员工缺乏独立性,适合在固定的等级层次式结构中工作。但正是以此为特征的方式,在未来中需要彻底改变,以实现创新创造性思维,推动跨领域工作和真正调动员工的主动性。

在这种转型中,高级管理人员可以发挥重要作用。重要的是要将适当的思维方式,融入他们自己的领导风格中,并影响他们的日常工作。它应该更多的是开放型、面向团队的指导、鼓励员工承担风险和责任,而且要放眼到自己组织之外。这是组织管理所面临的最大挑战,这正是作者所经历和意识到,一些老牌制造商所缺乏的方面。在许多情况下,人们的工作重点几乎完全在于优化本身的部门。

最终,这种思维必须改变,以更多的企业家精神作为企业结构的一部分来打破现有的组织结构。对于(企业家)创业精神(Entrepreneurship)这个术语,它已应用多年,也是许多研究项目的主题,尚没有统一的定义。在未来的数字文化意义上,在线创业者百科全书(Gründerszene)根据经理和企业家之间的区别,很好地描述了什么是未来对他们的要求 [Grü16]:

目前对创业精神的定义,多是受到经济学家约瑟夫·熊彼特(Joseph Schumpeter)工作的显著影响，它将企业家与经理区分开来。按照 Schumpeter 的说法，经理是企业的管理人员，与创新工作没什么关系。而企业家，他应作为创新者的形象出现，创立和推动新的想法。作为创新过程的一部分，企业家首先打破现有的企业结构，来创立新的和更好的企业结构。而且在进一步发展方面，他也发挥重要作用。……企业家并不会发明，而是通过企业重组替代现有企业经营，通过市场分析与理解成功地引入创新产品。……创业精神的特点是，抓住市场机会，主动进取，实现盈利。这包括资源的协调使用，以及估算可能出现的风险。因此，创业精神可分为三部分，它包括识别市场机会、发展商业创意及创意的实施。

这个定义生动地描述了，企业文化应该如何发展，鼓励产生更多的创业精神。重要的是要具有尽可能多的初创者（Start-Up）心态，并积极、乐观和大胆尝试。应该让员工一起，产生创业的欲望，参与到转型过程中 [Fal11]。这方面有一个例子，一个美国著名的创始人，他观察到完全不可能全程在线购买车辆。他认识到了这个机会，并且毫不费力地建立了创业公司"Drive Motors"，为汽车经销商提供电子商务（eCommerce）解决方案，或者换句话说，"在线购买（Buy Online）"成为汽车经销商互联网页上的一个选项。在很短的时间内，就有超过 150 个经销商使用此功能，其销售额在急剧上升 [Som16]。就是说，一方面，这是制造商迫切需要的活生生体现出的创业精神，另一方面来讲，制造商本身可惜也错过了推进这个创意的机会。

7.4 数字化的资源

除了企业文化的变革和由此产生的员工行为变化之外，对成功实施数字化项目的另一项重要前提是要拥有具备必要知识和经验的员工，为了能充分保证这一点，可有不同的选择：

- 企业核心员工的内部培训
- 雇佣拥有相应知识和经验的数字原生代以及高级管理人员
- 与掌握所需技术的外部公司建立合作和伙伴关系

这些选项将在下面讨论。

7.4.1 在线学习（E-Learning）作为数字化教育的基础

要实施数字化计划，企业员工需要接受新的信息技术和敏捷项目管理方法方面的培训，这样才能够积极参与转型项目的实施，为新型工作做好准备。对于培训学习，目前能提供各种不同的选择方式，如正面课程、实习、在线课程或自学。这本书将不深入介绍那些传统的培训方式以及教学提问和一般性的适应调整，在数字化背景下，这些在职业培训教育和学习中依然是必要的。本书更多的重点是介绍如何及时地采用培训的数字化解决方案，并在在线学习（E-Learning）的背景下，面向学习者的需求，以灵活和个性化的方式提供学习内容。

在线学习意味着所有这种新形式的学习，使用数字型解决方案来呈现学习材料以及实现学习者和教师之间的对话[Ker12]。自 20 世纪 80 年代以来，所谓的基于计算机的培训（CBT）已经开始普及，除了传统的培训教材内容格式外，通常还提供 CD-ROM 或 DVD 等多媒体学习工具。而基于计算机的培训（CBT）学习是一种自学，它不与指导老师或与其他学习者交流沟通。

随着互联网和企业内部网的普及，所谓的基于网络的学习已经成为一种更为先进的学习方式。在这里，教学内容和学习材料通过网络在线分发。这些教材在工作站计算机上，可通过 Web 浏览器或者门户解决方案提供给学员使用，而且许多应用学习软件越来越多地运行在平板电脑甚至在智能手机等移动设备上。除了在线学习学习内容外，学习者还可以与培训师和其他学员进行在线对话。作为公司内部特殊的在线学习解决方案，通常有所谓学习内容管理系统（LCMS），图 7.8 就是一个例子。

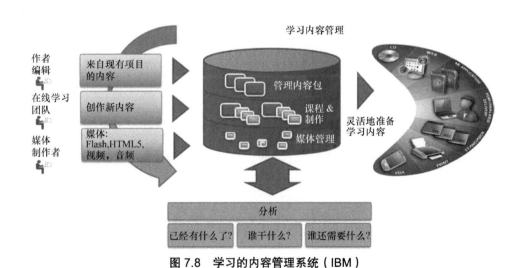

图 7.8 学习的内容管理系统（IBM）

这些可提供学习内容的管理系统构成了学习平台的核心。它们可以进行灵活配置、存储在小型模块中来对课程和媒体数据进行管理。学习内容是在创作系统的帮助下建立，还可以整合成项目文件，比如来自用户手册或图像，以及来自论坛和聊天的信息。学习材料可随机提供给不同系统的学习者使用。在课堂教学中，教师一般也可以在大型显示器上演示教学内容，就像每一天的任何时间在智能手机上的完全个性化的电子学习一样。这些学习内容都可单独准备，以满足特定活动的学习需求，以及考虑到知识现状和学习者的先前经验。个性化是基于学习系统的分析功能，例如，他们评估的学习历史、个人训练数据和学员的活动情况。

因此，这些集成系统能够灵活地提供学习内容，这些内容可以来自在不同工作设备上的不同作者以及整合不同的信息来源。因此它们辅助组织学习活动，并确保学习者和培训教师之间的在线沟通交流。这些学习系统都是基于网络的，因此用户只需要通过他们的工作计算机连接到互联网和使用 Web 浏览器。对于移动设备，通常使用应用程序（App）即可。因此，可以随时灵活地学习。由于这种灵活性和成本低的优势，许多制造商现在都在使用电子学习来进一步培训教育员工。

作为在线学习的基础，建议所有组织单位使用一个中心的学习平台，作为所谓云解决方案。学习内容的提供，也应该在相同的流程和工具的基础上在全公司范围内进行，确保尽可能广泛地使用学习内容以及用尽可能少的精力使内容保持最新状态。这样的话，比如就可以把关于机器操作学习模块中的图像和视频在全世界范围内使用。对于各地的本地应用，学习系统要很容易地匹配集团品牌中的当地特定品牌，并将文本翻译成当地用户语言，而结构和基础教材在世界各地保持相同。

7.4.2 新的学习途径

在线学习通常可以与传统的学习技巧结合使用，如外部研讨会或内部课堂教学。这种所谓的混合式学习（Blended Learning）结合了两种方法的优点，同时考虑了教学内容的协调[Eic13]。在线学习的好处是效率和使用的灵活性，而传统的实际课堂培训，通过个人接触加强了社交能力和团队建设。

因此，两种学习方法应该相互补充，尤其是在培训期间可以使用内部社交媒体时，比如聊天、维基、电子书、交互式白板和文件共享等。这种混合式学习方式已成为公司的普遍做法，也是学校和大学的惯例。

随着智能手机作为电子学习终端的广泛使用，出现了所谓的微学习（Micro Learning）的明显趋势。在这里，学习内容被分成小模块，并根据需要"及时（just in time）"检索提取，比如在执行新的工作情况时，给予有针对性的支持。这种灵活的用法与具有始终在线（always-on）心态的数字原生代的行为模式相对应，可参见 3.1 节。这样，当前的工作活动就不会有长时间不必要的中断，这种灵活的"边做边学"，可以快速获得学习内容的成果。

微学习使用 LCMS 档案中的现有学习内容。在学习内容的准备中，必须考虑将学习模块切割成小单元时的使用可能性，即所谓的学习金块（Nugget）。当前的微学习解决方案提供由用户控制的学习内容提取。预计将来会有自学型认知解决方案。这些系统在后台伴随着用户的工作行为，了解他的培训进度和积累的经验，甚至在学习需求被认识到和提取之前，就主动地提供相应的学习内容。

创新学习的其他可能性包括将虚拟现实（Virtual Reality）技术集成到学习解决方案中。例如，可以在虚拟环境中熟练服务过程甚至机器操作。此外，在组装流水线上，车间工人可以通过增强现实（Augmented Reality）眼镜，获得操作执行指令。可由有经验的同事，通过聊天技术向在另一工厂的类似装配线提供支持指导，并根据需要进行检索提取。下面是今后学习发展的进一步趋势，可能是公司将来要使用到的：

- 大规模开放在线课程（MOOC）[Gabler Wirtschaftslexikon16]。大规模开放在线课程 MOOC 是一个免费、开放的在线学习产品，拥有大量参与者，提供各种不同的课程选择。例如哈佛大学、麻省理工学院或 Udacity 等大学都提供非常完整的课程。相比之下，在交互式方式中，参与者可根据自己的需求，选择自己的学习材料，汽车制造商可以很好地利用这种方式，将其视为企业新文化的标志。
- 社交学习简单来说，此过程涉及社交媒体中共同的学习，例如在主题博客或维基中，可以有、也可以没有辅导员来协调指挥学习过程。
- 认知学习在学习机会更加个性化的背景下，用大数据实际评估学习者的相关数据，从而去主动配置学习机会并作为首选的方式提供。

这里简要展望了一下其他学习趋势，都说明了一点，即数字化提出了新的学习需求，也带来了新的学习机会。考虑这些学习机会和数字化路线图，汽车制造商应该制定培训计划并将其转化为学习机会，提供给数字原生代，以及年龄较大的老员工。当然以追求效益为导向的年轻员工可以熟练应对智能手机，并且接受休闲与工作之间的平稳过渡。基于需求的认知微学习满足了他们的要求，而老员工更有可能适合有组织的混合式学习。这里让企业的老员工参与是非常重要的，一方面要利用他们在过去项目工作中积累的经验，另一方面，通过延长这一员工群的工作寿命，来部分弥补预期的熟练劳动力短缺。

7.4.3　知识管理

特别是在日益增加的复杂性、更快的企业流程和不断增加的员工流动性的背景下，使存储和简单地访问知识显得日益重要。也因为人口的老化以及公司重要职能部门相当一部分老员工即将退休，使得知识管理成为一个热门话题。经验和积累多年的知识经常是非结构化地记录在各种文件中，例如演示文稿、电子邮件和图纸中，或者也只是掌握在员工头脑中，需要进行结构化存档并可供将来使用。此外，在工作过程的不同位置中活跃的员工知识，应该贯穿整个企业流程链来整合，从而为跨领域的数字化项目奠定基础。同样可以得到应用的是，在公司的不同地方有时处理类似任务所获得的知识，应以电子方式记录和归档，而最佳的形式是写成最佳实践（best practice），为未来工作的处理方式提供一个积极的参考建议。因此，知识管理正成为在职培训的一部分。

高效的知识管理可为公司带来巨大的经济利益。知识作为所谓差异化资源的重要性也体现在标准 ISO 9001:2015 [Bre16] 的行动建议中。它要求组织机构获取和保存知识，从而可持续性地提高产品和服务的质量。为了满足这种需求，必须确定所需的知识、保持其处于最新状态并得到进一步发展，以便在公司中有效实施。因此，该标准建立了知识与学习方法及学习之间的桥梁。从标准中的行动指示也可导出这样的必要性，即为知识管理实现强大有效的应用解决方案。

如今，大量用于知识管理的标准软件可供使用。选择时应侧重于最终用户的使用方便性，以实现更高的接受度和鼓励知识的分享，并将其设计成企业文化的一个要素。应该在具有快速响应时间的移动设备上提供知识。强大的搜索算法和在工作流程中的灵活集成也很重要。要避免"孤岛"解决方案，尽量采用跨地区跨部门的标准模块。这样的软件应该直观且易于使用，无须额外去学习软件操作，并实现专家和寻求者之间的对话，以获得反馈和查询的可能性。

与当今面向 Web 2.0 的解决方案不同，传统系统通常不提供这些选项。因为新型的工具经常首先在员工私人范围内采用，员工也就期望它们作为企业的业务解决方案。用于知识管理的典型软件模块是：

- 知识库
- 文档管理系统
- 搜索引擎，文本挖掘
- 工作流程解决方案
- 协作工具
- 共享系统
- 维基，博客

在这些领域已经提供了各种标准解决方案 [Sie17]。成功的知识管理项目主要不是软件的选择问题，而是变革管理和文化变革的问题，对于此，应该在一个共同目标下进行技术、组织和人员维度的协调统一。

7.4.4 招聘

数字化在人力资源领域也在不断发展。在有目的的招聘人才的背景下，为加速和保障数字化转型，以下要解释一下，在数字化时期人才的寻求和新职位聘任的变化，以提供未来该领域应考虑的注意事项。

至少在与数字化相关的领域，通过招聘广告和邮寄求职申请的纸质材料的时代已经结束。除了求职人员以主动的方式，目前通常是基于计算机技术的潜在候选人搜索，比如在 Xing 或 LinkedIn 等在线平台上，招聘广告也刊登在制造商网页或通过行业及相关媒体的在线渠道。数字化招聘人员使用公开提供的候选人信息，按其制定的搜索标准，进行候选人预过滤。候选人在线测试合格从而通过第一个选择步骤后，合适的候选人将收到邀请，通过网络摄像头与招聘人员进行第一次面谈。如果又通过了这个选择阶段，候选人则会被进一步邀请，在评估中心进行深入谈话。在最后的选择阶段，候选人的个性和软技能，对随后的取舍决定有决定性作用。

这里所描述的招聘过程，主要是通过数字化软件辅助支持完成，比如，它可以主动搜索合适的候选者，完全自动化地分析潜在候选者的职业生涯信息。然而，评估和判断候选人是否符合企业文化和团队组织结构，仍然需要招聘人员的个人经验。这里所描述的流程，假定需要放出的工作岗位和该公司介绍都很吸引人，能够鼓励大量感兴趣的人士前来申请求职。但是，将来随着人口地域性变化，对数字化专业知识的需求将会增加，申请人会越来越少，造成很多职位空缺。因此，未来的招聘趋势是基于更积极的搜寻和主动对话，在社交网络中尽早地寻找潜在候选人。

在网络智能搜索引擎的帮助下可以寻找合适的候选者，并可能基于他们发展的基础上，在一种所谓的外部人才库（externaltalentpool）的形式下伴随他们，在适当的时候，通过个人直接接触去说服他们，改变他们现有的工作职业生涯。要考虑到，特别是对于数字原生代而言，他们改换工作的动机，并非仅仅是经济收入。相反，挑战性的任务、一个吸引人和有趣的工作内容、激励创新的工作环境、公司企业的社会形象以及其产品和文化的独特性，这些都将扮演着更为重要的角色。此外，应该指出，新一代员工已经有思想准备，更快地更换自己的工作岗位。

相对父母一代人，对其就职的公司可能长达数十年的忠诚将成为过去。未来每家公司必须持续地保证企业对员工的凝聚力。类似于上述提及的更改工作岗位的动机，自身发展的可能性、工作地点的自由性和企业组织也是影响因素。将来重要的是，直接领导层应经常了解和接受员工的需求，并尽可能满足他们的需求。总而言之，图 7.9 显示了数字原生代工作动机的要素。

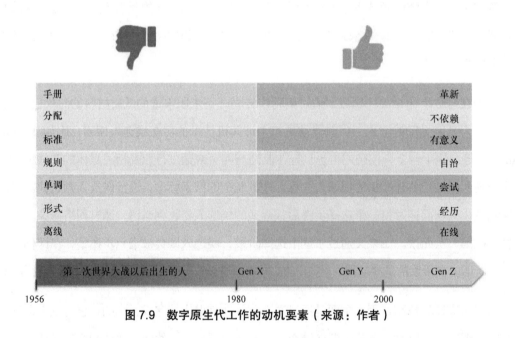

图 7.9　数字原生代工作的动机要素（来源：作者）

当今在公司能遇到的几代员工，按照他们各自的出生年份，在该图时间段上粗略地分成几类。即第二次世界大战后出生的一代，随后 20 世纪 80 年代的 X 代，以及后面的 Y 代和 Z 代人，他们越来越多通过互联网和智能手机进行社交活动。在图的右半部分，集中而简化地说明了年轻一代的动机要素。所有管制性条例和固定结构化的事物，均被他们视为抑制性障碍，而认为敢于创新、充满动力、灵活性、工作意义，才能激励出他们工作的动力。考虑到这些因素，企业今天必须重新塑造工作环境以及保持发展愿景和项目工作的一致，从而以高的动机去获得良好的工作成果，实现公司对年轻一代的凝聚。

7.5 合作的形式

可以同时通过与外部员工的合作，来积极推进和影响企业自身文化，这样提供数字化转型所需资源的另一种方式是伙伴关系和联盟。如果这完全是用于扩大人力资源和利用拥有与项目相关的知识和相应经验的额外员工，则与服务提供商或者密切地与人力资源平台的合作很有意义。

诸如使用"流动劳动力（liquid workforce）"平台（参见 3.6.2 小节），可以在全球范围内，搜索合适的人力资源，开辟人力资源的新途径；汽车制造商应该努力使自己在此类平台上，成为对外合作的首选合作伙伴。此外，他们还应该考虑，对于更大的数字化计划，应该与已经通过验证且成功的人力资源伙伴进行合作，达成伙伴关系型框架协议。这种长期协议承诺，可以提供一定的经济优势，并且还可以最大限度地减少因本身员工变化而导致制造商相关专业技术的流失。

超越纯粹的人力资源主题，战略伙伴关系是一个重要的工具，来增加技术知识的可用性、获取对某些特定技术的通道并影响其按制造商所希望的方向发展 [Str16]。然而，在今天的数字化环境中，制造商还需要熟悉适应这种伙伴关系。通常信息技术仍然是被视为"间接材料"去采购，就如同通过同样的采购部门采用同样程序去采购原油、餐饮、灭火器和园艺服务，选择决策的决定性因素仅仅是所提供服务的价格。而基于总体拥有成本（Total Cost of Ownership，TCO）意义上的分析和后续审查却很少进行。

这种方法导致了企业非常多样化的信息技术环境，其中包含各种不同的软硬件技术和众多的供应商关系。从信息技术将成为车辆的核心要素这个角度来看，对这个问题必须重新思考。在战略方面，建立战略伙伴关系非常重要，而不是仅想通过采购服务的价格，来解决这些企业面临的问题。在此，汽车制造商必须结果透明地去评估经常提及的供应商锁定（vendor lock-in）风险，即只是依赖于一个合作伙伴。从作者的角度来看，这个主题经常以一种偏离方式被高估，从而阻挡了看到机会的视线。源于工业的转型和不断扩大的价值链，以数字化为重点的战略伙伴关系和联盟比如可以考虑是在以下领域：

- 信息技术，例如云、嵌入式 IT、软件
- 移动平台的开发和运营
- 采用商店式解决方案
- 多家制造商的合作，例如移动服务的共同平台或建设充电基础设施
- 科研伙伴关系，例如针对电池技术
- 众包中的解决方案开发（参见 9.1 节），例如网联服务
- 形成联盟的软件开发和开源代码、开放式堆栈
- 服务链的贡献，售后服务、物流平台
- 电信
- 电力供应商
- 芯片制造商
- 停车场运营商
- 城市、收费运营商
- 信息内容提供商，例如天气信息、证券交易所数据
- 支付处理
- 保险、贸易、连锁酒店
- 多式联运——路线合作伙伴

制造商必须考虑决定，希望在哪些商业领域和合作伙伴合作，从而创造进入市场可能，加快速度或共同分担开发风险。由于技术保护的原因，或者在市场上提供自己的差异化解决方案，一个公司也可以选择仅仅依赖本公司的内部开发。

在建立战略伙伴关系时，长期共同目标是最首要的问题。它可以是移动平台的开发和后续运营，也可以是为网联服务联合开发支付解决方案。或者共同开发一个技术平台，为工业 4.0 解决方案实现工厂的制造信息技术集成，然后在全球范围内推广实施和运营。

在此类伙伴关系协议中，除了技术问题、共同开发的知识产权问题外，总是会涉及商业方面。这里所谓的共享风险模型已被证实比较成熟，一方面，两个合作伙伴共同承担市场成功的

不确定性所带来的经济风险；另一方面，如果盈利将共同分享利润。这种方法强调了伙伴关系中的相互信任。基本上可以推荐的做法是，在合同中确定具体目标，并就时间框架和敏捷方法达成一致，从而在实施中灵活地付诸实现。

由于数字化转型的复杂性和规模，伙伴关系是一项衡量成功可能性的重要标准。因此，汽车制造商应该非常重视这个主题，并学习如何与战略伙伴合作。当然，仍可采用来自传统制造商领域的现有经验，比如，零部件的联合开发伙伴关系。但这里涉及的是具体需要完善的数字化课题，如启动创新心态、敏捷方法、速度和全球化。

7.6 开放式创新

通过与研究机构甚至技术领先的合作伙伴建立合作关系，公司本身的创新能力也可以得到提高。在传统意义上，汽车制造商的业务重点和技术强项在于，推动汽车相关领域的创新，比如新型材料、生产工艺和驱动技术。而现在在数字化领域，也同样需要获得与此类似的创新能力。为此，所谓的"开放式创新"概念，就是说，在业已建立的创新流程中，融合入企业外部资源，将其作为企业文化的一部分。与此相应的应用方法有三个核心流程，如图 7.10 所示。

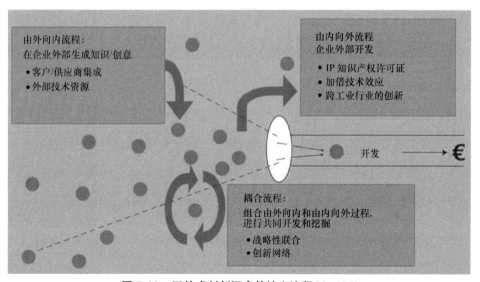

图 7.10 开放式创新概念的核心流程 [Gas06]

在由外向内型流程（Outside-in-Process）中，主要是引用外部企业的知识，比如客户、供应商和研究机构。为此，必须有目的地去探索可能的创意思想和方法，以及合适的合作伙伴。

值得推荐的是特殊创新和探查团队（scouting unit），但至少要与某些数字化创新中心的初创企业合作，比如在硅谷、以色列、印度、慕尼黑和伦敦。这样针对自己商业模式在早期阶段就能够认识其发展趋势和行业变化，特别是行业中的颠覆性力量（disruptive forces），从而在创新过程中应对它们的挑战。

而由内向外流程（Inside-out-Process），是在共同的利益集团或合作中，要尽可能发表自己的想法，测试它们，进而丰富它们。所谓开源开发者社区就属于这其中的一部分，比如在开放汽车联盟（Open Automotive Alliance）中，促进安卓（Android）操作系统在车辆中的使用，或者是在开放堆栈社区（Open Stack Community），开发基于云环境的开放型软件 [OAA16, Ope16]。采用这种合作方式，为自己的想法提供灵感，并获得保障，一定程度上也影响了企业本身的文化。

耦合流程（Coupled Process）是上述两个创新方向的组合，以便在联盟、合资企业或伙伴关系中加速实施自己的想法，并迅速将它们商业化。在这方面，要谈到所谓的与孵化器合作，即给新兴年轻的公司提供启动援助，比如有关的创业知识和金融资金。速度是数字化时代竞争中的决定性因素。在新的商业模式中，第一个成功占据市场，总会占有绝对的优势，追随者难以再进入参与。

要利用这些创新概念的潜力，制造商应该在开放式创新计划中，真正给予实施，使之成为他们企业文化的一部分。在实施这些概念时，经常会遇到"发明不在这里（not-invented-here）"的消极态度，而引起怀疑甚至拒绝，可以通过成功案例来驱散这种疑惑感。在这方面，有许多众所周知的参考，主要是在试点项目，或者是确定的领域中。例如，许多制造商成立所谓的共创实验室（Co-Creation-Labs），或者具有明确目标的创新竞赛。比如奥迪在虚拟实验室方面，实施了两个开放式众包项目，因而成功地对信息娱乐设备进行了修改 [Tho15]。

目的明确和持续性利用开放式创新或众包资源的另一个例子，是 Local Motors，一个所谓的开源汽车制造商。其车辆的开发是通过互联网，在开放社区进行。从某种意义上说，Local Motors 已经在一定程度上将其开发部门，转变为一个众包意义上的在线社区。全球大约 1400 名设计师共同为 Local Motors 开发汽车 [Buh16]。设计师、工程师和行业专家通常来自汽车行业，但是并没有在 Local Motors 工作。更重要的是，他们对敏捷性项目充满热情，能够开发个性化车辆，然后进行定制。许多零部件是通过 3D 打印生产的，组装大部分是在当地经销商那里通过客户的参与实现。车辆的细节向外公开，因此可以简单轻松地重复使用于下一步的开发。Local Motors 车辆的实际开发时间约为 18 个月，将来期望的目标是 12 个月，而当今的汽车制造商，可能要长达 5 年。这些例子说明了众包的巨大潜力。

似乎很有希望，将开放式创新的方法引入进数字化转型。对此有若干个例子，汽车制造商和供应商可以举行所谓的黑客马拉松。有关它的详细报告可以在互联网上，通过相应的关键字找到。这里的一个例子是所谓校园黑客马拉松（Campus Hackathon），它的定义如下：校园黑客马拉松不是传统意义上的编程竞赛，而是编程节日！这是一种集体意义上的社交经历，与工作无关，而且校园黑客马拉松提供了机会，作为开发创意的团队的一部分，在周末将自己的主意和想法编写成代码 [Eco16]。

这种活动通常在确定一个主题后，由某一公司来组织，邀请大学生和感兴趣的数字原生代，比如，在最多两天的有限时间内，设计相应的应用程序，并进行编程，解决给定主题中的具体问题。所需的信息技术基础设施和餐饮服务要由组织者提供。然后组成几个团队，彼此之间进行竞争，推出他们各自的主意和想法。最后以奖金方式，奖励给最佳解决方案，吸引参与者延续其后续工作 [Lec12]。这种所谓的黑客马拉松的结果，往往都很有希望能为公司带来新的推动力。此外，也可以考虑举行创新想法竞赛以及信息技术领域的实验室活动。

总的来说，从作者的角度来看，将众包嵌入结构化创新过程中，加快数字化转型的速度，这方面仍然存在着巨大的潜力。其基本流程如图 7.11 所示。

这种项目应该从有限范围的主题领域开始，而且要尽可能目标明确。首先，参与者必须相互理解，例如基于所谓的情感分析，为此可以评估与该主题领域相关的社交媒体数据。然后，通过奖金或初创企业资助激励参与者的热情。而工作流程的辅导（Coaching）是先决条件，从而引导参与者的想法朝着期望的方向发展，并在交流对话过程中掌握新的趋势。此外，辅导要促进工作过程中的动机。敏捷的项目管理方法和创新方法的应用，比如游戏或对小组结果相互间评估（投票，Voting），亦可以起到激励作用，这样即使在活动比如黑客马拉松或者开发项目结束之后，相互之间的合作仍可延续。即使在较长的项目进行阶段，也应尽可能保证参与者对项目的忠诚度，比如汽车项目 LocalMotors。

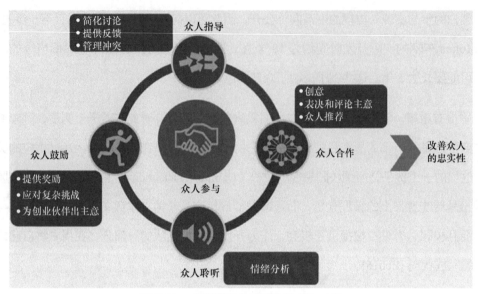

图 7.11　成功进行众包的方法 [Cha16]

总体而言，开放式创新是一个增加创新力量的过程，而这也为数字化计划创造了巨大潜力。第一批试点经验验证了这一估计，并已取得了惊人的良好效果。这些试点项目应该扩大到制造商范围，以实施完整的计划，并作为整体创新过程的一个部分。在公司管理层中，应该每年至少讨论一次，由外向内型流程（Outside-in-Process）探查所获得的结果、新的发展趋势，以及新的认知，而在目前企业数字化的动态发展状态下则最好每六个月讨论一次，并尽量与制定的数字化路线图保持一致（参见 6.1 节）。图 7.12 显示了这个方面以及一个结构化创新过程。

在该图中，创新过程的要素相互关联。制造商应该对所有这些元素采用类似的方式实施，在拟议的数字化框架中，使用主要的评价指标（见图 6.11）。在创新战略的框架内，考虑到数字化愿景，比如对于网联服务，需要实现搜索领域的定义，从而后续借助开放式创新流程获得创意。对这些创意，将进行过滤和评估，在创意库中给予相应的优先等级，并保留在路线图中。然后在可行性验证过程中进行评估和实施选定的创意，这里特别要考虑所谓 上市时间（Time-to-Market）方面的要求。图 7.12 所示的结构化流程，可应用于每个数字化领域，要确保始终如一地开发、跟踪和实施创意，不要失去主题或者"动态"地改变预先确定的优先级。

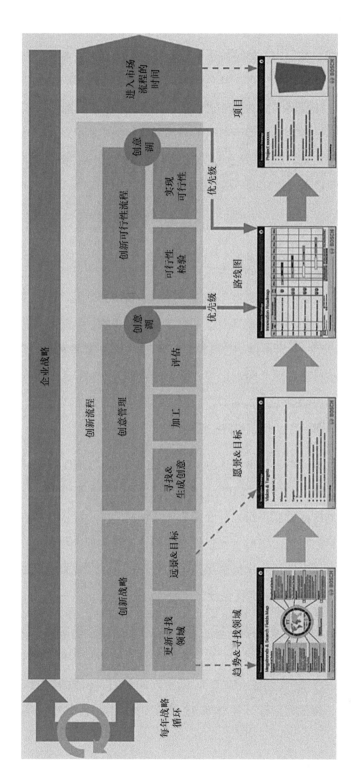

图 7.12 与企业战略相关的创新过程 [Kno11]

7.7 数字化的组织方面

为了制定数字化战略，推导出整体路线图，以及实施与创新过程相关的措施，还必须明确人事组织方面应负的责任和承担的任务，并具体反映在企业组织之中。通常那种相对稳重、层次等级化的组织结构，往往阻碍了面向矩阵式的项目组织结构。它们往往不符合渴望的新文化和创业心态，而这正是实施数字化转型所必需的。因此，组织机构必须与数字化相适应，构建比目前更加扁平化的组织结构，以便做出快速的决策。这将创造出崭新的职业图景，职业模式也将发生变化。以下章节将深入地介绍一些组织方面的情况。

7.7.1 首席数字官

数字化转型不仅仅是安装运行新的软件工具，或者采购新的信息技术，而是通过改变企业的商业模式，来改善公司的现状，提高生存能力，推出全新型的产品。这需要改变整个公司的组织结构和行为文化。这个任务不能是从上至下的指派，更多的是希望所有员工的积极参与和责任承担。整体的责任当然归属于所谓的首席执行官（CEO），在某些具体的企业部门责任归于相应其他的管理委员会成员。在这个级别之下，所有的管理人员和员工都需要参与之中。为了完成这项艰巨的任务，需要明确定义和沟通在实施发展数字化路线图的责任，和由此衍生出各个部门的任务和项目的明确层次，并在实施中监督。

许多公司动用所谓的专职首席数字官（Chief Digital Officer，CDO），或者将数字化的责任转移给其他高管，比如，首席信息官（CIO），或者研发以及销售部门负责人。从作者的角度来看，由于这项任务涉及的广泛程度，正如前面章节已清晰说明的，建议至少在达到先进的数字成熟度水平之前，由首席数字官（CDO）直接领导这项新的跨越部门组织工作。首席数字官应该直接向首席执行官汇报，当然首席执行官仍然全面负责，并且要反复强调数字化转型的重要性，并且必须通过改变传统行为，来实现企业文化变革。

具有重组公司结构的强烈愿望，推行企业文化变革，对数字化明确的承诺态度，这些是首席数字官（CDO）成功运作数字化转型的基础。拥有多种品牌的制造商，应考虑在每个较大的产品品牌中，使用自己的首席数字官（CDO），他直接向集团首席数字官（CDO）汇报工作。在集团层面，协调确定总体战略目标、各个相应的数字化框架以及相应的方法和标准。然后在各个品牌中实施。

首席数字官的任务是与首席执行官一道共同促进企业数字化转型。按照第6章提出的数字化框架，图7.13展示出了一个相应的建议，用于区分每个数字化转型领域的工作任务。

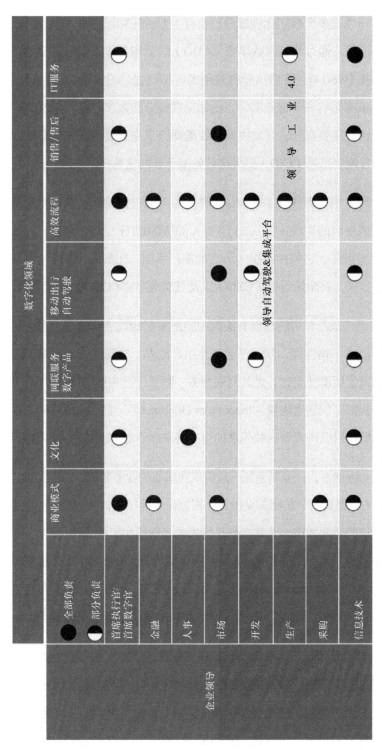

图 7.13 数字化领域实施责任的分配（来源：作者）

图中的每个纵列表示了数字化工作领域，而每个横行代表相应的公司部门管理层。公司每个部门的管理层对一个或多个数字化领域分别负有主要责任和部分责任。首席数字官向首席执行官（CEO）直接汇报，通过与首席数字官（CDO）的紧密合作，企业转型的总体责任由首席执行官（CEO）承担 [Wes14]。首席执行官要确保各部门之间的清晰协调运行，特别是在实现过程中，数字化领域将影响多个营业部门，比如网联服务和数字产品。涉及客户导向和市场知识的，销售经理应负有主要责任，开发主管则要确保一个先进的嵌入式信息技术架构和强大有效的集成平台，而首席信息官（CIO）提供高效的基于云的信息技术平台。

可以说在移动服务中，责任分工亦类似，移动服务通过自动驾驶获得特别的增长。对于该技术的实现以及集成平台的实现（见 6.2.1 小节），领导和责任应归于研发部门。建立有效的数字化流程是一个重要责任，它将由组织中所有的部门承担，比如，实施工业 4.0 的主要任务由生产主管负责。反过来，首席执行官（CEO）以及首席数字官（CDO）必须负责整个流程计划。

成功的关键在于，是否有可能在现有组织中实施深刻的数字化转型。过去一段时间里，汽车制造商通过逐步改进车辆性能、制造工艺甚至生产流程，实现了一定程度的创新。而今后所期望的商业模式将发生颠覆性变化，尤其网联服务、数字产品和移动服务方面，仍然处于空白，这就是所谓经常提到的"创新者困境（Innovators Dilemma）"，它认为成熟的企业不能够实现跨越型创新飞跃，我们拭目以待看看这些成熟的企业将来能不能解决这个问题 [Chr11]。

要获得独立性和敏捷性，许多制造商一般将这些新型的业务领域，转移到规模较小的独立性组织部门。但这种方式是否有效仍然需要验证。根据作者的经验，一方面可能获得了敏捷性，另一方面却削弱了可能的协同效应，尤其是当品牌内的个别组织机构，建立起单独的运营实体时，比如创新和移动实验室。这种内部初创（Start-Ups）或拆分（Spin-Offs）的模式，靠近现有组织运营，被称作内部创业（Intrapreneuership）。这些单元的工作当然很重要，并且给出了一个正确的方向，去探索新技术和敏捷工作的可能性，他们可以失败但依然会实现创新解决方案。

然而，所谓从实验室到制造组织部门，这种"灯塔式研发"的回流方式，实践证明还是有问题的，特别是对日常生产性业务的影响相当明显 [Küh00]。而通过多个独立单元的路径方式，提供了很好的成功机会，因此，应该在整个集团内进行组织，并且集中力量完成。但是为获得重大的发展和分离拆分的推力，采取这一步骤需要与强有力的伙伴合作，这个伙伴应该已经在新的业务领域成功建立和运营，它具有创新心态和必要的资产，带来它的商业模式。

即使不考虑关于组织方面的问题,首席数字官(CDO)都应该拥有一个强大的数字化团队,支持公司部门的数字化措施,以便他们的同事在开始参与数字化时得到帮助,例如相关数字化技术的数字化能力,在流程评估中实施设计思维(Design Thinking)研讨会,以及开发新的信息技术解决方案。在这里,信息技术提供了必要的工具和测试领域,以保证以敏捷的方式实施新的解决方案。

7.7.2 调整信息技术组织结构

为了加速公司部门的数字化转型,企业的内部信息技术组织结构必须变得更有效。虽然在过去,信息技术部门也一直在软件解决方案方面,积极参与和促进实现企业业务流程自动化。但迄今的业务流程,仅仅偏向于专业技术性。从这个意义上讲,迄今为止,企业的信息技术仍然针对信息技术的生命阶段,即经常分为三个部分:"计划(Plan)阶段"组织项目的启动并规划流程;在构造(Build)阶段,项目是以软件解决方案的方式给予实施;在最终的运行(Run)阶段,信息技术通常要尽可能保证在制造商本身计算中心的解决方案的安全运行。

在计划和构造阶段,信息技术组织通常大致是根据流程范围即开发、销售、客户订单实现和管理,进行组织的。此外,还有其他信息技术团队,支持实际生产中零部件加工工厂,而在运行阶段,根据采用的信息技术进行划分,比如大型计算机、Linux 服务器和网络。这种组织结构,随着不断增长的多种形式(异构)的流程和结构,经常被证明不够灵活,难以满足数字化的新要求 [Hel16]。根据作者经验,目前信息技术部门和专业部门相互合作的典型情况,可如图 7.14 所示。

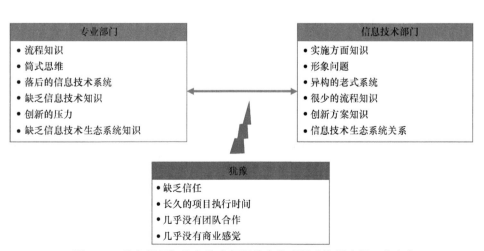

图 7.14　业务部门与信息技术部门的合作现状(资料来源:作者)

这些部门之间的合作往往以"保留和怀疑态度"为特征。业务部门经常认为信息技术部门行动过于缓慢，反应迟钝，过于官僚，对具体业务知之甚少。所使用的应用系统被认为是过时的技术，难以给予扩展和缺乏稳定性。另一方面，信息技术部门认为业务部门缺乏基本信息技术知识，不理解他们的工作，没有跨越部门的思维。

通常，这些观点都是基于以前这样的经历：在信息技术管理领导下实施通常的大规模项目，这类项目有时会延续多年。即从所谓的蓝图阶段开始，首先收集记录项目需求，随后付诸实施，通过测试阶段，之后是推出运行阶段。这种项目管理方法往往导致的结果是让很多业务部门都感到惊讶，因为需要反过来进行大量的调整和后期处理。通常对于大型制造商来说，几个这样的项目可能同时平行进行，没有集成而成为孤立的解决方案，这种孤立的解决方案导致了企业越来越异构型的应用程序环境。这类企业异构型信息技术历史，往往妨碍部门之间的互动关系，鉴于即将到来的数字化转型压力，必须要建立一个崭新的信息技术基础。

作为相应的反应或紧急解决方案，各个专业部门已经部分开始在其组织中引入自己的信息技术解决方案，从而构造出一种"影子信息技术"，它通常规避了所有的安全预防措施，在公共云环境或者在"桌面下的服务器"上运行，这当然不是值得推荐的方式。另一个解决方案是 Gartner 公司提出的所谓双模信息技术概念，意思是两种不同速度的组织 [Lai16]。在这里，传统应用程序环境和操作运行，通常被称为"信息技术（IT）1.0"，而敏捷型、新的数字化项目，通常在所谓的创新实验室中开发，被定位为"信息技术（IT）2.0"。目前这种方式也受到了批评，因为它在业务部门，无法保证实现可持续性和达到广泛的影响，并且让"信息技术 1.0"员工缺乏动力而脱节。结果是生成了一个"两极分化社会"，协同作用大大减少 [Vas16]。因此，这种方式仍是值得怀疑的。

但无可争辩的是，业务部门和信息技术部门必须团结一致，共同克服数字化转型过程中的各种挑战。将要开展的数字化转型项目，从特点上与早期的技术类项目完全不同。这在于在一起共同规划转型措施，以确保以敏捷方式接近企业运营业务，快速地实施第一个数字化解决方案，在以后能在较短的时间周期内，逐渐扩大项目规模，或者在出现不被应用的情况时再终止。但是对这种新方法的实施，业务部门往往缺乏与解决方案相关的必要信息技术专业知识。

从作者的角度来看，深刻的组织变革是完全有望成功的，对此图 7.15 提出了一个建议。

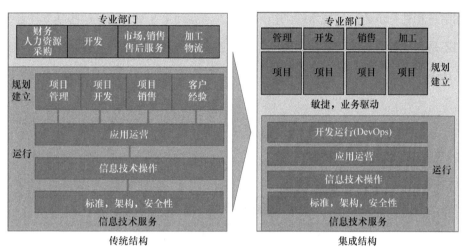

图 7.15　传统和集成式应用程序开发的比较（来源：作者）

图中左半部显示的是汽车行业常见的信息技术（IT）组织结构，正如本章开头简要说明的那样。在计划和构造阶段，应用程序开发是根据业务部门的结构进行的，通常存在上面描述的接受程度和协调一致的问题。为能够更接近业务、流程和需求，所有的信息技术工作人员，如右图所表示，需要从他们以前的组织转入相应的业务部门。实际上在业务中的流程与信息技术知识的紧密结合，可带来可观的协同效应，比如在设计思维（Design Thinking）研讨会中，解决流程链的数字化问题，并快速开发第一个原型，对其进行测试。

整合业务部门来应用信息技术，正是遵循行业的整体趋势，即将来汽车的附加价值，在很大程度上将由信息技术来定义。从这个意义上说，这也是一个必然结果，即业务部门的信息技术能力，通过融入来自计划和构造阶段部门的信息技术人员，持续性地加强。这样，信息技术部门可以专注于提供相应的 IT 服务。相应的流程和方法能力方面的指导应该由 CDO 组织部门提供，信息技术部门提供架构和技术标准给予支持。这样使所有业务部门都有能力从业务流程出发，实现预期的数字化转型。

在这个过程中，首席信息官（CIO）在其组织中发挥着重要作用。他必须确保为业务部门提供高效的解决方案和安全的信息技术结构。一方面，这是以混合云架构给予实现；另一方面，它们还包括基本技术，如中间件（Middleware）、大数据工具和微服务环境。此外，信息技术部门必须提供所谓的开发运行（DevOps）概念，以便能够快速将新的应用程序投入运行，在此基础上，尽可能实现如同"面向智能手机"式的版本发布和更新周期。开发运行（DevOps），这一词意味着开发和运行的组合，旨在改善软件开发人员与信息技术使用部门之间的协作关系。

有关详细信息和进一步的信息技术部门技术任务，请参阅第 8 章。除了这些基本任务外，信息技术部门还是其他各业务部门的技术顾问，并且还需要作为新技术的观察跟踪人员。其业务定位如图 7.16 所示。

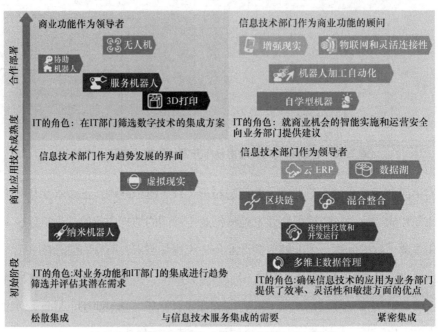

图 7.16　信息技术的角色对技术成熟度和集成要求的依赖度 [Gum16]

在数字化转型背景下，该图说明了信息技术所扮演的不同角色和应有的责任。除了已经简要描述过的职责外，还要保证安全的服务环境以及基本应用程序的运行操作，比如提供企业资源规划（ERP）的程序，信息技术部门还要担任各部门的技术顾问和业务部门的服务者。新技术的应用，比如纳米机器人，应尽早进行技术评估，从而提出必要的信息技术要求，并在解决方案中予以考虑，以保证在真正需要时，确保成功地集成和应用。

业务部门在其项目中将得到信息技术部门的支持，比如在物流过程中使用无人机或零件生产的 3D 打印方案。随着这些解决方案的进一步推出，比如扩展到基于机器人的过程自动化和自学习机器，有关责任部门和信息技术服务部门将紧密合作。在这里，信息技术部门确保高效安全的服务，快速灵活地支持各部门，满足他们的新要求。而在建议的组织结构中，基于数字化解决方案的流程整合和业务模型重组由业务部门负责。

7.7.3 新的职业图景和职业生涯模式

随着新时代的劳动分工，不仅企业的业务部门而且信息技术部门扮演的角色和责任范围正在发生变化。这一全面变革成功的关键是通过最新型的人力资源工作，以保持员工的积极性，并带领他们踏上转型之旅。此外，还要提供吸引整个员工的政策措施，无论是新雇用的数字原生代，还是长期雇员以及数字移民。

通过数字化转型下的各种可能性、敏捷式方法、处于改变中的价值体系和新的合作工作形式，已经看到到目前为止的人力资源工作原则已经趋于过时和淘汰，现在需要新型的模式。以下是一些所观察到的趋势：

- 新的职业图景，比如计算机语言学家
- 更长的工作年限
- 在虚拟团队和松散的网络中工作，例如，合作伙伴关系、开放式创新
- 改变价值模式，消除等级地位象征，比如时间与金钱
- "马赛克镶嵌过程"中的新职业模式，比如，员工领导与专家职业阶段的交替和偶尔的休假 [vRu15]
- 灵活的工作时间模型
- 与管理职位相等等级的专家职业
- 终身学习
- 多样性是理所当然的
- 反馈和指导越来越重要
- 强调自由度、自主性和自我实现
- 增加的项目导向和在临时任务领域工作

这种趋势需要崭新的、更灵活的职业和工作时间模式，以及薪酬和奖励制度，其中包括自主安排工作时间和培训机会等方面。新型模式还必须动员现有员工，成为有助于企业文化变革的动力，促进转型进行。要设计好企业提供的待遇，以争取说服更多的求职者加入公司。可以预见，合格人选将大量短缺，要认识到这是一场"人才争夺战"。它的特点是新入职员工的逆转：就是公司要主动招聘高素质的入职者和行业专家。

在新的工作环境中，高级管理人员起着至关重要的作用。为了获得新员工来实践新型模式和推动企业文化转型，高级管理人员是直接的作为参照的人员，因此是联系人。在持续性开办的反馈和辅导讲座中，人才将被发现并获发展机会，要收集员工反馈信息并回馈给人力资源部门。同时，人力资源工作人员也必须改变他们的任务要点和重心，如图 7.17 所示。

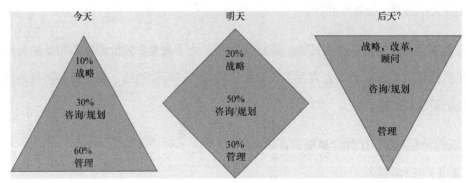

图 7.17 人事工作的变化 [Gor13]

从当今人事管理工作占很大份额出发，未来涉及发展组织结构和模型的咨询和创意工作将不断增加，直至涉及战略咨询和变革管理方面的工作。这一变化反映了由于数字化、人口变迁和未来员工价值模式的变化，对这些新需求的实现。

这里所描述的人力资源工作变化，可以通过人力资源领域的数字化和行政程序自动化，给予显著有效的支持。建立共享服务中心和引入在 6.2.3 小节介绍的平台解决方案，也可以有助于在管理工作中创建自由空间。基于以员工为中心的人力资源工作，在直接管理层和员工之间，经常进行合作性的指导，以及对双方开放的信息反馈，可以达到很高的员工满意度。这反过来，又是导致良好工作成果的坚实基础。

7.7.4 变革管理

除了提供具有吸引力的工作模式和员工发展机会外，创新型工作环境是激励员工的另一个重要因素。数字原生代并不关心办公室的大小，或者办公室窗户的数量。对于他们来讲，能通过使用现代化的工具，企业内部开放式的沟通文化，创造一个能吸引人的敏捷型工作氛围更为重要。这包括工作场所和自由空间布局，比如，尝试改变工作环境，由团队设立一个没有隔墙的大空间。加上在本章提到的主题，使企业文化发展为对变革和转型是开放包容的。

这些激励因素是成功实施数字化的基础，数字化必须伴随着面向目标的变革管理。在变革过程中，非常重要的是应尽早让所有员工参与进来，避免各种可能的公开或隐藏的阻力。与早期时项目的变化相反，数字化转型几乎涵盖了公司的所有领域，将是一个长期持久的过程。因此，必须将持续变革管理作为企业文化的一部分。正如已经多次强调的那样，变革必须由公司董事会作为榜样，并且通过亲力亲为，使员工增强对管理层的信任度。

这一全面变革过程的总体责任，在于企业首席执行官和作为变革指挥官（Change Leader）的首席数字官。反过来，他必须激励所有高级管理人员成为变革推动者，以在同员工对话和日常工作中，实施这种变革。不仅是掌握新技术，而是要赢得所有员工的信任，让他们对变革充满激情，这是成功的关键。基于这一挑战，开发了流程模型图 7.18。

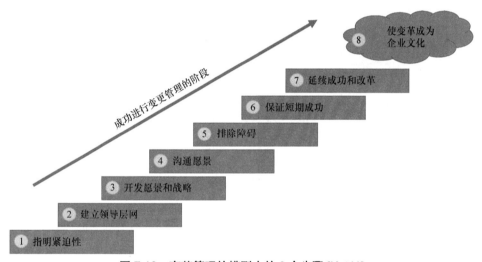

图 7.18　变革管理的模型中的 8 个步骤 [Kot11]

该图显示了成功进行变革管理（Change Management）的 8 个步骤。首先，所有高级管理人员和企业员工，必须清楚地认清变革的必要性，真正具有实施改变的动力。然后要建立一个员工网络，保证在变革过程中，保持不断的相互交流沟通。在接下来的步骤中，将制定企业愿景和参与者都能正确理解的发展战略，以及如何实现这些目标。第五步是消除组织结构或工作过程中可能出现的任何障碍，以及项目硬件设备的缺陷。

项目一开始，就应该力求尽快取得成功，以加强互相交流沟通，并可以在下一步，采纳新的想法和补充措施，来应对进一步可能出现的变化。在最后一步要确保，这些变化长期永久性地在公司中得以巩固，使这种变化成为企业文化的一部分。在任何情况下，都要防止重新陷入旧式组织结构和行为模式。

这种方法把基于企业愿景和战略下的交流沟通和凝聚员工作为中心。其他同样经过验证的方法则部分地给出其他的重点。总之，为了完整性，图 7.19 显示了根据 Doppler 和 Lauterburg 的这个流程的核心要素，Doppler 和 Lauterburg 是两位从事变革管理的标准参考书作者，作为比较另外一个是来自咨询公司凯捷（Capgemini）的基于一个研究项目提出的建议。

构造企业变革 (Doppler和Lauterburg)	变更管理研究 (Capgemini咨询)
调动能量和创造信任	明确描述目标
流程式思维而不是结构式	制订实施计划
从外向内组织	保证资源
使公司与环境保持一致	提高技能
通过沟通建立关系网	设立奖励
确保学习	确保沟通

图 7.19 成功变革管理的要素 [Dop14, Boh15]

图中所示的左半部分，那些多年来经过验证的建议以及成功管理变革的关键因素，大部分应该整合到图 7.18 所示的 8 个步骤中，包括沟通交流的方式、愿景和战略的发展以及具体的实施。公司要对其所处经营环境，给予切合实际的真实定位，以及确保员工学习要求，这都是新企业文化的辅助措施。

图中所示的右半部分，提出一些建设性意见，以确保转型行动计划、资源和能力的存在。对奖励制度的考虑也应值得关注，因为这能额外确保员工的积极能动性。非常重要的是，在首席数字官的领导下，尽早实施变革管理进程，使员工受到尊重，并且持续地参与其中。

7.8 国际商用机器公司（IBM）的转型

很明显，将企业文化转变为具有过多的敏捷性、企业家精神、初创行为，以及承担全面

第 7 章
企业文化和组织结构

责任的意愿,积极主动处理事务和迅速给予实施,是成功实现汽车公司转型为一个移动出行企业的最重要先决条件。作为成功转型的范例,进行企业文化的根本变革,国际商用机器公司(IBM)可供参考。它从硬件制造商到一个基于云的服务提供商的变化,提供给汽车行业转型路线一个类比。因此以下将介绍 IBM 的转型。

IBM 是一家总部位于美国的国际公司,在全球拥有数十万名员工,已在信息技术市场上运营了一百多年,长期以来,它已成为全球各行各业众多大中型公司的信息技术合作伙伴。凭借其许多发明和创新,IBM 一次又一次地成功地重新塑造和改变了计算机行业。其中一项最重要的创新是 20 世纪 60 年代开发的通用大型计算机,即所谓的大型机。在 20 世纪 70 年代甚至在 20 世纪 80 年代,这都是无可争议的市场领导者,并且直到现在许多公司企业和部门机构中,仍在运行着这种中央计算机。

这也许与当年经济上的巨大成功有关,使当时的 IBM 组织机构过于臃肿饱和,这反过来导致了萎靡不振,也使内部官僚主义扩散。当时令人钦佩的,常用的术语蓝色巨人(Big Blue)给员工一种不可侵犯感,并导致了一种理所当然的傲慢的形象。这是在今天无法想象的情况,而在当时被认为是合理的。一部分大型机会"分配"给客户,获得最新系统需要在很长的等待名单中排队,客户们你争我抢,以改善他们排队的位置 [Mus10]。这一成功带来了一种所谓的隧道视野。市场的变化迟迟得不到关注,或根本不被认为是重要的。

在 20 世纪 70 年代,出现了个人电脑(PC),比如来自 Apple、Commodore、Tandy 和 Atari 公司。这些个人电脑,越来越多地被许多公司使用,当然被私人使用。IBM 在长期忽视这一趋势之后,1981 年 IBM 在市场上推出了第一款自己的 PC。这款 PC 的组件,可以很容易地配置成不同的系统。与这之前的业务战略相反,最基本的组件都是从其他公司采购的。其中英特尔(Intel)提供处理器,微软提供了操作系统。

该电脑系统取得了巨大成功,受到了市场的高度关注,在短时间内,IBM 的个人电脑也进入到私人家庭。当然当时 IBM 的成功也归功于其通用术语"IBM 兼容"。但这也是个所谓皮洛士(Pyrrhuc)式胜利,而最终却削弱了 IBM 的市场地位。因为这些 PC 模块可以自由获得,立即有很多供应商,既有大公司也有许多小型企业(所谓的"无名者")进入这个市场进行剧烈的价格战。IBM 通过其开放式组件设计,促进和建立了 PC 的成功地位,但却无法控制它,以便自己能够充分参与其增长。更糟糕的是,这些新信息技术公司 PC 的文字处理解决方案,取代了当时流行的 IBM 打字机，并且通过提高效率和网络特性，部分成为大型机的替代品。

企业运行沉重笨拙，管理官僚化，牢守旧的组织结构和产品生产线，很快导致了 IBM 的经济问题，在 20 世纪 90 年代初，营业遭受了巨额损失。曾考虑过将 IBM 分为多个独立子公司，以确保增长速度，或至少使健康部分得以生存。1993 年，净亏损为 80 亿美元。Louis V. Gerstner 当年出任首席执行官，这在 IBM 历史上，是第一次来自外部的 CEO。对于 IBM 来说，这个选择结果却证明是一个好运气。经过短时间的分析研究，Gerstner 做出了些根本性的决定，并始终如一地付诸实施，这些决定至今在 IBM 中仍然有效。其主要要求如下 [Ger03]：

- 确保 IBM 并专注于集成，而不是分散
- 扩展服务业务
- 以网络为中心的解决方案（后来：电子商务 eBusiness）
- 全球业务流程标准化
- 减少官僚作风和简化流程
- 整合和协调内部信息技术（IT）部门
- 扩展软件业务，包括采取收购方式
- 开放式创新
- 企业文化转型

这些决定导致了 IBM 的彻底改变，即从硬件制造商到集成服务提供商，它不仅提供技术服务，还提供领先的软件和硬件技术。根据 Gerstner 的说法，这次转型中的挑战性任务是企业文化的变革，尊重所有员工的积极参与。作者仍熟悉当时的一些流行词，例如客户至上（Customer First）和执行（Execute）。正是这种以客户为导向，同时集中精力推进项目，而不是重复无休止地讨论，是当时企业突破年代的特征。从作者的角度来看，当时成功调整员工行为积极性的做法，也非常适合当今的汽车制造商开始进行数字化转型。

Gerstner 的任期于 2002 年结束，当时 IBM 的企业文化发生了深刻的变化，员工的态度从"必须改变自己"已转变为"期望改变自己"。这也是一项重要的员工思维和行为的改变，即使在经济稳定健康发展的时期，也能够应对各种变化。由于 Gerstner 的领导力，"旧的大型计算机文化"的解体取得了成功，当然还有员工们紧密沟通和积极参与，当然，当时面临破产的危险，除了变革也无路可走。更值得注意的是，即使在经济成功的时代，新型的企业文化也会带来企

业进一步的变化和发展。在图 7.20 中，上述情况通过 IBM 在主要业务领域的销售情况给予说明，即自 20 世纪 60 年代以来，IBM 在其各个经营领域：硬件、服务、云和相对较新的认知解决方案方面的营业份额。

可以清楚地观察到，20 世纪 60 年代和 70 年代期间硬件的主导地位，及其随后的持续性减少。而其减少的原因，一方面硬件本身性能呈指数增长，而另一方面是价格不断下跌，后来还出售了"commodity"（硬件设备业务），比如，2004 年个人电脑（PC）部门转给了联想。而显而易见的是，信息技术服务、集成型的解决方案业务和软件组件开发的销售增长和重要性增加，这都基于 Gerstner 的企业发展方向的决策。

同样在 2017 年，IBM 在高性能计算机硬件领域仍处于领先地位，这对许多客户来说非常重要，虽然其业务份额下降到 20% 以下。对越来越多的计算和存储性能的需求，公司是利用自己的硬件提供云服务，这也是 IBM 新建立的战略增长领域。在认知解决方案这个新业务领域，预计会出现超常比例的增长。这被认为是公司在业务流程自动化以及智能"思维"辅助系统中，数字化转型的重要组成部分（见第 6 章和第 9 章）。信息技术行业仍在不断变化，IBM 新业务领域的重点，即使在 Gerstner 辞去首席执行官职务后，也需要随变革和转型进行延续和调整。

比如，一种方法是所谓的创新堵塞（Innovation Jams）。这是些在互联网上运行，在一定有限时间内的在线头脑风暴（Online-Brainstorming）活动，对所有员工开放。举办的这些活动，鼓励员工积极参与，活动中议程上有选定的议题和参加的人员。沟通过程由高级管理人员主持，通过目的明确的提示和参与，向所希望的发展方向引导。例如，在一个 72 小时的活动中，企业价值观、公司的重要性以及未来发展方向和工作重点，都将由员工相当激烈地进行辩论。结果可以导致对公司的经营目标、核心价值等，获得更加统一清晰的定义，进一步从中衍生出所谓的实践（Practices）作为管理指导方针。这些可以用关键词 "1-3-9 ibm" 在互联网上（例如 Youtube 上）看到图 7.21 所示的结构。

从图中可见，IBM 给自己确定的最高目标，是对全世界和客户带来重要的差异，只做"必不可少的（Be Essential）"。上图的左侧显示了三个具体的价值观，关注客户的成功、创新和个人在所有业务关系中承担责任。对这些基本价值观，被赋予相应的 9 种实践（Practice），作为管理指导原则，例如分享经验，接受不同寻常的意见和做法，即拥抱奇思异想（Treasurewild-ducks）。

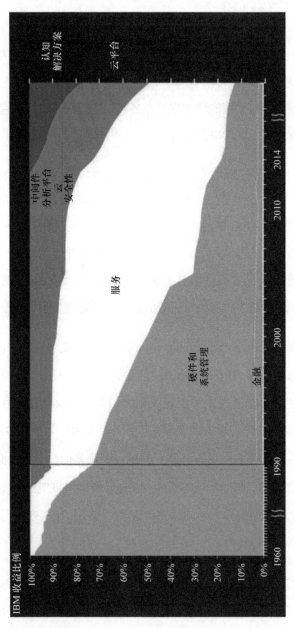

图 7.20 IBM 的销售分布 [IBM]

第 7 章
企业文化和组织结构

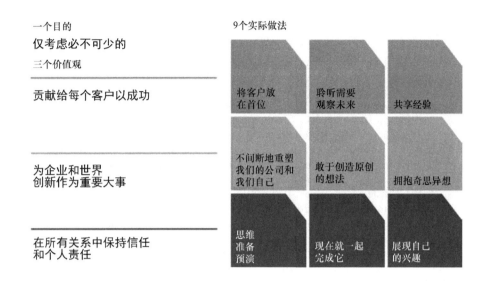

图 7.21　IBM 公司价值观和管理原则（IBM image）

这种企业组织结构是 IBM 今天的企业文化的特征，但是它仍会不断地和灵活地变化，因为这是由市场不断变化的需求所驱动的。作为企业文化变革的一部分，其流程也发生了相应变化，并进行了对应的结构调整。以下是一些基本措施：

- 将人事层次等级从 9 级降至最高 7 级
- 每个季度，而并非每个年度的员工目标谈话
- 平等对待专家和管理人员的职务升迁
- 建立在线学习（每年至少 40 小时）
- 从外部雇用高级管理人员
- 移动工作场所，共享办公桌
- 信息技术环境的现代化

可见 IBM 在重大转型方面，至今进行得非常成功，而且将继续变革。今天沉淀凝固的变革意愿已成为企业文化的重要组成部分。相比较而言，对汽车行业的所有员工，也应该激发这场必不可少的变革的动力。汽车工业到目前为止有着 100 多年的成功商业模式，其企业文化的变革是成功实现数字化转型的最重要先决条件。考虑到这一点，IBM 的发展和转型经验，为通往这条道路提供了可学习的机会。

参考文献

[Arm16] Armutat, S., Dorny, H., Ehmann, H., et al.: Agile Unternehmen – Agiles Personalmanagement; DGFP-Praxispapiere Best Practices 01/2016 Deutsche Gesellschaft für Personalführung e.V. https://static.dgfp.de/assets/publikationen/2016/2016-02-09-Praxispapieragileorganisationen.pdf (2016). Zugegriffen: 16. Nov. 2016

[Bee01] Beedle, M., van Bennekum, A., Cockburn, A., et al.: Manifesto for Agile Software Development. http://agilemanifesto.org/ (2001). Zugegriffen: 11. Nov. 2016

[Boh15] Bohn, U., Crummenert, C., Graeber, F.: Superkräfte oder Superteam? Wie Führungskräfte ihre Welt wirklich verändern können. Change Management Studie 2015; Capgemini Consulting. https://www.de.capgemini-consulting.com/resource-file-access/resource/pdf/change-management-studie-2015_4.pdf. Zugegriffen: 08. Dez. 2016

[Bre16] Brecht, A.; Bornemann, M.; Hartmann, G. et al.: Wissensmanagement in der Norm ISO 9001:2015; Praktische Orientierung für Qualitätsmanagementverantwortliche. Deutsche Gesellschaft für Qualität (DGQ). http://www.gfwm.de/wp-content/uploads/2016/05/Praktische_Orien tierung_fuer_Qualitaetsmanagementverantwortliche_GfWM_DGQ.pdf (2016). Zugegriffen: 24. Nov. 2016

[Buh16] Buhse, W., Reppesgaard, L., Henkel, S.: Der Case Local Motors: Co-Creation und Collaboration in der Automotive-Industrie. Case Study. https://www.t-systems.de/umn/uti/782372_2/blobBinary/LocalMotors.pdf%3Fts_layoutId%3D760278 (2016). Zugegriffen: 30. Nov. 2016

[Cha16] Chatterjee, S., Khandekar, P., Kumar, V.: Reimaging enterprise innovation through crowdsourcing. White Paper Tata Consultancy services. http://www.tcs.com/resources/white_papers/Pages/Reimagining-Enter-prise-Innovation-Crowdsourcing.aspx (2014). Zugegriffen: 02. Dez. 2016

[Chr11] Christensen, C., Matzler, K., von den Eichen, S.: The Innovator's Dilemma: Warum etablierte Unternehmen den Wettbewerb um bahnbrechende Innovationen verlieren (Business Essentials). Vahlen (2011)

[Daimler] Internetauftritt Daimler AG; div. Seiten im Bereich „Innovation". https://www.daimler.com/innovation/digitalisierung/digitallife/mitarbeiter-im-mittelpunkt/ (2016). Zugegriffen: 11. Nov. 2016

[Dop14] Doppler, K., Lauterburg, C.: Change management; Den Unternehmenswandel gestalten, 13. Aufl. Campus Verlag, Frankfurt (2014)

[Eco16] Campus Hackathon; eco – Verband der Internetwirtschaft e.V.,. https://www.eco.de/2016/veranstaltungen/branchentermine/campus-hackathon.html 25. Nov. 2016. Zugegriffen: 03. März 2017

[Eic13] Eichler, S., Katzky, U., Kraemer, W., et al.: Vom E-Learning zu Learning Solutions. Positionspapier AK Learning Solutions; Hrsg. BITCOM. https://www.bitkom.org/noindex/Publikationen/2016/Sonstiges/E-Learning-Studie/Positionspapier-Learning-Solutions-2013.pdf (2013). Zugegriffen: 24. Nov. 2016

[Eil16] Eilers, S., Möckel, K., Rump, J., et al.: HR-Report 2015/2016; Schwerpunkt Kultur. https://www.hays.de/documents/10192/118775/hays-studie-hr-report-2015-2016.pdf/8cf5aee3-4b99-44b5-b9a9-2ac6460005da (2016). Zugegriffen: 11. Nov. 2016

[Fal11] Faltin, G.: Kopf schlägt Kapital. Die ganz andere Art ein Unternehmen zu gründen. Vor der Lust, ein Entrepreneur zu sein. Hanser, Munich (2011)

[Fle14] Fleig, J.: Agiles Projektmanagement – So funktioniert Scrum. business-wissen.de; b-wise GmbH. http://www.business-wissen.de/artikel/agiles-projektmanagement-so-funktioniert-scrum/ 27. Juni 2014. Zugegriffen: 16. Nov. 2016

[Gab16] Gabler Wirtschaftslexikon: Stichwort: MOOC. Springer Gabler Verlag. http://wirtschaftslexikon.gabler.de/Archiv/688938794/mooc-v4.html (2014). Zugegriffen: 24. Nov. 2016

[Gas06] Gassmann, O., Enkel, E.: Open Innovation – Die Öffnung der Innovationsprozesses erhöht das Innovationspotential. zfo wissen /. http://drbader.ch/doc/open%20innova-

	tion%20zfo%202006.pdf (2006). Zugegriffen: 30. Nov. 2016
[Ger03]	Gerstner, L.: Who says Elephants Can't dance? Inside IBM's historic turnaround. Harpercollins, UK (2003)
[Ger16]	Gerstbach, I.: Design thinking im Unternehmen: Ein workbook für die Einführung von design thinking. Gabal, Offenbach (2016)
[Gor13]	Gora, W., Jentsch, P., Erben, S.: Innovatives Human Resource Management White Paper; Cisar – Consulting and Solutions GmbH. http://www.walter-gora.de/media/e34a 849ad27e8a45ffff805effffff0.pdf (2013); Zugegriffen: 08. Dez. 2016
[Grü16]	Gründerszene: Was ist Entrepreneurship; Online Lexikon, gründerszene.de. http://www.gruenderszene.de/lexikon/begriffe/entrepreneurship (2016). Zugegriffen: 24. Nov. 2016
[Gum16]	Gumsheimer, T., Felden, F., Schmid, C.: Recasting IT for the Digital Age. BCG Technology Advantage,. http://media-publications.bcg.com/BCG-Technology-Advantage-Apr-2016.pdf (2016). Zugegriffen: 05. Dez. 2016
[Hel16]	Helmke, S., Uebel, M.: Managementorientiertes IT-Controlling und IT-Governance. Springer Gabler, Wiesbaden. (2016)
[Ker12]	Kerres, M.: Mediendidaktik: Konzeption und Entwicklung mediengestützter Lernangebote, 3. Aufl. De Gruyter Oldenbourg, Berlin (2012)
[Kno11]	Knospe, B., Warschat, J., Slama, A., et al.: Innovationsprozesse managen, Fit für Innovation; Bericht Arbeitskreis 1 im Verbundprojekt „Schnelle Technologieadaption", Förderung durch BMBF und ESF. http://www.fitfuerinnovation.de/wp-content/uploads/2011/07/Fit_Fuer_Innovation_AK1.pdf (2011). Zugegriffen: 02. Dez. 2016
[Kom14]	Komus, A., Kamlowski, W.: Gemeinsamkeiten und Unterschiede von Lean Management und agilen Methoden. Working Paper BPM-Labors HS Koblenz. https://www.hs-koblenz.de/fileadmin/media/fb_wirtschaftswissen schaften/Forschung_Projekte/Forschungsprojekte/BPM-Labor/BPM- Lab-WP-Lean-vs-Agile-v1.0.pdf (2014). Zugegriffen: 11. Nov. 2016
[Kom15]	Komus, A.; Kuberg, M.: Status Quo Agile; Studie zu Verbreitung und Nutzen agiler Methoden; Studie der Deutschen Gesellschaft für Projektmanagement e.V. in Kooperation mit der Hochschule Koblenz. https://www.gpm-ipma.de/fileadmin/user_upload/Know-How/studien/Studie_Agiles-PM_web.pdf (2015). Zugegriffen: 11. Nov. 2016
[Kot11]	Kotter, J.: Leading Change: Wie Sie Ihr Unternehmen in acht Schritten erfolgreich verändern, 1. Aufl. Vahlen (2011)
[Küh00]	Kühl, S.: Grenzen der Vermarktlichung – Die Mythen um unternehmerisch handelnde Mitarbeiter. WSI Mitteilungen Hans Böckler Stiftung. http://www.boeckler.de/pdf/wsimit_2000_12_kuehl.pdf (2000). Zugegriffen: 5. Dez. 2016
[Lai16]	Laitenberger, O.: Bimodale IT – Fluch oder Segen? CIO von IDG Media Business Media GmbH,. http://www.cio.de/a/bimodale-it-fluch-oder-segen,3253885 07. März 2016. Zugegriffen: 05. Dez. 2016
[Lec12]	Leckart, S.: The Hackathon is on: Pitching and programming the next killer App. Wired Magazine,. https://www.wired.com/2012/02/ff_hackathons/all/1 17. Febr. 2012. Zugegriffen: 02. Dez. 2016
[Lob16]	Lobacher, P. Innovationstreiber design thinking. Informatik aktuell,. https://www.informatik-aktuell.de/management-und-recht/projektmanagement/innovationstreiber-design-thinking.html 12. Jan. 2016. Zugegriffen: 11. Nov. 2016
[Mus10]	Mustermann, M.: Ändere das Spiel. Die Transformation der IBM in Deutschland und was wir daraus lernen können. Murmann Verlag, Hamburg GmbH (2010)
[Now16]	Nowotny, V.: Agile Unternehmen – Fokussiert, schnell, flexibel: Nur was sich bewegt, kann sich verbessern. BusinessVollage, Göttingen (2016)
[OAA16]	Open Automotive Alliance: Introducing the Open Automotive Alliance. http://www.openautoalliance.net/#about (2015). Zugegriffen: 30. Nov. 2016
[Ope16]	Open Stack: Open source software for creating private and public clouds. http://www.openstack.org/. Zugegriffen: 30. Nov. 2016
[ORe13]	O'Reilly, C., Tushman, M.: Organizational Ambidexterity: Past, Present and Future; Graduate School of Business Stanford University Havard Business School. http://www.

	hbs.edu/faculty/Publication%20Files/O'Reilly%20and%20Tushman%20AMP%20Ms%20051413_c66b0c53-5fcd-46d5-aa16-943eab6aa4a1.pdf 11. Mai 2013. Zugegriffen: 11. Nov. 2016
[Pla09]	Plattner, H., Meinel, C., Weinberg, U.: Design-Thinking. Innovation lernen – Ideenwelten öffnen. FinanzBuch Verlag, München (2009)
[Rig16]	Rigfby, D., Sutherland, J., Takeuchi, H.: Innovation: Embracing agile. Harward Business Review,. https://hbr.org/2016/05/embracing-agile (2016). Zugegriffen: 11. Nov. 2016
[Sch15]	Schiedgen, J., Rhinow, H., Köppen, E.: Without a whole – The current state of design thinking practice in organizations. Study Report, Hasso-Plattner-Institut Potsdam. https://hpi-academy.de/fileadmin/hpi-academy/buchempfehlungen/Parts_Without_A_Whole_-_Download_Version.pdf (2015). Zugegriffen: 11. Nov. 2016
[Sie17]	Siegl, J.: Wissensmanagement im Vergleich – Die besten Wissensmanagement Anbieter im Test 2017. Trusted GmbH, München. https://trusted.de/wissensmanagement (2017). Zugegriffen: 04. März 2017
[Som16]	Sommer, C.: How this 30-something entrepreneur is giving the 100 year-old automotive industry a tune-up. Forbes Online. http://www.forbes.com/sites/carisommer/2016/11/28/how-this-30-something-entrepreneur-is-giving-the-100-year-old-automotive-industry-a-tune-up/#7bbd3c981ae8 28. Nov. 2016. Zugegriffen: 30. Nov. 2016
[Str16]	Strelow, M., Wussmann, M.: Digitalisierung in der Automobilindustrie – Wer gewinnt das Rennen. Studie Iskander Business Partner GmbH. http://i-b-partner.com/wp-content/uploads/2016/08/2016-09-06-Iskander-RZ-Whitepaper-Digitalisierung-in-der-Automobilindustrie-DIGITAL.pdf (2016). Zugegriffen: 24. Nov. 2016
[Tho15]	Thomas, R.; Kass, A; Davarzani; L.: Experimental design with Audi's Virtual Lab. Accenture Case Study. https://www.accenture.com/t20150825T041248__w__/us-en/_acnme dia/Accenture/Conversion-Assets/DotCom/Documents/Global/PDF/Dualpub_20/Accenture-Impact-Of-Tech-Audi.pdf (2015); Zugegriffen: 30. Nov. 2016
[Vas16]	Vaske, H.: Forresters Abgesang auf die bimodale IT. CP von IDG Media Business, Media GmbH. http://www.channelpartner.de/a/forresters-abgesang-auf-die-bimodale-it,3246894 29. Apr. 2016. Zugegriffen: 05. Dez. 2016
[vRu15]	von Rundstedt, S.: Lebenslauf-Mosaik & neue Karriereformen: 4 Tipps für Unternehmen; Blog in berufebilder.de,. http://berufebilder.de/2015/lebenslauf-mosaik-neue-karriere-formen-4-unternehmen/ 22. Sept. 2015, Zugegriffen: 05. Dez. 2016
[Wes14]	Westerman, G., Bonnet, D., McAffee, A.: Leading digital – Turning technology into business transformation. Harward Business Review Press, Brighton (2014)
[Zel15]	Zelesniack, E., Grolman, F.: Unternehmenskultur: Die wichtigsten Modelle zur Analyse und Veränderung der Unternehmenskultur im Überblick. Artikel initio Organisationsberatung https://organisationsberatung.net/unternehmenskultur-kulturwandel-in-unternehmen-organisationen/#_ftn1 (2015). Zugegriffen: 11. Nov. 2016

第 8 章
信息技术作为数字化的推动者

信息技术作为一个使企业运作的功能，在数字化转型中起着关键作用。它不仅是各个业务部门的顾问和支持者，还要使现有的信息技术环境在保证成本效益前提下安全运行，与此同时，其本身也需要继续发展和扩充完善。现有的信息技术架构和已采用的相关技术必须进行现代化，或者由更新异的解决方案取而代之，以便更加灵活、高效率地满足企业各个部门的要求。但是，不仅仅是新的信息系统架构和基础设施建设需要实施，企业本身的组织结构和内部信息业务流程也必须进行相应的改变，与此伴随的是，信息技术人员自身知识和实践操作能力需要进一步发展与扩充完善。

在这种形势下，首先要重点讨论的是公司运营中的信息技术，而不是安装在具体车辆上的信息技术控制装置及其各种功能，诸如空调或车距控制，以及生产加工车间的现场总线系统、工业设备和机器人控制问题。首先，讲述信息技术作为企业数字化改造的支持者和推动者所面临的现实挑战，其次提供了如何开发满足上述要求的基于数字化路线图的全局信息战略，最终提出具体方法，考虑企业业务流程和经营效益因素，检验评估信息技术。信息技术战略的细节不是本书讨论的主题。具体的实施程序可以在许多相关的专业文献和标准中检索，比如信息及相关技术控制目标（COBIT）、信息技术基础架构库（ITIL）和国际标准化组织（ISO）、可供参考的文献 [Joh14，Cox16，ITG08]。

与其相反，这里更注重的是典型计划规范和与此相关的议题，这些都是基于作者在信息技术行业积累的宝贵经验，而上述的问题，都是企业信息技术组织中悬而未决，并且迫切需要落实解决。另外本章举出两个实际范例，来支持作者的观点和见解。

8.1 信息技术转型战略

企业的信息技术组织目前正处在如何平衡两个互相对立的方面，一方是以往传统且已成熟的应用现状和计算中心；另一方是当今"数字化原生代"为代表的世界，以采用应用程序（App）和智能手机为特征。多年以来，计算机技术在汽车工业已经被用于执行各种各样的任务，为企业内部各个部门的工作计划实施提供具体的解决方案。比如，汽车研发设计人员使用计算机系统进行图纸绘制和零部件明细表管理，而财务部门则使用所谓的企业资源规划系统（ERP），生产部门使用计算机控制系统来运行和监控产品生产线。这些系统可以是企业部门自己研制开发并编程实现的专用解决方案，称为遗留系统；也可以是常见标准通用的商业软件包，例如法国达索的计算机辅助设计系统 CATIA，或德国的企业管理软件 SAP。虽然其中一些计算机软件系统已有三十多年的历史，但目前仍然以其高可靠性支持企业运作的大部分业务流程。

一般来讲，高度定制特殊用途的应用程序通常是企业运行流程中非常关键的环节，需要高质量的管理维护服务。一个新流程的引入，其适应性及其所需信息技术系统的开销会变得极其费时费财，原因是在现有程序的规模范围，复杂的业务流程和相关技术的集成没能给予完整的描述并充分地记录存档。另外，还不能预见是否能通过全新的应用软件工具如在各种移动智能设备上运行的 App 为这个问题提供完整的解决方案。如同我们日常个人生活所习惯的，这些应用程序的确应该尽快而且灵活地投入使用。因此，上面所述的两种系统都将会存在且长期共存。

公司信息技术目前的状况和今后必要的发展方向如图 8.1 所示。企业的业务流程必须进行进一步审查，尽可能简练精化，进行信息技术系统和相应基础设施的转型和巩固强化。目前的成熟系统通常被称为难以分割的单一系统，因为其特定专业应用多采用封闭式程序技术创建，通常必须付出高额人力物力费用才能对其改造，以适应新的业务流程要求。这些解决方案一般都只在特殊专用信息技术基础框架上运行,所采用的技术必须由实际应用来确定。

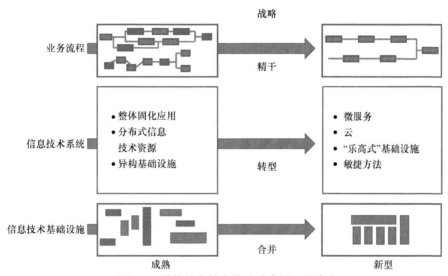

图 8.1 整体信息技术战略(来源:作者)

这样所造成的结果是,企业的计算中心必须配备各种各样的基础设施,如同一个"技术马戏团",这些基础设施需要以高昂的费用来维护,以保证安全可靠运营。根据目前最新研究表明,维持这种系统的正常运营和提供服务支持的费用通常需要超过 70% 的可使用财政预算,而只剩 14% 可用于改造创新 [Kur16]。采用标准化和集成合并虽可改善这种成本情况,但维护旧系统仍然需要大量预算支出。

"新型的信息技术世界"结构的特点,是采用微型服务作为应用问题的解决方案的要素,以及标准化的硬件组件,可类似"乐高积木"一样,通过添加补充并附加以云计算框架,来轻松地扩展能力和增加处理容量。这种项目的特点是敏捷性。其所需的投资至少部分地通过节省成熟部分的开支来提供,以便将费用用于支持所需的信息技术现代化,实现企业的技术转型更新。

8.2 信息技术战略的基石

面对实现上述企业信息技术转型的新型挑战,需要一种信息技术战略,将新旧技术领域完美地集合在一起,为落实企业的长远目标提供有效的技术保障。然后在此基础上,实施企业转型计划和优化项目,将其列入相应的实现规划和项目计划中。在这个具体的计划中,要明确陈列出每个单一项目的优先级以及具体实现的时间表。作为数字化转型工作的基础方针,该战略描述了比如人力物力财力资源战略、要达到的目标框架、信息技术标准和计划规划。

经典式的战略开发方法通常基于企业目标和由此衍生出的业务流程，依此定义信息技术的目标和基本架构。这种方法已经通过相对稳定的业务流程、业已建立的信息技术环境以及现有的操作和应用程序环境，给予了证明和验证。但与此同时，更重要的是需要在与专业部门密切协商的情况下将经过深思熟虑选定的数字化实施路线图计划纳入企业的信息技术战略。这里特别具有挑战的是，要求在短期内将具有突破性的新商业模式成功地引入企业经营业务。为此，新型的信息技术必须通过其灵活的结构付诸实施，以便快速对各种新要求做出响应。例如，在第5章和第6章提出了移动服务平台的概念、管理功能和销售额处理，同时要求信息技术战略满足新的数字类产品要求，从而快速有效地提供所需的服务。

在制定战略时还应记住，信息技术作为数字化转型的强大推动者，其角色将来会发生巨大的变化。过去需要技术专业知识来开发应用程序，构建所需的基础框架，并使其安全地运行。结果是，这些信息技术专家经常沉溺于"他们自己的世界"，有时由于使用某些特殊技术术语而使他们显得孤立，导致用户恐惧和他们进行接触交流。这是因为在过去，业务流程已在项目的定义阶段根据技术要求进行了描述。但是这以后，与专业部门很少再进行持续性的交流。

这种情况现在正在发生根本变化。通过在个人应用领域大量使用现代信息技术，以及企业工作人员的年轻化即数字化原住民的出现，在企业每个专业部门中，对信息技术的认知愈加更新和丰富。专业部门对信息技术几乎不再有任何恐惧感，而且对内部信息技术服务的期望越来越高，希望能够快速且灵活地提供现代化解决方案。面对这种新的要求，更需要信息技术部门提供更多的信息技术流程知识和业务指导，比如设计思维研讨会的形式，以便使各个部门共同加速对现有想法的实施，推动数字化转型项目。而且，信息技术部门本身也必须从中积累知识，以成为内部公认的数字化技术顾问和推动者。但如果转型项目一旦失败，则存在这类风险，即被涉及的业务部门将会脱离信息技术部门而自己独立去寻求云端技术解决方案，自行开发应用软件工具。无论在任何情况下，都应该避免这种"信息技术造成的阴暗影子"，因为这些独立解决方案肯定会产生额外的费用成本支出，并且经常存在着不安全的风险。

考虑到上述情况，信息技术战略的制定必须能够实现共同制定的目标。应该明确说明工作方式和方法，分配各自职责，明确设置审查内容和范围，并以此作为措施，进行项目进度控制和既定工作内容的检验。以下是在制定信息技术策略中，将要涉及和需要处理的问题：

- 框架 / 标准

    - 从企业经营框架衍生出的信息技术架构

    - 标准应用 / 发展规划——处理数据概念和信息收集方案

    - 技术标准

- 应用程序 / 微服务

    - 战略服务：大数据，分析，认知计算

    - 应用策略

    - 软件开发、工具、方法、开源软件

    - 理念：微服务 / 平台作为服务、应用程序接口价值链的开发运行

- 基础设施

    - 平台战略，操作系统，集成技术

    - 云计算战略

    - 通信技术，网络方案

    - 操作策略、服务等级协议（SLA）

- 资源

    - 核心业务 / 商品

    - 内部资源与任务外包

    - 近岸 / 离岸

    - 企业内部：软件开发，测试

    - 合作伙伴方案

    - 供应商战略 / 合并

- 移动设备、"自带设备"的方案

- 安全方案

- 创新管理

- 计算中心方案、站点合并

- 培训计划

- 组织，内部流程，管理

- 投资计划，人力资源计划，内部控制

之前已经提到，对于信息技术战略的详细阐述务必参考相应的技术文献。重要的是，该战略整体上将两个信息技术世界进行集成。这里应该指出的是，数字化转型过程中信息技术战略的制定仍是一个动态过程，特别是考虑到始终快速发展的计算机和网络技术，以及不断修改变化的转型需求。因此，该数字化战略以及相关的实施方案应该大约每半年定期与相关部门一起审查、进行验证并进行必要的调整和补充。同时，定期引入企业外部检验基准来确定可能需要采取的新行动，这也是非常有意义的。

8.3　成本和效益透明度

数字化转型的战略，同样必须通过明确定义的目标，对所制定的期望和其实施效率给予必要的检验和评估。在过去，汽车行业几乎完全以成本结算来评判其信息技术组织，只需满足理所应当的服务质量即可，而并不考虑信息技术支持协助业务流程执行而带来的收益问题。这种目标通常是在纯成本基准测试中尽可能使信息技术费用维持在最低值。为此，通常将信息技术成本相对公司销售的百分比作为检验参数。作为汽车行业的一般经验法则，这个数值在欧洲的批量制造商中应该是低于 2% 的水平，而在高档制造商领域，由于相对车辆产量小，可接受的百分比大概是 4%。为了能够使用此参数进行有意义的比较，必须精确定义信息技术中包含哪些成本要素。比如，需要定义信息技术成本计算入生产线中的层次级别，用于车辆内部本身的信息技术系统的成本范围，以及哪些属于系统工作中所需的通信成本。然而，这种仅考虑费用的方法的主要缺点是，信息技术所产生的经济效益无法评估，公司数字化技术成熟度的发展程度和企业竞争能力的增强也无法给予衡量。

因此，建议与各事业部门一起确定需要评估的参数，这些参数除了成本之外，还应该能描述预期的商业效益，以及对数字化转型的支持作用即提高企业效率的措施。确定这种特征值的步骤如图 8.2 所示。

首先，必须以适当的详细程度收集和计算当前信息技术的成本。其中包括工作人员、硬件设备、软件、支付服务以及通信和房屋建筑等有关的成本。上述这一初步粗略考虑应该尽量给予修改和补充完善，这些整理出的数据参数可作为进度控制和与外部进行对标的评定基准。评定基准例如提供服务的类型中每太字节（TB）的存储成本，每个实例中 Linux 操作系统成本，或者大型计算机领域中每秒百万指令（MIPS）的成本。

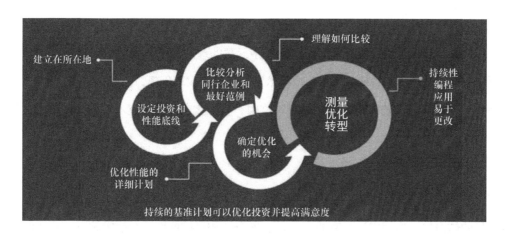

图 8.2　信息技术战略的出发点和目标 [Gue16]

在此分类基础上，可以通过著名制造厂商之间的成本比较或者采用该工业行业中的基准指数进行具体比较，识别出企业内部哪些信息技术部门可能仍然存在可优化的潜力，然后通过相应措施进行有意义的完善改进。这种工作方法程序前面已经建立并描述了多次，所以这里不再进一步探讨 [Tie11，GadA16]。

此外，建议尽可能将信息技术费用按其所引起的支出平等分配给企业中的主要业务流程部门。作为基础性依据，可以参考在 6.2.3 小节中介绍的按照 SAPValue Map 或商务模型确定的业务细分模型。总之，可以考虑信息技术成本来确定仍有改进潜力的业务流程领域，同时对此制定相应的转型计划。

这种按支出份额分配费用的方式在某些特别应用部门是相对很容易确定的，比如设计部门计算机辅助设计系统的许可证费。而企业通信信息技术服务费用例如防火墙解决方案或服务器操作通常要根据某些特定参数确定，这要求各部门之间互相协调，为今后的费用跟踪创造共同基础。信息技术费用首先要与其实现的专业功能挂钩，进行经济效益评估，比如处理销售交易的信息技术成本费用，或者设计车辆零部件所涉及信息技术成本所占的比例。尽管此处提出的工作方法的最初实施很复杂，但仍建议将其作为信息技术部门和企业其他业务部门之间的桥梁，因为这在数字化转型中是特别有帮助作用的 [Fre16]。

8.4　转型项目

根据企业制定的目标，可定义企业体系结构及其所需的业务流程，并由此可衍生出信息技术要实现的目标和对它的战略需求，并以此为基础制定出企业整体信息技术体系框架。这个整体框架包括 8.2 节中提到的主题，比如应用程序、要处理的数据、安全性和采用的技术。除了上述要求和期望之外，还要特别注重当今技术发展趋势和改革创新，以及其派生出的应用潜力，以确保信息技术解决方案的可持续性。在下文中，将深化介绍信息技术转型中需要考虑的重要方面。

8.4.1 投资组合的发展

现代的信息技术应用应该具有成本效益、安全性和可扩展性，在需求波动、企业经营要求变化以及相关应用领域的发展中，能快速适应和进行功能扩展。此外，应该能够提供面向应用的类似便携设备的用户界面，尽可能直观操作，并且通过智能手机、语言或手势进行控制。

将现有应用程序迁移到目标方案时，有三个选项，如图 8.3 所示。

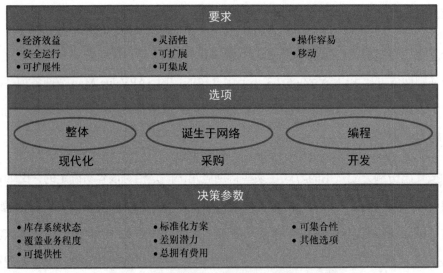

图 8.3 应用程序的迁移选项（来源：作者）

该图的上半部分展示了前面已经提到的对现有信息技术应用的要求。在实施发展规划时，该图中间提到的选项从现有应用程序的现代化，经由基于最新技术的软件解决方案的采购即所谓"诞生于网络"，到使用创新技术和方法进行新的开发。在该图的下半部分列出了必要的决策参数，以方便在不同的选项之间进行选择。其中最重要的影响因素是现有系统在安全性和可操作性方面的考虑，通过所选择的解决方案覆盖企业经营范围，以及总使用成本。

对相对稳定的业务需求以及相对较安全和经济性运转的应用来说，对其进行现代化是一个很好的选择。如果一个旧系统因为缺乏功能或持续不稳定运行而需要进行彻底更换，则建议采用最先进的标准的系统。如果基于新技术仍然无法实现所要求的功能，但可在云环境中运行，则应进行新开发，使用创新型开发工具和实施方法。

现有的传统开发的应用系统通常含有平稳运行所需的所有必要程序模块、功能库和数据接口。在这种框架下，即使进行很小的改变或调整也是相当昂贵的，因为每个改变后都需要对整个应用系统进行大量的测试、编译和投产。这解释了为什么应用系统升级和现代化来配套改造应用程序，例如使之在云环境中操作或引入新的用户界面，都是需要大量人员和财务支出因而非常昂贵的。此外，现有功能扩展和转换到能访问常见移动设备也需要大量的工作。

为了改善这种状况，特别是改善应用的敏捷性，需要进行应用程序替代或从根本上进行模块化改造，更建议采用现代最新技术和开放型框架 [Old15]。为了支持这项工作，可采用现有的方法和工具，利用企业外部资源运行，这可以降低成本并获得更佳效益。使用此选项时，除了纯粹项目成本，对实施运行的风险、测试和投产版成本都应该进行评估。如果旧系统由软件层封装，则可以控制迁移风险，例如处理访问和控制集成流程，这是一种基于所谓的"勒索"模式的体系结构。这些系统允许混合应用，并逐渐过渡到新系统 [New15]。另一种选择是将需要保留的旧系统连接到集成层的一个专门商务平台，以便在这里提供一个应用程序为其提供服务，新功能将以移动功能模块的形式对接或者使用创新的数据分析解决方案（参见 6.2.3 小节中的图 6.27）。

除了那些独立编程的老式系统，许多制造厂家通常使用标准的应用程序。多年来被广泛使用的是 SAP 解决方案。此软件的主要优点是，供应商可确保应用程序的不断发展和现代化。例如，内存储技术（在运行时程序和数据在主内存中）可进行高性能的数据分析以及云结构的可操作性。最新的 SAP 版本提供了高度的模块化、新的用户界面和移动访问可能性。汽车制造商面临的挑战，是标准软件在很多情况下通过参数化定制或复杂的附加编程发生了显著改变。因此，以至于发布更新，通常会导致相当大的精力、费用开支和额外工作。

此外，许多制造商不仅使用单一的 SAP 系统，而且在不同的组织部门中采用特殊系统作为独立解决方案。在这些部门，这些局部变化通常被制定为特定部门的标准，即所谓的模板，以便在向企业国内外组织单位推广期间实现重复使用。为实现此目的，模板中的本地化匹配需要作为一项标准进行维护更新，这也是一项复杂的任务。此外，SAP 系统至少由三个独立的系统组成，用于开发、测试和生产以及操作。图 8.4 说明了这种情况。

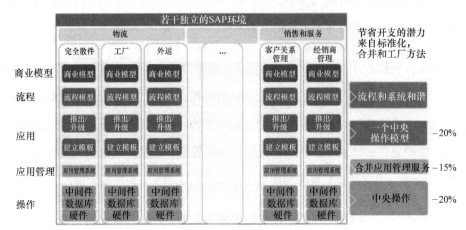

图 8.4　SAP 环境示例（图片来源于国际商用机器制造公司（IBM），经验值作者）

这个图为某制造商建立的 SAP 环境和现状。每一列代表一个组织部门，例如在物流业务中的完全散件组装、企业内部物流和外运物流，用以保证零部件供应。另外，销售和服务部门中有经销商管理系统（DMS）和客户关系管理（CRM）单元。图中仅仅是选择出的若干部门，还有其他部门，比如财务管理或采购领域。

图里的行代表不同的项目和运营阶段，包括三个阶段系统结构（开发、测试、生产），这三个阶段都针对某一个"SAP 解决方案"，比如工厂物流。为了启动实施项目，业务部门以业务流程模型的形式定义系统对信息技术的需求。系统在开发过程按客户要求定制，然后由业务部门在测试系统中进行测试。如果要推出新版本，模板的本地化版本尽可能标准化，随后在"模板构建"中维护，这一过程甚至经常在特殊的开发和测试系统中进行。

而系统的进一步开发和维护在应用管理领域进行，其中提供了所谓的应用程序管理服务（AMS）支持。在信息技术运行操作中（此处称为操作），除了本身 SAP 应用程序之外，还有所谓的中间件（Middleware）、数据库（DB）和硬件（HW）在运作，以及其他技术如网络连接和安全性系统。该图说明了先进的 SAP 环境的复杂性，在大型企业中这个环境有可能包括数百个不同的 SAP 系统。

首先应该让系统尽可能靠近软件标准，才能提供相当大的节省费用潜力。这要求必须各部门密切协调,而先决条件是适应性以及跨组织层次的业务流程标准化,可保证在未来的变更、修改和扩展中,仍能严格遵守需求管理规范。此外,还应努力减少 SAP 模板的数量并将其整合到各个业务部门中。根据公司的规模大小,必须相应定义一个雄心勃勃的整合目标以显著减少系统数量,而不会由于过大的应用程序体系而限制可扩展性和推出新版本的灵活性。

由于应用程序的减少和标准化,硬件系统的数量也将减少,通过应用程序的标准化也降低了维护和运营成本。通过标准化还可以降低软件版本更改的成本,从而使创新型软件工具更快地提供给专业部门。此外,开发和运营任务在多个地区的组织团队之间能产生相当大的协同效应,可以实现 7×24 小时地"跟随太阳"不间断地运行。这些团队将根据"工厂概念",以统一的方式在全球组织,并使用当前的工具进行问题分析、知识管理和自动化,以进一步降低成本并改善服务。在此背景下,如图 8.4 右侧所示,保守估计可有约 15%~20% 的节约潜力,并且根据初始情况不同通常还要高得多。

在许多情况下,传统系统和 SAP 系统在改进服务、提高创新能力特别是节约费用方面仍然具有巨大潜力。后者更应被采用以进一步标准化应用程序并朝着目标框架发展,以资助创新项目。

8.4.2 基于微服务的应用程序开发

随着数字化的快速发展,对相应应用软件的需求也在不断增加。信息技术成为企业运营流程和其产品的核心成分。因此,软件开发在公司中显得越发重要,并且正在发展成为其核心业务的组成部分。企业的业务部门要求其信息技术部门尽可能提供快速、灵活、可扩展的应用程序,需要时必须在尽可能短的周期内实现运营或扩展功能,这些要求已经很难通过传统的软件开发方法、技术和单独固化的应用程序框架来满足。

作为一种替代方案,所谓的微服务现在变得越来越重要 [Ste15]。作为面向对象编程(OOP)或面向服务框架体系(SOA)的变革性发展,微服务是在不同技术中创建的小型独立功能块。许多应用程序可以通过多个微服务进行耦合来实现。每个单个对象中的数据可以单独进行处理,并作为单个模块进行调试,因此可以方便地适应各种不断变化的需求。这个概念被称为微服务框架,与整体固化应用程序相比具有许多优势 [Fow15],如图 8.5 所示。

	整体固化框架	微服务框架
框架	框架由一个单一的逻辑程序单元组成，所有的功能，库，独立性是在一个应用块以内	框架由一系列小型服务组成，这些服务完全性地和独立运行，互相之间进行通信
可扩展性	在载荷平衡器后，整个应用是在横向扩展	如果需要，每一个服务可以独立的扩展
灵活性	对系统的改动，引起其中所有的应用程序必须重新编译，测试，进入投产使用	许多改变可互不依赖，在各自服务进行
开发	通常用一种编程语言实现	每一个服务，其中代码都可用不同的编程语言实现，集合是通过一个已定义的应用程序接口
维护	沉长且不明了的程序代码	多个小型程序代码，容易管理

图 8.5 基于整体固化封闭的应用程序和基于微服务框架的应用程序比较 [Büs15]

图中的第一行比较了这两种不同框架的特点。封闭式程序是孤立的，而与之相对的独立模块连接而成的程序可以用于其他应用场合。而基于微服务的应用程序的可扩展性非常强，因为可以为计算负载相对较重的应用分配额外的计算机资源、内存或数据传输容量。整个系统的可用性也很高，因为单个微服务的故障不一定会导致整个应用程序的崩溃。微服务的灵活性和可维护性也非常高，只需测试相应的程序组件就可实现调整和功能扩展，而无须再对整个程序进行测试。

程序模块单元的开发研制可以由不同的团队分工进行，模块之间通过预先定义的应用程序接口（API）连接。由于可并行化运行，这种理念非常适合以"列阵争球"Scrum 团队方式给予实施。减少了测试工作量，而且可灵活投入应用生产，因此可以迅速响应事业部门的需求。通过采用其他新技术和理念比如容器（Container）和研制操作（DevOps），微服务框架的这些优越性可以进一步得到增强。

在当今物流领域，标准化集装箱用于各类商品的运输。标准化货物容器给货物运输过程带来了相当大的优势，因为世界各地的海港、铁路车站、中转站的起重机、运输车辆等相应设施的技术数据可以实现统一。基于这一理念，信息技术中的所谓容器技术是将多个微服务功能与操作系统功能和运行时服务封装在一起，通过一个软件包装起来，成为一个所谓的容器，这个容器可以在任意类型的信息技术基础设施和操作系统环境中运行 [Pre15]。这个想法可以通过比如一个名为"泊坞窗"（Docker）的开放式源代码项目来具体实现。容器这个想法通过这个开源项目，正日益受到欢迎 [Kri16]。这个在任何服务器上都可运行的"包装式微服务"可便利地应用于信息技术基础设施，使应用实例可在开发团队和计算中心之间的传递变得非常灵活。而在传统的应用系统中，系统之间的基础设施包括系统软件的完全就位必须要付出巨大的努力才能给予保证。

在服务器内，可以彼此独立地运行多个泊坞窗容器，而不需要额外的安装或提供虚拟化操作措施。每个容器都可以单独分配所需的信息系统资源。而且，随着容器数量的增加而导致日益增加的复杂性仍可以通过这一方式对信息操作进行控制。图 8.6 概述了微服务与其他服务一起使用的情况。

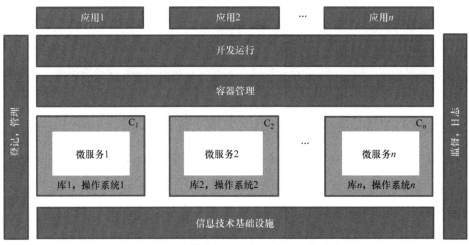

图 8.6　容器中的微服务（来源：作者）

在图 8.6 的中间，容器 C_1 至 C_n 构建在信息系统的基础设施上，每个容器封装了其单独的微服务，运行时需要各自的库和操作系统组件。微服务与应用程序的通信协调通过单独的管理系统进行 [MSV16]。资源的分配要通过容器注册，在这个层次还管理微服务的发布和应用区域。监视和日志功能（例如，记录内部过程）可以给操作团队提供技术支持。这意味着在应用程序的整个生命周期，可以给基于微服务的应用提供一系列完整的工具。而且这些工具可以由不同的软件开发商提供，可确保在整个企业范围内都使用该框架。

尽管有如此显著的优越性，在决定选用这种框架时还需要考虑一些挑战。除了基本技术知识，云开发人员还需要有有关云的专门技术，以便能够在应用中正确使用混合硬件框架的优点，这将在 8.4.5 小节详细叙述。但在这种情况下要特别注意的是，运行分布式服务时要对延迟效应即通信延迟引起足够注意，这些需要能被功能强大的通信方法所避免。此外，开发人员应该掌握开发运行模式和应用程序接口领域的知识，因为这两者对于充分利用基于微服务的体系结构非常重要。

所谓开发运行模式（DevOps）是将开发（Development）和操作（Operation）更紧密地结合

在一起的方法和工具，可以缩短产品开发周期和促进产品快速投产 [Bos15]。

这里非常期望的是，在各个不同工作地点和组织机构之间建立密切、开放式的互相协作的企业共享文化。总之，重要的是以敏捷型项目过程方式工作，尽可能在相应的工作步骤中提高各自流程的效率，现在这些流程在某些阶段例如测试和生产中越来越趋于自动化。特别是，前面所述容器的使用可以显著地减少工作量，因为不再需要特定应用程序的基础结构环境。

基于微服务的框架结构的另一个优点是能够轻松集成外部微服务。特别是在开源环境下，目前有许多各种各样现成的软件产品，而且往往在共享平台由开发者社区免费提供。另外还有一些由其他公司或外部供应商提供的服务。当然，将自己的微服务、程序和数据通过应用程序接口（API）提供给外部对此感兴趣的公司使用也是可能的。例如，与车辆相关的某些数据可以出售给保险公司或营销机构，或者允许服务提供商访问车辆信息娱乐单元，在其界面上显示他们可以提供的工具或服务项目（可以比较 5.4.2 小节和 6.2.1 小节）。但要跟随和实施这些经营战略，需要在微服务领域以及与其他应用技术进行交互的领域建立一个应用程序接口的管理系统。

8.4.3　数据湖

企业、社交网络和互联网中的数据量爆炸为更高的透明度、实现新认识见解和额外附加业务提供了无限机会。为此，至关重要的是面向未来的数据框架以及基于这种高性能技术有针对性地使用从这些数据中提取的相关信息。早期常用的评估和报告应用程序是通过已永久性编程的接口在定义的时间区域内工作，访问结构已预定义的数据。但使用各种应用程序读取数据和准备报告需要花费很长时间，还无法进行临时查询，采用修正的报告结构或集合其他数据源的操作成本也很高。

为了避免这些缺点，开发了所谓的数据仓库（DWH）。数据仓库从不同的数据源系统获取数据，将它们转换成目标数据结构并存储入数据仓库中。报告和评估从数据仓库中读取的目标数据，输出数据在数据源系统中被重写 [Dit16]。通过具有明确定义的分析以及保证集成数据源的稳定性措施，数据仓库这一方案得到了验证并被广泛使用。

除了处理准备和内存开销之外，数据仓库体系结构的主要缺点是在自发查询中灵活性有限、固定的数据结构，以及在目标系统中归档后原始数据的丢失，而且评估方向也应事先确定。这样，无法通过更改查询或原始数据新组合来获得新的见解。而现代化的信息解决方案必须支持尽可能多样化的数据格式，提供灵活的评估选项，并有效地"近实时"工作。

为了满足这些要求，可以采用所谓的数据湖方案 [San15]。该方法是将所有类型的原始数据简单廉价地存储在灵活的系统中，无须进一步处理。这些数据可以是来自身成熟应用系统的结构化数据、来自车辆的数据、机器生成的信息、社交媒体数据，甚至是音频和视频文件。图 8.7 总结了根据不同的标准对数据仓库和数据湖解决方案的比较。

	数据湖	数据仓库
数据存放	• 相对于源系统专业上1:1存放数据 • 在源系统技术性映射，可再现 • 长期且长久的源数据 • 可逻辑性连接数据源 • 不同的面向数据准备技术 　比如，Hadoop、NoSQL-DB • 几乎实时的数据接收	• 专业上和谐地和符合技术标准地 　存放数据 • 在永久性的目标数据模型中， 　原型数据不可用 • 暂时永久化输入的数据 (Staging Area) • 通常，关系型映射 • 通常，数据接受 ECO
询问	• 单独的访问形式，比如，HiveQL、 　JAAV、PHP、SQL, 部分比较复杂 • 数据准备，比如，和谐、可无线进行	• 采用SQL简单结构式询问可能性 • 准备，标准化，和谐操作在 　目标模型进行
性能/ 可扩展性	• 现有技术可操作大量数据，大数据 • 线性可扩展性基于标准硬件	• 关系数据库管理，针对大量数据 • 目前，可扩展性仅在特殊硬件可能
开发	• 敏捷，迭代方法 • 环境在开发中，不同的技术，模型在 　建设中	• 面向目标的方法 • 成熟的环境(工具、模型等)

图 8.7　数据仓库和数据湖的比较 [San15]

首先，比较这两个概念中的数据存储方式。在数据湖中，原始数据以及与源数据的链接保持不变，几乎可以"接近实时"被获取，并且可以采用各种技术进行数据存储。而数据仓库将数据存储在目标结构中，不再保留原始数据。这里可使用关系数据库，数据传输以固定的节奏进行，通常在一个工作日结束时（所谓一天结束，EOD，End of Day）进行。

数据湖的查询相对复杂，因为数据处理只在请求期间才进行。数据湖解决方案可以通过灵活的技术和基于标准的硬件来实现大量数据下的需求扩展，这一点优于需要特殊硬件的数据仓库方案。对于固定定义评估方针和定期报告的标准化查询，数据仓库具有长处。数据湖方案可能获得潜在的新知识，因为其可提供灵活的对比分析，并可适应敏捷化数字化的世界。不同的软件开发商对数据湖的技术实施和查询的定义和处理，都提供了大数据技术 [Gad16]。通过使用灵活的工具，企业业务部门可以独立地进行各种评估而不需要信息技术部门的参与，因此这种灵活而独立的方式非常受欢迎。

这两个方法也可以进行组合，例如通过将数据湖连接到数据仓库作为其输入系统[Mar15]。因此，数据仓库和数据湖都应该作为核心组件集成到数据框架中。

以下在大数据领域的趋势和技术必须在定义转型框架时给予考虑：

- 数据流管理系统（DSMS）：数据流管理系统处理连续且频繁发生的数据流[Ara04]。搜索算法从数据中连续不断地提取所需结果并使其可用于处理。其中的例子有车辆运动数据或来自自动驾驶车辆照相机系统的数据。
- 内存数据管理：在内存数据管理中，数据存储在服务器的主存储器中，而不是在单独的存储介质上，因此可进行高性能操作处理。为了更有效地利用可用存储器的带宽，数据在处理流程中被顺序读取。通常在分析当前数据时使用这种技术。可应用示例比如复杂报告、传感器数据评估和社交媒体数据的实时评估[Pla16]。
- 设备：设备是集成的关键系统，经过优化用于特定应用。设备中包括服务器、内存、可视化的系统软件，以及用于数据管理的软件。典型的应用为分布式基础架构型应用中进行高性能大数据分析。

这里提到的有关技术涉及很多详细信息，因为这些技术随着数据量的不断增加（比如来自车辆运动传感器和工业4.0物联网），在汽车工业中变得越来越重要，对此可参考文献[GSM16，Mar15]。总体而言，越来越多的软件产品和应用程序提供了需要整理和处理信息的功能。

8.4.4 移动战略

正如前面已经详细介绍的那样，移动式设备和应用程序（App）正变得越来越重要。考虑到个人生活习惯，应用程序开发人员、其业务合作伙伴和客户都希望新形式的应用程序问世，比如采用大数据和分析开发的智能手机、平板电脑等可携带式移动设备上的应用程序（App）。对于现有的企业内部应用程序，也应该提供与此类似的功能和操作。这促使工作站型个人计算机更多地在后台投入运行，主要配备给"高级用户"或者程序员和测试人员。而移动应用程序的实际操作应该在更直观、易用、免培训的图形界面上完成。

此外，用户期望能从任意地方随时访问公司应用程序和相关数据。为了能够以结构化的方式尽快满足这种快速增长的需求，必须对移动终端设备和移动应用定义明确的规范。这种移动策略尤为重要，因为它为所有开发人员和使用客户确定了数字化界面，以启用创新使用模式。在战略定义中，还必须确定有能力灵活处理现场要求和快速提供解决方案。

首先是要为企业内部使用的信息技术设备定义相应的设备标准，并决定是否为开发人员提供自带设备（BYOD）选项，以便他们可以在公司内使用私人设备。除了综合总体拥有成本（TCO）这一商业方面考虑以外，安全因素也起着至关重要的作用（见 8.4.7 小节）。综合考虑全球各地客户对产品的接受程度以及由此产生的相关市场份额，现在技术的发展主要是苹果和安卓系统这两个方向。对这两个技术平台来说，现有的框架和解决方案可为企业信息技术系统提供安全集成服务，目前许多公司的产品均支持这两个平台。

必须基于信息技术设备标准和安全体系框架来定义所开发应用程序的策略。这里特别遇到的挑战是移动设备的更新周期非常短，而且应用程序能够在多个设备和系统软件上运行。要将移动应用程序集成到现有企业应用程序中，即所谓的后端集成，这也需要一个可行的框架和相应的标准规范，以便在开发过程中协同作业，并支持运行和备份。

此外必须定义相应标准规范，以便确认开发人员能够正确理解将要实现的应用程序类型。这里有三种选项。第一种选择，原生式应用程序在设备操作系统上运行，可安全地利用摄像头、传感器和通信接口等设备功能，运行速度快且效率高。与第二种选择即所谓万维网 Web 应用程序相比，第一种方式的编程、维护和操作更复杂。而在第二种选择，应用程序开发与设备相独立，是通过万维网 Web 浏览器使用设备。由于不使用设备特定选项，使得用户友好性降低但开发和运营成本较低。第三种选择是混合形式，即上述两种方法的混合应用。这三种方式都经过验证，各自具有各自的优点。

特别是在应用程序开发领域，更适合将事业部门和信息技术部门作为一个团队整合入数字化计划中，并就设计和实施做出共同决策。应用程序（App）这个简短的词汇经常被低估，有时仅被简单地视为"一些色彩斑斓的手机页面"。其实，应用程序才是适合业务流程转换、方便用户访问、切实可行的软件应用工具。在一定程度上说，它们是数字化的用户界面。借此，信息技术部门可以在企业内部将自己定位为一个创新、敏捷行动的组织，可以迅速了解业务流程并实现快速实施和调整。信息技术部门应该利用这个机会，而不仅仅是做应用程序的技术管理和维护安全方面的工作。这种应用程序发展的过程如图 8.8 所示。

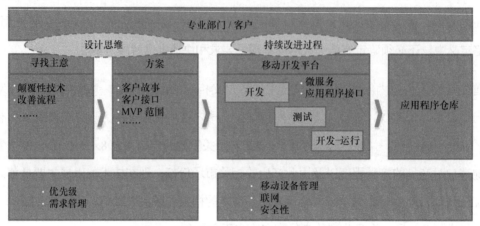

图 8.8 敏捷应用程序开发（来源：作者）

在设计思维研讨会中，与会团队的初始想法来自分析该行业的业务情况、识别颠覆性趋势以及通过应用程序挖掘出业务流程改进的潜力。然后收集汇总所有具有高优先级的想法，并在接下来的概念设计阶段讨论要进行的工作流程（所谓用户故事，User Story）和用户操作界面，以便就第一个产品原型（MVP，最小可行产品）的功能范围达成一致（另见 6.2.3 小节和 7.2.1 小节）。这当中还包括需求管理。

应用的开发、测试和投入生产都应该在开发环境的基础上进行，即所谓的移动开发平台（MDP）。这个开发平台能够支持不同设备类型和实现路径，同时兼顾微服务的集成。已开发测试成功的应用程序可转入企业应用程序商店中，以便客户下载。

而设备管理是采用移动设备管理（MDM）解决方案进行，由考虑网络连接和运行安全性的可靠的框架给予集成。这些技术工具包支持敏捷式程序编制，尤其是在测试阶段，因此可以定期给业务部门提供反馈信息，以便不断改进产品性能和进一步发布新版本。开发运行（DevOps）式方法可确保软件快速发布和更改。在在线手册中除了移动策略以外，还应包括开发流程、用户界面设计需求以及颜色配置，以保证特定的品牌形象以及所谓的"可看到的即是可感觉到的"（look and feel）。这种相关的例子可以在相应的专业文献或互联网上找到 [DHS16]。

这种结构化描述乍一看与移动应用领域所需的敏捷方法互相矛盾。但是为了在解决方案快速增长时避免盲目性发展，需要遵守一些规则以保证应用软件的质量和运行效率。信息技术应该在深思熟虑的移动战略的基础上提供技术和组织管理的先决条件，以保证快速、灵活和高质量地为业务部门提供解决方案和工具，从而成为企业移动解决方案开发的合作伙伴。如此可以避免这些工作需要由外部信息服务公司提供技术支持的现象。

8.4.5　通过软件定义环境实现基础框架灵活性

在信息技术中，计算中心创建了实现快速响应和高效率的先决条件。如何在一个应用领域中将传统型、标准化的、基于容器的微服务共同集成到同一个目标框架，也是在设计信息技术基础框架中必须要给予考虑的。此处所谓基础框架其实是支持应用程序运行、进行数据存储并将其传输以供客户使用所需要的信息技术设施的整个组合。

在过去，通常是为每个大型的应用程序配置特殊的硬件包和安装特定的系统软件。这种复杂且异构的信息技术基础环境多年来仍在不断发展。实际的系统操作是基于 Linux 服务器、存储系统和网络等，这些通常在不参考应用程序的情况下运行，更不用说与客户的关系了。为新的应用程序或项目提供系统环境通常需要数月时间。投入运行新的应用软件和进行小规模的软件更新都要提前进行长期规划，协调设定特殊的时间和人员方面的维护窗口。

对于相对稳定的业务流程、固定式工作站系统以及不需互联网和数据量可控的情况下，这种结构和服务能力已经足够。但如今，独立式服务器、存储和网络结构已经趋于过时。在当今数字化时代，要满足在移动服务、自动驾驶、大数据、物联网、区块链和社交媒体等领域的更高的要求，创建新型的解决方案至关重要。

作为可以满足数字化转型要求的愿景和持续性的解决方案，软件定义环境（SDE）的方法已得到公认，其中间步骤为合并、虚拟化和部分自动化 [Qui15，Bec16]。在这种方法中，整个技术基础设施由软件控制，不需要人为干预或硬件变更。在计算机节点（这是些计算机单元，但没有其他子系统，例如 I/O 单元和电源）、存储和网络单元上存在一个控制层。它们的软件工具可识别应用程序的系统要求，并通过调整相连接的基础框架自动给予实现，消除了复杂的人工干预工作，因此硬件技术退居到后台。进一步讲，该方案还具有以下特征：

- 根据应用需求，自动实时调整技术基础设施
- 通过软件需求自动触发生产使用
- 连续动态优化配置，进而可调节目标服务水平和资源利用率

- 在系统载荷波动情况下改变运行参数，具有高度可扩展性和缓冲性
- 如果需要，可实现安全运行和故障自我修复
- 独立，不依赖于硬件
- 模块化，开放式概念，无供应商锁定（供应商的依赖性）

在这里对信息技术的挑战是定义其目标框架以确保完全覆盖业务需求，并综合考虑现有基础结构，保证过去已建立和新建框架的共存。这种共存要求可能还必须存在多年，比如：

- 单片应用/微服务
- 虚拟化/容器
- 商业软件/开源软件
- 硬盘、磁带机/闪存
- 大型机技术/标准服务器（"乐高积木"）
- 专用硬件/多云解决方案

为此，必须定义和实施针对软件定义环境的过渡路线。图 8.9 概述性描述了一个目标愿景，其中有应用的信息技术组件及其与应用领域的连接。

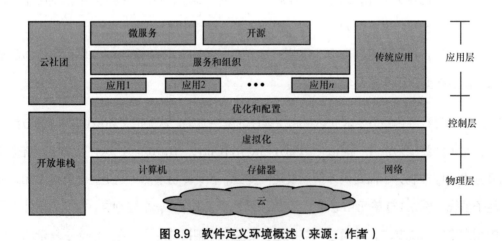

图 8.9　软件定义环境概述（来源：作者）

实施软件定义环境的先决条件是技术基础设施的完全虚拟化，这些设施包括计算机、存储器和网络 [Men16]。这可以理解为将硬件逻辑性完整地映射到软件的逻辑单元。这样，虚拟服务器、存储系统和网络组件的管理这些所谓的映像完全与硬件执行的细节脱离。软件定义环境概念的另一个要素是所谓的集成云服务，这种云服务不仅可由特定供应商执行（私有），而且也

可由共享解决方案（公共）提供，可参见 4.1.1 小节。

为了实现位于底层所谓的混合云架构，许多公司都采用开放式堆栈（OpenStack）技术。这实质上是一个用于构建开放式云解决方案的综合软件组合，是由 OpenStack Foundation 开发，以开放源代码方式提供。

OpenStack Foundation 作为软件开放社区，有超过 600 家公司，50000 多名成员，分布在 180 多个国家和地区 [Buc16]。越来越多的大型公司比如沃尔玛、迪士尼、大众和 SAP 都采用这项技术来构建和使用云环境。其不依赖于某一制造商的独立性、框架的开放性，以及企业自身可以参与以影响其发展趋势，这些都是其被广泛应用的主要原因。与封闭的、特定制造商的解决方案相比，由于开放环境中可实施主动设计，可以很好地确保自身数据的主权。

控制层完全建立在虚拟化的基础上并基于已知应用程序的基础架构需求，可以自动协调资源分配和优化操作。为此集成了认知解决方案。避免故障的要求基于预防性维护技术，而这些维护技术实施的前提是连续性地分析操作参数和操作日志（登录和注销）。

软件定义环境方案中的软件层自动更新软件包，这不仅针对传统标准软件包，而且还涉及用传统方法编写的新应用程序，或基于开源软件或者作为微服务配置的应用程序。作为开发环境，CloudFoundry 在这个领域已经取得了可观的增长。这是一个面向软件开发人员的基于云的软件环境，即所谓的平台作为服务解决方案（PaaS），比如提供开发、生产和测试服务，CloudFoundry 基金会将其作为开源提供。该基金会还有许多信息技术行业领导者参与，比如 SAP、国际商业机器制造公司（IBM）和思科（Cisco），他们帮助建立解决方案，将其作为标准 [Sch16]。它与 OpenStack 的完全兼容性以及与软件定义环境集成的能力使得可以将此技术包含在同一个目标构思中。

软件定义环境方案中，信息技术将失去一些重要性。之前为了尽可能有效和安全地运行某些应用程序，服务器或存储系统的特殊性能和所应配置的参数很重要。而在将来，软件定义环境软件将检测需求并分配所需数量的虚拟资源。然后应用程序可在任意服务器上运行并随机存储在存储系统上，以达到所需的服务级别。同时，物理信息级别由标准化单元组成，这些单元可以以乐高积木概念类似的方式得以完全充分地利用。发生故障时将自动脱离所配置的设备。软件的更换、扩展和安装如同搭建"乐高积木"，在虚拟层进行。

除了软件定义环境中这些与硬件无关的应用程序外，还有一些少数独特的领域仍需要专门的技术。

这些包括如 8.4.3 小节中简要描述的所谓设备 Appliances，它是通过高度并行化的计算机单元有效地处理大量数据。此外神经形态芯片预见将要出现，它将神经元结构直接在硅电路中实现（见 2.7.4 小节）。该技术在图案和图像识别方面作用特别强大。另一个即将到来的是量子计算机。在上述技术趋于稳定后，如有增加业务的需求时，可以扩展软件定义环境框架的控制软件以便将来也可以进行与这些系统的集成。

8.4.6　计算中心的整合

在实际应用和基础框架的转型项目中，有必要建立这两者将达到的目标场景，作为要制定的信息技术战略的一部分逐步给予落实。在企业信息技术中，通过合并和优化已发展成型的异构环境可以节省费用和开支，进而将其用于企业信息技术的创新。同样，合并现有计算中心组织结构也可带来显著的节约效应。一个大型汽车制造商通常可拥有超过 100 个计算中心，这可以是进口商和经销商处的小型计算机房，也可以是工厂车间的计算机控制室和各品牌的计算中心。在 20 世纪 70 年代，局部性的要求均需要特殊的服务器和操作软件，因为当年的网络不能满足所要求的带宽和运行可靠性，以便中央计算中心维护这些所需的基础设施。而且当时也没有托管和云解决方案。因此这么多年来，许多制造商形成了异构型计算中心结构，如图 8.10 所示。

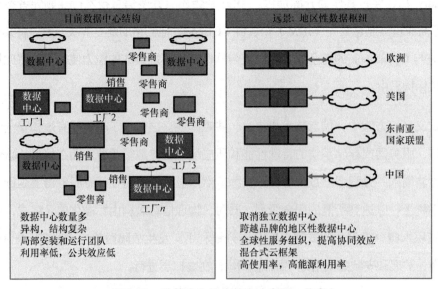

图 8.10　计算中心结构整合（来源：作者）

第8章
信息技术作为数字化的推动者

正如上面简要描述的，该图的左边再现了在一个典型的制造商计算中心的结构构成。除了每个品牌或财务部门的大型独立的计算中心外，在工厂车间和进口商处通常还有规模较小的计算中心，至少都是具有安全保护措施的服务器，甚至有些经销商都有自己的信息技术领域。通常，企业的本地经营部门在其所在基础框架上操作运行其局部应用程序。据作者估计，这种基础设施的平均利用率不到50%。能源的浪费由于设备使用率低以及计算中心老旧而导致，所有这些都有改进的潜力。

除了上面讲述的当前情况，图8.10的右面表示了今后可能的目标场景。为了显著地节省开支并降低信息技术结构的复杂性，首先应该达到的目标是尽可能地减少计算中心的数量并增加云计算的使用。当今网络领域和基础设施的技术发展使这个雄心勃勃的整合目标得以实现[KriS16]。

出于上述原因，作者建议制造厂商应该完全放弃这些局部型的计算中心，而采用区域性计算中心枢纽，比如分别可在欧洲、美洲和亚洲建立。鉴于独特的安全问题，可考虑在中国设立单独计算中心，有市场需要时在非洲也可以这样做。然后，这些计算中心枢纽基于混合云架构为各自区域的品牌组织、工厂车间和销售组织提供相应的信息技术服务。这些实际操作在私有型云环境下运行，而又连接到公共云以监督其安全策略的实施。这里应该明确要实现的目标，即在制造环境之外大规模扩展云技术的占有量。尽管对将来的数字化转型、数据和存储规模的需求显著增加，目前与制造相关的计算中心规模还应尽量维持恒定。信息技术基础设施的运营应该在全球范围内组织并基于标准化流程。这些数据枢纽相互连接并配备有备份和应急方案，以保证在一个地区发生故障或灾害时另一个地区可以接管出事地区的运营业务。

这些目标的实施在技术上是可以管理的，而且可带来明显的降低成本、降低复杂性、提供安全保障和灵活性等方面的好处。当然实际实施并非如此简单，许多制造商目前在这条路上迈出的步伐很小，尚没有考虑总体目标。但是，这些内容应该定义为企业信息技术战略的一部分，并根据"思考大，开始小，快速移动"（think big, start small, move fast）的原则来实现[Low16]。实施的前提包括：

- 高性能网络，良好的服务
- 拥有足够占地面积和高能效的区域性计算中心
- 强大的全球治理和执法能力，取缔当地的专断组织

- 全球综合性服务结构
- 具有前瞻性和应用转型目标的全球信息技术战略（特别是：标准化、"云化"、微服务）和基础设施（尤其是：软件定义环境、虚拟化、标准化）
- 云服务和项目实施的伙伴关系
- 体现领导力和创业精神

这些都清楚地表明，阻碍雄心勃勃的项目进展的并不是缺乏技术可能性，而是打破传统的流程、建立全球性的综合性组织结构中的挑战。

8.4.7 面向业务的安全策略

整个信息技术战略中另一个非常重要的主题是安全性。几乎每天，头条新闻都在报道有关黑客攻击、企业数据被窃取以及病毒入侵企业软件的事件，有时候企业的信息系统可能会成为特洛伊木马的牺牲品。目前几乎所有业务流程与应用解决方案都日益趋于融合，比如车辆中渗透和采用了大量信息技术，经销商应用软件与制造商末端直接耦合，或者工业 4.0 实施计划中工厂车间的"物联网"的实施，这些都为黑客提供了越来越多的攻击机会。而且包含专家临时参与的开放式、敏捷性项目处理方法，有时涉及安全性较差的互联网通信，也增加了这类风险。

这就是为什么当今许多公司都设立首席信息安全官（CISO）的职位来负责公司信息安全。但是他们通常不对企业工厂车间和车辆内部信息系统的安全性负责，这通常是由与此相关的专业职能部门处理。此外即使是在制造商自己的子公司，经销商和服务网络的安全性也是一个次要主题，经常在没有制造商参与的情况下由经销商独自予以处理。这时安全措施主要是作为技术项目，充其量讲仅仅是与其业务目标相关的特定安全要求，比如防止外界入侵或重新启动安装系统，而与企业信息安全措施处于一种脱离状态。

这些示例性说明的问题表明，在许多情况下仍需要采取必要的措施，应该对安全问题给予适当的足够关注，持续性关注这个业务领域的新动向。这里针对传统的信息技术推荐了几个开发步骤，作为面向业务的安全策略，参见图 8.11。

为了在安全策略制定中使这些经常令人反感的话题纳入讨论的内容，建议企业信息技术部门和具体业务部门一起定义和实施安全策略。其起点是企业战略和衍生出的业务目标。该团队要根据安全保护需求和风险分析识别确定系统中的潜在风险和薄弱环节，并从中得出具体的要付诸实现的安全目标。这目标应该是务实的,这样信息系统安全性才不会被视为业务运营的阻碍,使后期措施实施时接受度已在其初始阶段得到所有部门的共识。

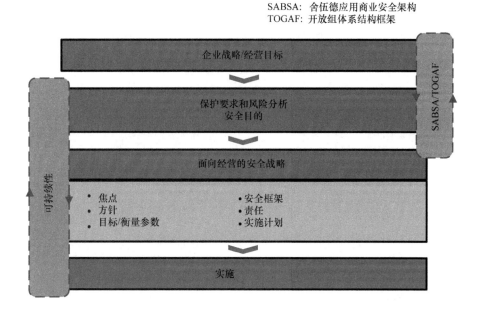

图8.11 面向业务的安全策略的开发(来源:作者)

为确保合作的完整性和组织结构化,建议使用在信息技术安全行业中已证明的成熟的企业框架方法,比如舍伍德应用商业安全架构(SABSA)和开放组体系结构框架(TOGAF)[Kni14]。舍伍德应用商业安全框架(SABSA)是安全需求结构化集合,可用于开发和实现企业的安全体系框架。其重点虽然是安全方面,但它缺乏与企业业务流程的结合。这种缺陷可通过开放组体系结构框架(TOGAF)弥补。通过两种方法的组合可以产生一个合适的方法,从风险和业务角度记录安全需求,并将其转换为目标映像,实现与业务相关的安全策略。

安全策略中描述了安全性设想,而实现安全的通用准则是根据制定的目标、采用标准和分配的责任进行确定的。具体目标和措施是实施计划的基础。为了保持可持续性,应不断审查安全计划,并通过企业业务的变化反映相应的保护需求,同时进行必要的调整。在实际实施中会涉及各种问题。这里从"最佳实践"经验中得出了一些较典型工作范畴,如图8.12所示。

根据基础设施和信息系统运营对工作范畴进行分组。例如,漏洞管理是基础框架中所有组件的薄弱环节，需要进行持续的检验调查、识别显示和纠正安全性问题。例如在服务器的基本输入输出系统 BIOS 层可能存在防火墙漏洞。这部分漏洞可以通过修补管理给以解决，修补措施涉及基础设施中所有软件组件。其他的工作领域则涉及加密技术的使用，特别是技术人员和服务人员从公司外部对企业信息系统进行远程访问的问题。在信息系统运行中的许多问题都涉及流程的安全性问题，比如变更管理和事件管理，这包括服务管理环境中的预处理、设置访问权限和人身安全。

基础设施	运行信息技术
漏洞管理	信息安全性流程
补丁管理	访问及权限
系统加强	资产管理
远程访问	人身安全
软件开发	每秒操作次数要求：防病毒，日志，备份，网络
漏洞管理	更换流程
存档	安全时间管理
事故报告	物理安全性，访问保护流程
非技术性安全性	外包安全性流程

图 8.12 信息安全范畴（来源：作者根据 [KRIT16] 修改）

在此，不再进一步说明信息技术业务中安全策略的具体实施问题以及德国联邦安全局众多的标准和指南。读者可以参考广泛的专业文献和资料，以及从云服务和开放框架推导出的相应要求的解释，比如 [BSI16，BSI09，NIS17]。

重要的是理解，信息技术安全无法单独由首席信息安全官或安全部门的员工处理和实施。公司的所有业务部门都应该自上而下都应对这个问题给予适当的重视。在公司的领导层，这个话题也应始终在讨论议程上，特别是因为各种相关法律规定了高级管理人员在故障或疏忽时应付的个人责任。

8.4.8 工厂车间和嵌入式信息系统的安全性

目前为止所讲述的过程和措施还只是涉及商务信息技术的安全性。此外，所有制造商都需要为其工厂生产线上的信息技术系统和所生产的车辆中的嵌入式信息技术系统提供直接的安全性保护。这两个领域都需要特殊措施，下面给予简要介绍。

第 8 章
信息技术作为数字化的推动者

在工业 4.0 项目的实施过程中，信息技术大量渗透入企业内部重要的业务流程。加工和装配线配备了额外的传感器技术，控制线路部分的连接都是采用基于现场总线系统的解决方案，其目的比如在加工过程中附加传递前面加工步骤后的检验测量数据，或是灵活控制后续加工站。生产计划系统通过车间层系统在流水线上传递零件订单数据，使得装载机器人可借助可编程逻辑控制器（PLC）自动更换夹具。将来自某一流水线监测系统的数据与来自其他车间的信息进行比较，及时提出预防性维护性建议。这些例子说明传统的信息技术和工厂车间层次的信息技术越来越需要整合，因此带来的安全风险性也正在增加。这也说明了为什么对工厂车间要制定一个更全面的安全策略，并指定首席信息安全官对此负责。

但是在许多情况下，上面介绍的信息技术安全方法并不符合工厂车间的要求。例如，在车间控制计算机上使用杀病毒软件是有问题的，因为这类安全软件在扫描过程消耗时间并占用了计算机的处理能力，因此在生产实时过程中造成控制性能的损失。同样，常见的杀病毒软件运行搜索某一病毒时，就类似于建立隔离带和关闭计算机，而在实际生产线上这种中断生产过程的方式是绝不可接受的，同样不可接受的还有占据一定运行时间的签署数据库的定期更新操作。所以，如果使用反病毒软件是不可能的，则必须采取其他安全措施，比如将不安全的那些成分转移到特定网络段，而这个额外网络部分由一个额外的防火墙给予保护。有关在工业 4.0 环境下行业信息安全的详细信息可以在相关文献中找到 [Bac16]。

与工厂车间信息技术系统一样，车辆的嵌入式信息技术系统的安全性也需要使用特殊的安全措施，而不是通常的方法。然而，对车辆信息系统保护除了考虑安全性目的之外，还需要考虑其他因素。在这里系统的安全性不仅是公司的重要目的，而且还涉及许多参与者的利益。伴随着车辆内信息技术的快速增长，其安全风险性亦越来越大，车辆内信息技术的增长可以通过计算机单元即所谓的嵌入式控制单元（ECU）的迅速增加来反映（见 5.4.5 小节和 6.2.1 小节）。在高级轿车方面，通常已经使用了超过 100 个 ECU 来控制运行过程和驾驶人辅助系统。为了实现这些功能并作为未来移动生态系统的一部分，车辆将成为综合通信的一部分，如图 8.13 所示。

在多模式联合运输中，汽车作为协调乘客转乘其他移动方式的交通工具，其他交通工具比如公共汽车以及其他城市短途公共交通工具，需要应用所谓的"车辆对车辆"通信以及交通基础设施的传感器数据实现车辆之间通信，例如，当道路中出现危险情况时可及时发出提示警告。移动服务商可利用获取的车辆信息提高运输车队的利用率，或根据需要动态调整行驶路线。城市的交通管制和在线通行收费业务也都需要与车辆的信息系统进行连接。除了上面介绍的示例之外，随着越来越多的自动驾驶功能和驾驶辅助系统的使用，未来将提出更高的通信要求，比如车辆远程维护和"空中下载"的软件更新。

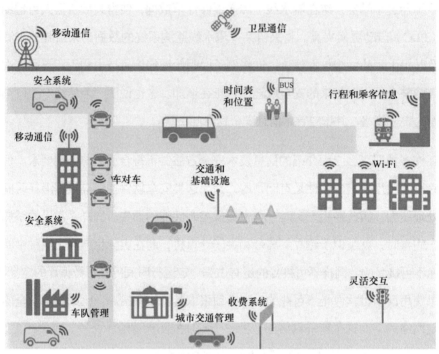

图 8.13　移动生态系统中的通信技术 [Bro16]

车辆中众多通信通道和大量嵌入式控制单元（ECU）与多个现场总线系统相结合，为黑客侵入提供了大量的可能性。他们通常遵循一种反复使用的模式 [Mil14]。首先，入侵者试图通过已建立的通信通道进入车辆信息系统，然后借助恶意软件在车辆网络中生成错误数据，根据恶意软件设计的攻击目标，这些错误数据被涉及重要安全功能或相对感觉敏感的（ECU）读取。它们的解读将导致车辆系统故障发生，例如无意地触发制动过程、干扰发动机电子装置或阻碍车辆转向运动。这种外部入侵还可以通过其他薄弱环节进行，比如门锁的远程控制、轮胎压力监测传感器、蓝牙移动电话连接，甚至信息娱乐单元中的下载应用程序。

上述这些涉及车辆安全的问题和可能的黑客侵入点的例子清楚地表明，汽车制造商及其供应商必须要采取特殊措施来保护车辆信息系统。这些措施要从强化车辆中信息系统开始，比如在嵌入式控制单元（ECU）中编写加入诸如驾驶人身份管理、加密和主动内存保护程序。此外，还应为相应的应用程序和机载系统提供安全保护，这包括身份管理、网络区域划分和身份验证 [Bro16]。对于一个车辆信息系统，这些最基本的安全原理如认证、可信度和授权要求具有非常高的保护功能，并且在受特别保护的防伪环境下进行安全操作 [Bon16]。实现它的一种方法是使用安全网关，如图 8.14 中的解决方案概述所示。

图 8.14　保护车辆信息系统 [Bon16]

在安全网关内，每个信息系统组件都进行身份管理，另外还有安全存储个人数据以及与车辆的所有通信信息。而后端的集成以及与制造商信息系统的集成也可通过网关加密。后端还进行身份管理、访问密钥和授权。智能化的安全解决方案可以检测异常情况并采取预防措施。这些可以通过所谓的安全操作中心（制造商的服务组织）启动并负责监督。

上面这些关于工厂车间和车辆信息技术领域安全方面的介绍说明了这些敏感技术领域对制造商提出的严峻挑战。由于车辆与后端系统不断交换数据，黑客攻击和恶意软件的入侵可以沿着这条路径侵入。因此，这两个领域都需要基于传统信息系统安全原则的特殊的保护措施。出于这个原因，车辆安全必须是制造商整体安全战略的一部分，应由制造商承担责任。

8.5　信息技术转型的案例研究

到目前为止讲述了信息技术将要涉及的一些重要问题，即如何从目前业已成熟的组织结构进行转型而使之更具有创新能力和敏捷性。在下面列举两个案例，介绍一下如何应对这些挑战并实现其目标。

8.5.1 网飞的转型

网飞（Netflix）这个名字虽然与汽车行业不相关，但它可作为一个成功地实现企业转型的范例，因为其经营方式，网飞在极大程度上是以客户为中心敏捷灵活地运行，在从成立后极短的时间内对商业模式进行了三次大规模调整。当今信息技术在此过程中是转型的推动者，实现了更高质量服务和客户导向。这些经验对汽车工业也很具意义，因为网飞在转型过程中获得的经验尤其可以使企业的销售、营销和服务环节受益。

网飞成立于1997年，开始时从事DVD的租赁服务，通过邮购手段与视频商店进行竞争，可以说也是一种传统的商业模式。为了能够在市场上脱颖而出，公司主要依靠良好的客户服务和有吸引力的价格。其业务在此基础上稳步增长，并于2007年实现每天出货量超过100万张DVD，可提供约35000部电影[Kee16]。在此期间，网络技术和通信带宽得到了不断改善，因此在这一年中恰好达到了所谓的转折点，即从这时开始电影下载成本低于DVD的邮寄费用。网飞首席执行官及时意识到了这种商业威胁，并驱使他的团队调整商业模式，使网飞转型成为一个高效的下载供应商。

网飞在当时的这种转型虽然是成功的，但流媒体（Streaming）技术的出现提供了更具颠覆性的潜力，给更多新的竞争对手提供了进入市场竞争的机会。但即使有这种波动，网飞还是成功地适应了形势转变，从下载供应商转变成为领先的流媒体提供商。但随后需要进行另一项商业模式调整。作为对不断提高的电影、电视节目和其他内容版权费用的响应，网飞本身发展成为电影和系列剧制片商，比如制作了电视连续剧《纸牌屋》（House of Cards）[Kee16]。与此同时，公司在信息技术为代表的方面进行进一步的调整，以建立创造性和竞争力增长的坚实基础。网飞公司在2016财政年度有大约3700名员工，销售额为8.8亿美元，利润大幅度增加，分析师认为该公司确定了正确的发展方向，通过开拓新市场仍然具有巨大的发展潜力[Fin17]。

网飞能够成功进行转型和对商业模式大规模调整的关键点是：

- 管理层有领导力与企业家精神
    - 提前适应颠覆性创新技术

- 适应新型商业模式的勇气

- 一贯推行改革，不断适应变化

- 企业文化中有准备接受改变的心态——审查技术的发展趋势

- 无限度以关注顾客为焦点

  - 注重"体验"与高水平的服务

  - 强化评估社会媒体、反馈和市场趋势，通过创新型信息技术解决方案及早识别客户要求

  - 具有吸引力、满足期望的供应：非常广泛的电影类型，灵活使用方式（租赁、下载、流媒体），自身内容

  - 以主动"近实时"社交媒体为基础的营销（Facebook、推特、Instagram）

  - 有吸引力的价格结构：没有发送费、没有延误罚款、订阅模式

- 高效能工作团队 [Kno16]

  - 聘用优秀员工（"A 团队"）

  - 公开式绩效评估和面向结果的导向

  - 高额固定工资（市场基准），没有奖金

  - 最大限度地减少内部规则，比如没有假期或旅行费用的规定

- 使用信息技术作为创新和变革推动者

  - 基于微服务的应用环境，API 开放

  - 全面云技术定位，没有自己的信息技术基础设施

  - 适应新型技术——软件系统崩溃测试，以保证系统可用性

关于这些的更多细节，可以从互联网上或在许多文章中找到，继续关注其进一步的发展，肯定是有意义的。

考虑本章的主题重点，将进一步展开信息技术的主题。网飞已将应用程序完整托管迁移到云端，并可在多个时区和区域内运行 10000 多个虚拟实例 [Tot16]。在托管结构中，安全措施在主动起作用，其运行性能在特定情况下反复进行测试。 在此过程中，虚拟服务器或整个托管区域将被关闭以进行测试练习，借此检查系统的响应性能，以确保为客户提供超过 99.99% 的可用性。因此，在第二个云公司中冗余地存储了数 TB 的数据。

网飞不再维护自己的服务器以进行应用程序操作。但是，该公司仍然在内部为客户运营网络，即所谓的内容交付网络（CDN）。这旨在获得流媒体的特有核心技术，并且出于商业原因可以独立地使用分析式可识别的产品捆绑选项。在高峰时期，网飞仅需要美国互联网三分之一的带宽。

该公司的另一项核心专有技术是大数据技术以及自己开发的预测客户需求的算法。例如，针对 DVD 的主动传达的贷款建议可实现非常高的命中率。分析和预测也用于营销。通过分析社交媒体数据和帖子（例如 Facebook 上的区域定制信息），可以识别客户消费趋势，比如在 Facebook 上再现精心定制的客户信息。这样，信息技术支持敏捷和精细的社交媒体外观，除了最新信息外，它们总是显示不同的图像或新系列剧集的摘录。是否将影片和系列剧投入制片生产及其内容定向的决定都是基于对客户期望的详细分析。这些选取不是由网飞高级管理人员做出的，而是由内容所有者做出的。

该公司完整的应用程序环境是基于微服务的体系结构，它包含 600 多个解决方案组件，例如用于处理流程注册、评估、建议和借阅历史的组件。框架概述如图 8.15 所示。

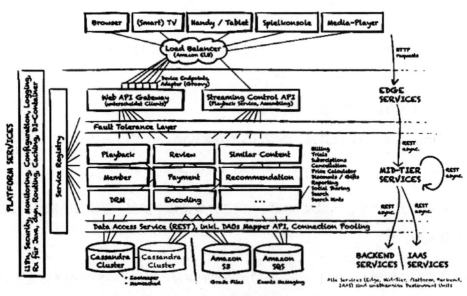

图 8.15　网飞应用程序框架 [Tot16]

客户可以使用任意的设备访问网飞，如智能手机、网络浏览器或游戏机。每天总共有超过 10 亿次点击，通过负载均衡器进行编排和负载分配，这些都是通过开放源代码社区提供的应用程序接口（API）给予实现的。这些 API 运行在智能缓冲层上，该缓冲层可以拦截任何错误信息同时缓和避免中断。数据的管理为松散型耦合，但可单独安装和升级某项业务服务以及系统服务，同时提供了结算处理系统即服务注册表。对分布式存储数据的访问需通过访问级别进行。技术基础主要由开放源代码产品如 HTTP 服务器或 Tomcat 组成，Java、Ruby、Python 和 Go 用作编程语言，Casandra 用于数据管理 [Tot16]。

网飞的开发环境和工作条件也很有趣。服务在许多团队中并行创建。从研制开发到投产实施（部署）直到云操作，这些团队都对其解决方案模块负有全部责任。对质量保证、发布管理或标准的定义，通常没有一般化的指南。使用哪些技术由团队决定，优化解决问题在前台进行。技术适用性高于标准化的要求，创新和增长优先于计划能力和项目声明，交付速度要比避免错误更为重要。可以用"自由与责任"标题恰当地描述这个工作环境。上述这种方法和建在云服务上的微服务模块化架构带来许多优点。由于其模块化，整个应用程序环境具有容错能力，并提供非常高的可用性。有云端作为背景，可扩展性得到保障，客户可以非常迅速地获得创新服务。目前，平均每天有 100 个模块投产运行。

网飞创新的环境对年轻人才非常有吸引力。缺点是团队首先必须对网飞应用程序环境以及所使用的特定框架和工具有足够知识，因此需要较长的培训期。公司还使用了异构技术组合。此外，独立性服务需要全面的监控和记录。

然而，这些缺点通过上述完全面向客户的优点给予了补偿。网飞方法的各个方面对于汽车制造商来说无疑也是值得关注的，汽车制造商可以在为自己企业进行创建新型的互联服务和数字产品时采纳并实施。

8.5.2 通用汽车的转型

作为另一个研究案例，这里介绍通用汽车作为一个领先的批量汽车制造商的信息技术转型。在此范例中，特别需要注意的是其信息技术的转型，从公司外部提供服务到重新定向为注重创新、提升自我能力和敏捷性。这种类似的重新定位几乎是所有汽车制造商和供应商共同关心的主题。

首先，简单提及通用汽车公司的一些基本数据，通用汽车公司是一家在 140 多个国家开展业务的国际性公司，拥有 170 多个生产基地，分布在 10 个品牌中，共有 215000 名员工。每年的销售额超过 1500 亿美元，销售量超过 1000 万辆，利润率为 10% [GM16]。主要产品市场是美国、中国和欧洲,为实现业务的进一步增长,将来的重点是新兴的发展中国家。

在 2009 年汽车工业严重危机高峰期后,通用制定了恢复性措施,主要是对企业运作效率和经营方向进行调整,所以该公司在最近几年销售收入和利润连续增长,而在一些地区和部门还有短板。目前的企业战略共分为四个主要领域:

- 终身从客户获益

  尽早涉及与客户相关的创新,比如提供网联性能和互联服务的功能,并积极投入市场;高度重视安全性和质量;社会社区性

- 技术和创新领先

  在 4G LTE(第四代移动通信标准)方面成为市场领先者;综合移动服务(向 Web 应用框架 Lyft 和汽车共享服务平台 Maven 投资);自动驾驶(投资无人驾驶汽车公司 Cruise);电动车

- 发展品牌

  加强凯迪拉克作为"标志性"奢侈品牌,其重点是关注美国和中国市场;雪佛兰作为全球批量品牌;开发其他有针对性的品牌

- 提高核心效率

  安全实施效率改进计划,在行政管理、制造和开发流程方面制定节约目标,减少收支平衡限制

通用汽车在实施该计划时,信息技术部门在所有业务领域中作为许多项目的驱动者,同时信息技术部门本身还需要做出直接的贡献,例如在节省资金的同时保证创新可能性。为实现这一目标,信息技术部门经历了全面的转型。其关键数据如图 8.16 所示。

与许多其他公司一样,通用汽车在 2009 年以前的信息技术业务几乎完全是外包形式。基本上,只有控制监督服务供应商的信息技术员工在公司,而在企业内部的业务领域专业知识基本消失。随着信息技术作为创新和数字化引擎的重要性日益增加,通用从 2012 年起已将战略重点完全转换到企业内部,将之前在外包服务公司的三千多名信息技术员工雇佣为自己的职工 [Sav12]。为了进一步加强企业内部技术能力,大量专家和来自知名大学的新雇员加入企业,在 2016 年通用汽车已雇佣 11500 名内部信息技术员工。

特征参数	2009	2016
信息技术工作人员	1400	11500
工作量分配 外包/内包	90/10	10/90
工作内容 现有/新开发	80/20	20/80
主要数据中心的数量	23	2
核心应用的数量	4000	3500 目标:1500
数据存放	分散 异构	集中 数据仓库
管理	分散 局部利益	目标: 全球化

图 8.16 通用汽车信息技术转型的关键数据（来源：作者，[Pre16]）

为保证企业内部知识结构处在不断更新的状态，特别为此提供了全面的员工培训计划，每年有多达 500 名大学毕业生进入信息技术部门。随着内部职工自身能力的不断扩展和所谓"垂直整合的深度"，信息技术外部提供商与通用本身职工的数量对比已发生了根本的扭转，今天 90% 的信息技术服务都是由公司内部自己的信息技术部门提供的。信息技术团队本身的工作内容也发生了根本性改变，主要是优化改进企业信息业务流程，建立全球运营服务团队，并专注于过程自动化。在 2016 年，80% 的产能用于新开发和创新研究，而现有信息技术环境的运营仅为 20%。整个集团范围内的责任制和跨品牌服务团队的协同作用对应的全球管理也是实行这一改变的基础。这样避免了重复工作，并非每个品牌都需要一个服务器运营团队维护，而仅需一个全球性维护团队。

随着通用汽车信息技术团队的建立，计算中心从以前的 23 个已经整合到今天的两个主要计算中心，而且互相之间可进行数据备份。公司核心应用程序的数量从 4000 个减少到 3500 个，这个精简工作将继续进行，将来要达到的目标是 1500 个应用程序。与此同时，相当数量的应用程序从"影子信息技术"（即业务部门中运行的信息技术解决方案）转移到由信息技术部门负责维护，从而确保了运营安全。数据管理现在是完全集中形式，在中央计算中心运行有一个全球性的数据仓库（EDWH，企业数据仓库），这一仓库最初是为北美市场，在那里存储了所有的已结构化和非结构化的数据并供分析评价使用。在此基础上，现在可以对在每一个市场上的不同车型进行详细的成本分析以确定其贡献的利润，或提前来模拟增加盈利措施的效应。还有一些其他创新总结如下：

- 整合社交媒体应用程序；建立中央服务中心，集中 30 个独立的应用程序并在服务中心部署，收集客户对查询甚至销售促销的看法

  - 提高客户满意度

- 扩展高性能计算以增加模拟技术在开发中的使用，例如优化车辆的油耗和材料使用

  - 缩短开发时间

- 在喷涂车间和机器人中使用预测分析

  - 提高产量和可使用性

- 巴西中央备件仓库的实时库存管理

  - 提高服务水平

- 互联服务创新中心，例如通过应用软件工具 App 进行车辆远程访问以监测轮胎压力或操作空调或暖风；车载诊断解决方案

  - 提高竞争力

这些示例充分显示了信息技术如何在其项目实施中直接为公司战略做出贡献。总而言之，通用汽车能够将行动能力和信息技术的可能性与部门和客户的期望保持一致。通过各个部门之间密切合作，以敏捷方式在短时间内满足客户需求。信息技术部门提供可通过图形用户界面在移动设备上运行的最新解决方案。信息技术带来的好处及其作为创新和数字化的推动者和促进者的作用正日益得到认可。这一成功的先决条件是在员工之间建立了企业变革文化，并在此基础上沿着明确沟通的路线图进行具体实施。

8.6 结论

总体而言，信息技术在数字化转型中发挥着重要作用。它提供了构建数字式商业模式的平台，可以采用新的技术如 3D 打印和增强现实技术作为新学习方法的基础。这种最新的信息技术解决方案也为各个业务部门在采用最新信息技术解决方案的可能性上给出建议，比如通过业务流程自动化和 App 的使用实现节约。

第 8 章
信息技术作为数字化的推动者

与此同时，信息技术本身也必须及时更新换代，比如转型为微服务、数据湖和云技术，其资助支持全部来自对现有系统的巩固和优化。在这场转型变革中，对其中的安全性问题赋予了更新的意义，不仅是在公司商务信息技术方面，同时也涉及企业生产车间和车辆本身的信息技术。成功的案例研究表明，起决定性作用的是推进企业家精神和领导力，建立起变革的企业文化，然后再和业务部门一起在现有领域和新领域采用敏捷性的项目管理方法，将整个转型过程向前推进。下一章将讨论若干在这些成功标准下被认为是成功的数字化项目。

参考文献

[Ara04]　Arasu, A., Babcock, Babu, S., et al.: STREAM: The Stanford Data Stream Management System. White Paper Dep. of Computer Science, Stanford University. http://ilpubs.stanford.edu:8090/641/1/2004-20.pdf (2004). Zugegriffen: 15. Jan. 2017

[Bac16]　Bachlechner, D., Behling, T., Bollhöfer, E., et al.: IT-Sicherheit für die Industrie 4.0 – Produktion, Produkte, Dienste von morgen im Zeichen globalisierter Wertschöpfungsketten, Abschlussbericht,. Bundesministerium für Wirtschaft und Energie (Hrsg), Berlin. http://www.bmwi.de/BMWi/Redaktion/PDF/Publikationen/Studien/it-sicherheit-fuer-industrie-4-0-langfassung,property=pdf,bereich=bmwi2012,sprache=de,rwb=true.pdf (2016). Zugegriffen: 22. Jan. 2017

[Bec16]　Beckereit, F., Wittmann, I., Keller, L., et al.: Überblick Software Defined „X" – Grundlage und Status Quo. Bitkom https://www.bitkom.org/noindex/Publikationen/2016/Leitfaden/Software-Defined-X/160209-LF-SDX.pdf (2016). Zugegriffen: 15. Jan. 2015

[Bon16]　Bongartz, M., Chen, H., Fricke, V., et al.: IT Security for the Connected Car. White Paper Giesecke&Devrient, IBM, München. https://www.gi-de.com/gd_media/media/documents/brochures/mobile_security_2/IT_Security_for_the_Connected_Car.pdf (2016). Zugegriffen: 23. Jan. 2017

[Bos15]　Bossert, O.: DevOps in einer Two-Speed-Architektur, CIO von IDG. http://www.cio.de/a/devops-in-einer-two-speed-architektur,3251208 22. Dez. 2015. Zugegriffen: 13. Jan. 2017

[Buc16]　Buch, M.: OpenStack und Co. – Veni, vidi, vici, Crisp Research.https://www.crisp-research.com/openstack-und-veni-vedi-vici/# 26. Sept. 2016. Zugegriffen: 18. Jan. 2017

[Bro16]　Brown, D., Cooper, G., Gilvarry I., et al.: Automotive security best practices. White Paper McAfee. http://www.mcafee.com/de/resources/white-papers/wp-automotive-security.pdf (2016). Zugegriffen: 23. Jan. 2017

[BSI09]　Bundesamt für Sicherheit in der Informationstechnik: Informationssicherheit: Ein Vergleich von Standards und Rahmenwerken, Hrsg: Bundesamt für Sicherheit in der Informationstechnik, Bonn. https://www.bsi.bund.de/SharedDocs/Downloads/DE/BSI/Grundschutz/Hilfsmittel/Doku/studie_ueberblick-standards.pdf?_blob=publicationFile (2009). Zugegriffen: 20. Jan. 2017

[BSI16]　Bundesamt für Sicherheit in der Informationstechnik: Anforderungskatalog Cloud Computing – Kriterien zur Beurteilung der Informations sicherheit von Cloud-Diensten. Bundesamt für Sicherheit in der Informationstechnik (Hrsg.), Bonn. https://www.bsi.bund.de/SharedDocs/Downloads/DE/BSI/CloudComputing/Anforderungskatalog/Anforderungskatalog.pdf?_blob=publica-tionFile&v=6 (2016). Zugegriffen: 20. Jan. 2017

[Büs15]   Büst, R.: Microservice: Cloud und IoT-Applikationen zwingen den CIO zu neuartigen Architekturkonzepten. Crisp Research AG. https://www.crisp-research.com/microservice-cloud-und-iot-applikatio-nen-zwingen-den-cio-zu-neuartigen-architekturkonzepten/# 30. Apr. 2015. Zugegriffen: 13. Jan. 2017.

[Cox16]   Cox, I.: Developing the right IT strategy – How to support business strategy with technology. CIO UK from IDG, http://www.cio.co.uk/it-strategy/developing-right-it-strategy-how-support-business-strategy-with-technology-3430400/ 12. Mai 2016. Zugegriffen: 11. Jan. 2017

[DHS16]   U.S. Department of Homeland Security: Mobile Application Playbook (MAP), U.S.Department of Homeland Security (DHS), Office of the CTO.http://www.atarc.org/wp-content/uploads/2016/04/DHS-Mobile-Application-Playbook.pdf (2016). Zugegriffen: 15. Jan. 2017

[Dit16]   Dittmar, C, Felden, C., Finger, R., et al.: Big Data – Ein Überblick, dpunkt.verlag GmbH. https://emea.nttdata.com/uploads/tx_datamintsnodes/1606_DE_WHITEPAPER_BIGDATA_UEBERBLICK_TDWI.pdf (2016). Zugegriffen: 15. Jan. 2017

[Fin17]   Finanzen.net: Netflix Aktie – Unternemensübersicht; GuV. http://www.finanzen.net/bilanz_guv/Netflix (2016). Zugegriffen: 24. Jan. 2016

[Fow15]   Fowler, M., Lewis, J.: Microservices: Nur ein weiteres Konzept in der Softwarearchitektur oder mehr? OBJEKTspektrum. http://www.sigs-datacom.de/uploads/tx_mwjournals/pdf/fow-ler_lewis_OTS_Architektu-ren_15.pdf (2015). Zugegriffen: 13. Jan. 2017

[Fre16]   Freitag, A., Helbig, R.: Finanzplanung und steuerung von Unternehmensarchitekturen. CONTROLLING-Portal.de. http://www.controllingportal.de/upload/old/pdf/fachartikel/software/Finanzplanung_und_-steuerung_von_Unternehmensarchitekturen.pdf 25. Febr. 2016. Zugegriffen: 11. Jan. 2017

[Gad16]   Gadatsch, A.: IT-Controling für Einsteiger – Praxiserprobte Methoden und Werkzeuge. Springer Vieweg, Berlin (2016)

[GadA16]   Gadatsch, A.; Landrock, H.: Big Data Vendor Benchmark 2017, Untersuchung der Experton Group AG, München,. http://www.experton-group.de/fileadmin/experton/consulting/bigdata/BDVB17/Table_of_Content.pdf (2016). Zugegriffen: 15. Jan. 2017.

[Gen14]   Gene, K., Behr, K., Spafford,G.: The Phoenix Project – A Novel About IT, DevOps and Helping Your Business Win, rev. Aufl. IT Revolution Press, Portland, (2014)

[GM16]   General Motors: General Motors – Strategic and Operational Over-view, Detroit. https://www.gm.com/content/dam/gm/events/docs/GM%20Strategic%20and%20Operational%20Overview%2010-28-16.pdf 28. Okt. 2016. Zugegriffen: 24. Jan. 2017

[GSM16]   GSM Association: IoT Big Data Framework Architecture Vers. 1.0, GSM Association. http://www.gsma.com/connectedliving/wp-content/uploads/2016/11/CLP.25-v1.0.pdf 20. Okt. 2016. Zugegriffen: 08. März 2017

[Gue16]   Guevara, J.: IT Budget: Enterprise Comparison Tool. Gartner Sample Report, 12. Febr. 2016. http://www.gartner.com/downloads/public/explore/metricsAndTools/ITBudget_Sample_2012.pdf. Zugegriffen: 11. Jan. 2017

[ITG08]   IT Governance Institute: Align COBIT, ITIL and ISO/IEC for business benefit. IT Governance Institute. https://www.isaca.org/Knowledge-Center/Research/Documents/Aligning-COBIT-ITIL-V3-ISO27002-for-Business-Benefit_res_Eng_1108.pdf (2008). Zugegriffen: 11. Jan. 2017

[Joh14]   Johanning, V: IT-Strategie – Optimale Ausrichtung der IT an das Business in 7 Schritten. Springer Vieweg Verlag, Berlin (2014)

[Kee16]   Keese, C.: Silicon Germany – Wie wir die digitale Transformation schaffen, 3. Aufl. Albrecht Knaus Verlag, München (2016).

[Kni14]   Knittl, S., Uhe, C., SABSA-TOGAF-Integration: Sicherheitsanforderungen für Unternehmensarchitekturen aus Risiko- und Business-Sicht. OBJEKTspektrum. https://www.sigs-datacom.de/uploads/tx_dmjournals/knittl_uhe_OS_03_14_Mk8J.pdf (2014). Zugegriffen: 20. Jan. 2017.

[Kno16]	Knoblauch, J., Kuttler, B.: Das Geheimnis der Champions: Wie exzellente Unternehmen die besten Mitarbeiter finden und binden. Campus Verlag, Frankfurt (2016)
[Kri16]	Krill, P.: Docker, machine learning are top tech trends for 2017. InfoWorld from IDG, 07. Nov. 2016. http://www.infoworld.com/article/3138966/application-development/docker-machine-learning-are-top-tech-trends-for-2017.html. Zugegriffen: 13. Jan. 2017
[KriS16]	Krishnapura, S., Achuthan, S., Jahagirdar, P., et al.: Data Center Strategy Leading Intel's Business Transformation. Intel White Paper, http://www.intel.de/content/www/de/de/it-management/intel-it-best-practices/data-center-strategy-paper.html (2016). Zugegriffen: 20. Jan. 2017
[KRIT16]	UP Kritis: Best-Practice-Empfehlungen für Anforderungen an Lieferanten zur Gewährleistung der Informationssicherheit. UP KRITIS. http://www.kritis.bund.de/SharedDocs/Downloads/Kritis/DE/Anforderungen_an_Lieferanten.pdf?_blob=publicationFile 05. Juli 2016. Zugegriffen: 20. Jan. 2017
[Kur16]	Kurzlechner, W.: Analysten-Prognosen für IT-Budgets 2017, CIO von IDG. http://www.cio.de/a/analysten-prognosen-fuer-it-budgets-2017,3260930,2 19. Dez. 2016. Zugegriffen: 11. Jan. 2017
[Low16]	Lowe, S., Green, J., Davis, D.: Building a modern data center – Principles and strategies of design. Atlantis Computing. http://www.actualtechmedia.com/wp-content/uploads/2016/05/Building-a-Modern-Data-Center-ebook.pdf (2016). Zugegriffen: 15. Jan. 2016
[Mar15]	Marz, N., Warren, J.: Big data: Principles and best practices of scalable realtime data systems. Manning Publications Co., Greenwich (2015)
[Men16]	Menzel, G.: Microservices in cloud-based infrastructure – Paving the way to the digital future. White Paper Capgemini. https://www.capgemini.com/resource-file-access/resource/pdf/microservices_in_cloud-based_infrastructure_0.pdf 7. Juni 2016. Zugegriffen: 18. Jan. 2017
[Mil14]	Miller, C., Valasek, C.: A survey of remote automotive attack surfaces. White Paper. http://illmatics.com/remote%20attack%20surfaces.pdf (2014). Zugegriffen: 23. Jan. 2017
[MSV16]	MSV, J.: Managing persistence of docker containers. White Paper. https://www.janakiram.com/posts/blog/managing-persistence-for-docker-containers 24. Sept. 2016. Zugegriffen: 13. Jan. 2017
[New15]	Newman, S.: Microservices – Konzeption und Design. MITP Verlag, Frechen (2015).
[NIS17]	National Institute of Standards and Technology: Framework for Improving Critical Infrastructure Cybersecurity. National Institute of Standards and Technology NIST. https://www.nist.gov/sites/default/files/documents/2017/01/17/draft-cybersecurity-framework-v1.1.pdf 10. Jan. 2017. Zugegriffen: 20. Jan. 2017
[Old15]	Oldag, G.: 5 Gründe warum Legacy-Systeme keine Zukunft haben. IT Management Blog,. http://www.it-management-blog.de/it-strategie/ 5-gruende-warum-legacy-systeme-keine-zukunft-haben/ 10. Juni 2015. Zugegriffen: 11. Jan. 2017
[Pla16]	Plattner, H.: In Memory Data Management. in online Lexikon: Enzyklodädie der Wirtschaft. http://www.enzyklopaedie-der-wirtschaftsinformatik.de/lexikon/daten-wissen/Datenmanagement/Datenbanksystem/In-Memory-Data-Management 22. Nov. 2016. Zugegriffen: 15. Jan. 2017
[Pre15]	Preissler, J., Tigges, O.: Docker – perfekte Verpackung von Microservices. Online-Special Architektur 2015; OBJEKTspektrum. https://www.sigs-datacom.de/uploads/tx_dmjournals/preissler_tigges_OTS_Architekturen_15.pdf. Zugegriffen: 13. Jan. 2017
[Pre16]	Preston, R.: General Motors' IT transformation: Building downturn – Resistant profitability. ForbesBrandVoice. http://www.forbes.com/sites/oracle/2016/04/14/general-motors-it-transformation-building-downturn-resistant-profitability/#f7382ea63ad3 14. Apr. 2016. Zugegriffen: 24. Jan. 2017
[Qui15]	Quintero, D., Genovese, W., Kim, K., et al.: IBM Software defined environment.

	IBM Redbook. http://www.redbooks.ibm.com/abstracts/sg248238.html?Open (2015). Zugegriffen: 18. Jan. 2017
[San15]	Sandmann, D.: Big data im banking: Data Lake statt Data Warehouse? Banking Hub by zeb. https://bankinghub.de/banking/technology/big-data-im-banking-data-lake-statt-data-warehouse 01. März 2015. Zugegriffen: 15. Jan. 2017
[Sav12]	Savitz, E.: Outsourced reversed: GM Hiring Back 3000 people From HP. Forbes/CIO Next. http://www.forbes.com/sites/ericsavitz/2012/10/18/outsourcing-reversed-gm-hiring-back-3000-people-from-hp/#744cb87d1377 18. Okt. 2012. Zugegriffen: 24. Jan. 2017
[Sch16]	Schlosser, H.: CloudFoundry: Auf dem Weg in die Cloud-Avantgarde. S&S Media, JAXenter. https://jaxenter.de/cloud-foundry-summit-47668 5. Okt. 201]gegriffen: 18. Jan. 2017
[Ste15]	Steinacker, G.: Von Monolithen und Microservices. Informatik Aktuell. https://www.informatik-aktuell.de/entwicklung/methoden/von-monolithen-und-microservices.html 02. Juni 2015. Zugegriffen: 13. Jan. 2017
[Tie11]	Tiemeyer, E.: Handbuch IT-Management: Konzepte, Methoden, Lösungen und Arbeitshilfen für die Praxis, 4. Aufl. Carl Hanser Verlag, Munich (2011)
[Tot16]	Toth, S.: Netflix durch die Architektenbrille – Die umgekehrte Architekturbewertung eines Internet-Giganten. EMBARC JUG Darmstadt. http://www.embarc.de/wp-content/uploads/2016/06/JUG_DA_2016_stoth.pdf 9. Juni 2016. Zugegriffen: 24. Jan. 2016

第 9 章

数字化创新项目举例

9.1 数字化

作者在同汽车行业人士进行的许多次谈话表明，他们普遍面对数字化问题，且均存在很大的不安全感。其实这些主机制造厂及其零部件供应商中，每个基层领导层人士都相当明白，必须而且需要对此做些付出，但是究竟如何开始呢？通常都是在等待企业管理层指定方向，或者在尚无全面规划条件下，开始着手实施相对小规模的项目，进行引导性探讨尝试。

在这种情况下，本书将对您有所帮助。前面的章节已为此奠定了基础并构建了主题。首先，它探讨了信息技术作为推动因素，转型到移动服务的背景。随后介绍了用于数字化转型的相关技术，例如：物联网、3D 打印和云计算。之后，预测了该行业在 2030 年之前的发展状况，在此基础上，基于对一些制造商当前数字化状况的评估，提出了实施路线图的建议，以便全面推动数字化转型。毕竟，变革管理和企业文化是获得成功的重要标准，信息技术转型亦是如此，它作为推动者和开拓者，有目的地辅佐支持相关业务部门。

图 9.1 作为本书的核心，总结了为专业部门或生产车间，建立数字化计划的基本步骤。

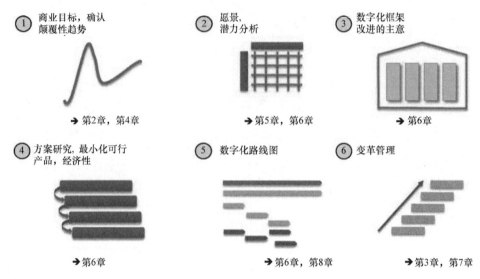

图 9.1　生成数字化路线图（来源：作者）

从公司战略和业务目标的基本决策出发，第一步，是要确定数字化转型的框架和愿景规划。这些确定了将要实现的方向和后续具体实施的步骤。在启动时，要意识到目前的业务流程可能要受到的颠覆和威胁，可能是来自本行业的竞争对手、相关公司企业和当今新型技术。在第 2 章和第 4 章里，已为此提供了相应的建议。

第二步，必须制定出数字化的愿景规划，与此同时，必须检验现有流程的效率潜力，对此，第 5 章和第 6 章给出了相应的方法。在第三步中，将描述组织机构的数字化方向，由此提出将要如何实现的第一想法。随后在第四步中，通过研讨会，进一步将得到优先权的想法具体化，进行第一次经济可行性研究，借此创建确保可行性的功能模型（最小可行产品 MVP），然后，与信息技术部门一起，在第五步中创建详细的实施路线图，该路线图将在第六步中，纳入变革管理的沟通环节。这里可参照第 7 章的提示，宣传动员所有员工，使之积极参与共同实现基于路线图的愿景和目标。

至今为止的叙述，相应上下文的内容，已经推荐了大量参考示例。为了进一步提高本书的实际性，下文中将介绍更多的成功地实现创新数字化项目的范例，以及数字化领域的相关想法和启发鼓励。本章遵循所拟议的数字化框架的四个"支柱"（见图 6.11），其中图 9.2 仅作为回忆，重新再现了所讲述过的内容。

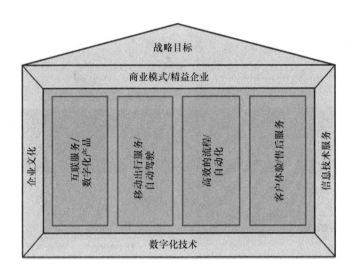

图 9.2 汽车行业数字化的支柱（资料来源：作者）

下面通过示例，对每个支柱进行相关讨论。其具体的内容细节、解决方案及其背景已包含在第 6 章中。

9.2 互联服务 / 数字化产品

目前，所有汽车制造商都非常重视互联服务，并大力积极为这个重要的增长市场开发产品。都将能推出创新型解决方案视为一个难得机会，使自己从激烈的竞争中脱颖而出，特别想利用这种创新能力，吸引和影响年轻一代的顾客。此外，这一发展将为开创新型的业务领域，比如，移动出行服务和自动驾驶奠定基础。然而，来自汽车行业以外的提供商，特别是那些具有独特产品的新兴信息技术公司，也看到了每年新注册大约 8000 万新车这个市场的机会。因此，不仅需要通过互联服务和新业务模式来促进销售和获取利润，还需要满足客户对补充性服务的要求，并改善市场营销，在移动出行服务中，比如在多方式联运服务，给客户提供服务。

在这场汽车制造商与信息技术新秀之间的激烈竞争中，车载信息系统将成为争夺的战略要点。这些装置不再仅仅是作为车辆系统中的收音机、导航和电话的操作面板，或车辆状态的显示器，而是使用各种应用程序（App）的控制中心。比如，在这一方面，谷歌和苹果已借助所谓的屏幕镜像（Mirroring）传输技术，进入汽车领域与客户对接互动。在这里，传统的车辆电子技术与新型移动应用程序相遇，如图 9.3 所示。

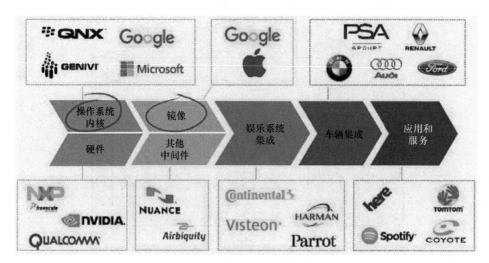

图 9.3 车载信息娱乐单元的价值链 [Cou16]

人们已经认识到了车载信息娱乐单元增值链的使用潜力。可以在这个带有相应操作系统的硬件单元内，嵌入一个中间件。它具有一个核心服务软件层，用于操作和通信。这里还采用了所谓的屏幕镜像技术，比如，苹果的车载操作系统（CarPlay）、谷歌的安卓系统（Android）。这一技术的功能，是将选取的应用程序，从智能手机传输到车载信息娱乐系统，在那里进行显示并可立即使用。该增值链中的下一个环节，是指诸如收音机等和媒体的集成服务。然后，将这些设备和应用程序，整合集成入车辆信息技术系统，就可提供各类应用服务。

为了实施这一增值链，不同的提供商提供了各种系统。掌握客户解决方案的重要控制点，在图 9.3 中已圈出，比如，操作系统和上述的屏幕镜像技术。在操作系统方面，QNX 软件占有高达约 50％ 的市场份额，其次是非营利性汽车行业联盟（GENIVI）和谷歌安卓（Android），以及开放源代码领域社团 [Cou16]。由于在智能手机领域的市场领导地位，谷歌和苹果在屏幕镜像方面，拥有迄今为止最高的市场份额。其他挑战者，包括开放式制造商联盟，以及福特和丰田的 SynchAppLink 解决方案。

在增值链后面部分，其他供应商，如英伟达（Nvidia）和高通（Qualcom）在硬件部分占据了主要位置，大陆（Continental）和伟世通（Visteon）是作为集成商，here 作为提供地图信息服务的公司，以及提供音乐流的公司斯波蒂菲（Spotify），都明确地将自己定位于价值链的某一部分。这里非常重要的是，镜像服务确定了在此接口上要运行的内容。例如，谷歌肯定是首选它的地图，而不是你所希望的。这里汽车制造商和信息技术提供商之间，仍存在着利益冲突。

第 9 章
数字化创新项目举例

目前，该领域并非汽车制造商占主导地位，但他们必须考虑，如何在智能手机连接领域加强业务。因此，屏幕镜像将配备设备管理功能，组成所建议要构成集成平台的一部分，如图 9.4 所示。集成平台的功能和组件等细节已在 6.2.1 小节介绍了。

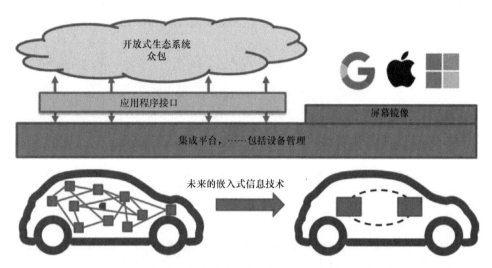

图 9.4　集成平台中的应用程序接口 API（来源：作者）

在图 9.4 所示集成平台下方，显示了两辆车。左边那一辆，其特点为异构嵌入式信息技术，配备许多各种不同的控制设备，连接成复杂网络，而右边那辆是未来的愿景，其细节部分已在 5.4.5 小节详细解释，这个车辆带有一个中央可备份计算机，连接成简单网络。

集成平台确保将车辆与不同的信息服务对接，这些服务，在异构配置中是复杂且昂贵的，而在中央式框架中很容易实现。这些服务可通过应用程序开发接口（API），简单迅速地经过开发获得。应用程序通过这种 API 接口建立在其平台上，它们的输出将显示在娱乐单元界面，也可从那里进行输入操作。另外，设备管理系统提供服务，使连接不同的智能手机，以屏幕镜像为基础，显示各种应用程序。通过使用集成平台，制造商获得了更多的选择可能性，除了在车辆上安装自己的应用软件工具，还可以引进其他应用程序。

原则上讲，面对来自信息技术行业的竞争对手，汽车制造商通常有三种选择。第一，可以完全采用屏幕镜像或基于智能手机的方式，由信息技术提供商承接客户的业务。作为第二种选择，制造商独立开发自己的应用程序（App），并建立所谓应用程序商店（App-Store），可通过"客户验证码"使用，与此同时，部分采用来自信息技术行业竞争对手的应用程序 App。最后，第三种选择，采取所描述的集成方式，效仿苹果和谷歌，为开发人员提供具有吸引力的应用开发系统，提供给所需的 API，进行培训和支持，促进众包和开放式创新。特别是第三种选择，具有很高的可扩展性，可以在短时间内，创建生成大量创新型解决方案。因此，才有机会全面跟随上智能手机领域产品的迅速发展，并开发出吸引客户的各类产品。因此，一些汽车制造商，如福特、丰田和标致雪铁龙都热衷于这一有前景的选择 [Gra17，Ber13]。

下面将讨论法国汽车制造商标致雪铁龙（PSA）互联服务的案例。该公司是欧洲第二大汽车制造商 [PSA16]，年销售额超过 500 亿欧元，销售量超过 300 万辆车。在专注创新和加速数字化转型方面，公司着重于"客户相关公司"和"智能公司"的措施和举动。在实施战略中，互联服务被认为非常重要，标致雪铁龙的目标是围绕数据服务、智能服务和移动性等主题，创建一个崭新的生态系统，以对客户更具有吸引力，激励其购买新车的欲望，同时增加额外的营业额收入，如图 9.5 所示。

类别	服务	客户价值	服务模型	对PSA集团的收入
数据服务	售后客户	节省时间	新车上已默认激活	售后业务
	增强引导	改进满意度	销售商引导购买	客户购买，售后业务
	智慧城市	加强基础设施	合作IBM提供匿名交通数据	共享收入
灵巧服务	车辆定位，被盗车辆跟踪	便利性、安全性	交纳用户费	额外营业额
	实时交通信息，测速雷达信息	节省时间,安全性	交纳用户费，第1~3年免费	额外营业额
移动性	车队管理	减少总体拥有成本	车队销售的额外合同	竞争优势，额外营业额

图 9.5 标致雪铁龙的互联服务 [Col16]

在这张图上，表示了其互联服务解决方案要实现的三个主要目标。对于每个解决方案，都列出了相关的客户价值、业务原则和所涉及的销售部门。例如，有一个应用程序（App），可定位被盗车辆位置。客户在预定的前提下，就可使用这个应用程序，进而可直接导致 PSA 的销售额增加。而"智慧城市"应用程序，其背景其实是汽车制造商与城市管理系统的联合体，可提前提供停车设施信息，并通过具有前瞻性的智能交通管理系统，避免交通拥堵。这样形成了一个由信息技术公司和城市交通基础设施机构构成的合作伙伴公司，基于这些移动数据和基础设施数据，可以开发编制应用软件，对这些数据进行实时评估，并得出对相关交通状况和相关基础设施现状的预测，比如市内地下停车库。这里的业务原则，是所谓基于成本和销售的共享模型。

在创建解决方案时，PSA 非常重视众包的应用。就是要提供给数字原生代们一个有趣的技术环境，提出令人兴奋和具有挑战性的问题，激励他们与应用开发人员在这个平台上会面探讨，共同讨论令人感兴趣的话题，并提出创造性的想法。这个商业模型的基础，是应用大量来自互联服务领域已经公开使用的软件工具。比如，这些软件工具可提供车辆信息，例如油温、轮胎压力甚至运动数据。为了发放这些应用程序，PSA 创建了一个业务平台，该平台还提供文档、博客等支持功能。为了促进创新业务发展，PSA 组织了为期四周的比赛，称为加速器赛事[PSA17]。这些都在预先设定主题下进行，所有感兴趣的开发人员，或者开发小组都可以参与，获奖者将获得一定数额的奖金和专家技术指导，以使他们的应用程序更专业化，直至投入运作使用。正是由于这种众包，可以同时使用第一版应用程序具体测试，并生成更多的新想法，逐步接近客户的要求。

其他制造商也采用类似的方法。例如，福特在全球范围内，在这个领域参与类似的竞争，把它作为实施其移动出行战略的一部分。如图 9.6 中的概述所示，该公司已经启动了 25 项举措。

该图显示了 25 项举措及其各自涉及的主题。在这里创新合作伙伴所进行的实验与开发人员之间的公开竞争是有所区别的。这些任务被分配到世界各地及所有相关地区，重要的福特市场都参与了"启动和信息技术精神"项目。比如，在美国的实验不仅是在硅谷，也在底特律进行，英国、德国、中国和印度也参与。这样的举措涵盖了广泛的主题，重点是大城市城郊区域，汽车和班车共享课题，健康和保险等新的业务领域，以及停车、车队管理等过去比较熟悉的主题，也是关注的焦点。

该计划给福特提供了几个优越性，即在短时间内，许多解决方案可在不同的市场中进行开发，以满足不同客户的期望，同时也为未来的项目，提出了许多想法和主意。这种开放式的开发环境经过了广泛的现场测试，并通过扩展和调整进一步得到了加强。随着项目的实施，其公众知名度越来越高，这改善和增强了福特在创新、灵活性和开放性方面的形象。此外，还开发了一个大型开发人员社区，该社区也可用于承担未来的任务。因此，这样一个转型模型，当然值得其他制造商考虑。

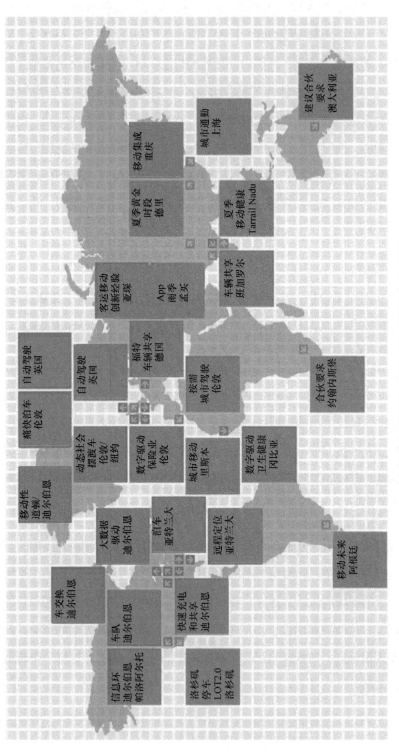

图 9.6 福特在互联服务环境中应用开发方案 [FOR16]

总之,几乎所有互联服务领域的制造商都在不断发展,但成熟程度却截然不同。例如,无线空中下载(OTA, Over the Air)车辆嵌入式软件更新是在特斯拉汽车公司建立的,而其他大多数制造商仍然需要迎头赶上 [McK16,Bul14]。这种所谓的无线软件更新,能为客户带来许多益处,并且期待将来会在其他车辆上采用。作为示例,图 9.7 示出了特斯拉当前的软件更新功能。

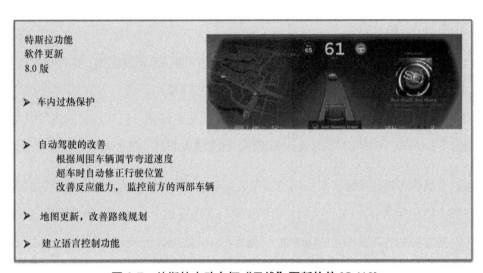

图 9.7　特斯拉电动车辆"无线"更新软件 [Gri16]

上面这些功能,在 2017 年均免费提供,可通过完全类似于智能手机应用程序的更新那样下载软件更新,即使对于较旧型号的特斯拉车辆也是如此。但这些不仅仅是简单的功能,而都是在不断进行重大改进,比如,车辆内部温度更精确的控制,通过高速公路交叉口时复杂情况的准确导航。还有监控驾驶前方两辆车的响应性,在超车过程中,同时考虑被超车辆的状况,进行车辆位置的调整等,这都是软件系统更新的一部分。凭借这些提供的优势,特斯拉可简单且顺利地进行软件更新换代,增强乘客的舒适度和安全性,这已被许多制造商视为基准。另外在其他主题中(见 5.4.5 小节和 6.2.1 小节),从作者的角度观察,许多成熟的汽车制造商也取得了相应进展,以免被刚进入该行业的"新秀"超越。这里特别值得一提的几个发展动向是:

- 嵌入式信息技术的集中式框架(参见 5.4.5 小节)
- 将配置异构、操作困难的基础设施转换为集中式(根据图 9.4 简化),这类现有的设施,通常有 100 多个控制单元和多个总线系统,转换的目的是提高运行可靠性和可集成性,促进或保障未来的可行性

- 加强集成平台

- 开发一个开放式跨越品牌的平台，结合屏幕镜像技术，以便当进入汽车时，车辆中的应用程序与该车辆用户的智能手机完全自动进行同步。相应检测成功标准是，不依赖客户手机的手持方式，在进入车辆时进行驾驶人自动识别，显示特定的应用软件工具（App）

- 实现相应系统环境的应用程序接口（API）

- 定义应用程序接口（API）策略，建立 API 开发平台，为开发团体、感兴趣的业务用户、保险业务或零售公司，构建社交媒体，提供支持环境

- 为新型数字设备和应用程序工具，建立数字化业务模型，包括驾驶人使用的应用程序接口（API）、相关数据，以及业务流程，比如支付机制、销售和调整数据使用

目前，互联服务将越来越多的应用功能集成到车辆环境中，从而成为吸引顾客购买的重要选项内容和个性化标志 [Kni15]。比如，通用和宝马正追随这一趋势。基于其长期以来建立的、已成熟并具基本功能的互联平台（OnStar），通用汽车正在与国际商用机器制造公司（IBM）合作，开发车用具有认知功能的创新应用产品 [Bur16]。一方面，该解决方案被视为学习助手，可在后台主动早期识别车辆的技术问题，并向驾驶人提出建议，或独立地从驾驶人的日历和地址簿提取信息，提供下一个约会地点的导航信息。另一方面，该软件是一个营销和销售平台，使服务公司在其上显示其服务项目，如图 9.8 所示。

图 9.8 信息娱乐系统显示各种服务项目 [Bur16]

在通用汽车的信息娱乐单元的输入屏幕上,不同服务公司的徽标被显示成图标。在这里,用户可以上下左右滚动画面并进行选择。比如,如果驾驶人点击埃克森美孚(ExxonMobil)图标,则加油站和汽油泵标记将出现在屏幕上。加油后可在车内进行付款。万事达卡(Mastercard)用做支付交易,停车位寻找系统(Parkopedia)可以提供免费停车位。该平台是对外开放的,以便其他有兴趣的服务公司可以参与其中。而当客户使用这些服务时,汽车制造商会收取中介费。

宝马(BMW)推出的全新5系列车型,其功能主要是互联服务,面向新兴的数字世界,不再是着重机动化或油耗。正如宝马在Youtube广告中所说:

在数字化世界中,我的车将告诉我什么时候该出发了。它理解我的言语、我的行为姿态。到达目的地后,一个搜索引擎寻找免费的停车位……我的车知道我的名字、我的目的地、学习我要行驶的驾驶道路,并在我需要时支持我。有人称之为进步,对我而言,这意味着自由[NDR17]。

这些例子都说明了互联服务如何帮助汽车制造商,以其独特性方式重新展现在市场,并吸引潜在的客户。他们强调,仍需要在这个领域努力工作,才能靠近和赢得客户。

9.3 移动出行服务和自动驾驶

数字化框架的第二个支柱是移动出行服务和自动驾驶。在介绍一个范例以前,需要先简要概述一下当前市场现状和发展情况,这些也许在构思自身企业项目时,可作为定位参考辅助。

移动出行服务市场仍持续以高增长度发展。比如,来福车(Lyft)被视为优步(Uber)的挑战者,2016年在美国,完成的总出行次数增加了1.626亿,这相对2015年增加了三倍[Sol17]。尽管其他竞争对手有了相当大幅度的增长,优步仍然是无可争议的市场领导者,其业务遍及70多个国家。比如,优步在2016年1月和2月完成的出行次数,比来福车(Lyft)全年还要多。然而,令人印象深刻是,Lyft和Uber业务增长的同时伴随着业绩的亏损[Haw17]。但是,这并不妨碍投资者注入更多的资金,也不妨碍而汽车制造商参与和给予投资。例如,通用汽车公司拥有自己的共享移动服务组织(Maven),并持有Lyft的股份。宝马经营DriveNow,大众汽车持有以色列公司Gett的多数股权,戴姆勒多年来一直参与Car2Go。在丰田(Toyota)在对优步进行大规模投资后，戴姆勒也与优步达成了战略合作伙伴关系，以促进自动驾驶技术，作为移动服务的基础 [Ger17]。

在另一个具有重要战略意义的领域，所有制造商都在推动自动驾驶，并且已经出现了激烈的竞争，看谁能够将这种技术第一个投入批量生产。自动驾驶的进程，可分为五个技术步骤，以及相应的成熟度级别（见 5.4.3 小节）。很多制造商的车辆已经在市场上达到三级水平。

自 2010 年中期以来，代表四级和五级技术水平的试点试验一直在进行，并且在贸易展览会上，制造商都展示了自己的自动驾驶汽车 [WELT17]。图 9.9 概括性总结了各个汽车制造商计划投放市场的日期。

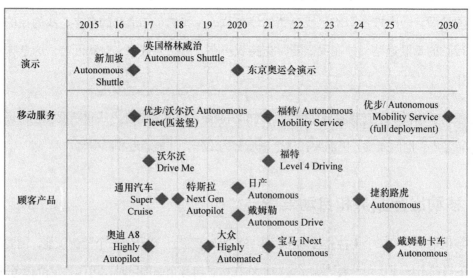

图 9.9　预计的自动驾驶汽车投放日期 [Han16]

在图上水平的时间轴是投放日期，划分为产品示范者，移动服务提供商和制造商。首批自动驾驶车辆，已经在新加坡、格林尼治和匹兹堡，在指定的局部有限区域行驶。对于要满足自动化程度很高的四级，通用汽车、沃尔沃和奥迪可能是将第一批进入市场的，紧随其后的是特斯拉。戴姆勒和日产在 2020 年宣布完全自动驾驶汽车，其次是宝马在 2021 年。优步提供全自动移动服务，即所谓的机器人出租车（Robotaxis），于 2030 年投入运营。

自动驾驶汽车的性能，将促进移动出行服务和汽车共享模型的另一次重大增长，因为共享可带来降低成本的优势。图 9.10 显示了不同使用模式的电动汽车，2016 年和 2025 年行驶成本的对比。

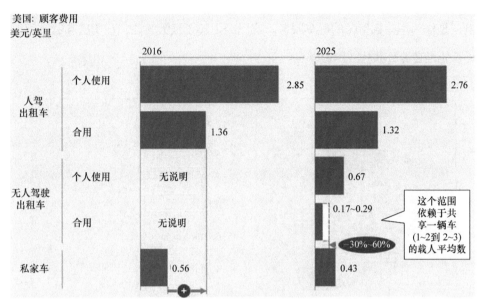

图 9.10　电动汽车出行费用的发展 [Han16]

传统出租车每英里的行驶费用，在 2016 年为 2.85 美元和 2025 年为 2.76 美元之间。相比之下，共享模式的成本将显著降低，从 1.36 美元到 1.32 美元不等。最便宜的是私人汽车，费用为 0.56 美元，这相差 80 美分，远远低于移动出行服务。

自动驾驶汽车的情况，正在发生根本性变化。因此，在 2025 年，当使用乘载 2~3 人的车辆时，共享模型的成本将降至 0.17 美元，而对于 1~2 人使用的费用减少到 0.29 美元。与私人汽车 0.43 美元相比，具有 30%~60% 的成本优势，将使移动服务的使用量显著增加。

因此，从长远讲，自动驾驶电动车将推翻私人汽车的所有权。从这个角度来看，的确是很有趣，可以了解一下图 9.11 中所示的小型巴士 Olli，参见 7.6 节。

这种穿梭摆渡巴士，最多可搭载 12 人，它的研制在 2015 年，主要是由一些自愿协同开发人员参与，在 LocalMotors 公司的领导下，当时的目的是为参加一个长达 6 周的比赛。其设计获奖，赢得了冠军和 28000 美元奖金，同时授予汽车销售特许权，在后面只用了三个月的时间，就进入量产 SOP［IDE17］。除了车窗和铝制底盘外，车上部件均采用 3D 打印技术制造。相对较小的产量，采用这类制造工艺是经济的。该车没有方向盘，有大约 30 个传感器和驱动器，实现完全自动驾驶。速度为 20 千米/时，续驶里程为 58 千米，足以提供班车服务。配置有认知平台和众包技术，乘客可以与车辆进行对话。车辆本身的沟通能力是通过在所行驶区域进行培训和自身学习。若干个穿梭巴士还可以相互通信，当乘客数量多时，自己组织成车队。第一个应用范例，是作为华盛顿特区的班车服务。这已经引起了极大关注，在美国和欧洲可能会有更多应用，首先是在非公共社区作为试点。

图 9.11　自动穿梭巴士 Olli [Mol16]

不仅认知平台，而且车辆本身结构及其内部设施，都可以进行适应性调整，以满足各种要求。通过这种方式，Olli 可以转变为移动咖啡馆或健身房。Local Motors 公司和其项目合作伙伴，将这种车辆视为一个学习的平台，以开拓进一步的项目。其目的是，在所有重要的潜在市场，建立这种微型工厂，以便迅速识别当地客户愿望和满足其需求，就地给予加工实施，尽量减少零部件的物流成本，以及附加在车辆交付上的费用。作为一个愿景设想，Olli 应该在加工生产完成后，以"自己的方式"驾驶，前往"他的客户"所在地。将来，综合认知平台将综合考虑客户要求、天气等因素，利用日历功能，为客户提供一个供货日期，预定的 Olli 将自动驾驶前往客户住所。当然，这仍然只还是制造商的未来憧憬 [Jun16]。

另外，将若干车辆构成一个编队（platoon）的想法，已经在载货汽车上使用，进行过试运行。这实际上，是由几辆货车排成一队，相互之间距离较近，由第一辆车引导领先行驶。这些货车之间实时性互相通信，比如，前一车辆的制动操作直接传递到后续车辆。这些货车实际上通过所谓电子牵引杆连接。引导车后面的车辆应该是自动驾驶 [Vol16]。这一想法的优点是显著降低了燃料消耗，从而减少了环境污染。从而带来了进一步的好处，车辆间短间距使占有的道路占有量减少，均匀的行驶速度减轻了驾驶人的工作负担，整体协调还可减少交通拥堵。斯堪尼亚和丰田将该项目作为试点，目前，正在新加坡试运行 [Eck17]。这种车队行驶仍然处在准备阶段，真正投入运营，类似于自动驾驶，仍需要相关法律规定生效，批准在公共道路行驶。

不同方式的车辆编队，也可以作为乘客移动服务领域中一种选择方式。如果若干自动驾驶汽车，发现它们在相同的路线上行驶，则考虑对各自均有利，至少可以暂时性地，在较长的行驶过程中，自动地合并构成链式车队。在该领域这一远见卓识的想法，可考虑为乘客创造和提供其他服务，使其能更有意义地利用乘坐时间。涉及乘客本人愿望，如果拆除掉固定座椅布置和其他设施，车辆内部看起来可能完全不同。比如，如同 Olli 咖啡馆或 Olli 健身房。它们也可以是驾驶时的会议室、餐厅或培训室，人的想象力是如此无边无界。重要的是，制造商必须意识到这些可能的发展，预先积累足够的专业经验，为这些新问题事先做好准备，并提供有竞争力的解决方案。

9.4 高效的流程和自动化

数字化框架的第三个支柱是提高流程效率，通过数字化实现完全自动化。在这里按照"数字达尔文主义者" Karl-Heinz Land 先生的观点：所有可以数字化的东西都将被数字化；只要能联网就要网络化；如果可以自动化，就将其自动化。这适用于世界上的每一个过程 [Lan16]。

6.2.3 小节解释了进行数字化过程的流程，并为三个部门制定了具体举措。以下对创新项目的进行补充解释。

自 2010 年中期以来，由德国联邦政府根据广泛的倡议提出的工业 4.0 主题，已成为所有制造公司关注的焦点，并按该倡议启动了相应的项目。总而言之，数字化是在横向和纵向进行企业流程集成，使公司更具灵活性和高效率。除了提高市场反应能力，强调面向客户的导向以外，根据德国弗劳恩霍夫应用研究促进协会（Fraunhofer）在汽车行业进行的调查研究表明，可以就此节省平均 10%~20% 的企业费用开支。其在组织领域的分配如图 9.12 所示。

降低的产品结构的复杂性，可通过功能模块化，采用标准化零部件，简化流程和相关接口，最高可以获得 70% 的节约潜力，同时可通过协调和谐生产流程减少库存，面向预测估计，紧密节奏的物流策略，可使成本降低多达 50%。在制造加工、质量检验和设备维护等其他领域，预计可节省高达 20% 的成本。

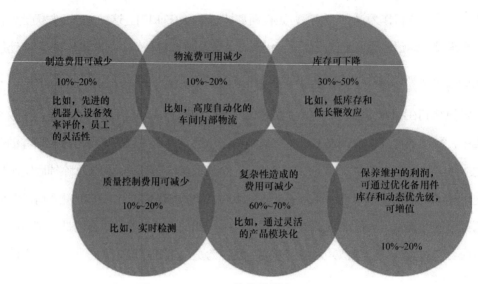

图 9.12　工业 4.0 的节约潜力 [Win 16]

制造商应根据这些评估参数制定项目。根据作者的经验，通常最大的潜力在于组织部门边界，或者生产流程接口之间的过渡区域。然而，实现这一目标的挑战，往往不在于技术问题，而在于企业文化问题，能否鼓励和激发跨区域和部门的协调合作。这里可以通过一个跨越这些边界的技术平台给予一些帮助。图 9.13 显示了一个已具有这种层次，简化版的工业 4.0 场景，此处称为车间集成层。

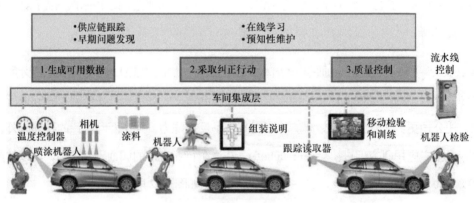

图 9.13　车间集成层举例：喷涂流水线（来源：作者）

作为示例，这张图描述一个喷涂流水线中的三个中间工作站。首先车身由机器人进行喷涂，跟着进行手动组装，然后进行质量检查。在这个流水线上，布置各种机器人，附带各自的控制器、传感器、照相机和工作人员的平板电脑。不同的信息技术组件，通过上述车间集成层，组合到信息业务中。软件层提供其相应的基本服务，例如，通信和数据处理工作（参见 6.2.3 小节）。这个集成层还可以将整个喷涂车间和其他生产区域相连接，继而可允许访问其他区域的传感器和控制部件，执行总体数据分析。该车间集成层提供了标准化的应用编程接口（API），便于开发各种应用软件工具，这些可以是由不同的供应制造商开发，成功测试后提供，安装后运行。以下是此图片中提到的解决方案概述：

- 供应链跟踪：该应用程序监控零部件供应物流链，以及早发现供应短缺并启动相应对策。对于关键部件，监控范围可从直接供应商扩展到其他低级供应商。
- 早期问题检测：提供分析解决方案，通过各种传感器、设备和作业数据，分析运行中各种参数的变化，进行系统预测可能出现的问题，比如加工中心中可能缺少某些零件。
- 在线学习：为了操作复杂的机器设备，以在机器上进行复杂的服务工作，可以借助平板电脑，读取附加的二维条码标签，从而查找出错误所在。然后，从学习管理系统，工作人员将有针对性的学习模块加载到他的平板电脑上，使它可以学习掌握并获取处理所出现错误的信息。
- 预测性维护：预防性维护应用程序，旨在通过主动服务措施，防止机器设备因故障停机，从而保证始终高效工作。为此，将机器运行数据连续不断地采集记录，识别其趋势和相对正确值的偏差，使用建立的模型，来创建预测措施。

这些解决方案都可以在该集成层的基础上有效地进行开发，因为这是通过使用基于平台服务，简化了应用程序开发。更重要的是在集成层中，机器更换很容易进行，相关的应用程序不需要作任何调整，因此它可以继续逐步扩展，甚至跨越该部门区域。同样还可以很方便地将这种应用移植部署到其他生产场地，在一定程度上进行应用软件下载，唯一要求也是建立了以上所述集成层，作为营业运行的基础。

在工业 4.0 规划推动中，另一个主题是关于工人和机器人的直接合作，如 4.8 节所述。不同于 20 世纪 80 年代，将机器人集成到流量线生产中，使其尽可能可靠地始终执行同样的操作流程。相反，当今人们更希望基于传感器技术、机器人运动学和软件技术的进步，来实现高度的灵活性。

如今，机器人比第一代装载或焊接机器人更敏感、更灵活。有了这些功能，机器人也可在其他不同的领域发挥作用。可以想象在比如在家庭、医院病房和手术室，承担相应的任务，如同在汽车生产线上,和车间工人构成一个团队 [Buc17]。只不过在这里,机器人的优势是辅助支持人类的活动。人体和机器人的能力比较,可用图 9.14 所示的应用实例给予说明。

图 9.14　装配线工人和机器人的能力比较:安装轿车顶棚 [Kos14]

在复杂部件的组装操作、制造过程中决策的灵活制定,以及零件公差折中选择、合理组合装配等基于知识和经验方面,人类肯定比他的钢铁同事——机器人更具优势。而机器人则在搬运处理沉重或危险的零部件、操作重复性和耐久性方面,具有明显优势。而且,他们总是淡然忍受,保证始终一致的质量要求,执行沉重而单调的工作。但当他们作为一个团队时,这两个合作伙伴,都会变得更加强大,如图 9.14 中轿车顶棚组装示例所示。机器人首先将笨重的部件轻松迅速地移动到距离车身上方很近的位置,然后由组装工人,将之准确和车身顶部定位,对准后落下完成安装。

随着软件性能的提高,机器人的使用潜力不断被挖掘。今天,通过平板电脑上的示教或图标配置,编制程序相对容易了。因此,信息技术专家不再需要致力于简单编程工作,而是由制造部门的员工自己操作。可以预见,制造业的机器人将来会有人类的认知能力,可开辟更灵活的应用场合。因此,总装配线上的熟练工人,以及进行计划指挥、统筹调度的车间主管人,将来会由机器人来承担,从而解决技术工人短缺的问题。

在工业 4.0 标题下,不仅是在产品加工中,而且在公司所有其他部门,通过数字化进行流程优化也是一个非常热门的话题。例如,在产品开发过程中,可以想象通过智能型建议系统,或通过新产品无原型测试,以及增强现实技术,对零部件的可组装性进行测试,可增加零部件重复多次使用的可能性。在人力资源领域,机器执行岗位候选人筛选,求职者使用应用程序简单地维护其个人数据。

在未来，在完全不同的应用领域，可预期认知型应用将会出现，借此机器人可以独立地扩展其自身能力。比如图 9.15 所示的机器人 Pepper。

图 9.15　与机器人 Pepper 交谈 [Ada17]

机器人 Pepper 是一个类似人类的机器人，它在 IBM 认知平台 Watson 的协助下，能够适应所处的人为环境，找到自己的方式，并与人类对话。在第一个所谓训练阶段，Pepper 系统必须学习环境细节以及对话的主题。根据这些基础知识，该系统在与人交流沟通过程中，从对方反馈进行再学习。目前 Pepper 已活跃在购物中心，主要是问候客户和做引导工作 [Ada17]。再进一步的使用，可以想象是车展或在交易过程中，回答诸如汽车型号的问题。

前面那些已经多次讲到的实施方案，在此不再详述，而是介绍所谓的区块链，作为一种提高效率的手段，在汽车行业可能的应用示例。区块链技术的背景和操作已在 4.7 节中做了详细解释。它在当今网络中经常被称为"下一件大事"[Bre16]。简而言之，这是些加密的数据集，用于交易文档，这种交易，是通过一个事务链，又称区块链，在传递过程中，连续不断地进行正确性检验，并且连续存储在多个分布式数据库中。该流程可确保比特币的价值保留和流量，并构成此互联网支付方式的核心。

尽管区块链技术与比特币密切相关，但它也可以转换到许多其他应用场合，并具有颠覆性潜力，因为应用程序完全改变了流程和结构。例如，使用区块链技术不需要银行来支付双方之间的付款。通过在后台运行基于网络的安全程序，可以直接快速且经济高效地进行传输。个人数据保护也没有障碍，因为没有纯文本名称出现，但每个用户都有自己的数字字母代码。通过使用分布式数据库，提供进一步的保护措施，在该分布式数据库上存储了许多事务链副本，恶性操纵也变得几乎不再可能。

该方法的主要优点是其高安全性、交易验证的简单性和简化过程的能力，因为可以省略诸如用于计费或合同检查的附加控制功能。而缺点是不断增长的区块链数量、性能提高的限制、数据吞吐量和权利管理开销。

由于相对明显的优势，目前这个主题很受关注，许多制造商正在开始他们的第一个开发项目，通常是在所谓的灵活合约领域。这里涉及计算机日志和基于软件的算法，映射处理合同内容。使用区块链技术可以保证执行过程遵守合同，实施自动监控和记录，消除了纯纸张型的管理工作，消除律师起草合同和监督执行的需要 [Kal16]。区块链也是追踪车辆使用状况的基础，如图 9.16 所示。

该图显示了汽车的生命周期，从制造商移交给中间交易商，他为了从财政上赞助客户购车，将一个租赁商融入，以便根据租赁合同将汽车交付给客户（承租人）。在使用结束时，二手车经销商将接管汽车，租约将根据评估师评级告以结束。整个过程记录在一个区块链中，在分布式数据库（节点）中逐步进行存储。除了车辆本身转移之外，还直接在智慧合同程序中检查合同车辆状况，并将其存储在信息块中。这一简单的顺序式过程可以完整记录车辆状况，这在更换车主或者零部件时非常有益处，例如，确保使用的为原装零件。

在汽车使用环境中，采用区块链技术的另一个例子来自电动车领域。所谓的"加油"（即充电）是在充电桩进行的，充电桩通常来自不同的电力供应商，而且提供不同的支付方式。可以是多种多样的形式，从投币机到信用卡，再到通过智能手机使用应用程序付款。在某些情况下，电力仅交付给提供商的合同客户。为简化流程，可采用基于智能合约的区块链程序。在每个充电过程中，客户通过充电站的识别，与相应的提供商签订合同，而整个交易（包括付款）在后台进行 [Roe16]。

同样，还有各种各样的应用可能性，例如处理：

- 支付交易，订单，发票
- 供应链

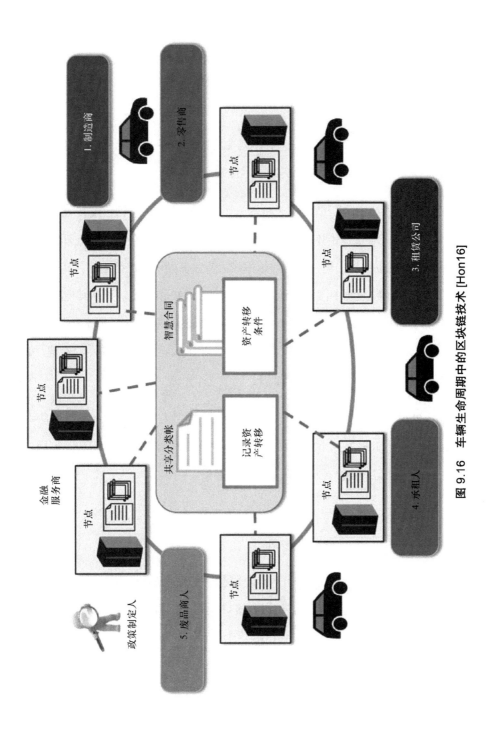

图 9.16 车辆生命周期中的区块链技术 [Hon16]

- 租赁合同，包括分配智能钥匙以打开车辆
- 服务
- 维修
- 太阳能（反馈和购买）
- 不同提供商的移动使用（漫游）

这些实例说明了区块链技术的潜力，特别是由于消除了控制功能或中间过程，因此通过区块链使用也导致业务过程简单化，从而提高了运作效率。

另一种简化流程的技术是所谓的聊天机器人（Chatbot），即"聊天"（说话 chat）和"机器人"（机器人 rot）的组合词。它们包括可自动化通信，例如，软件应用程序处理信息，或者为公共交通信息系统提供帮助信息。可以通过对话框或语音以书面形式进行通信。其解决方案的工作原理是模式识别，即在数据库中搜索所请求的特征进行比较和匹配，并从其信息中找到适当答案。随着其性能的提高和易用性的增加，对这些解决方案的需求也在不断增长，这些都是通过使用智能手机的聊天功能，比如，谷歌或者苹果的系统 [Frü16]。受认知可能性的影响，解决方案的性能将会继续提高，并将扩展到其他应用领域。

聊天机器人的另一个用途是作为办公室或私人部门的个人数字助理，例如在亚马逊的 Echo 或微软的 Cortana 平台 [Jun17]。这些系统能够通过访问互联网数据来学习和回答用户提出的问题，通过评估日历来回忆约会，或开始播放所需的音乐。

在下一个发展阶段，预计聊天机器人将通过语音控制不同的应用程序，然后学习自动执行工作流程。其可能的应用方案如图 9.17 所示。

聊天机器人的解决方案是通过访问不同应用程序的数据库来工作，并与相应的企业部门（例如财务部门）的应用程序直接对话。可以直接寻址聊天机器人，以执行与之连接的信息技术系统的操作和信息交互活动。例如，它可以显示未结算交货项目，或结算特定发票，从中减去现金折扣。这个处理步骤列在图 9.17 的右侧。通过语音或对话框进行输入后，聊天机器人识别用户并验证其权限，解释和理解任务，然后在完成后查看所需结果，或报告任务完成所需的各个步骤。为了手动执行此交易，用户可能必须处理三个不同的系统以搜索账单，检查货物的交付和结算账单。

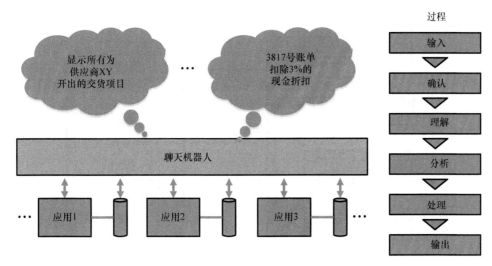

图 9.17 聊天机器人的应用示例和步骤（来源：作者）

即使是这个小例子也说明了聊天机器人可提高过程处理效率的潜力。特别是在处理金融交易、旅行预订、服务台服务，以及采购和人事方面，均可使用聊天机器人。解决方案的示例，已经出现在预订旅行或搜索多式联运连接的移动出行服务 [Jun17]。由于聊天机器人在现有解决方案领域的集成相对容易，操作直观且效益高，因此该技术适用于许多数字化项目，包括下面将要提到的一个主要领域。

9.5 客户体验——营销、销售、售后服务

数字化和汽车业务的改变，导致现有销售结构向基于互联网的多渠道分销方向转变。与此同时，通过使用创新的数字化技术，营销、销售和服务领域，演变成与客户发生直接联系。这方面驱动因素的实质是客户期望，这些信息可以是来源于智能手机和平板电脑等移动设备上，客户习惯性常规操作上面的各种应用程序。有关转型的详细介绍和可能的路线图，请参见 5.4.7 小节和 6.2.4 小节中的说明。在图 9.18 中，总结性概括了销售现状和未来的变化。

从图的左侧可以看出，到目前为止，制造商的销售和服务环节与最终客户没有直接联系。进口商或经销商处理车辆的销售和服务，并保持与所有客户直接的联系，在一定程度上是作为一种"商业秘密"，将汽车制造商排除在外。而制造商还为这类服务公司提供营销材料、市场信息、技术支持，并且越来越多的客户关系管理（CRM）方面的功能，例如举办宣传活动以争取潜在客户。

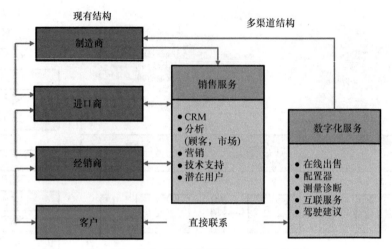

图 9.18 分布式结构的变化（来源：作者）

未来的数字化服务，将是发展建立制造商和客户之间的直接关系。这些包括互联服务或车辆数据的读取和分析，向客户提供驾驶建议，或预防性维修服务，通过测量诊断，确定是否与顾客进行通信联系。对于即将到来的车辆在线销售，就是制造商与最终客户的直接互动。在后面的业务交易过程中，现在制造商大多通常是利用目前现有的销售机制 [Tan12]。不久将会观察到，这种机制是否会长期保持不变，或者中间环节是否会永久消失，或者至少要求进行适当的改变。例如，特斯拉是完全直接在线销售，没有中间交易环节。

因此在未来，将是建立客户和制造商之间的直接通信和业务关系，以便通过这种销售渠道处理交易，从而还可获得更多客户消费行为信息。这种解决方案的另一个实际例子，乃是通用汽车的范例，如在图 9.8 中所介绍的。在那里，驾驶人将通过车载信息娱乐系统，获得埃克森美孚（Exxon Mobil）、寻找停车位服务（Parkopedia）或万事达卡（Mastercard）的服务。为了处理这些交易业务，已经建立了一个综合服务平台，简单地用图 9.19 表示。

通用汽车通过公共应用程序接口网关（API-Gateway）连接到不同的服务项目。相对通常的信息娱乐系统，这里提供了更多的选择服务，比如，客户还可以通过智能手机上的应用程序工具（App）或者门户网站进行服务业务处理。例如，数据管理系统可以准备用户所需数据信息、车辆和移动数据，连续性进行数据分析计算，检索出最适合顾客要求的解决方案，这方案来源于存储在连接提供商（商家）目标市场的营销云中。服务部门根据收集的结果，然后生成具体的服务报价。

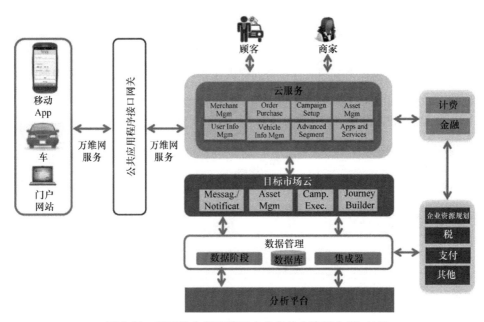

图9.19 通用汽车处理第三方业务的方案平台 [Sat16]

系统还可以识别出车辆油箱中所剩燃油量。这个信息附加上车辆所在位置的信息，提供给服务平台。接着服务平台进行信息处理，联通其合作伙伴，比如，埃克森公司，提供给驾驶人附近加油站的信息，诸如燃油价格、可能的优惠折扣，作为接受服务的奖励，将这些信息显示在车载信息娱乐系统的屏幕界面上。驾驶人可以通过点击界面上图标，接受提供的报价和服务项目条款，然后进入加油站，在指定加油柜加油。此后的付款是通过其他合作伙伴，比如，万事达卡，而无须驾驶人本人再出入加油站的收银区。

云服务提供完成这些交易所需的服务，还管理客户、车辆和供应商信息。该平台的另一个组成部分：（目标市场营销云）提供给客户制定的广告活动。在尽可能狭窄局限的客户群中，系统分析来自各种来源的数据，并将其转换为定制报价，以提高顾客对此的接受率。这整个解决方案集成到制造商的后端系统，因此除了顾客主数据管理之外，还在那里进行预订和税收。该解决方案由服务合作伙伴运营。业务模型基于风险分担方法，其中制造商、信息技术服务提供商和零部件提供商，各自按比例分享相应交易的营业额。该平台在未来将融入更多其他的合作伙伴，或将解决方案推广到其他市场，并让其他合作伙伴参与其中。

总体而言，通用汽车已在制造商和客户之间，建立了直接的销售和沟通渠道，为客户提供了额外的便利，同时这个平台为使用它的各方都带来了额外的业务收入。

这种销售转型的另一个重要议题，是开发基于互联网的销售渠道。有分析研究表明，在 2020 年，每三辆车中的一辆，将在线（Online）交易 [Kal16]。目前该领域的领导者是特斯拉，它完全依赖在线销售。但其他制造商也在努力提供合适的解决方案 [Kai15, McN15]。在英国，宝马在网站上建立了面向对话的网上购物选项，其顺序如图 9.20 所示。

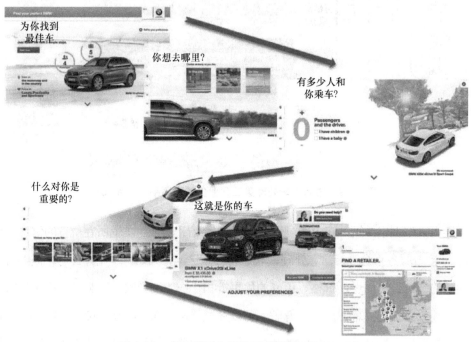

图 9.20　宝马英国在线购买（根据 [BMW17]）

在启动该应用程序之后，客户由一个直观的车型配置器给予引导，该配置器可以制定初步计划，这是根据要购买车辆使用情况和驾驶人个人偏好及习惯，而不是传统解决方案中，经常提出一堆令人费解且枯燥性的技术参数问题。首先，顾客从选项城市、国家、长途、今后搭载乘客数量、典型的行李类型，从中选择确定他将来的驾驶环境。这以后，该系统询问对车辆所期望达到的应用方式，这可能是奢华型、务实型或运动型。随后系统通过评估，学习先前的配置参数，给顾客提出最佳匹配的车辆，这还包括有价格和交货日期。此外，还可提供给另一种可选车型配置方案，作为第二种方案，但通常 80% 的情况，顾客都接受了初始提案 [BMW17]。最后，客户可以选择经销商。最终的那些商业步骤，如果需要的话，包括租赁选项，如果可能，可以提取车行现有的车辆，而不再选择经销商系统环境中在线系统为客户提供的选择。

该解决方案为客户提供了在线购车的舒适环境。结算在制造商和经销商之间进行。由于经销商没有销售额损失，不存在不同经销商之间的竞争，顾客对经销商的接受程度非常高。几乎所有英国的宝马经销商，都使用这种解决方案 [McN15]。

作为另一个例子，以下是奥迪经销商环境。除了在线销售，奥迪还为其汽车经销商开发了一种创新式展厅解决方案，以给顾客留下深刻的印象，如图 9.21 所示。

图 9.21 奥迪虚拟陈列室 [AUDI16]

这个所谓奥迪城（Audi City）的解决方案是提供虚拟客户体验。所有奥迪车型都几乎以其真实尺寸，显示在高分辨率大屏幕上。可以让车辆处在不同的驾驶情况下，顾客几乎可以虚拟进入车内。驾驶操作是通过手势控制或点触控制面板。例如，客户可以事先通过智能手机，使用他的在线验证码，调用出以前选择的配置，可在不同的外界环境情况下，观察"他的"车辆，更改内外部颜色、内部设备配置和机动化参数，这些全部直接在线进行修改，并即刻在虚拟世界中，可以观察这些变化所产生的效果。另外，这种系统还配备了诸如增强现实设备和音响设施，使这种体验更加真实。

奥迪在其位于伦敦、柏林和北京等主要城市市内的旗舰店，都安装了这种综合性系统技术。在通常情况下，这些旗舰店的占地规模，都不能提供足够的空间，来同时展示几种不同型号的车型。这其实对所有汽车经销商都是一种挑战，即试图在可用的展览空间，尽可能多展示车型的数量。正是由于汽车型号本身，以及即使同种型号而不同配置，可供选择的可能性仍不断增加，"虚拟陈列室"为此提供了一条解决出路。某些部分解决方案，例如虚拟车辆型号，也可供给较小的经销商使用。"奥迪城"的下一个扩展阶段，将包括可学习配置的集成，它们将能够从社交媒体中，在客户进入经销商展厅之前，已经了解客户，以及顾客过去与制造商的交往历史,根据这些数据,以更主动的方式,将配置提案显示在屏幕上。

不论是在上述所提出的解决方案,还是许多其他情况,都是试图与客户建立各种不同的业务关系。这些顾客作为拥有者,可能是拥有多辆汽车,不同的品牌,但是属于同一个制造商,或者客户是在金融部门工作,他可能已经驾驶过了不同的车型,并通过服务机构,进行过保修或损失索赔。所有这些情况和信息都会被收集,用来生成不同系统销售结构的客户数据,这些数据一般可以通过销售渠道,经过后续不同的服务系统,进行收集而获得,但尚没有集中管理,至少汽车制造商还没这样做。此外,同一客户可以在社交媒体中评论他对车辆的体验,或者与朋友,或在公共论坛讨论他对未来车辆的期望。此信息还为制造商提供了有价值的信息,因此应该集成并入制造商内部信息系统。

许多制造商已经意识到了这些客户需求和相应应该采取的行动,目前,某些这类数据的整合项目正在进行。所使用的典型信息技术,包括主数据管理、数据湖(Data Lake)和数据库(Hadoop)技术。在经过验证的技术框架基础上,如果希望进一步深化探讨此技术主题,请参考相应的专业文献,例如 [LaP16]。非常重要的是要真正积极地解决遇到的问题,以便能够保证始终如一地维持和发展客户。在营销市场,销售和售后服务领域,进一步数字化的典型项目包括:

- 客户服务中认知式解决方案,比如,在维修验收或者顾客服务台的数字化助手
- 在线预订维修时间和跟踪维修记录
- 数字营销的控制数字助理,客户反馈报告
- 社交媒体监控,客户细分,下一个最好的营销行动
- 本地三维打印,按需根据市场趋势,进行零件储存备件管理 [Lec16]
- 需求导向定价
- 基于市场发展,面向供需定价机制

总之,很明显,面向客户需求的数字化转型,所有制造商都向前迈出了重要一步。但是,个别项目的成功,应该得到企业整体战略和由此产生的综合路线图的支持。

9.6 企业结构和变革管理

正如在第 7 章中已经详细说明过的一样,除了结构化的整体规划之外,一个新型的敏捷企业文化,应该是渴望变革,进行数字化以及富有成效的变革管理,这些是成功转型的重要先决

第 9 章
数字化创新项目举例

条件。因此，下面举出一些这方面的例子和经验。

数字化转型必须由公司管理层，就其必要性和要达到的目标与企业员工进行明确沟通，以激励全体员工积极参与。因为正是他们要实施其中的各个项目，从而直接决定这个转换过程的成功与否。这一沟通过程从企业的高级管理层，首先付诸实际行动，这是一个重要的成功检验标准 [Stö16]。在这个转型变革时期，高层的领导团队，特别受到员工的密切关注。

领导层应该表现出对数字化转型的巨大意愿，鼓励鞭策创新行为，增强员工实施的信心，例如，可使用新的沟通渠道，进行与员工公开对话，以及建立新的伙伴关系。沟通时要考虑的其他方面是：

- 动员管理团队，并让各种观点的代表者都能参与
- 明确定义目标，通过数字化转型，确定各个领域分支各自应该付出的贡献，讲明所要达到目标的重要性，以及对每个员工个人都意味着什么
- 为制定的目标确定检验和考核措施
- 制定具有各阶段里程碑的实施规划路线图
- 使新的价值观和员工行为，成为企业文化的一部分
- 采用多方位以及利用各种渠道，作为辅助手段，保持一致的沟通
- 鼓励对话机制和答复反馈，并采取相应行动
- 寻求并注重快速成功，也接受并点明失败原因
- 保持连续性，不间断的沟通联络

要遵守这些规则，同时进行沟通，可使用创新的解决方案和方法。除了已经常见的工具，还可以选择诸如企业内部视频、维基、论坛、聊天和协作工具。但一般规则是：一次内容不宜太多，而是始终如一地、有选择性地进行，以获得突破性进展。管理层积极参与是非常重要的，必须是真正实际意义上的亲自参与，而不是委托给助理。

引入协作平台，比如，在可口可乐（Coca Cola）或者拜耳（Bayer），他们之所以能够取得了成功，是因为企业的高级管理人员积极参与和员工的对话。在转型过程中，这类对话沟通更具有说服力，对此有下面的一些例子 [Wes14]：

- 法国兴业银行（SocieteGenerale）鼓励在 19 个国家的 16000 多名员工，在内部社交媒

体平台，互相交换意见，为数字化路线图提供支持，提出创造性建议，确认信息技术设备的组成配置

- 保乐力加（Pernod Ricard）开发内部众包，数字化路线图
- 国际商用机器制造公司（IBM）用创新理念调整公司的基本价值（参见第 7 章）
- 维珍集团（VirginGroup）作为面向客户的榜样，首席执行官理查德 - 布兰森（Richard Branson）邀请顾客通过使用推特 Twitter#AskRichard，和他进行直接进行对话

这些例子表明，创造性的想法、真实的交流和对话对转型的成功同样重要。而常见的错误是，仅把新信息技术工具置于通信最前沿的地位，这其实是应该避免的。在安装实施协作工具时，必须考虑培训和更改管理工作造成的费用成本，项目的进行不应该因安装新的应用工具而暂停或结束。应该在高级管理人员和不同意见代表的参与下，持续使用相应的转型工具，透明地操作，改变工作行为，以确保转型可持续性进行，从而影响企业文化。

转型过程中，企业文化会发生很大改变，主要是员工跨越部门的协作，使用敏捷的工作方法，比如，在项目开发过程中采用迭代式增量开发方法（Scrum），在创新研讨会上进行设计性思维。这些方法在 7.2 节中有详细解释。设计思维有许多成功的范例可参考 [deS16]。在这其中，博世（Bosch）、德国电信（Telekom）、企业应用软件（SAP）、大众汽车（Volkswagen）、拜尔化工（Bayer）和汉莎航空（Lufthansa）都使用这种方法。他们获得成功，最主要的经验是强调要面向客户，跨越学科、跨越部门地积极合作。根据作者的实际经验，也推荐使用这种方法，如图 9.22 所示。

在这里，一个为期一天的研讨会中，三个小组共有 15 名参与者，分别来自采购部门、企业数字化首席执行官（COD）和信息技术部门，他们共同讨论和处理采购某一制造商产品的情况。目标是找到数字化转型的新思路。在研讨会之前，该部门的初步流程是事先准备好的，并采用"现场直播"的方式进行演示，其内容包括一个采购员，在相应软件工具支持下，所进行的日常业务工作。另外，在这几个小组开始工作以前，事先介绍了另一家公司的采购流程案例。第一步就是向会议的参与成员，说明采购部门工作的现状，然后从购买者的角度，寻找出工作流程中的缺陷或薄弱环节，确定进一步完善和改进要求。

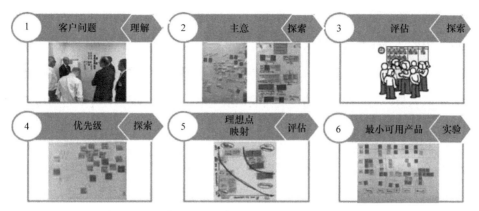

图 9.22　在为期一天的创新研讨会中，思考应用程序设计（来源：作者）

在此基础上，在进一步工作步骤中，由会议主持人引导鼓励大家提出改造创新的想法，以努力试图将工作流程简单化。在经过具体探讨研究了可获得的收益和可行性（时间、努力）后，生成一个实施优先级列表，其中含有十多个想法。对于其中两个最好的想法，团队决定为采购部门开发一个简单的应用程序（App）原型，并作为后续共同研讨会的基础。总而言之，这一天被视为非常成功，除了提出了成型的想法之外，部门间的整体合作被认为是具有积极和建设性的。

经验表明，这种方法以及务实的工作方式可建立一种新式的员工行为模式，进行开放式的交流和直接对话，未来也可作为协调工具，应用在群体交往中。特别是，使用创新工具激励出积极参与的动力，即使很多员工不在场，也可积极响应和贡献意见和想法。因此，研讨会或会议的创作过程及其结果，可以以图形信息方式记录存档，而不是文本形式或传统的 PowerPoint 图像，如图 9.23 所示。

图 9.23　图形记录的实用范例 [DD17]

这里显示的是两张图，总结了两个不同研讨会的结果。这两个结果的描述说明，都是在活动期间生成提出的，并作为最终结果会议文件的基础。这些令人难忘的设计图像，将能在记忆中保留很长时间，并为这类活动提供创新的特色。这些图像的生成，可以由设计师完成，或者可以由会议记录人员，经过简单的培训后完成这项工作。为此，现在有许多这类易于操作的应用软件工具。

作为影响企业文化的另一个因素，可以以一个实际例子说明，即未来工作场所中办公设备的配置。这在"人才争夺战"方面，相对竞争对手，要提供给熟练的信息技术人员良好的环境，能够激励员工积极工作，办公室的设计应考虑到这种新的要求。将来的工作环境需要更具有开放性和灵活性，而现在的情况是固定式和死板化，今后严格规定的工作时间可能不再存在。这种新型解决方案的效果，可以在图 9.24 中观察到。

这些照片展示了谷歌在苏黎世的办公空间。所谓的共享办公桌概念，那里配备有大型显示屏，在它的旁边是团队空间，这个空间可以灵活地进行再分隔。绿色植物区域作为休息区，俯瞰室外山脉的配备有吊椅，可为工作人员提供不受干扰、有益于创造性工作的个人环境。所有计算机工作站都连接入高性能的网络，确保访问数据和现代信息技术方案，获得良好的硬件设备支持。将来，数字助理将承担日常任务，在后台承担执行简单重复性操作，比如，旅行预订和时间预约。

未来工作场所的设计，也是即将到来的公司转型中的一个核心主题。"Work 4.0"明天会是什么样子，可以为此创建哪些框架条件？所需回答的问题，诸如：信息技术解决方案如何帮助人力资源流程，提高工作效率和提供支持，以及完成成功的培训和招聘计划，借以帮助相应的公司员工，实施成功的数字化转型？最重要的是要找到令人信服的答案，使它们实施后成为数字化路线图的一部分，从而更有助于改变企业文化。

为了在创新能力领域更快地发展，许多公司已经启动了所谓的"实验室"，通常采用相关的新名词，比如，创新、数字化或移动性或其他行业特定术语。在德国，2017 年有超过 60 个这样的创新设施 [Kel16]。"实验室"一般是远离商业区域的独立组织，通常落地在对信息技术有吸引力的城市。酷炫的办公设备和充足的空间为团队带来了跃跃欲试初创的感觉，可提升创造力和创新速度。关于这类"实验室"的报告，几乎都可以在互联网上找到，比如，制造商业务报告、投放在 Youtube 上的视频。

图 9.24 谷歌（Google）在苏黎世的创新办公环境 [BW17]

此外，许多汽车制造商在硅谷、特拉维夫、伦敦甚至班加罗尔等地，建立了所谓的国际"信息技术熔点"机构，并且还建立了孵化器单元，以促进与新伙伴的合作，以及与当地相关大学和研究机构的合作。与此同时，临时借调员工，派往这些组织机构，或举办内部展览会，以展示和传播这些想法。

正是在这个领域，这些实验室面临着挑战。在许多情况下，可能更好的做法是将工作想法和主意，通过初创企业（Start-Up）进行这种实施转化，以此可以获得更大利益。必须尽可能将数字化思想和精神，引入自己的公司，并使其成为企业文化的一部分。上级组织应该给予原动力、鼓舞激励、适当的精神准备并提供必要的技术配置，以便能够快速而且持续地从新的数字化机会中获益，争取获得"数字灵活性" [Sou16]。

这样一个数字化组织的属性可以用四个主题来给予表达，如图 9.25 所示。显然，当需要变革或采用新技术时，数字化解决方案总是作为首选。制定的目标应该始终被视为要实现过程的自动化。在可能的情况下，应用各种来源的数据，来获得改进优化的决策，或更好的实施措施。在这里，基于创新工具的全面合作，被视为是常见的做法。学习获取有关数字化的知识，应该是每个员工的首要任务，在新的商业模式意义上，应该对跨部门和跨公司之间的边界区域，给予足够重视，促进数字项目的推进进程。

总之，在本章介绍的数字化各个领域的创新项目表明，许多成功的项目和参考文献已经可参阅。从作者的角度来看，改进的潜力在于实施的速度和项目的广度，并将其集合到数字化转型的综合总体计划中。

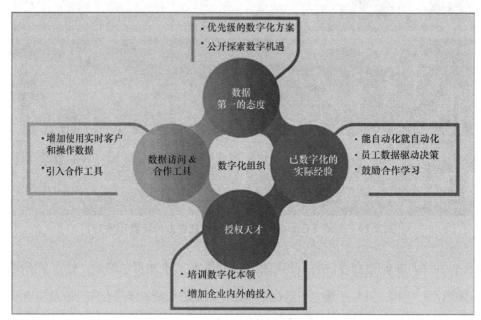

图 9.25　数字组织的核心竞争力 [Bon17]

参考文献

[Ada17]	Adams, D.: The machines ham it up again: We found the best robots at CES. Digital Trends. http://www.digitaltrends.com/cool-tech/machines-ham-best-robots-ces- 2017/ 1. Juni 2016Zugegriffen: 09. Febr. 2017
[AUDI16]	AUDI: Audi City, Audi MediaCenter. https://www.audi-mediacenter.com/en/press-releases/audi-city-6195 30. Juni 2016.Zugegriffen: 15. Febr. 2017
[Ber13]	Bergert, D.: Ford setzt bei Auto-Apps auf Open Source. CIO von IDG. http://www.cio.de/a/ford-setzt-bei-auto-apps-auf-open-source,2926838 19. Aug. 2013. Zugegriffen: 02. Febr. 2017
[Bon17]	Bonnet, D., Puram, A., Buvat, J.: Organizing for digital: Why digital dexterity matters. Capgemini Consulting. https://www.capgemini-consulting.com/resource-file-access/resource/pdf/digital_orgns_cover_08-12.pdf (2015). Zugegriffen: 15. Febr. 20117
[BMW17]	BMW: BMW UK Internet Site – New Cars/Buyers Tools. https://findyour.bmw.co.uk/ZXX5A.html?share=6nxwnb (2016). Zugegriffen: 15. Febr. 2017
[Bre16]	Brennan, C., Lunn, W.: Blockchain – The trust disruptor. Equity Research Credit Suisse. https://www.finextra.com/finextra-downloads/newsdocs/document-1063851711.pdf

	03. Aug. 2016. Zugegriffen: 09. Febr. 2017
[Buc17]	Buchter, H.: Neue Produktionsroboter wie Baxter arbeiten Hand in Hand mit Menschen zusammen. Zeit Online. http://www.zeit.de/2017/01/industrieroboter-jobs-baxter-produktion-arbeitsplaetze 12. Jan. 2017. Zugegriffen: 09. Febr. 2017
[Bul14]	Bullis, K.: Tesla Motors' over-the-air repairs are the way forward. MIT Technology Review. https://www.technologyreview.com/s/523621/tesla-motors-over-the-air-repairs-are-the-way-forward/ 14. Jan. 2014. Zugegriffen: 12. Febr. 2017
[Bur16]	Burden, M.: GM OnStar Go taps IBM Watson for in-car marketing. The Detroit News. http://www.detroitnews.com/story/business/autos/general-motors/2016/10/25/gm-onstar-go-taps-ibm-watson-car-marketing/92757178/ 25. Okt. 2016. Zugegriffen: 03. Febr. 2017
[BW17]	BÜROWISSEN: bürowissen – Innovative Bürokonzepte, Fotogalerie; Google Zürich. http://www.buerowissen.ch/Zukunftsvisionen/Innovative-Burokonzepte-/#!prettyPhoto (2016). Zugegriffen: 17. Febr. 2017
[Col16]	Colin, G.: The connected car: at the hert of PSA Groups's strategy – Creating value for both customers and carmaker. PSA Innovation Day 2016. https://www.groupe-psa.com/en/finance/analysts-and-investors/investor-day/ 24. Mai 2016. Zugegriffen: 02. Febr. 2017
[Cou16]	Coutris, J., Grouvel, A.: Automotive infotainment: How the OEMs contain the digital giants surge into the cockpit. Emerton Market insights. http://www.emerton.co/app/uploads/2016/10/Emerton-Connected-Mobility-Market-insights-Oct-2016.pdf (2016). Zugegriffen: 02. Febr. 2017
[deS16]	de Souza Soares, P.: Design thinking – eine neue Denkschule erobert Deutschlands Strategie-Abteilungen. Manager Magazin. http://www.manager-magazin.de/magazin/artikel/design-thinking-eine-kreativitaetstechnik-erobert-konzernzentralen-a-1086472.html 22. Jan. 2016. Zugegriffen: 17. Febr. 2017
[DD17]	DesignDoppel: Beispiele in Bildergalerie Firma designdoppel. http://www.designdoppel.de/graphicrecording/ (2017). Zugegriffen: 17. Febr. 2017
[Eck17]	Eckardt, S.: Scania setzt Platooning-System in Singapur ein. Elektronic automotive. http://www.elektroniknet.de/elektronik-automotive/assistenzsysteme/scania-setzt-platooning-system-in-singapur-ein-137605.html. 16. Jan. 2017 Zugegriffen: 06. Febr. 2017
[FOR16]	FORD: Ford smart mobility map. https://media.ford.com/content/fordmedia/fna/us/en/news/2016/02/19/ford-smart-mobility.html (2016). Zugegriffen: 03. Febr. 2017
[Frü16]	Früh, F.: Chatbots und die Automatisierung von Kommunikationsprozessen. Bitcom Online Artikel. https://www.bitkom.org/Themen/Technologien-Software/Digital-Office/Chatbots.html (2016). Zugegriffen: 11. Febr. 2017
[Ger17]	Gerster, M.: Nutzung der Plattform: Daimler und Uber kooperieren. Automobilwoche. http://www.automobilwoche.de/article/20170131/NACHRICHTEN/170139981/nutzung-der-plattform-daimler-und-uber-kooperieren 31. Jan. 2017. Zugegriffen: 05. Febr. 2017
[Gra17]	Graser, F.: Ford und Toyota streben Open-Source-Standard für Auto-Apps an, Elektronikpraxis,. http://www.elektronikpraxis.vogel.de/themen/embeddedsoftwareengineering/softwarekomponenten/articles/570409/ 04. Jan. 2017. Zugegriffen: 02. Febr. 2017
[Gri16]	Gritz, C.: Tesla bringt neues kostenloses over-the-air Softwareupdate. Windkraft-Journal. http://www.windkraft-journal.de/2016/09/23/tesla-bringt-neues-kostenloses-over-the-air-software-updates-zu-ihren-kunden/92501 23. Sept. 2016. Zugegriffen: 12. Febr. 2017
[Han16]	Hannon, E., Ramkumar, S., McKerracher, C., et al.: An integrated perspektive on the future of mobility. McKinsey & Company and Bloomberg,. http://www.mckinsey.com/business-functions/sustainability-and-resource-productivity/our-insights/an-integrated-perspective-on-the-future-of-mobility 2016. Zugegriffen: 05. Febr. 2017
[Haw17]	Hawkins, A.: Why car companies are trying to imitate Uber and Lyft. The Verge. http://www.theverge.com/2017/1/18/14230040/ford-gm-maven-mobility-uber-lyft-ces-de-

	troit-2017 18. Jan. 2017. Zugegriffen: 05. Febr. 2017
[Hon16]	Hongwiwat, S.: Blockchain experiences. IBM Presentation. http://www.slideshare.net/suwath/ibm-blockchain-experience-suwat-20161027 27. Okt. 2016. Zugegriffen: 10. Febr. 2016
[IDE17]	Ideaconnection: Open innovation platform delivers autonomous bus, ideaconnection. https://www.ideaconnection.com/open-innovationsuccess/Open-Innovation-Platform-Delivers-Autonomous-Bus-00624.html 30. Jan. 2017. Zugegriffen: 06. Febr. 2017
[Jun16]	Jungwirth, J.: Roadmap mobility 2016: Der Wandel einer Schlüsselindustrie. 2b_Ahead Think!Tank. https://www.2bahead.com/nc/de/tv/rede/video/roadmap-mobilitaet-2026-der-wandel-einer-schluesselindustrie/ 30. Juli 2016. Zugegriffen: 06. Febr. 2017
[Jun17]	Jung, J., Niemeyer, S.: Künstliche Intelligenz im Tourismus – Dein Wegweiser, wie Du mit Chatbots Gäste begeisterst, eBook neusta eTourism GmbH. http://labor.neusta-etourism.de/ebook/ebook-chatbots-neusta.pdf 12. Jan. 2017. Zugegriffen: 11. Febr. 2017
[Kai15]	Kain, D.: In favor of Shop-Click-Drive – The move toward digital retailing is the inevitable result of increased familiarity with self-service transactions. Auto Dealer Today. http://www.autodealermonthly.com/channel/internet-department/article/story/2015/05/in-favor-of-shop-click-drive.aspx 12. Mai 2015. Zugegriffen: 15. Febr. 2017
[Kal16]	Kalmbach, R., Hoffmann, M., Obermaier, K., et al.: Digitale Transformation stellt klassisches Neuwagengeschäft und etablierte Vertriebsstrukturen infrage. A.T.Kearney – Autokäufer Studie. http://www.atkearney.de/documents/856314/7822680/BIP+Wechsel+zum+Online-Kauf+kommt+schneller+als+erwartet.pdf/b92e95cd-bb96-4448-9e11-fb1f97f5613f (2016). Zugegriffen: 15. Febr. 2016
[Kal16]	Kaltofen, T.: Blockchain im Einsatz. Computerwoche. http://www.computerwoche.de/a/blockchain-im-einsatz,3316539 18. Okt. 2016. Zugegriffen: 09. Febr. 2017
[Kel16]	Keles, A.: Digital Labs – Deutsche Unternehmen trainieren für den Digitalisierungsmarathon. crisp research. https://www.crisp-research.com/digital-labs-deutsche-unternehmen-trainieren-fur-den-digitalisierungsmarathon/ 01. Apr. 2016. Zugegriffen: 17. Febr. 2017
[Kni15]	Knight, W.: Rebooting the automobile. MIT Technology Review. https://www.technologyreview.com/s/538446/rebooting-the-automobile/ 23. Juni 2015. Zugegriffen: 03. Febr. 2017
[Kos14]	Kossmann, M.: Mensch-Roboter-Kooperation in der Automobilindustrie Anwendungen, Potentiale und Herausforderungen. BMW Group. http://www.teamwork-arbeitsplatzgestaltung.de/download/vortraege2014/Mensch-Roboter-Kooperation.pdf?m=1461674549 04. Juni 2014. Zugegriffen: 09. Febr. 2017
[Lan16]	Lang, K.: Alles, was digitalisiert werden kann, wird digitalisiert werden. Vortrag auf dem BME Procurement-Tag. https://www.bme.de/alles-was-digitalisiert-werden-kann-wird-digitalisiert-werden-1427/ 03. Febr. 2016. Zugegriffen: 07. Febr. 2017
[LaP16]	LaPlante, A., Sharma, B.: Architecting Data Lakes – Data Management for advanced business use cases. O'Reilly Media. https://www.oreilly.com/ideas/best-practices-for-data-lakes (2016). Zugegriffen: 15. Febr. 2017
[Lec16]	Lecklider, T.: 3D printing drives automotive innovation. Evaluation Engineering. https://www.evaluationengineering.com/3d-printing-drives-automotive-innovation 21. Dez. 2016. Zugegriffen: 15. Febr. 2017
[McK16]	McKenna, D.: Making full vehicle OTA updates a reality. White Paper NXP, B.V. http://www.nxp.com/assets/documents/data/en/white-papers/Making-Full-Vehicle-OTA-Updates-Reality-WP.pdf (2016). Zugegriffen: 15. Febr. 2017
[McN15]	McNamara, P.: Buy a BMW in just 10 minutes, with a new online platform. CAR Magazine. Bauer Consumer Media Ltd. http://www.carmagazine.co.uk/car-news/industry-news/bmw/buy-a-bmw-in-just-10-minutes-with-new-online-platform/27.Nov. 2015. Zugegriffen: 15. Febr. 2017

[Mol16]	Molitch-Hou, M.: Meet Olli: The first autonomous vehicle featuring IBM Watson. ENGINEERING.com. http://www.engineering.com/DesignerEdge/DesignerEdge-Articles/ArticleID/12421/Meet-Olli-The-First-Autonomous-Vehicle-Featuring-IBM-Watson.aspx 16. Juni 2016. Zugegriffen: 06. Febr. 2017
[NDR17]	NDR2: BMW Werbung für das 5er Fahrzeug, 1. Radiowerbung; NDR2, 07:58, 2. Youtube Werbung. https://www.youtube.com/watch?v=lyHV4SMOzn0 02. Febr. 2017. Zugegriffen: 02. Febr. 2017
[PSA16]	Financial publications PSA Groupe. https://www.groupe-psa.com/en/finance/publications/presentation-des-resultats-en/ (2016). Zugegriffen: 02. Febr. 2017
[PSA17]	PSA: CAR & WELLBEINGS – Accelerator Program. PSA Group 4 Developers #PG4D. http://developer-program.groupe-psa.com/Accelerator (2016). Zugegriffen: 02. Febr. 2017
[Roe16]	Roeder, D.: Wie Blockchain und Elektromobilität zusammen wachsen, t3n digital pioneers. http://t3n.de/news/blockchain-elektromobilitaet-725714/#article 23. Sept. 2016. Zugegriffen: 10. Febr. 2017
[Sat16]	Satterfield, D., Roland, W., Carlson, S., et al.: IBM & Salesforce – Customer experience platform. IBM Präsentation. https://www-935.ibm.com/services/multimedia/IBM_and_Salesforce_IoT_Customer_Experience_Platform.pdf (2016). Zugegriffen: 12. Febr. 2017
[Sol17]	Solomon, B.: Lyft rides tripled last year, but remains far behind Uber. Forbes Online. http://www.forbes.com/sites/briansolomon/2017/01/05/lyft-rides-tripled-last-year-but-remains-far-behind-uber/#329d50f44f45 05. Jan. 2017. Zugegriffen: 05. Febr. 2017
[Sou16]	Soule, D., Puram, A., Westerman, G., et al.: Becomming a digital organization: The journey to digital dexterity. MIT Center of Digital Business, Working Paper #301. https://papers.ssrn.com/sol3/papers2.cfm?abstract_id=2697688 05. Jan. 2016. Zugegriffen: 17. Febr. 2017
[Stö16]	Stöckert, K.: Kommunikation – Herzstück erfolgreicher Digitalstrategien, Handbuch Digitalisierung – die vernetzte Gesellschaft, ayway media. http://handbuch-digitalisierung.de/download-handbuch-digitalisierung/ (2016). Zugegriffen: 16. Febr. 2016
[Tan12]	Tannou, M., Westerman, G.: Case Study: Volvo Car Corporation: Shifting from a B2B to a „B2B+B2C" Business Model. Capgemini Consulting. http://ebusiness.mit.edu/research/papers/2012.04_Tannou_Westerman_Volvo%20Cars%20Corporation_298.pdf 22. Juni 2012. Zugegriffen: 12. Febr. 2017
[Vol16]	Vollmer, A.: Platooning und autonome Trucks all-electronics.de. http://www.all-electronics.de/platooning-und-autonome-trucks/ 11. Aug. 2016. Zugegriffen: 06. Febr. 2017
[WELT17]	Welt: CES 2017: Autonomes Fahren – Was kommt danach? WeltN24. https://www.welt.de/motor/news/article160998502/CES-2017-Autonomes-Fahren.html 09. Jan. 2017. Zugegriffen: 05. Febr. 2017
[Wes14]	Westerman, G., Bonnet, D., McAfffee: Leading digital – Turning technology into business transfromation. Harvard Business Review Press, Massachusetts (2014).
[Win16]	Winterhoff, M., Keese, S., Boehler, C., et al.: Think act beyond mainstream digital factories. Roland Berger GmbH. https://www.rolandberger.com/publications/publication_pdf/roland_berger_tab_digital_factories_20160217.pdf (2016). Zugegriffen: 07. Febr. 2017

第 10 章

汽车 – 移动出行 2040

本章中的内容是展望 2040 年，通过一些例子，大胆尝试描绘人类生活环境、信息技术以及汽车行业和移动出行继续发展的未来愿景。这些面向未来的看法，令人感觉到高速数字化转型带来的巨大压力，要采取积极正确的态度，增强创新改革的勇气，尽可能快速投入行动。在当今形势下，必须更加重视数字化转型速度，不需再过多仔细考虑。正如国际商业机器公司（IBM）前首席执行官路易斯·郭士纳（LouGerstner）当时告诉他的团队一样，现在是该付诸"行动"的时候了。

在讲述下面的观点时需要注意的是，新型技术正以指数函数形式高速发展。因为我们习惯了线性思维，所以对人类来说难以预测这一发展。在移动出行服务领域、信息娱乐设备提供的数字化服务以及所有汽车制造商在电动汽车和自动驾驶领域投入的新项目和发展计划给人们造成的印象是，自 21 世纪 10 年代中期以来，技术迅猛的加速发展已经从平稳上升进入快速上升阶段，达到指数曲线的拐点，或者可以这么形容，如同进入了一盘棋赛的下半阶段。在这种背景下，本章对未来的发展进行了大胆的预测，并融合到日常生活场景中。首先将描述 2040 年汽车工业的大环境。而后的预测都基于一些调查研究，再根据作者多年积累的行业经验给予补充和完善。

10.1 环境

越来越多投入使用的智能信息技术、机器人技术和 3D 打印技术意味着，到 2040 年，全球平均失业率远高于今天，将达到 20%，到 2050 年将继续上升至 24% [Win16]。要满足对这些失业者的扶持，必须建立一个新的方式，比如借助所谓的"技术使用税"等方式给予资助。目前，世界人口老龄化比例正逐渐上升，比如，德国 65 岁以上人口的比例增长了 31%，在全国 7820 万居民中约为 2170 万 [BMV16]。各类机器人将使用在家庭生活和护理工作中，购物无人机可在下单后，在尽短时间内将货物转送到指定的交货点。信用卡和现金将消失，支付将使用个人的验证码芯片，可选择将芯片植入人体。远程医疗将取代前往诊室里访问医生的方式，因为各种传感器可以持续性监控人体健康状况。而且，这些数据还可用于，由 3D 打印机打印食品，并加入必需的维生素和营养成分。

价格不到 1000 美元的电脑将具有超过 1000 个人脑的计算功能 [Kur01]。存储空间和网络宽带将在任何地方免费提供使用。电子邮件将在 2040 年消失，取而代之的是实时通信。通过新颖的人机界面，人们可通过思想和手势来操控数字化辅助系统 [Har16]。这类系统可组织虚拟见面交流会议，并在集体虚拟共享空间一起工作。认知解决方案持续自我训练和不断学习。加入灵感和扩充新的知识领域，将通过简单的对话实现，也就实现了"编程"。通过人机界面，阅读和导航系统接收和传输信息，使得盲人可以再次"看到"现实世界。神经元的植入将支持人体器官，并弥补其视力、听觉和味觉的不足 [Har16]。

这些愿景例子，探讨当今世界直到 2040 年将会如何演变，也体现了未来汽车行业将要具有的特征。在 5.3 节已经对 2030 年进行了展望，这一章将对 2040 年进行预测。

10.2 电驱动和自动驾驶

- 新车业务中电动汽车的比例至少达到 30% [Ran16]。从作者的角度来看，考虑汽车制造商目前的规划和在电池研究方面的大量投入，可以预期将来电动车的市场占有份额会超过 50%。燃料电池也将成为一种成熟的电驱动技术。

- 自动驾驶汽车将占据交通量的 50%~70% [Ran16，Mot12]。
- 超过 90% 的自动驾驶汽车是在移动出行服务领域，作为机器人出租车使用。
- 自动驾驶汽车将以均匀速度行驶，使交通拥堵和事故成为历史。长距离行驶时可以构成车辆编队，从而节省道路空间并优化能量消耗。
- 由于交通事故数量急剧减少，相关的技术服务提供者、鉴定师和律师的经济收入将急剧减少。这类职业将越来越多地被创新认知技术所取代。
- 自动驾驶车辆将自动监控它们自己的服务需求，自主地预约修理厂，尽管这种维修很少发生。微型维护机器人将提供相当大比例的技术服务，这些微型机器人永久性地集成在车辆零部件中，并根据需要激活工作（参见 2.7 节）。
- 道路上的车辆数量显著减少，停车位需求也相应减少，停车位将改造成为绿色空间。
- 尽管自动驾驶汽车的最高驾驶速度下降，但平均速度却在增加。

10.3 市场变化

- 在今后几年内，只有在一些新兴国家，人们还仍然在力争拥有自己的私家车。
- 私人汽车拥有者将主要集中在运动型车和古典车等细分市场。汽车所有者在虚拟空间里通过通信交流组成车友会。
- 由于共享模式使车辆利用率变高，每年新车注册量将减少至少 20%。在 21 世纪 10 年代中期，每年约有 7500 万辆新车登记 [Ado15]。2040 年后，这个数字将降至 6000 万辆以下。
- 汽车交易将在虚拟展厅在线进行。代替汽车经销商，将会出现车辆配送中心，大部分车辆会借助自动驾驶技术自主前往客户。
- 对于处在中年危机的男士来说，飞行无人机取代了保时捷，作为身份的象征。
- 由于消除了与汽车驾驶相关的压力，许多常见疾病将要减少。缺勤率的减少增加了可用的工作时间。

10.4 移动出行服务和车辆配置

- 除了大型的国际移动出行服务提供商之外，将有私人点对点（Peer-to-Peer）共享模式，留下的不多的一些私人车主将在不需要汽车时与其他人分享他们的自动驾驶汽车，从而分摊汽车费用。

- 基于区块链技术，汽车共享的交易过程将在后台以无现金形式进行。
- 由于机器人出租车的价格吸引力和使用舒适性，汽车共享将成为一种常用的市内交通工具。因为远郊地区的交通变得更方便，使得城市化趋势减弱。
- 除了专业的共享服务提供商，也在出现各种新的经营模式。比如，车辆变成住宅区基础设施的一部分，或者在行驶时成为按摩治疗或健身服务的一部分。
- 自动驾驶汽车的设施和配置将和方向盘和固定方向座椅的传统汽车有很大不同。汽车将会变成移动的会所、餐厅、会议室和带有游戏桌的家庭活动场所 [Way15]。汽车还可以配置成为电影院、医生诊所和教室。
- 用绿色植物装点车辆设备，将会大幅度增加园艺人员的收入。

10.5 创新的流程和生产结构

- 汽车生产将在两个不同方向发展：第一，带有豪华配置的客户定制车型，通过柔性制造单元生产。第二，用于标准移动出行的大批量产品将仍然按目前的节拍，在灵活的装配线上生产。
- 有超过 70% 的汽车备件将采用 3D 打印技术，在本地的维修点按需要加工生产，从而避免了物流成本和库存。
- 基于智能"思维"的信息系统解决方案，80% 的业务流程可以自动化。
- 汽车的研发，在很大程度上由"机器人工程师"，以及通过智能"思维"的信息系统解决方案自动完成。测试可以虚拟进行，仅仅需要少量的原型车。
- 由于机器人出租车持续的行驶方式，使车辆的行驶里程得以增加。车辆的运行载荷状况也发生变化，这些变化在设计零部件时要给予考虑。
- 汽车将基于一个中心信息技术部门开发。这比发动机功率、驾驶特性、配置和集成更重要。这就是所谓的"由软件定义的交通工具"。这同时也意味着，某些汽车配置或者一些特别的性能可以进行软件解锁，按照使用需要进行支付。
- 网联服务将不再区分车辆、智能手机或计算机。只需要有一个统一的用户 ID，就可以随时将用户的个人软件环境进行同步，即使在租赁的汽车里或在酒店的信息技术环境中也可进行。
- 将建立一个更高层次、多方式联运的交通控制系统（参见 6.2.2 小节）。这个系统通过连续不断地与行驶车辆、周围基础设施、公共交通以及客户联系，来对系统参数进行整体优化，例如行驶时间、承载能力和道路堵塞状况。控制系统还可以根据需要，灵活地调整道路的允许行驶方向。交通标志、交通信号灯和交通引导系统将成为历史。

2040年的汽车行业的愿景已经在一些上述主题中进行了叙述，例如在电驱动和自动驾驶领域。因此，前文的许多预测出现的概率很大，汽车制造商应该在数字化领域的计划和项目中，与这些发展前景保持一致。这同样适用于未来的车辆设计，特别是内饰的新型配置，它们由于自动驾驶而从根本上发生了改变。为了说明这一点，图10.1显示了对2040年某些车型的研究。

这张图片，总结概括了2040年汽车发展的三个不同方面。图的上半部分显示了座位的方向。四个乘客配佩虚拟现实眼镜，显然在不同的世界中漫游。在图片的左下方，重点是可灵活转动移位的汽车座椅，而在右下方可以看出是法拉利的未来设计。在这个车型的细分市场中，私人也会拥有车辆，并能够独立驾驶，这里的主要焦点是驾驶乐趣和快乐，而不是移动出行。

图10.1　2040年汽车的愿景 [Reh16，Wal15，Hol17]

10.6 "流动劳动者"的日常生活

2040年的远景可以通过一位主人公一天中的生活场景给以生动的描述，从而说明未来各种发展之间的相互作用。这里的主角名叫恩斯特（Ernst），一位三十岁的单身男士，信息技术行业的自由职业程序员，其专业特长是家庭和办公室的虚拟现实模拟。作为自由的企业家，他在许多项目中为各式各样的客户工作。以下是他一天的经历：

- 6:28 闹钟叫醒，恩斯特的私人数字助理系统按照日历所维护的数据记载和他的习惯偏好，自动选择了这个最符合主人要求的时间，提醒他起床。

- 首先，他在家庭跑步机上进行了6千米的慢跑。在慢跑过程中，通过植入体内的"健康芯片"监控他的身体功能，最新的血液数据被发送到虚拟医院，这是一种连续性的健康状况监测。通过使用该芯片，恩斯特能够利用所谓的"主动锻炼价格表"，将其医疗保险成本降低20%。

- 该芯片还带有可通过无线通信传输加密的个人身份证，该身份证可以以多种方式使用，例如作为支付服务，也适用于行走步数监控，这是一项有80个国家参与的步行活动。该身份证还可作为移动服务提供商、保险公司、银行和零售商使用其个人数据的凭据。

- 淋浴后，早上7:55，某一餐馆的机器人出租车停靠到家门口，送他去参加会议。车内的早餐桌已被准备好。所需的食物种类和数量已经单独调配，其数量通过先前分析所获得的健康数据来确定。早餐包括现煮的咖啡和新鲜水果沙拉。

- 车辆行驶时享用早餐。在车内大屏幕上，恩斯特可以观看根据他过去的兴趣和行为为他特别准备的最新消息。特别有趣的是关于第一个火星社区的报道，该社区还出售土地，供地球上有兴趣的人购买。

- 虽然从传统意义讲，这段时间是清晨的高峰时间段，但是他的上班行程中没有堵塞，他于8:12到达了共享办公室。办公室的地址和订制的车上早餐，已由恩斯特的私人助理系统事先一起传达给机器人出租车。

- 在办公室里，他将与另外三名自由职业者碰面，作为所谓"流动劳动者"（见3.6.2小节），共同在一个项目中为一个新建办公楼提供带有老式家具的装饰方案。他的三位同事的职业分别是室内装潢设计师、面料专家和木材专家。这次会议是对座椅的设计进行最终确认。座椅的原型是前一天大家一起经过虚拟头脑风暴定型的，其实物由3D打印技术在夜晚生成。为了实际测试座椅织物、木材样品的功能和手感，今天大家在办公室见面。这个团队不断在虚拟空间中调整设计，以改善实际材料的感觉。在项目虚拟陈列室中，项目的中间工作步骤都与客户进行了沟通。最后，整个团队感到满意，最后采用3D打印技术加工生成了一个具有历史特色的写字台和一个"舒适的"躺椅。

- 现在是11:15。这个团队的数字虚拟助手已安排在新建的办公楼与客户会面，在现场对预定的家具进行最终确认，会面时间只能定在15:30。

- 团队决定将休息时间放在一起，并在附近的烹饪工作间自己用新鲜食品准备午餐。数字化助理为团队预约了烹饪工作间，并提供菜单建议。大家选择泰式咖喱鸡，配新鲜沙拉。

- 所需的大米和香料等基本食品被自动订购，并送至预订的烹饪工作间。与此同时，团队分工进行新鲜食品的准备工作。两辆机器人出租车在门外等候。两位同事从养鸡场取回鸡肉，恩斯特和他的另一同事则开车到附近的"调料园"，这其实过去是一家汽车厂停车场改建的大花园，汽车厂现在已作为博物馆。

- 上午11:45他们抵达调料园，预订的自行车已经等待他们，恩斯特和他的同事骑车到田地里采摘蔬菜。他们带着新鲜蔬菜和沙拉，为了健身锻炼，他们骑自行车返回烹饪工作室。到达时间12:50。

- 长话短说：按照数字式助理系统提供的虚拟菜谱进行团队分工，完成烹饪工作。用餐后，团队在15:05回到办公室，这时样品家具的3D打印已经完成。团队乘坐有大型空间的机器人出租车前往新建的办公楼。

- 在新建的办公楼里，恩斯特的团队向客户展示具有逼真的仿木制家具和织物结构。为了加强实际印象，恩斯特对整个房间的全部配置做了一个虚拟现实秀。客户通过信息技术全息演示，得到了整个房间设置的逼真印象。这同时还伴随有声学效果。在与客户的对话中，对设计进行了更改，修改结果直接显现在虚拟世界中。

- 在17:15左右，总体方案最终确定并记录入文档。自动生成的草图、零件清单和配置数据直接投标给三个供货商，请求他们作为总承包商给出报价。在18:10，虚拟项目工作室收到最终报价。客户将该公司的决策层远程邀请进入虚拟空间。来自世界各地、不同工作岗位的另外五位同事也参与进来，对设计和报价进行评估并做出决定。合同在19:10被签订。

- 项目团队在18:15左右各自离开。在返回公寓的路上，恩斯特被邀请参加一个虚拟会议。根据他的以往经历，为了参加一个投标会，他曾与一个"报价空间"（RFQ-Space）

有直接交流。恩斯特启动他的数字助理系统，要求在 12 小时内整理出关于报价的信息，以便他明天早晨可以基于这些信息继续工作。

- 同时，恩斯特的数字助理系统在后台生成办公室设计的服务费用结算，通过区域链控制的流程发送给委托方的自动支付系统。

- 这时时间约为 19:10，恩斯特临时决定参加一个朋友的生日派对，地点在一个 120 千米以外的度假胜地。一架无人驾驶飞机已在等待恩斯特。在飞行途中，恩斯特和他的数字助理系统交换信息，对投标进行准备工作。这次飞行时间很充沛，使他可完成一个关于技术概念的在线学习单元，这个概念对他新的招标非常重要。

- 大约 20:00，恩斯特到达生日派对活动地点。作为礼物，他赠送给主人一张手动变速老式汽车的驾驶体验券。由于过生日的主人还没有驾驶经验，所以这张优惠券还包括有驾驶课程和驾驶教练陪练，这个不同寻常的礼物主人非常喜欢。

- 在这个生日派对上，恩斯特结识了许多新朋友。他数字眼镜上的相机把照片信息发送给他的私人数字助理，这个系统在后台将新结识的朋友进行检索，将其详细的个人资料通过携带的迷你耳机传递给恩斯特。

- 22:30 左右，恩斯特决定休息，将自己与虚拟世界脱离。他想通过回忆以前的对话和亲身经历的时光来感受到快乐。

- 在聚会结束时，无人驾驶飞机将他带回家。恩斯特度过了漫长而丰富的一天。

上面这些描述在某种程度上不免有些渲染夸张，但也说明在 2040 年数字化、新型的移动出行方式和创新的工作方式将渗透到人们的日常生活，同时兼顾健康饮食、工作与生活的平衡。可以看到，更快更多的相互交流接触也会明显增加。

10.7 结论

能够适应高速度、敏捷性、创新积极性，并且具有承担一定风险的意愿，是成功实现数字化转型的先决条件。鉴于当今数字化技术持续快速发展，作者认为，汽车行业必须尽快加速实施数字化转型以保持企业竞争能力，放弃那些经常出现的犹豫不决的做事方法。创业精神要比多次反复的思考更重要。只有如此，现有的汽车制造商即所谓的歌利亚（Goliaths），才能在与这个行业的新兴挑战者即大卫（David）进行的激烈竞争中取胜。当然，的确不希望会应验这样一些预测，即这些制造商在颠覆变革中恰恰缺乏这些特征而丧失机会，让大卫获胜 [Chr17，Gla15]。

参考文献

[Ado15] Adolf, J., Rommerskirchen, S., Balzer, C., et al.: Shell PKW-Szenarien bis 2040 – Fakten, Trends und Perspektiven für Auto-Mobilität, Hrsg. Shell Deutschland GmbH. https://www.prognos.com/uploads/tx_atwpubdb/140900_Prognos_Shell_Studie_Pkw-Szenarien2040.pdf (2015). Zugegriffen: 23. Febr. 2017

[BMV16] BMVi: Verkehr und Mobilität in Deutschland – Daten und Fakten kompakt Bundesministerium für Verkehr und digitale Infrastruktur. https://www.bmvi.de/SharedDocs/DE/Publikationen/G/verkehr-und-mobilitaet-in-deutschland.pdf?__blob=publicationFile (2016). Zugegriffen: 22. Febr. 2017

[Chr17] Christensen, C.: Disruptive Innovation – Key concepts. http://www.claytonchristensen.com/key-concepts/ (2017). Zugegriffen: 24. Febr. 2017

[Gla15] Gladwell, M., David and Goliath – underdogs, misfits, and the art of battling giants. Back Bay Books, New York (2015)

[Har16] Harari, Y.: Homo deus – A brief history of tomorrow. Pengiun Random House, London (2016)

[Hol17] Holzer, H.: Autositz der Zukunft – Sitzecke für Fahrer und Beifahrer. Motorzeitung.de. http://motorzeitung.de/news.php?newsid=414392 23. Febr. 2017. Zugegriffen: 23. Febr. 2017.

[Kur01] Kurzweil, R.: Homo sapiens: Leben im 21. Jahrhundert – Was bleibt vom Menschen? 4. Aufl. Ullstein Taschenbuch, Berlin (2001)

[Mot12] Motavalli, J.: Self-Driving Cars will take over by 2040. Forbes Online. http://www.forbes.com/sites/eco-nomics/2012/09/25/self-driving-cars-will-take-over-by-2040/#1d227b2f21f2 25. Sept. 2012. Zugegriffen: 22. Febr. 2017

[Ran16] Randall, T.: Here's how electric cars will cause the next oil crisis. Bloomberg Online. https://www.bloomberg.com/features/2016-ev-oil-crisis/ 25. Febr. 2016. Zugegriffen: 22. Febr. 2017

[Reh16] Rehme, M.: Vernetzte Mobilität: (Ge-)Fahren in der Zukunft, Institut für vernetzte Mobilität. http://www.new-mobility-leipzig.de/media/Programm/block2/01_Rehme_new-mobility-2016_Rehme.pdf 12. März 2016. Zugegriffen: 23. Febr. 2017

[Wal15] Wallerang, L.: So sieht ein Ferrari in 25 Jahren aus. Motorzeitung.de. http://motorzeitung.de/news.php?newsid=323759 15. Dez. 2015. Zugegriffen: 23. Febr. 2017

[Way15] Wayner, P.: Future Ride Version 2.0, 2. Aufl. CreateSpace Independent Publishing Platform 14. Apr. 2015

[Win16] Wintermann, O., Daheim, C.: 2050: Die Zukunft der Arbeit. Ergebnisse einer internationalen Delphi-Studie des Millennium Project, Bertelsmann-Stiftung. https://www.bertelsmann-stiftung.de/fileadmin/files/BSt/Publikationen/ GrauePublikationen/BST_Delphi_Studie_2016.pdf (2016). Zugegriffen: 22. Febr. 2017

附 录

附录 A 对应第 2.2 节

对大型汽车制造商在数字化方面的总体状况及其技术定位，作者进行了定性的互联网搜寻和文献检索。针对以下若干制造商，基于以下参数，就其目前状况进行了评估和比较：

- 数字化＜制造商名称＞
- 涉及数字化的工作岗位
- 数字化方面的合作
- 自动驾驶
- 电动车辆
- 有关组织发表的数字化问题公告
- 可用应用程序数量

从本质上讲，这些是根据谷歌搜索上的点击次数进行积分，并在最终评级中进行排名。电动汽车和企业组织措施，同样被置于定性的排名中，然后也获得积分。用这种现实实际的方法，汇编出图 2.5 所示的汽车制造商的数字化程度排名，具体数据的详情如下表所示。

	宝马	戴姆勒	大众	丰田	奥迪	通用	福特	现代	本田
流行得分	3	2	4	4	3	2	5	3	4
合作得分	5	3	2	4	2	2	4	2	1
自动驾驶得分	4	5	5	5	5	5	5	5	5
电动车得分（计划中的）	2	4.5	4	0	2	2.5	1.5	1.5	1
组织性能	1	1	1	1	1	1	1	0	0
App 数量	5	4	3	4	3	1	1	1	1
总和	20	19.5	19	18	16	13.5	17.5	12.5	12
平均分	3.3	3.3	3.2	3.0	2.7	2.3	2.9	2.1	2.0
名次	1	2	3	4	6	7	5	8	9

附录 B　对应第 5.3 节

为了更详细地评估一些成熟的汽车制造商的数字化情况，基于大量可提供的信息来源，本书作者进行了一项研究，主要的信息文献来源于诸如公司企业年度报告，与其投资者相关的公司出版物、专业期刊、行业文章。该分析基于以下标准（截至 2016 年 8 月）：

- 互联服务/自动驾驶
- 移动服务
- 数字化过程
- 数字化孵化器
- 以客户为中心的协调
- 数字信息技术
- 数字文化

根据上述评估标准，对汽车制造商进行评估，区分为大批量和高档车制造商，评级范围定义为从 1（差）到 7（非常好）。在此评估基础上，绘制生成"图 5.4~ 图 5.6：汽车制造商数字化深度：高档车和批量制造商"。总而言之，下表显示了各个具体评估。

附 录

	宝马		戴姆勒		奥迪		特斯拉		大众		丰田		通用		福特	
网联服务/自动驾驶	IFTTT ConnectedDrive Intel&MobileEye 合作	5	MB me connect Speed Up 2025 F015 Luxury in Motion	5	AUDI connect Speed Up 2025 AUDI RS7 piloted driving concept	5	EVE COnnect Tesla Summon Tesla Motors App	4	LG Cooperation Together 2025 Car-Net	3	KDDI Cooperation SmartDevice Link Automotive Grade Linux	4	Cruise Automation Company Lyft	2	FordSyrc MyFord Smart DeviceLink	3
移动服务	DriveNow moveit	5	Car2Go moovel myTaxi	5	AUDI select AUDI shared fleet AUDI on demand	4	AirBnB Cooperation Super-& Destination Charges	4	Gett	1	Uber TMF Pilot	2	OnCar Maven CarUnity	4	Syrc FordPass Wink Cooperation	2
数字化过程	Smart Logistics Smart Watches 工厂自动化 NUMBER ONE>NEXT	4	Digital Design Digital Prototyping Smart Factory	4	数字化生产流程 Digital Economy Award IoT Plattform Speed Up 2025	4	Connected Production Multi-Task Rrobots In-house Component production	5	VR in Prod.Und Sales Smart Fctory 3D Print Together 2025	5	TOAD Big Data Control Tower	2	数字化的竞争对手分析 数字化的实验车道	4	3D Print Digital Network 虚拟检验方法	3
数字化孵化器	BMW iVentures BMW Start-Up Garage BMW Future Lab	3	Daimelr Mobility Services DVM Center	3	AUDI City myAUDI	3	Bom Digital	3	Ditital Lab Group Future Lad Data Lab	5	Smarter Mobility Society Toyota Connected Inc. Toyota Research Institute	4		1	Ford Smart Mobility LLC	1
面向顾客的定位	BMW Reatil Online BMW Brand Stores Product Genius	4	DM me finance & MB me inspire Best Customer Experience Mercedes me Store	3			Exclusive Online-& Direct Sale over-the-air Updates WeChat Pay(China)	2	在线预定试车 After Sales Digital ReceptionUK>	5	iOS App 客户合并 直接接受 App	2	myOpel	3	FordPass myFord FordHubs	4
数字化信息技术	建立专业方向：IT 工程师	1	Project 100/100	1			Bom Digital	3	200 Mio zu 数字化项目	5	Advanced itfor Manufa-cturing(N/A) Single Point of Truch iOS App(Toyota Motor Europe)	2	解除和惠普的外包 合并DC 数据仓库中心	5		
数字化文化	SVP Digital Strategy 联合所有数字化项目	3	VP Digitale Vehicle and Mobility DigitalLife@Daimler Digital Life Day	3	Chief Digital Officer AUDI Speed Up 2025	4	Bom Digital	2	Chief Digital Officer 部门数字化战略 Organisation4.0	5		3	VP Urban Mobility Program	1	Digital Worker Program	2

术　语

3D-Chip 三维芯片

3D 芯片架构（三维堆叠芯片）为提高计算机的能效和性能，提供了一种有前途的方法。这些架构减少芯片占用空间，缩短数据连接并多倍增加芯片中数据传输的带宽（IBM 苏黎世）。

3D-Druck 三维打印

是一种生成的加工工艺（与切削制造过程相反），用于生产三维物体，材料可以是塑料、金属或陶瓷。因此，它也被称为增材加工工艺或增材制造。基于要生产部件的数字模型，材料以计算机控制的方式由粉状或液体材料分层堆积，并通过固化或熔融加以硬化。

Additive Manufacturing 增材制造 → 见三维打印

Agile Projektmanagementmethoden 敏捷项目管理方法

用于跨部门团队合作，使所进行的项目快速地成功实现。众所周知的例子是 → 设计思维和 → 迭代式增量开发方法（Scrum）。

API 应用程序编程接口

API（Application Programming Interface）是对程序员很重要的编程设备（例如操作系统）和程序代码之间的接口。因此，可以通过简单的命令触发复杂的功能（详见计算机词典）。

App 应用程序

App 指的是应用软件。应用软件用在各种应用领域，执行相应职能，可以运行在台式计算机、移动通信设备或服务器（详见商业信息系统百科全书）上。

Appliances 设备

针对特定目的而优化的集成一站式系统。在机箱里装有服务器、存储器、系统软件，包括可视化和部分数据处理软件。

Big Data 大数据

大数据描述了所存在的数据，由于其数据量规模、形式多样性和快速变化性，只能通过最新的数据库和数据管理工具，在有限的程度上进行处理。与现有的商业智能（Business Intelligence, BI）和数据仓库系统（Data Warehouse System, DWS）相对比，大数据应用通常不需要复杂的数据预处理（参考经济信息学百科全书）。

Blockchain 区块链

区块链是一种分散的数据协议，通过它可以传输各种数据信息（例如金融交易），并对所有应用参与者公开。在区块链中，信息被分解为块，每个块都通过校验码和前一个块连接，并且还包含所有信息的校验码。

Business Component Model（CBM）业务组件模型

是由 IBM 开发的模型方法，作为薄弱点分析的基础用于企业和流程的系统结构化。

Business Plattform 商业平台

是一种商业模式，有助于简化两个或更多相互依赖的群体（通常是消费者和生产者）之间的交流。例如产品、服务或支付平台。

Chatbot 聊天机器人

是聊天（Chat）和机器人（Robot）的组合简写，其实是一种软件应用程序，通过软件应用程序实现用户和软件之间的自动交流，为操作过程提供辅助服务，或者作为短途公共交通中的查询系统。用户可以直接与聊天机器人交谈，通过连接的后台信息系统，交互地去执行确定的任务。

CKD（Completely Knocked Down）全散件组装

这个缩写是指产品完全拆解成单个零部件的状态。由于海关立法和/或高昂的进口关税，汽车不作为终端产品，而是被拆成单独的零部件，运输到目的国家，再重新进行组装和销售。

Cloud Computing 云计算

一种新型的信息技术和商业模型，可动态提供信息技术资源，并根据灵活的支付模式对其进行计算收费。不使用企业自身计算中心的服务器、应用软件程序等信息资源，而是按顾客需求驱动，灵活地使用商业模式的形式，通过互联网或企业内部网来实现（参考 Gabler 经济辞典）。

Cognitive Computing 认知计算

认知计算是计算机技术的一种方法，试图使计算机技术像人脑一样反应。这种类型的人工智能的先决条件是，系统事先没有为所有可能的问题解决方案进行编程，而是让计算机系统逐步地自主学习。

Connected Services 互联服务

是指围绕汽车提供的各类服务。具体来说，这些都是指车辆安全和远程维护、运输车队管理、移动出行、导航、信息娱乐、保险以及支付系统。这样的服务包括不同的联网车辆服务项目。这些服务基于一系列远程信息处理功能，属于独立的商业领域。这些服务面对的是相同的利润来源客户，基于不同的收费模式实现不同的商业模式（Oliver Wyman）。

Connectivity 网联性

是指通过硬件和软件连接的计算机联网能力，它的特征是支持网络功能的计算机，还可表示计算机之间网络连接的质量（Enzyklo.de）。

Content Management System 内容管理系统

是一种软件,主要用于内容的共同创建、编辑和管理,大部分以网页或其他媒体形式实现(维基百科)。

Content-Provider 内容提供商

内容提供商是指由第三方提供相应内容,从而获得进一步增值。它可以扩展到不同的应用、服务和特别的主题领域,用于在线平台上(内容)的购买或免费使用。

CRM(Customer Relationship Management)客户关系管理

客户关系管理是一种战略方法,用于完整计划、调控和执行与客户的所有交互过程。它包括数据库营销(DatabaseMarketing)和相应的 CRM 软件作为管理工具(参考 Wirtschaftslexikon)。

Crowdsourcing 众包

众包是工作组织的数字形式,企业通过互联网,获取大量参与者的知识、创造力、人力和资源,提高公司的运营业绩(经济信息学百科全书)。

Cyber-Physical Systems(CPS)信息物理系统

信息物理系统是指信息和软件组件与机械或电子组件之间的耦合,这些组件通过诸如因特网的通信基础设施实时地相互通信。信息物理系统的机械或电子部件通过所谓的嵌入式系统实现,嵌入式系统使用传感器来感知其本地环境,并通过执行器影响实体环境(经济信息学百科全书)。

Data Lakes 数据湖

与数据仓库不同,数据湖存储各种原始数据,而不进行进一步处理,这些数据包括在灵活系统中的源数据的耦合。

Data Stream Management-Systeme(DSMS)数据流管理系统

数据流管理系统用于管理连续数据流。

Datawarehouse（DWH）数据仓库

从不同的源系统获取数据，将它们转换为目标数据结构并存储。从 DWH 的目标数据产生报告和评估，而源系统中的输出数据将被覆盖。

DevOps 开发运行

是开发（Development）和运行（Operation）的组合简写，目的是改善软件开发人员和信息技术之间的合作，从而实现更快的版本发布周期和更短的投产时间。

Digital Immigrant 数字移民 → 数字原生代
Digital Native 数字原生代

数字原生代（也称数字土著人）是指在数字世界环境中长大的人。相对应的是数字移民，是指在成年之后才接触数字世界的人（维基百科）。

Digitale Dienste 数字服务

数字服务是通过互联网或类似电子媒体下单并提供的各种类型服务，例如在线访问数据库或程序下载（Gabler 经济辞典）。

Digitaler Zwilling 数字孪生

是基于 CAD 三维模型实体的数字形式，具有所有产品特征、功能和流程参数。作为智能的三维模型，数字孪生可以在计算机辅助仿真环境下实现逼真的现实模拟（Schunk）。

Echtzeit-Monitoring 实时监控

实时监控意味着通过测量和分析物理量来连续记录机器状况，例如振动、温度、位置（维基百科）。

E-Learning 电子学习

指所有形式的学习，使用数字解决方案来呈现学习材料以及学习者和教师之间的对话。

Elektronisches Blut 电子血液

一项由国际商用机器公司（IBM）苏黎世研究院、苏黎世联邦理工学院（ETH Zurich）和其他合作伙伴进行的一个项目，旨在开发一个带有电化学液流电池的微通道系统，同时为 3D 芯片堆栈提供冷却和电能。使用的液体也称为电子血液，因为它吸收和释放电能（IBM 苏黎世）。

Embedded Control Units（ECUs）嵌入式控制单元

控制车辆中的一个或多个系统，或子系统。

Embedded Software 嵌入式软件

嵌入式软件，是指嵌入在带计算机的技术设备中，无须用户干预，完成对系统进行控制、调节或监控任务（经济信息学百科全书）。

ERP（Enterprise Resource Planning）企业资源规划

企业资源规划是一种企业经营业务应用软件，它不仅对生产，还对公司价值链中涉及的所有资源进行整合规划和管理。

Foglets 纳米机器人群

仍处在研究设计中的微观纳米机器人，这类机器人配备微电子、传感器和执行器，可以联网形成稳固的结构。

FORTRAN

FORTRAN（FORmula TRANslation）是一种计算机编程语言，为数值计算而开发和优化，现在已经标准化为 ISO 标准。

Gamification 游戏化

是一种将游戏原理转移到处理企业业务上的方法，从而吸引和激励员工。

Gateway 网关

一种网络通信协议转换器，保证基于不同协议的多个网络之间的通信，它将通信信息转换为适当的格式。

Hackathon 黑客马拉松

黑客（Hacker）和马拉松（Marathon）的单词组合，该术语常用于公司组织关于某个主题的活动，并邀请大学生和感兴趣的数字原生代参加，在有限的时间范围内，针对给定主题中的问题解决方案进行编程。

Hype Cycle 技术成熟度曲线

是由分析咨询公司 Gartner 发布的创新技术的概览。

IAM（Identity and Access Management）身份和访问管理

对用户电子身份和相关访问权限的收集、控制和管理的简化和自动化（通过搜索安全）。

Incident Management 事故管理

是指对在信息系统领域检测到的和可疑的安全事件进行组织上和技术上处理的流程，以及准备过程中的措施和流程（维基百科）。

Industrie 4.0 工业 4.0

工业 4.0 是指从利用水力和蒸汽动力、大规模生产、自动化之后，达到物联网这个第四生产发展阶段。这创造了新的机会，基于实时的信息物理系统，实现资源、服务和生产人员的互联（根据工业 4.0 工作组的定义）。

Infotainment 信息娱乐

信息（Information）和娱乐（Entertainment）的单词组合，是一种媒体产品，既可以为用户提供信息，也可以为其提供娱乐。

In-Memory-Technology 内存技术

将执行程序和所需数据都存放在工作存储器（RAM）中，这使其与物理数据载体上的常规数据存储区分开来，获得更快的执行时间。

Instant Messaging 即时通信

是一种互联网服务，可实现基于文本或字符的实时通信。

Internet of Things（IOT）物联网

物联网（IOT）是指物体与互联网之间的联网，使得这些物体在互联网上独立通信，可以为所有者执行不同的任务。应用范围从一般的提供信息，到自动下单，进一步扩展到预警和危急处理功能（Gabler 经济辞典）。

IP Adresse 互联网协议地址

是基于互联网协议的地址，分配给连接到互联网的设备，具有唯一标识。以这种方式，如同通常的邮政地址，数据包可以从发送者传输到一个接收者或一组接收者（维基百科）。

IT-Container 信息技术容器

信息技术容器由完整的运行环境，包括所有相互依存的应用程序、功能库和配置功能。容器确保软件从一个环境转换到另一个环境时的可靠运行，例如从软件开发者的笔记本电脑到测试环境，或者从测试环境到生产环境（根据 Rubens 计算机周刊 2015）。

Kollaborationswerkzeuge 协作工具

也称为群组软件，是支持团队和组织中的通信和协作过程的软件程序（根据经济信息学百科全书）。

Machine Learning 机器学习

是从经验中"人工"生成知识的概括性术语：人工系统从示例中学习，并且可以在完成学习阶段之后进行推广（参考维基百科）。

Massive Open Online Course（MOOC）大规模开放在线课程

大规模开放在线课程是提供给大量参与者的免费的、开放的在线学习机会。在交互形式中，参与者根据计划自己设计出学习材料。

Master Data Management（MDM）主数据管理

主数据管理涉及所有与企业主数据（masterdata）相关的战略、组织、方法和技术上的活动。其任务是确保一致、完整、最新、正确和高质量的主数据，以支持公司的效益流程（参考经济信息学百科全书）。

Microservices 微服务

微服务是一种信息技术的架构模板，其中复杂的应用程序软件由小的独立进程组成，这些进程通过独立于语言的程序接口相互通信（维基百科）。

Mobile Development Plattform（MDP）移动开发平台

移动开发平台可以快速开发软件应用，提供给智能手机、平板电脑、台式机和电视。

Mooresches Gesetz 摩尔定律

由戈登·摩尔于1965年描述的观察结果，根据该观察，集成电路上的电路元件数量大约每2年增加一倍。通过计算机芯片上的晶体管数量增加，能否实现计算机计算能力的线性增长，不能从摩尔定律中推断出来（根据维基百科）。

Nanoröhrchen 纳米管

是极小的空心体，直径小于100纳米（0.0001毫米）。

Nanotechnologie 纳米技术

纳米技术是包含材料、组件和系统的新型横截面技术的一个很广的范围，其功能和应用基于纳米级（小于100纳米）量级的特殊性质（弗劳恩霍夫学会纳米技术联盟）。

Neuromorphe Chips 神经形态芯片

神经形态芯片由基于硅的常规组件组成，但在其结构中模仿神经细胞和大脑的结构。它们与学习神经网络一起工作，特别适用于模式识别，但目前仍处于开发阶段（参考IBM相关资料）。

Neuronales Netz 神经网络

在神经科学中指的是许多相互连接的神经元，它们形成一个功能连接体，作为神经系统的一部分（参考维基百科）。

OEM（Original Equipment Manufacturer）原始设备制造商

OEM 是指原始设备的生产厂家。OEM 的伙伴在自己的产品中使用授权的软件或硬件，或者以打包的形式生产（例如 CD 刻录机和刻录软件）。

Open Innovation 开放式创新

在自身企业之外挖掘集体的知识、创造力和创新潜力（知识社区）。

OpenStack-Technologie OpenStack 技术

OpenStack 技术是一个用于构建开放式云解决方案的综合软件产品组合，由 OpenStack 基金会开发，并且作为开源解决方案提供。

Plattform As a Service（PaaS）平台即服务

是一种服务，它提供编程模型和开发者工具，来构建和运行基于云的应用程序（计算机周刊）。

RFID（Radio Frequency Identification）射频识别

指通过无线电技术进行目标识别（参考经济信息学百科全书）。

Robocabs（Robotaxi）机器人出租车

指的是无人驾驶的出租车。

Scrum 迭代式增量开发方法

来源于橄榄球运动，指的是"有序的拥挤"，保证在轻微违反规则的情况下重新开始比赛。这个方法以迭代方式进行，在此项目目标被拆分成小的步骤，然后在构建的循环即所谓的冲刺（Sprint）中，得以逐步处理。

Shared Service-Center 共享服务中心

是一种为企业内部服务的组织模型。公司总部相同形式的服务工作与单独的事业部、业务单元或部门联系起来，统一规划给一个组织单元（中心）。然后，各个业务单元、专业领域或部门可以根据需求（共享）联系这一组织单元，以获得相应的服务（business-wissen.de）。

Single Sign-On 单点登录

单点登录是一种给用户使用的授权过程，用户可以通过一个用户名和一个密码，访问多个应用软件，不需要每次都给一个身份确认（TechTarget）。

SOA（Service Oriented Architecture）面向服务的架构

SOA 尝试将软件直接按照公司的业务流程来设计。为此，系统分为多个服务。这些服务是小型、松散耦合和独立的软件组件。通过这些服务的组合创建了一个易于调整、容易改变的应用系统（汉诺威大学软件工程专业）。

Social Media 社交媒体

社交媒体是基于互联网的媒体产品的概括性术语，它基于社交互动和所谓的 Web 2.0 的技术可能性。在这里主要是对用户创造的内容进行通信和交流。其中的技术包括网络博客、论坛、社交网络、维基百科和播客（Gabler 经济辞典）。

Social Navigation 社交导航

在使用互联网时，用户参照其他用户的行为和建议进行导航。导航建议可以以直接对话的形式交流，或者非直接地追随过去的浏览记录和在信息空间留下的记录（Baier, Weinreich, Wollenweber）。

Software Defined Storage（SDS）软件定义存储

是企业构建面向服务的基础架构时的中心要素。它可根据需求简单地配置、添加和启动存储资源（计算机周刊）。

SWOT -Analyse 强弱危机分析

是分析优势、劣势、机会和威胁的简称。强弱危机分析是对竞争对手以及自身活动的定位分析（Gabler 经济辞典）。

Total Cost of Ownership（TCO）总体拥有成本

是指购置资产（例如计算机系统）、日常使用以及必要时报废处理的所有费用的总和。总体拥有成本是产品开发阶段的一个设计考虑方面，其目的是尝试理解与影响客户做出购买决定的理由（Gabler 经济辞典）。

Vulnerability Management 漏洞管理

用于检查和解决信息技术系统中与安全相关的漏洞。通过漏洞管理来开发相应的流程和技术，利用它可以引入和管理公司中的安全配置，以提高信息技术安全性（IT-Wissen）。

Wearable 可穿戴式

又称为可穿戴计算机，是指在使用期间固定到用户身体上的微型计算机系统。可穿戴计算机与其他移动式计算机系统的不同是，用户主要不是操作可穿戴计算机本身，而是在现实世界中通过计算机来支持一项活动（维基百科）。

Web 2.0 万维网 2.0

是指万维网提供服务和得到使用的一个进化阶段。万维网 2.0 不仅仅是对网页提供商的信息处理，而是主要能够参与到万维网的使用，并创造更多的使用可能性（经济信息学百科全书）。